古典文獻研究輯刊

二八編

潘美月・杜潔祥 主編

第 3 冊

近代以來中國出版技術變革研究
—— 工業革命和信息革命（1807 ～ 2010）

王 曉 著

國家圖書館出版品預行編目資料

近代以來中國出版技術變革研究——工業革命和信息革命
（1807～2010）／王曉 著 — 初版 — 新北市：花木蘭文化事業
有限公司，2019〔民108〕
目 4+310 面；19×26 公分
（古典文獻研究輯刊 二八編；第 3 冊）
ISBN 978-986-485-680-0（精裝）
1. 出版業 2. 中國
011.08　　　　　　　　　　　　　　　　108001128

ISBN-978-986-485-680-0

9 789864 856800

古典文獻研究輯刊
二八編　第三冊　　　　　ISBN：978-986-485-680-0

近代以來中國出版技術變革研究
——工業革命和信息革命（1807～2010）

作　　者　王曉
主　　編　潘美月　杜潔祥
總 編 輯　杜潔祥
副總編輯　楊嘉樂
編　　輯　許郁翎、王筑　美術編輯　陳逸婷
出　　版　花木蘭文化事業有限公司
發 行 人　高小娟
聯絡地址　235 新北市中和區中安街七二號十三樓
　　　　　電話：02-2923-1455／傳眞：02-2923-1452
網　　址　http://www.huamulan.tw 信箱 hml 810518@gmail.com
印　　刷　普羅文化出版廣告事業
初　　版　2019 年 3 月
全書字數　243271 字
定　　價　二八編 12 冊（精裝）新台幣 30,000 元　　　版權所有・請勿翻印

近代以來中國出版技術變革研究
——工業革命和信息革命（1807～2010）

王曉　著

作者簡介

王曉，1970 年生，河南禹州人，上海交通大學科技史博士，英國劍橋李約瑟研究所訪問學者，長期從事圖書、音像、電子出版工作，曾任大象出版社副社長和中國音像與數字出版協會數字教育出版工作委員會副主任委員，主持過多個數字出版項目的技術研發。

提　要

　　近代以來，中國出版技術的發展經過了兩次技術變革──工業化變革和信息化變革。爲了深入研究這兩次出版技術變革的本質，本書以技術內史的角度對出版技術的發展歷程進行了一次全面的梳理，從「出版技術程式」的概念出發，分析和總結出版技術發展的歷史規律。

　　在社會化分工中，當一種出版技術的「工藝流程」或「技術規程」的操作程序被自然選擇或人爲規定爲一套標準之後，輔以相應的培訓教材作爲行業規範，被從業者廣泛採用和普遍遵循，這套操作程序就成爲了一種「技術程式」。在不同的歷史時期，針對不同的出版需求，存在著不同的出版技術程式；各種出版技術程式之間構成了一種相互競爭的關係。技術變革實際上是主要技術程式發生了轉變。經濟因素是導致出版業對技術程式的選擇發生轉換的主要動因，因爲新的技術程式能夠帶來生產能力的提高和邊際成本的降低。

　　我們根據出版技術程式的兩次轉變，將 1807 年以來中國出版技術的發展歷程劃分爲三個階段，分別是：中西方出版技術的對撞階段（1807 ～ 1847 年）、中國出版技術的工業化變革階段（1847 ～ 1974 年）和中國出版技術的信息化變革階段（1974 ～ 2010 年）。

　　本書論證了不同的出版技術程式之間存在著相互競爭、不斷演化和彼此替代的關係。中國出版技術發展史中的工業化和信息化這兩次技術變革，就是出版技術程式發生轉換的結果。從1807 年西方新教傳教士第一次踏足中國之後，西方的出版技術不斷傳入中國，在應用於漢字的本地化過程中，與中國傳統的雕版印刷和活字印刷技術程式之間的競爭難分伯仲，這是一個中西方出版技術的對撞期。隨著 1847 年第一部滾筒印刷機被帶入中國，以機器替代人工的工業革命的火花也開始蔓延到中國，開始了中國出版技術的工業化變革階段。西方工業化生產方式逐步取代了中國傳統的手工生產方式。日本發動的侵華戰爭一度中斷了中國出版業的技術發展步伐。中華人民共和國成立後，完整的社會主義出版工業化體系建立了起來。由於漢字的特殊性，排版環節的自動化始終難以實現。爲了解決漢字的計算機處理問題，1974 年 8 月國家啓動了「七四八工程」，由王選主導的漢字激光照排技術研發取得了突破，後來隨著個人計算機的普及和漢字輸入法的完善，計算機激光照排技術成爲了一種新的出版技術程式，拉開了中國信息化變革的序幕。在政府看得見的手和市場看不見的手共同推動下，中國的出版業快速地完成了一次從「鉛與火」到「光與電」的革命，出版技術從工業化向信息化的轉變。隨著互聯網等信息技術的持續發展，進一步演變出了電子出版和網絡出版等新興的出版形態。

　　中國出版技術演變的特點是斷續的、跳躍的，新的技術程式不是在原有技術程式的基礎上經由改進演變而來的，傳統的技術程式往往會被全新技術程式所徹底取代，因此呈現出的「革命」特徵更爲顯著。

目次

緒 論

　　首先我們需要對本書的書名《近代以來中國出版技術變革研究——工業革命和信息革命》做出解釋。

　　我們通常所說的「革命」，是變革天命的意思，一般指改朝換代，推翻舊的制度，建立新的朝代。語出《周易》「天地革而四時成，湯武革命，順乎天而應乎人。」革命在英語中叫 revolution，本意是指周而復始的天體運行規律，現在通常的意思是「巨大而徹底的改變」。與之相近的一個詞 evolution，本意是漸進演變的意思，因為達爾文的物種起源思想（the theory of evolution）被翻譯成「進化論」而廣為人知，「演化」便有了「進化」的意思。我們在這裡細究一詞多義，其實反映了我們的語言對認識和理解世界的局限性。我想說的是，「革命」（revolution）和「演化」（evolution）這兩個詞在中英文中的多種語義，提醒我們：真實的世界並非用一個簡單的概念就可以全面概括和描述，歷史的進程很可能一如達爾文的物種起源理論，變化始終在發生，在變化中有突變，有些突變也可以遺傳，新的物種就是這樣產生的，它們替代了舊的物種。有遺傳也有變異，在變革和革命的背後，也隱藏著周而復始的、不變的、規律性的東西。

　　中華文化博大精深、源遠流長。中國出版史是我們整個中華文明發展史的一面鏡子，自然不乏演變與革命的例子。從技術的角度看，出版業在中國是一個古老的手工行業，有著上千年的根深蒂固的傳統，有著區別於其他文明古國的特殊性，但是當我們把視線投向近代的時候，自 19 世紀初以來的兩百多年間，有兩次巨大的技術變革隨即浮現出來，異常引人注目：一次是來自西方的工業技術替代了中國傳統的雕版印刷與活字印刷手工業技術，一次

是以計算機和激光照排爲代表的現代信息技術替代了工業化的鉛字印刷技術。按照今天通俗的說法，我們不妨將這兩次技術變革稱爲兩次「革命」：一次是工業革命，一次是信息革命；這兩波始自出版領域的浪潮影響之大、波及之廣，遠遠超出了「出版技術」的範疇。

第一次出版技術變革不僅是發生在中國的工業革命的一個縮影，也是一枚嚆矢。鴉片戰爭之後，伴隨著帝國主義的堅船利炮敲開中國的大門，西方的工業化機械印刷技術陸續傳入中國，開啓了中國出版技術的工業化變革，西方的文字複製技術（鉛字印刷技術）和圖像複製技術（照相製版的平版石印技術）逐步取代了中國傳統的文字和圖像複製技術（雕版印刷和活字印刷術），成爲了佔據主流的出版技術。

第二次出版技術變革同樣是中國信息革命發生和發展的一個縮影，也同樣是發其先聲。1974 年開始的「七四八」工程，以計算機處理漢字爲目標，由王選領導研發的計算機漢字激光照排技術取得了突破，在中國改革開放之初成功地使中國的出版業一步從「鉛與火」的時代跨入了「光與電」的時代。此後，計算機桌面排版系統和平版膠印技術很快就取代了傳統的鉛字排版印刷技術，出版技術的信息化不僅催生出了電子出版和網絡出版等新的出版形態，也爲中國整個社會進入到一個新的信息時代打下了基礎。

這兩次出版技術變革對於中國的出版業乃至對整個中國的政治、經濟、社會和文化都產生了深遠的影響。但是它們爲什麼會發生？從更長久的歷史上看，出版技術是如何演化的？那些關鍵的歷史人物，他們的突發奇想和天才創意是如何改變普通人的生活的？那些關鍵的技術發明，它們是如何改變和扭轉了歷史的走向的？對於很多這樣的問題，現有的解釋還都難以令人滿意，所以我們有迫切的理解這段歷史的需要，尤其是在技術日新月異變化的今天。

本書將在前人研究的基礎上，盡可能全面而簡略地回顧發生在中國的這兩次出版技術變革的過程，我們想抓住技術變革這條主線，把側重點放在分析它們之所以會發生的原因上，以期從技術內在的演變規律和經濟的壓力與動力這兩個方面給出一種合理的解釋。

1. 研究問題

關於中國歷史，有兩個很有名、也很有意思的問題，始終是學界研究和

討論的熱點：

著名的中國科技史家李約瑟，他在 1954 年出版的《中國的科學與文明》第一卷中，曾經提出過一個問題，這就是有名的「李約瑟難題」：

中國的科學為什麼持續停留在經驗階段，並且只有原始型的或中古型的理論？如果事情確實是這樣，那麼在科學技術發明的許多重要方面，中國人又怎樣成功地⋯⋯在 3 到 13 世紀之間保持一個西方所望塵莫及的科學知識水平？中國在理論和幾何學方法體系方面所存在的弱點，為什麼並沒有妨礙各種科學發現和技術發明的湧現？中國的這些發明和發現往往遠遠超過同時代的歐洲，特別是在 15 世紀之前更是如此。

歐洲在 16 世紀以後就誕生了近代科學，這種科學已被證明是形成近代世界秩序的基本因素之一，而中國文明卻未能在亞洲產生與此相似的近代科學，其阻礙因素是什麼？〔註1〕

對李約瑟問題，至今依然眾說紛紜。

而今，在對前一個問題意見尚未統一的情況下，一個新的問題又成為了熱點：

為什麼現代中國在經過了史無前例的「文化大革命」的破壞之後，通過改革開放和建設社會主義市場經濟，能夠在短短的幾十年之內就實現了經濟的快速騰飛，從而迅速地超越了很多西方的發達國家，再度成為一個世界經濟的大國？

「面對如此複雜的課題，我們的無知是我們無法窮盡這一驚心動魄的人間戲劇的全貌。關於⋯⋯中國改革的許多程式化描述實際上並不真實。」〔註2〕

這兩個有關中國命運的謎題充滿挑戰，也發人深省。本書並不試圖就這樣的宏大命題給出一種新的、全面的解答，這一任務還有待學界持續不斷的研究與積累。出版技術和出版史，相對於科學技術和經濟史，相比於波瀾壯闊的中國近現代歷史，都只能算是其中很小很窄的一個剖面而已。但是大的問題必然會影響到小的研究，我們不可避免地會受到了這兩個知名的大問題

〔註1〕李約瑟，中國科學技術史，第一卷　導論[M]，科學出版社，上海古籍出版社，1990：1～2。

〔註2〕〔英〕羅納德・哈里・科斯，王寧，變革中國——市場經濟的中國之路[M]，北京：中信出版社，2013：序。

的影響，受它們的啓發，在研究中國出版技術發展史的時候，尤其是研究前面所說的兩次出版技術變革（或革命）的時候，我們也需要思考兩個與之類似的小問題。

我們的第一個問題是：早在谷登堡印刷術發明之前五百年，畢昇就已經發明了活字印刷術，中國的印刷技術遙遙領先於西方，那麼爲什麼在此後的八百多年的時間裏，中國的活字印刷並沒有取代雕版印刷；反而是到了 19 世紀末的時候，西方的鉛字印刷技術同時取代了中國傳統的雕版印刷和活字印刷呢？

對於西方鉛印技術取代中國傳統雕版印刷和活字印刷的結果和過程，前人已有豐碩的研究成果，但對於這次變革的原因分析，仍有很多地方不盡如人意。我們站在今天回望歷史，容易有一種社會達爾文主義的傾向，容易想當然地認爲：西方的出版技術是一成不變的，它在本質上是先進的，中國傳統的出版技術也是不變的，它在本質上是落後的，難逃最終被徹底取代的命運；明清時期中國採取的閉關鎖國政策，是導致我們遠遠落後於西方的主要原因，使得中國錯失了工業革命的歷史機遇。這種定性的解釋不免顯得簡單而偏駁，既不能幫助我們還原眞實的歷史，也無助於我們眞正地理解科學技術自身是如何發展的，又是如何發揮作用的。如果要給出更合理的解釋，我們一定還需要做出定量的分析才行。

我們的第二個問題是：在經過了「文化大革命」這樣的史無前例的破壞之後，中國的出版技術與西方發達國家的技術差距顯然已經拉大了，但是爲什麼改革開放之後，中國自主研發的計算機漢字激光照排技術，還能夠戰勝來自西方的出版技術，使中國的出版業從「鉛與火」的時代一步邁入了「光與電」的時代，從而順利開啓了中國整個社會的信息化變革大幕呢？

今天中國出版業每年出版圖書的品種數量超過 30 萬種，已經沒有爭議地成爲世界出版的大國；同樣，今天中國已經全面步入了一個信息社會，無論是智慧終端的保有量、上網用戶的數量，還是電子商務的交易量，都已經成爲世界上屈指可數的少數領先國家之一；而這樣的規模是在改革開放之後短短的三十多年時間裏實現的。

2. 基本概念

在對近代以來中國出版技術發展史中兩次技術變革正式展開論述之前，

我們需要首先搞清楚與我們的論題有關的一些基本概念。

①出　版

我們首先要對出版技術史的研究對象做出一個界定。

根據《辭海》的定義，「出版」是編輯、複製作品並向公眾發行的活動。按照我們今天業內對出版的理解，出版活動一般包括「編輯」、「複製」、「發行」三個階段。具體來說：編輯階段是以完善、提高信息產品的內容質量為目的，策劃選題，組織編寫，審讀、選擇和加工作品，這個階段在出版活動中居於中心地位，在整個出版產業中屬於上游環節；複製階段是用印刷、複製或其他技術手段，把編輯完成的作品原稿複製生產出內容信息相同的出版物；發行階段是通過商品交換將內容出版物傳播給最終的讀者或內容的消費者，在整個出版產業中屬於下游環節。出版活動包括的編、印、發這三個環節，就是我們通常所說的「出版的三要素」。傳統意義上的出版史研究，主要是針對這三個出版的主要環節展開。

「出版」這一術語的定義，在不同歷史發展階段的出版載體、出版形態和出版技術有所不同。「出版」一詞最早見於黃遵憲所編《日本國志》，源於日本在明治二十年（1887 年）的出版條例所做界定的「凡以機械、化學或任何其他方法印刷之文書圖畫予以發售或散佈者，均為出版。」〔註3〕我國現代對「出版」的定義受到了日本的影響，民國三年（1914 年）北洋政府頒佈《出版法》，規定「用機械、印版及其他化學材料印刷之文書圖畫出售或散佈者，均為出版。」〔註4〕民國十九年（1930 年）《出版法》將「出版品」定義為「用機械或化學之方法所印製，而供出售或散佈之文書、圖畫。」〔註5〕1991 年發佈的《中華人民共和國著作權法實施條例》中將「出版」界定為「將作品編輯加工後，經過複製向公眾發行」；2001 年《著作權法》修訂後的「出版」指「作品的複製發行」。

從上述「出版」概念逐步擺脫了形態、工具和材料的限制的歷史過程可以看出，傳播和傳承著人類文明成果的作品作為一種實體，它本身是抽象的

〔註3〕林穗芳，有關出版史研究的幾個問題[J]，中國編輯研究，2004：447～448。

〔註4〕出版法[G]//張靜廬，中國近代出版史料（初編・卷五），上海：上海書店出版社，2011：330～331。

〔註5〕國民黨政府之出版法[G]//張靜廬，中國近代出版史料（乙編・卷四），上海：上海書店出版社，2011：510。

文獻，可以採用不同的技術手段，承載在不同的載體之上。文獻的載體，從技術發展史的視角來看，從已知最早的蘇美爾人在黏土板上書寫楔形文字開始，就經歷了持續的發展和演變過程。紙張只是文獻載體的一種形態而已，其他的載體還包括石板、莎草紙、竹簡、縑帛、牛皮、羊皮等，不同的文明因地制宜找到了各自不同的文獻載體。到了中國東漢時候，蔡倫發明了造紙術，紙張也因其輕便、價廉、耐久和適於印刷被傳遍世界，成為了此後人類文明主要的文獻載體。在較長的歷史時期，由文字和圖畫構成的圖書一直是唯一的出版形態。到了近代，出現了出版週期更短、實效性更強的雜誌和報紙。我們今天所指的出版，就已經包括了圖書、報刊、錄音、錄像、電子和網絡出版等多種媒體形態。

從「信息」的角度來看，人類歷史上已經經過了五次信息技術的革命，它們分別是：語言的創造、文字的發明、造紙和印刷的發明、電報與電話等現代通信技術的創造、電子計算機的發明和應用等。進入 21 世紀後，「信息」這個極為抽象的概念已經開始被人們普遍接受，它將我們過去所熟悉的歷史上各種記錄內容的形式統一在了一個概念之下。「信息」通常指一套通信系統能夠傳輸和處理的對象，泛指消息和信號的具體內容和意義。「信息技術」則是關於信息的產生、發送、傳輸、接收、交換、識別、處理及控制等應用技術的總稱。人類社會從「工業化」的社會進入到了一個「信息化」的社會，這個時代也被稱為「信息時代」。

由於承載信息的載體，從過去的紙張發展到了磁帶、光盤、硬盤、存儲卡等不同的介質；複製的方式也從紙張印刷擴展到磁帶複錄、光盤複製、存儲下載等不同的實現方式，所以單純的印刷技術史已無法涵蓋所有的出版技術，難以包括內容創作、複製與傳播的各種各樣的、新的實現方式，且隨著出版與通信技術和計算機技術日益融合，突破單純的印刷技術研究來研究出版技術的需求，已經變得越來越現實和緊迫。

出版史是以歷史上的出版活動為研究對象的一門專史，中國出版史是研究我國歷史上出版事業的產生、發展及其規律的學科。在出版史的研究中，不可避免地要涉及到出版活動與出版技術之間的關係。從出版技術的角度來看，出版經歷了手抄本、印刷出版、電子出版、網絡出版和數字出版等不同的發展階段，這使得出版的定義本身也在隨著技術的進步不斷發生著演變。

對出版史的研究，已經不能再局限於圖書、報紙、期刊等傳統出版的形

態和印刷技術的範疇之內了。如果我們要把新的出版載體形態和新的出版技術納入到研究範圍之中，就必然需要超出印刷技術史的天地，而來到出版技術史這一更為廣闊的領域。

　　從信息的概念來理解出版，我們就應該按照信息的種類，如對應著人類的視覺和聽覺感知能力的信息的四種基本類型——圖、文、聲、像來進行出版形態的劃分，而不是以特定的載體來進行劃分。理論上這四種類型信息的創作、加工、生產和複製乃至傳播都是現代出版技術的研究範圍。

　　需要說明的是，本書中我們限定的研究對象是兩次出版技術變革，第一次是從傳統手工印刷轉換到工業化的機械印刷，另一次是從工業化的機械印刷轉變為信息化的虛擬產品的生產，這兩次變革均涉及到圖像和文字的創作、生產與複製，但僅在第二次變革中涉及到聲音和影像的內容產品。

②技術程序

　　什麼是技術？有別於科學，技術是一種寬泛的概念，難以用一句話來概括對技術的定義。「技術」在《辭海》中被解釋為泛指根據生產實踐經驗和自然科學原理而發展成的各種工藝操作方法與技能。除操作技能外，廣義的技術還包括相應的生產工具和生產材料，以及生產的工藝過程和作業程序、方法。

　　在專利申請中，方法是技術的一種定義。在方法中，程序又起著關鍵的作用。不存在一種脫離了程序的方法。「技術」本身與操作步驟和加工程序密不可分。在英語中 process 一詞既有「步驟」、「程序」、「過程」的意思，也有「方法」的意思，即「為了製造或生產某種東西所進行的一系列機械的或化學的操作」（a systematic series of mechanized or chemical operations that are performed in order to produce or manufacture something）。

　　當我們說「谷登堡印刷術」（Gutenberg process）的時候，通常將 process 這個詞翻譯為「術」。實際從技術層面上來講，谷登堡不僅僅發明了鉛字及其鑄造工具，也不僅僅發明了印刷機和油性墨，這些具體的、有形的東西，他也發明了一套印刷生產的操作方法和完整工序。具體說來，谷登堡在 1450 年前後在西方首先發明了一種用鉛、錫、銻的合金鑄造出一套鉛字（包括鉛字鑄造的工具和操作工序）；再用這樣的鉛字一個個進行排列組合（排版的工序），最後組成印版；然後用油性墨給印版上墨，通過印刷機的壓印將油墨從印版轉移到紙張之上（印刷機的操作工序）；印刷完所需的數量之後將印版進

行拆版、還字（還字的工序）這麼一系列循序而行的標準化的操作工序。這套包含了鑄字、排版、印刷、還字的操作工序的集合，共同構成了一個完整的圖書印刷的生產過程。

信息產品，比如圖書，它從被生產出來的那一瞬間起，就成了一種記錄著信息的實物，即使是被不同的人閱讀，其本身並不會發生改變。信息產品也承載著創造它的出版技術所具有的某些特點，某些圖書是因爲某項技術的採用才能夠被生產出來，這就象生物界一個新物種的出現標誌著基因的突變和自然選擇的結果一樣，這些具有代表性的出版物，它們就像一個個的里程碑，標誌著出版技術的具體演化過程。

人類作爲一種智慧的動物，具有一項特殊的本領，能夠通過一些特定的操作步驟來達到特定的目的，比如製作工具，比如鑽木取火。我們都知道，如果將一些具體的操作按照一定的次序進行，就會產生某種特定的結果；但是一旦如果將同樣的操作打亂次序進行，這個特定的結果就不會出現。嘗試不同的操作步驟，也許會產生不同的結果，這需要進行大量的試驗；但是一旦找到了正確的程序，我們的大腦就會把它記憶下來，這樣以後就不需要進行同樣的嘗試。我們也可以從別人那裡得知和學會這個程序，而不必親自去進行各種各樣的試驗。

不管是兒童時代的折紙遊戲，還是魔方玩具的還原，都需要按照特定的操作步驟才能達成特定的、想要的結果。這些程序在原因和結果之間所建立起來的關聯，從我們兒童時期的遊戲，到後來語言的學習和生活經驗的獲取，都已經潛移默化地儲存在我們的頭腦中了，在需要的時候，我們就能夠重新調取這些記憶，按照這些記憶的步驟所完成的操作，就能夠實現我們預期的目的。

出版技術也是如此，不管是西方的鉛字印刷技術，還是中國的雕版印刷和活字印刷術，都不是一次單一的具體操作，而是由一連串相互關聯的操作工序構成的完整流程。越是複雜的生產過程，越需要按照固定的次序進行，所謂循序而漸進，其中的「序」字至關重要。「程序」也可以說是特指「行事的先後次序」，即「有序的操作步驟」。如果沒有程序的規範，所有的工作都難以確保預想結果的出現；而有了固定的程序之後，機器也可以替代人來完成相應的工作。

我們通常所說的出版技術，就是這樣一套製作和複製圖像與文字的生產

程序。在超越了具體的生產材料和生產工具之後，被抽象出來的程序能夠反映出一種出版技術與另一種出版技術的不同之處，這其實就是它們之間本質的區別，哪怕它們使用同樣的工具和材料。

③技術程式

我們的研究，時間跨度長達兩百年。在這兩百年裏，不同的出版技術之間，既有一脈相承的關係，又並非一成不變。將變與不變加以區分；從變化中找到不變的東西，從不同中找到相同的東西，是我們需要關注的重點。

出版技術史是一門從歷史角度對技術發展進行描述和整理的歷史科學。我們通常可以從「內史」和「外史」這兩個不同的研究方向來加以考察。「內史」主要研究技術發明、技術創新、技術手段或各種具體技術本身的演變；「外史」主要考察技術發展的外部因素、技術與社會的相互作用以及它所造成的社會影響。這兩個不同的研究方向會導致迥然不同的側重點，從而呈現給讀者不同的歷史景象。

結合「內史」與「外史」的視角，除了上文所討論到的出版技術的本質是「程序」這一概念以外，我們還需要提出來一個新的「出版技術程式」的概念，來反映「技術的社會性」即「社會化分工對技術的選擇」。

概念的重要性在出版技術史的研究中容易被忽視，我們以生物學中達爾文提出的物種起源理論爲例來說明引入新的概念的必要性：如果沒有「物種」這一概念，僅有一個個不同的生物名稱，便無法找到共性的東西；如果沒有「變異」這一概念，根據遺傳規律，物種就不會發生改變，新的物種也就無從誕生，最終導致無法解釋物種的起源問題。

那麼什麼是「出版技術程式」呢？在社會化分工中，當一種出版技術的「工藝流程」或「技術規程」的操作程序被自然選擇或人爲規定爲一套標準之後，輔以相應的培訓教材作爲行業規範，被從業者廣泛採用和普遍遵循的話，我們就可以將這套標準化的操作程序稱之爲某種「技術程式」（Standard Operation Process）。

在《辭海》〔註6〕中「程式」指的是「一定的格式。如：程式化；表演程序」。《現代漢語詞典（漢英雙語）》〔註7〕中，「程式」也是指「一定的格式」，

〔註6〕 夏徵農，陳至立，辭海：第六版縮印本[M]，上海：上海辭書出版社，2010。
〔註7〕 中國社會科學院語言研究所詞典編輯室，現代漢語詞典（漢英雙語）[M]，北京：外語教學與研究出版社，2002。

英文是「formula; pattern; form」，例如公文的程式、表演的程式。「程式」一詞由來已久，在中國傳統活字印刷技術中，最具代表性的《御製聚珍版辦書程式》一書就是以「程式」來命名的。

有一點需要額外說明的是，「程序」和「程式」這兩個詞，在大陸和港臺有不同的用法。在英漢翻譯中，臺灣習慣將英語的 program 翻譯為「程式」，而將 procedure 翻譯為「程序」〔註8〕；大陸則習慣將 program 翻譯為「程序」，而將 procedure 翻譯為「過程」。

按照臺灣的語用習慣，「程序」指「辦事的一定規則次序」，如法定程序、立法程序、程序圖等。「程式」則有三種含義：第一種含義是「訂立一定的準式以為法則」，語出《管子‧明法解》，有「法者，天下之程式也」這句話；第二種是行文的「格式」，如「公文程式」；第三種是「引導電腦依特定方式運作並產生結果的一組指令」，如電腦程式、編譯程式、程式語言、應用程式等。〔註9〕我們在本書中所說的「技術程式」，取的是「程式」的第一種含義。

為了避免在大陸和港臺的讀者間造成歧義，我們在本書中，統一把工業化技術的操作工序或作業流程稱為「操作程序」（operation process／procedure），當它成為了一種標準和規範之後，我們稱之為「技術程式」。「電腦的操作程序」（computer program）我們依港臺習慣，叫做「電腦程式」，但是需要提醒讀者注意，「電腦程式」中的「程式」（program）概念並不等同於本書所說的「技術程式」中的「程式」（standard operation process）概念。在中國大陸，「程式」僅有「格式」這一種含義，所以讀者相對不容易將「程式」等同於「程序」。

「程式」不僅包括了具體的操作程序的規範，生產中所用到的特定模具和加工工具的標準化規範，還有生產管理方面和生產費用控制的標準。技術的抽象特徵——「操作程序」，是技術的內在本質；社會化分工中對技術的選擇——「技術程式」，是技術的社會性體現。《御製聚珍版辦書程式》一書雖然對「程式」沒有直接的定義，但上述內涵均已在書的內容裏得到了完整地體現。

「程式」不同於「程序」。程序指的是有序的步驟，操作的先後次序。不同的技術之間是一種相互競爭的關係，一項技術的具體操作程序可以千差萬

〔註8〕 參見「國家教育研究院雙語詞彙、學術名詞及辭書資訊網」，http://terms.naer.edu.tw
〔註9〕 參見《臺灣教育部重編國語辭典修訂本》。

別，每個手工匠人都可以有自己獨特的工藝流程，其操作程序並不一定能夠演變成爲一種標準化的技術程式。技術程式是一種被社會化分工選擇後固定下來的一套操作程序，也被稱爲「操作規程」，即規定的程序。只要按照這套固定的程序，不管是採用人與人，人與機器，機器與機器分工等不同的生產方式，都一樣可以生產出來特定的成品，達到所需的結果。強調社會化分工和標準化生產的「技術程式」與傳統手工業秘而不宣、手口相傳的「生產工藝」的最大區別，是它更爲強調標準化，並通過這種標準化的過程控制和生產管理來突破專有技術工藝的秘密，實現在全社會進行分工協作，並最終可以達到降低成本、提高效率的目的。

　　「程式」不同於「模件」。雷德侯在《萬物：中國藝術中的模件化和規模化生產》一書中認爲，中國人在構造漢字的時候，採用的是模件化的方法。雷德侯認爲，獨一無二的漢字是中國人能夠按照模件化的方式進行其他生產製造的基礎，活字印刷術的發明就是中國人模件化思維的一項偉大成就。他將中國的文字定義成一種由五個自簡而繁的層面構成的形式系統，這五個層面分別是：元素（element）──單獨的筆劃；模件（module）──偏旁部首構件；單元（unit）──單獨的漢字；序列（series）──連貫的文本；總集（mass）──所有的漢字。「歐洲人熱切地向中國學習並採納了生產的標準化、分工和工廠式的經營管理。由於機器的導入，西方人推行機械化與標準化甚至比中國人更進一步，而後者則仍然因襲其傳統方式，更多地依賴人力操作。結果，從 18 世紀開始，西方的生產方式在效率上就有了超越中國的勢頭。」〔註10〕「模件」雖然也是一種標準化的生產方式，但模件是一種有形的實體；「程式」並不是一種有形的東西，它是一套預先規定好的標準化的加工製造程序和社會化分工的生產方式的結合，所以「程式」不同於有形的「模件」。

　　「程式」不同於「範式」。庫恩在他的名著《科學革命的結構》一書中所確立的科學革命的「範式」（Paradigm）理論早已爲科學史界廣泛接受。庫恩指出，科學的發展並非是將事實、理論和方法加入到構成科學技巧和知識的不斷增長的堆棧之中這麼一個簡單的知識積累的過程，而是同樣存在著一些非積累性的事件，表現爲舊的範式全部或部分地被一個與其完全不同的、

〔註10〕　〔德〕雷德侯，萬物：中國藝術中的模件化和規模化生產[M]，張總譯，北京：
　　　　　生活·讀書·新知三聯書店，2012：7。

不可通約的（incommensurable）嶄新的範式所取代，這種範式的轉換就是「科學的革命」。〔註11〕至於庫恩爲什麼借用一個政治上的詞彙「革命」來形容這種科學範式上的轉換呢？他是這樣解釋的：「政治革命通常是由於政治共同體中某一些人逐漸感到現存制度已無法有效應付當時環境中的問題而引發的，這些制度也構成當時環境的一部分。同樣，科學革命也起源於科學共同體中某一小部分人逐漸感覺到，他們無法利用現有範式有效地探究自然界的某一方面，而以前範式在這方面的研究中是起引導作用的。」〔註12〕與科學中的「範式」相同的是，技術中的「程式」也是被一個共同體（出版業的從業者）選擇的結果。由於科學與技術不同，科學既不等同於技術，也不能涵蓋技術，所以「範式」理論並不能夠被直接拿來用於技術史的研究。技術「程式」與科學「範式」的另一個不同之處在於：我們生活在同一個世界，所以只能有一種科學範式；但是爲了達到一個特定的目的，技術的實現可以有多種方式，也就是說，技術程式並不一定就是唯一的，不同的技術程式之間也可以長期共存，例如中國傳統印刷技術中的雕版印刷與活字印刷，就是這樣的情況。

技術史學家也曾嘗試將科學中的「範式」概念直接用於技術發展模式的研究。例如從認識論的角度將技術範式定義爲「一種觀點、一套程序、一批有關問題和解這些問題的專門知識與手段」，不過同時強調「科學和技術的這種類比在某些方面還是印象主義的，不能不加限制地使用」。〔註13〕另一種是從經濟學的角度構造一種「技術──經濟範式」，即「一群彼此相關的技術、組織與管理之創新」。〔註14〕

爲了準確地理解近代以來中國出版技術所經歷的兩次技術變革，我們只能在借鑒前人「範式」和「模件」概念的基礎上，選擇以一個新的概念「出版技術程式」來重新理解和解釋所要面對的研究問題。

④技術變革

出版技術程式一旦確立，比如中國傳統的雕版印刷和活字印刷，比如西

〔註11〕 〔美〕庫恩，科學革命的結構[M]，北京：北京大學出版社，2003：85。
〔註12〕 〔美〕庫恩，科學革命的結構[M]，北京：北京大學出版社，2003：85。
〔註13〕 柯禮文，科學範式與技術發展模式[J]，自然辯證法研究，1992（3）：30。
〔註14〕 〔美〕曼紐爾·卡斯特，網絡社會的崛起[M]，北京：社會科學文獻出版社，2006：64。

方的谷登堡印刷術，它們是一成不變呢，還是會發生演化？

在某一地域的某一個歷史時期，是否只能有一種主流的出版技術程式存在呢？如果同時存在兩種或兩種以上的技術程式，它們之間會是什麼關係？會相互競爭，彼此替代呢？還是會長期共存呢？

如果說是技術變革就是新的技術取代了舊的技術，那我們能否準確地描述這種取代發生的事件（what）、時間（when）、地點（where）、人物（who）、原因（why）以及怎樣（how）發生的？

這些具體的問題，我們只能從歷史中尋找答案。

在西方工業革命之前，生產都是人工借助於一定的生產工具來完成的，我們稱之爲手工生產方式。從 19 世紀開始，一系列的造紙、印刷、鑄字、排字、裝訂機械被不斷發明出來，在原有的鉛字印刷的技術程式內，操作程序本身並未發生改變，不同的是原來手工生產方式被機器生產方式所代替，這種變化，我們稱之爲出版技術的工業化。從手工生產方式向機器生產方式的轉變，被稱爲「工業革命」。

進入工業化的後期，流水線、自動機械和電子計算機開始出現，原來無論是人工還是機械的操作工序都開始被一套計算機的控制程式（program）來代表，我們可以將這種計算機的程序視爲一套生產工序邏輯化之後的機器語言，以機器能夠識別的語言表示出來，不管它有多麼複雜，從最基本的意義上來說，仍然是一套生產過程、生產工序或操作步驟的集合。我們將這種操作程序的數字化表達概括爲「信息化」，將使用計算機操作和處理信息的方式稱爲「虛擬產品的生產方式」，以區別於傳統印刷的「實物產品的生產方式」。從實物生產方式向虛擬產品生產方式的轉變，我們稱之爲「信息革命」。

從這兩次巨大的變革中尋找規律，是「變革研究」的目標。

雖然人們很容易將新的技術賦予更「高端」、更「先進」的含義，以至於我們通常會認爲機器生產具有比手工生產更爲先進的特徵，計算機生產具有比普通機械生產更先進的特徵。其實從生產技術的本質上來說，它依然是一系列操作工序的集合，並無「先進」與否這一屬性。就操作程序而言，機器生產與手工生產、計算機控制與機械控制之間並無本質上的不同，但是由於生產方式上的改變，造成原有的出版技術程式也發生了改變。

當原有的技術程式發生改變的時候，或是被一種全新的技術程式取而代

之的時候，我們就可以將之視爲發生了一場「革命」。根據這樣的判定出版技術變革的標準，我們可以把從 19 世紀中期開始的以機器代替人工的出版技術程式的轉換稱爲中國近代以來出版技術的一次「工業革命」，而將另一場發端於 20 世紀 70、80 年代的出版技術程式從工業化生產方式向信息化生產方式的轉變概括爲中國現代出版技術的一次「信息革命」。

3. 研究綜述

對於我們所討論的兩次出版技術革命的研究範圍而言，在第二次技術變革——出版技術的信息革命發生之前，出版技術僅限於印刷技術的範疇。有關中國印刷技術史的研究已經積累了豐碩的研究成果。頗具代表性的成果是卡特、錢存訓、張秀民等人的著作，他們的研究領域多集中在中國傳統印刷術、造紙術的發明及其外傳。

1925 年卡特（Thomas Francis Carter）在美國出版了《中國印刷術的發明和它的西傳》（*The Invention of Printing in China and its Spread Westward*）一書，成爲是此類研究的開山之作。

劍橋大學出版社自 1954 年開始出版李約瑟（Joseph Needham，1900～1995）的《中國科學技術史》（中國的科學與文明，*Science and Civilization in China*）。這是一部研究中國古代科學技術史的鴻篇巨製。錢存訓受李約瑟之邀撰寫了《中國科學技術史》第五卷《化學及相關技術》第一分冊《紙和印刷》，由劍橋大學出版社在 1985 出版，該書是關於中國造紙術與印刷術的起源與發展的一部通史，寫到 19 世紀末這兩項中國傳統的手工藝逐步爲現代西方出版技術替代時爲止。錢存訓認爲：「在中國和歐洲，印刷都對書籍的生產起著相似的作用，然而它對兩種社會所產生的影響在規模和方式上有所不同。當然它在中國和歐洲都使書價降低，產量激增，發行更廣，使著作標準化和更便於流傳保存。然而在其他方面，中國和歐洲的印刷就以不同的程序朝不同的方向發展。久之，在西方，印刷術逐漸機械化、精密化，終於成長爲大規模生產和發行的強大的出版工業，但是在中國，印刷卻繼續以手工方式進行，直到現代以前，在技術上始終沒有什麼重大的改變。……中國的印刷業一般都由政府和不謀利的私人機構所主持，而歐洲印刷業常常作爲謀利的商業而運營。看來，不同的印刷動機使這項發明對社會產生的作用也有

所不同。」〔註15〕

　　張秀民作爲中國印刷史研究領域的代表人物，1987 年以其卓越研究而榮獲首屆「畢昇獎」和「森澤信夫獎」。他的《中國印刷術的發明及其影響》一書 1958 年由人民出版社出版。另一本《中國印刷史》1989 年由上海人民出版社出版。2006 年該書經韓琦增訂後由浙江古籍出版社再版，名爲《中國印刷史（插圖珍藏增訂版）》。此書以朝代爲序，論述自唐初貞觀至清末宣統 1300 多年的印刷發展史略，詳述了中國從雕版印刷術、活字印刷術到近代西方印刷技術的傳入，並歷代寫工、刻工、印工生活及其事略，中國印刷術對亞洲各國與非洲、歐洲的影響等，內容完備翔實，堪稱經典之作，被錢存訓譽爲「迄今所見到的一部最完備而有系統的綜合之作……廣集大成，將前人和他自己的研究成果，做了一次總結，這無疑是一部劃時代的作品。」〔註16〕

　　潘吉星的《中國金屬活字印刷技術史》〔註17〕講述了金屬活字印刷在中國的技術源頭、發明和發展歷程，探討了中國傳統的金屬活字鑄造、排版和刷印技術及其在東西方各國的傳播與影響。

　　出版通史類著作中，對於近現代出版技術史的研究也加以涵蓋。這一類的通史以中國書籍出版社 2008 年出版的九卷本《中國出版通史》〔註18〕爲代表，這是迄今爲止規模最大的中國出版通史類著作。《中國出版通史》將報紙、期刊、電子出版、網絡出版等多種出版形式的發展史納入研究的視野，涵蓋了各個歷史時期的複製技術（刻畫、抄寫、印刷、光電新技術等）、書籍制度（簡策、卷軸、冊頁）、裝幀設計（字體、字號、版式、結構、封面、扉頁、插圖）及其流變，同時也涉及發行流通渠道的演變和中外出版技術交流（造紙術、印刷術的外傳）的概況，並對各個時期的編輯思想、出版策略、出版特點、優良傳統及經驗教訓進行了分析總結。

　　上述學者對於中國印刷史的研究，重點在於發掘中國傳統出版技術所具有的特色與輝煌成就；對於中國近代以來的出版技術發展史，尤其是在西方

〔註15〕錢存訓、李約瑟，中國科學技術史（第五卷化學及相關技術・第一分冊紙和印刷）[M]，上海：科學出版社，上海古籍出版社，1990：342。
〔註16〕張秀民著，韓琦增訂，中國印刷史（插圖珍藏增訂版）[M]，杭州：浙江古籍出版社，2006：錢序。
〔註17〕潘吉星，中國金屬活字印刷技術史[M]，瀋陽：遼寧科學技術出版社，2001。
〔註18〕蕭東發等，中國出版通史・先秦兩漢卷[M]，北京：中國書籍出版社，2008：前言 9～13。

出版技術傳入中國之後對中國傳統出版技術的衝擊、競爭乃至最後取而代之的這段歷史的涉及比較少。

對於近代以來西方傳教士在中西文化交流方面所作的工作和西方近代印刷技術傳入中國的歷史研究，學界已有大量豐碩的研究成果。

其中最具代表性的集大成者，當屬蘇精的《馬禮遜和中文印刷出版》（2000）〔註19〕《中國，開門！——馬禮遜及相關人物研究》（2005）〔註20〕《上帝的人馬：十九世紀在華傳教士的作爲》（2006）〔註21〕和《鑄以代刻：十九世紀中文印刷變局》（2018）〔註22〕。蘇精以英國保存的傳教士檔案和傳教士出版的圖書等第一手材料爲基礎，對西方印刷技術在19世紀初中葉傳入中國的經過進行了頗爲詳盡的研究，探討了這些新教傳教士是如何扮演西方印刷技術的引介者的角色的，全面而細緻入微地梳理了近代西方印刷技術早期傳入中國的過程。他將近代西方出版技術（主要是鉛印技術和石印技術）傳入中國的過程劃分爲嘗試、奠基和發展三個時期：「第一是嘗試階段，從1807年第一位新教傳教時抵華，到鴉片戰爭結束；第二是奠基階段，自鴉片戰爭以後到1874年同治朝結束；第三是發展階段，從1875年光緒紀元至戊戌變法期間。可以說，在19世紀結束時，鉛印和石印所代表的西方印刷術，已經超越傳統木刻，成爲中國主要的圖書生產方式……改變了中文複製與圖書生產技術，也改變了傳統的知識和思想傳播形態，是促成近代中國社會革命性變化的重要因素之一」。〔註23〕

韓琦在《晚清西方印刷術在中國的早期傳播——以石印術的傳入爲例》〔註24〕一文中對石印技術在中國近代以來的興衰歷程進行了介紹。顧長聲的《傳教士與近代中國》〔註25〕和譚樹林的《傳教士與中西文化交流》〔註26〕均探討了新教傳教士對中西文化交流所起的作用。

〔註19〕蘇精，馬禮遜與中文印刷出版[M]，臺灣：臺灣學生書局，2000。

〔註20〕蘇精，中國，開門！——馬禮遜及相關人物研究[M]，香港：基督教中國宗教文化研究社，2005。

〔註21〕蘇精，上帝的人馬：十九世紀在華傳教士的作爲[M]，香港：基督教中國宗教文化研究社，2006。

〔註22〕蘇精，鑄以代刻：十九世紀中文印刷變局[M]，北京：中華書局，2018。

〔註23〕蘇精，馬禮遜與中文印刷出版[M]，臺灣：臺灣學生書局，2000：274。

〔註24〕韓琦、[意]米蓋拉，中國和歐洲——印刷術與書籍史[C]，北京：商務印書館，2008：114～127。

〔註25〕顧長聲，傳教士與近代中國[M]，上海：上海人民出版社，2013。

〔註26〕譚樹林，傳教士與中西文化交流[M]，北京：生活·讀書·新知三聯書店，2013。

　　另外還有一些專門史的研究著作也以近代以來西方出版技術傳入中國的大背景展開。例如，《中國新聞簡史（古代至民國初年）》（*The Journalism of China*）〔註27〕是柏德遜（Don Denham Patterson）擔任上海《每周評論》（*The Weekly Review*）編輯及業務經理並在上海聖約翰大學新聞系執教的三年（1919年至1922年）中對中國新聞事業發展狀況的觀察和研究。該書從一個在華的外國新聞工作者的獨特視角記述了中國現代新聞業的起源與發展，彙集了一批當時報紙、雜誌的目錄和發行量數據。戈公振的《中國報學史》〔註28〕1927年由商務印書館出版，這是國人第一部記述中國新聞事業及大眾傳媒發展史的專著，涵蓋了中國傳統官報、近代西式報紙的萌芽和民間辦報的興起至民國成立後的報紙、雜誌發展歷史等內容，其中《報界之現狀》一章詳細介紹了民國報紙的編、印、發等環節的實際情況。

　　范穆韓主編的《中國印刷近代史（初稿）》〔註29〕涉及整個中國印刷工業的發展歷史，它在時間跨度上始於19世紀初西方鉛活字印刷術的傳入，終於電子計算機用於印刷爲標誌的現代印刷術開始高速發展的1980年前後。

　　另一部將印刷史從出版史中剝離開來的著作，是張樹棟等人編寫的《中華印刷通史》〔註30〕，該書在時間跨度上上自新石器時期手工雕刻技術之萌芽，下迄當代印刷高速發展之日，上下縱橫五千餘年。該書明確提出了「『印刷』不等於『印書』。印刷的範圍極其廣泛，印書只是印刷術中的一小部分工藝；印刷可以涵蓋印書，印書則不能概括所有的印刷」的「大印刷」史觀，將印刷史歸於科技史的範疇，而將印書史歸於文化史。也正因如此，《中華印刷通史》在將印刷史的研究範圍擴展到除了圖書以外的其他印刷技術的同時，也將其對現代印刷技術發展的研究限定爲一門工業史，從而捨棄了其他新興的出版技術，與一般中國出版通史中將印刷技術作爲一個特定時期的特定複製方式的研究對象形成了分野。

　　與中國學者著重研究中國印刷術及其對世界的影響反其道而行之，芮哲非（Christopher A. Reed）的《谷登堡在上海：中國印刷資本業的發展1876～

〔註27〕〔美〕柏德遜（Don Denham Patterson），中國新聞簡史（古代至民國初年）（The Journalism of China）[M]，廣州：暨南大學出版社，2013。
〔註28〕戈公振，中國報學史[M]，長沙：嶽麓書社，2011。
〔註29〕范慕韓，中國印刷近代史[M]，北京：印刷工業出版社，1995。
〔註30〕張樹棟、龐多益、鄭如斯等，中華印刷通史[M]，北京：印刷工業出版社，1999。

1937》（*Gutenberg in Shanghai:Chinese Print Capitalism, 1876～1937*）〔註31〕
一書，從資本主義的商業視角考察了西方鉛字印刷技術傳入中國的過程以及
對中國圖書商業的影響。對於印刷技術本身的發展，芮哲非簡單地將鉛字印
刷術的鼻祖谷登堡視為西方所有現代印刷技術的化身，「簡單說來，谷登堡革
命包含了使用金屬活字和印刷機以標準化方式複製文本的過程。」〔註 32〕但
他也意識到西方印刷技術有別於中國傳統印刷技術的本質在於其工業化的機
器生產方式，他贊同劉龍光在 1937 年出版的《藝文印刷月刊》中的觀點：「中
國印刷術開始轉仿西洋的時期，大約是在清朝的同治光緒年間。這是，中國
的門戶漸漸開放。西洋的新式印刷術輸入，中國的舊式印刷術自然不能和它
抗衡，於是印刷術發生了新陳代謝的形態。所謂新式印刷術，就是『機械印
刷』的別名；而所謂舊式印刷術，也就是『人工印刷』的別名。人工和機械
競爭的結果，前者往往會歸於自然淘汰，這是一個不可避免的事實。」〔註 33〕
芮哲非認為甲午戰爭以及隨後的戊戌變法時期，是中國人開始接受西方的鉛
字印刷的時期，同時由於石印機和鉛印機的大量使用為機械修理提供了工作
機會，上海變成了中國仿製西式印刷機器的中心，大量印刷機器修造廠開始
出現。從維修印刷機械到仿製印刷機械，中國早期的這批機械師在很短時間
內完成了向工程師的角色轉變，而商務印書館在中國出版技術發展進步過程
中所發揮的獨特作用與 19 世紀早期英國的《泰晤士報》（*The Times*）所起的
作用一樣。〔註 34〕更重要的是，對於中國出版技術發展史的特徵，芮哲非從
西方人的視角敏銳地意識到，中國印刷技術發展的歷史過程與西方印刷業資
本主義的發展過程有所不同：「歐洲人習慣了技術上的逐漸進步，他們往往認
為最新的科技就是最好的。而 19 世紀的中國人卻不同，他們在這一時期遇到
了繁多的西方科技，因此需要根據自己的需求選擇最好的。在選擇的過程中，

〔註 31〕 Christopher A, Reed. *Gutenberg in Shanghai: Chinese Print Capitalism, 1876～1937*（谷登堡在上海：中國印刷資本業的發展 1876～1937）[M]，UBC Press，2004。

〔註 32〕 〔美〕芮哲非，谷登堡在上海：中國印刷資本業的發展：1876～1937[M]，北京：商務印書館，2014：引言 8。

〔註 33〕 〔美〕芮哲非，谷登堡在上海：中國印刷資本業的發展：1876～1937[M]，北京：商務印書館，2014：108。

〔註 34〕 〔美〕芮哲非，谷登堡在上海：中國印刷資本業的發展：1876～1937[M]，北京：商務印書館，2014：引言 28。

歷史和文化因素不可避免地產生影響。而這些選擇往往是由知識分子們所作出。」〔註35〕

　　上述這些研究分別側重於以新聞史、出版史和印刷史的視角去看待中國近代以來的發展歷史，側重於描述過程與結果，未能以量化分析去對比中西方出版技術到底存在多大的差異，對於西方的鉛字印刷和石印技術爲什麼能夠取代中國傳統的雕版印刷和活字印刷的原因並未給出令人信服的解釋，對於出版技術發展內在規律性的分析也不夠深入。

　　張靜廬歷時 20 年輯注的《中國近現代出版史料》爲中國出版史的研究提供了很多寶貴的史料。該書共七編，收錄了自 1862 年京師同文館創立到 1949 年中華人民共和國成立期間有關我國出版業的一批重要史料。中國書籍出版社 1995 年出版的袁亮主編的《中華人民共和國出版史料》〔註36〕選收了從 1949 年中華人民共和國成立到 1991 年底的一批重要出版史料。大象出版社 1999 年出版的宋應離等主編的《中國當代出版史料》〔註 37〕彙集了從中華人民共和國成立至 1999 年這 50 年間的部分文獻資料。這些出版史料的彙編爲中國出版技術的變革研究提供了大量的第一手材料。

　　對於本書的研究範圍，還有一類特殊的史料——教材，應該引起我們的足夠重視。比如記載了中國傳統活字印刷技術的王禎的《農書》和金簡的《武英殿聚珍版辦書程式》，以傳授技術爲目的，作用類似於今天的技術教材；比如西方第一本介紹印刷技術的教科書，莫克森（Joseph Moxon）在 1683 年編寫的《印刷藝術的機械練習》（*Mechanick Exercises on the whole Art of Printing*），比如中國排版印刷專業培訓的教材《鉛字排版教材》、《手動照相排字教材》、《自動照相排字教材》、《激光照排教材》等。這些教材類圖書中所涉及的出版技術，往往就是在某一時期相對成熟的出版技術的規範。

　　對於我們所要討論的第二次出版技術變革——信息革命而言，針對這一問題的歷史研究還比較薄弱。

　　對漢字信息化技術進行研究的代表性著作是郭平欣和張淞芝主編的 1985 年出版的《漢字信息處理技術》〔註 38〕，這本書全面總結了「七四八」工程

〔註35〕〔美〕芮哲非，谷登堡在上海：中國印刷資本業的發展：1876～1937[M]，北京：商務印書館，2014：引言 22。
〔註36〕袁亮，中華人民共和國出版史料[G]，北京：中國書籍出版社，1995。
〔註37〕宋應離、袁喜生、劉小敏，中國當代出版史料[G]，鄭州：大象出版社，1999。
〔註38〕郭平欣、張淞芝，漢字信息處理技術[M]，國防工業出版社，1985。

和漢字信息處理技術領域的研究開發成果，它雖然並非史學著作，但它提出了出版信息化的概念，有助於我們瞭解中國出版技術的信息化變革的許多細節。

自 20 世紀 80 年代以來，出版技術的發展導致了很多新的出版形態的出現，如電子出版、網絡出版等，學界已經意識到對中國出版技術史的研究已經不可能被局限在印刷史的範疇之內了，可是對於這些新的出版技術發展的研究仍然相對較少，主要的原因在於出版技術本身仍處在快速變化之中，尚未成為歷史，存在不確定性是目前對之進行史學研究的主要障礙。

最早將中國近代以來的出版技術史作為一個整體進行研究的，是匡導球在 2009 年的博士論文《二十世紀中國出版技術變遷研究》。在這篇論文中，匡導球首次突破了印刷史的研究範疇，將出版的編、印、發三個環節所涉及到的技術發展進行了綜合敘述，並提出了自己對技術發展內在規律性的觀點。他在後來出版的《中國出版技術的歷史變遷》一書中，將技術定義為「首先表現為人類的勞動技能，這種技能條理化之後成為方法和規則，物化之後形成勞動手段，總結概括上升為理性則變成知識。它包含三個層級：一是根據自然科學原理和生產實踐經驗而發展成的各種工藝流程、加工方法、勞動技能等；二是將這些流程、方法、技能等付諸實踐的相應的生產工具和其他物質裝備；三是適應現代勞動分工和生產規模等要求的對生產系統中所有資源（包括人、財、物）進行有效組織與管理的知識經驗與方法。」〔註 39〕出版技術被定義為「傳播主體對作品信息進行編輯、複製以及『原樣』傳輸的操作技能，是物質形態的工具、機器等裝備，網絡形態的系統、程序等軟件，以及出版過程中體現的信息組織理念、工藝流程和實施手段」〔註 39〕。為了涵蓋已有的多種多樣、層出不窮的出版技術，這個對出版技術的定義顯得相對複雜，且具有一定的不確定性。對於出版技術的發展規律，匡導球認為：出版是一個技術驅動的行業，出版技術的形成和發展具有其獨特的進化規律，呈現出加速性、累積性、一體化和數字化等特徵；但同時他又認為「在『技術轉向』的過程中，技術並不是按照一種內在的、固有的邏輯發展的，而是社會的產物，由創造和使用它的條件規定的。」〔註 40〕對於出版技術史

〔註 39〕匡導球，中國出版技術的歷史變遷[M]，長沙：湖南人民出版社，2009：3～4。
〔註 39〕匡導球，中國出版技術的歷史變遷[M]，長沙：湖南人民出版社，2009：5。
〔註 40〕匡導球，中國出版技術的歷史變遷[M]，長沙：湖南人民出版社，2009：153。

的分期，他將中國近現代出版技術的發展過程分爲近代出版技術的引進與普遍應用（1840～1949 年）、現代出版技術的初步形成（1950～1985 年）、現代出版技術的創新與發展（1986～2000 年）三個階段，從技術發展的內在規律上講，這種歷史分期的方式也值得商榷，因爲它並非以統一的、客觀的標準作爲歷史分期的依據。

周程通過研究漢字激光照排系統的產業化進程，從產業政策的角度提出了「死亡之谷」何以能被跨越的問題。〔註 41〕「死亡之谷」是指在政府重點資助的基礎研究和產業界重點推進的產品之間存在著的一條溝壑，大量的科研成果和新產品會湮沒於「死亡之谷」，無法順利實現商品化和產業化，這是世界各國普遍存在的一種現象。周程認爲，在中國大型科研項目中，像漢字激光照排系統一樣，完整地走過科學研究、樣機試製、中間試驗、小批量生產、大面積推廣各階段，並在市場需求的拉動下最終實現產業化的情況並不多見。對於漢字激光照排系統能夠跨越「死亡之谷」的原因，他認爲是政府的持續推動奠定了該系統創新的成功基礎；產學研合作是促成該系統搶得市場先機的要因；用戶的信任與支持爲該系統的商品化創造了條件；創業型科學家的引領是該系統得以實現產業化的關鍵；國外先進元器件和設備的導入強化了該系統的競爭優勢；本土資源和市場爲該系統的開發提供了有力的支撐；海外同類產品尚不成熟爲該系統的市場開拓提供了良機。這樣的分析固然全面，但從技術內史的視角來看，漢字激光照排技術爲什麼具有如此重要的歷史地位，並沒有解釋。

西方研究印刷史的著作中，研究印刷機最具代表性的是伊麗莎白·艾森斯坦的名著《作爲變革動因的印刷機：早期近代歐洲的傳播與文化變革》（*The Printing Press as an Agent of Change*）〔註 42〕和詹姆士·莫蘭的《自 15 世紀至今印刷機的歷史與發展》（*Printing Presses: History & Development from the 15th Century to Modern Times*）〔註 43〕，研究機械排字機歷史的理查德·哈斯

〔註 41〕周程，「死亡之谷」何以能被跨越？——漢字激光照排系統的產業化進程研究 [J]，自然辯證法通訊，2010（2）：30。

〔註 42〕〔美〕伊麗莎白·艾森斯坦，作爲變革動因的印刷機：早期近代歐洲的傳播 與文化變革（The Printing Press as an Agent of Change）[M]，北京：北京大學 出版社，2010。

〔註 43〕James Moran. *Printing Presses: History & Development from the 15th Century to Modern Times*（從 15 世紀至今印刷機的歷史與發展）[M]. USA: University of

的《印刷機械排字方法的發展，1822～1925》（*The Development of Printers'
Mechanical Typesetting Methods, 1822～1925*）〔註44〕，研究字體演變史的大
衛·孔蘇埃格拉的《美國字體設計與設計師》（*American Type Design &
Designers*）〔註45〕，研究鉛字鑄字歷史的塔爾博特·里德的《古老英國鑄字
匠的歷史》（*A History of the Old English Letter Foundries*）〔註46〕，等等。這
些研究避開了通史的宏大範疇，得以深入到出版技術史的各個細分領域，雖
然不同著作的研究方法各異，但從其無不具體而細緻這一點來看，中西方在
出版技術史的研究方法上還是存在一定的差距。

　　西方研究信息傳播的著作中，錢德勒在 2000 年所編的《信息改變了美
國：驅動國家轉型的力量》〔註47〕一書，讓我們領略到一種視野宏大、又十
分新穎的敘事方式。他從信息技術變革的視角來看待美國歷史的發展，將美
國的信息高速公路建設開始的時間追溯到了 1800 年前後美國的郵政系統建
立、版權法出臺、各種報紙、圖書等信息載體傳播開始，分析了此後 300 年
裏信息技術的變革對美國的社會、經濟、文化所帶來的深遠而巨大的影響。

　　相比西方在出版與傳播的技術史方面的研究，我們對中國近現代出版技
術史的研究目前還存在微觀細分得不夠、宏觀涵蓋得不夠的問題，借用汪家
熔的說法：「1985 年開始至今，凡以『中國出版史』為題目的，厚薄不等，都
未能脫其窠臼」〔註48〕；學界在出版事業層面的研究較多，但從整個文化史
的廣度和技術內史的深度進行的研究還很匱乏。

4. 研究方法

　　本書在前人研究成果的基礎上，從技術內史的角度對中國近代以來出版

California Press, 1973.
〔註44〕 Richard E. Huss, *The Development of Printers' Mechanical Typesetting Methods,
1822～1925* （印刷機械排字方法的發展，1822～1925）[M]. USA: The
University Press of Virginia, 1973.
〔註45〕 David Consuegra. *American Type Design & Designers* [M]. New York: Allworth
Press, 2004.
〔註46〕 Talbot Baines Reed. *A History of the Old English Letter Foundries, with notes,
Historical and Bibliographical, on the Rise and Progress of English Typography*（古
老英國鑄字匠的歷史）[M]. London: Elliot Stock, 62, Paternoster Row, E.C. 1887。
〔註47〕 〔美〕錢德勒等編，信息改變了美國：驅動國家轉型的力量[M]，上海：上海
遠東出版社，2008。
〔註48〕 汪家熔，出版史研究二十年印象[J]，編輯之友，2000（3）：61～62。

技術的發展軌跡進行了一次全面的梳理，重點對出版技術的兩次變革加以研究。

本研究採取的方法包括：

①概念創新和理論分析的方法

在不同的歷史階段，與出版技術有關的基本概念的界定也有所不同，所以本書首先對出版技術的本質進行了概念上和理論上的分析。如果沒有一致的概念，不同階段的出版技術之間就難以做出比較，也就無法在後面展開分析、論證、解釋和結論。

我們不打算細分不同技術所使用的材料與工具有多少不同之處，因爲在我們看來，這並非一項技術的本質，比如雕版印刷與活字印刷都可以使用木材作爲基本的材料，使用刻刀作爲工具。我們認爲在材料與工具相同的情況下，這兩種不同技術之間的區別在於其工作流程、工作程序上的差異，爲了表述這種差異，我們主要使用了流程圖的表達方式。使用文字描述和流程圖的目的，只是爲了把信息的創造與信息產品的生產過程（process）抽象成標準化的操作程序（program），用流程圖的方式加以表達。

在區分不同出版技術的基礎上，我們還要進一步判斷一項技術是否在某一時期成爲了一種「技術程式」（standard operation process），被業內的從業者普遍採用，作爲專業化分工的標準。

通過借鑒科學革命中的「範式」理論並沿襲中國傳統加工製造工藝中的「程式」概念，我們提出了「出版技術程式」這一概念。「技術程式」的概念超越了材料和工具的具象差異，保留了出版技術中操作程序規範化的抽象特點，是不同的技術之間本質的區別。

對於兩次技術革命——工業革命和信息革命，如果採用寬泛的定義，這兩次技術革命可以被概括爲生產方式的轉變，即工業革命是從手工生產方式向機器生產方式的轉變；信息革命是從實物生產方式向信息的虛擬產品生產方式的轉變。

在準確界定基本概念和研究對象之後，通過對近代以來中國出版技術演變過程的梳理，我們可以對中國出版技術的發展歷程進行歷史分期，將之劃分爲三個階段，分別是：中西方出版技術的對撞階段（1807～1847 年）、中國出版技術的工業化變革階段（1847～1974 年）和中國出版技術的信息化變革階段（1974～2010 年），並首次對這三個歷史階段和兩次技術變革從技術內在

的性質上作出界定與解釋。

通過概念的統一，本書得以對不同發展階段的中西方出版技術展開對比，區分不同歷史階段技術程式之間的競爭、替代和演化的關係，揭示出出版技術發展的規律性和驅動力，從而在理論上有所創新。

②史料考證與技術分析驗證相結合的方法

在明確了研究對象和基本概念之後，本書在前人成果的基礎上，運用文獻考證與技術分析驗證的方法，對中國近代以來出版技術發展三個階段中各種不同的技術程式逐個進行了考證和驗證。

本書對各種不同的出版技術及其代表性出版物的樣本進行分析，以此來驗證一項技術是否真的可行，是否具有技術上的合理性。這樣的技術分析，對於判別西方出版技術傳入中國之初的具體細節頗有助益，因為史料的不完備，我們無法準確地獲知當年傳教士們具體採取了何種方法來克服很多技術上的困難，只有通過思想實驗，來合理設想他們會採取什麼樣的做法。

在確定了不同出版技術各自的詳細操作程序之後，接下來，我們還需要確認一項出版技術是否被業內普遍採用，成為一種出版技術程式。實際上在西方鉛印技術傳入中國的早期，不同的從事出版印書的群體，採用的是完全不同的出版技術程式：西方傳教團體的出版機構普遍採用鉛字印刷或石印技術；而中國的出版機構和書商，仍舊普遍採用中國傳統的雕版印刷和活字印刷技術。

當一種出版技術程式替代另一種技術程式，佔據主流的出版技術程式發生轉變的時候，到底是什麼樣的原因推動了這一轉變的發生，我們就需要結合史料具體問題具體分析。比如在中西方出版技術的對撞階段，從初始資金的投入和印書的成本核算來看，西方的谷登堡鉛印技術並不比中國傳統的雕版印刷更具經濟優勢，鉛字和印刷機都需要投入很多的初始資金，印刷成本遠超過雕版印刷，但是因為清朝閉關鎖國的政策，嚴禁華人協助外國人出版圖書，導致西方傳教機構不得不募集資金，把鉛字和印刷機甚至印刷工都遠渡重洋地送到中國來，只為了傳教的目的能夠實現。

通過史料考證與技術分析相互驗證的方法，我們不僅可以對前人的研究結果進行檢驗，也可以對缺失的歷史環節給出合理的推測，彌補出版技術發展史中現有的缺環，完成一幅完整的歷史發展軌跡的描繪。

③經濟學的定量分析方法

雖然本書把重點放在技術內史的研究上，但技術的發展往往是與經濟、政治、宗教、商業、社會和文化等多種因素交互作用的結果。這些技術之外的因素或者驅動、或者阻礙了技術的發展，構成了中國出版技術發展的特點。現有的中國出版技術史研究中，定性的研究居多，定量的研究很少。

造成這種情況的原因，很大程度上是因為相關數據資料的不足。為了解決這個問題，本書對不同的技術程式在單位信息上的成本進行了測算，實現了初步的量化分析。通過計算結果的對比，我們發現，不同的技術之間在成本與效益上的差異決定了它們要麼被選擇，要麼被拋棄，這是一個社會選擇的過程。

舉例來說：在中西方出版技術的對撞階段，馬禮遜《華英字典》所刻製的漢字鉛字平均每個漢字的費用是中國傳統活字的代表《武英殿聚珍版》圖書所刻漢字木活字單字費用的 4.4 倍，而每刻一枚木活字所需的費用又是雕版印刷刻字費用的 7.7 倍之多，這些數字可以說明為什麼在中國活字印刷並沒有全面取代雕版印刷，而西方鉛印技術傳入中國之初，並無任何成本上的優勢可言，自然也就不存在所謂的「先進性」之說。

後來，倫敦傳道會耗費鉅資 1000 鎊購買一臺最新式的滾筒式印刷機，1847 年這臺印刷機與印刷工偉烈亞力一同抵達上海，倫敦傳道會的墨海書館成為了上海第一家擁有新式滾筒印刷機的出版機構，印刷產能劇增，印刷的成本得到大幅度降低。再後來，美國長老會印刷機構美華書館的姜別利採用電鍍法制作漢字字模，以自動鑄字機鑄造漢字鉛字，將漢字鉛字的價格大幅度降低，1867 年的時候，購買一副漢字鉛字的價格與刻製一套木活字的價格幾乎一樣，同時照相製版石印技術迅速普及，到了此時，中國傳統的雕版印刷和活字印刷已無任何經濟上的優勢可言。

我們發現，一種出版技術程式取代另一種技術程式，經濟上的原因是主要的驅動力。與此同時，我們也看到，技術進步是一個曲折而漸進的過程，一種出版技術程式在經濟上的優勢也是隨著技術的發展而逐步體現出來的，這也意味著技術程式的轉換——革命的發生，需要一定的時間，這樣的過程也許會經歷很長的時間才能完成。

④中西方對比的分析方法

理解中國出版現代化的歷程，不能孤立地只研究中國印刷技術的發展，

而應當首先搞清楚西方發達國家的出版現代化歷程，然後將中國出版技術的發展放在這個大的歷史背景中加以考察。

本書以中西方出版技術發展對比的角度分析了中國出版技術發展史的特徵，指出了西方出版技術發展的連續性和中國對西方技術從引進到超越的間斷性這一特點的成因。

田玉倉在《近代印刷術的主要特徵、形成時間及對傳入的影響》一文中指出，「19 世紀歐洲主要國家及美國進行了產業革命（工業革命），在產業革命的進程中，印刷生產擺脫了傳統的手工業模式，實現了工業化。同時，19 世紀又是資本主義列強向外擴張，實行侵略和掠奪的殖民時期。在這樣的歷史背景下，成長中的近代印刷術隨著傳教士來華和列強入侵而相繼傳入我國。」「由於 19 世紀至 20 世紀初正值近代印刷術的成長期，此間傳入的技術將不可避免地帶有成長的痕跡，體現成長的進程。也就是說，傳入呈動態，不會一蹴而就，盡是成熟或定型的東西。研究中國近代印刷術演變的時候，應當同步瞭解國外的工藝技術狀況。相互參照，融會貫通，有利於促進研究的深化。」〔註49〕

中國近代以來實現出版現代化的過程中，無論是早期傳教士將西方出版技術帶入到中國，還是後期中國主動追趕西方先進的出版技術，繼而在漢字信息化領域實現了超越，都是以西方出版技術的發展進程為參照系的。

如果缺乏與西方歷史的對比，我們很容易賦予近代西方的傳教士或印刷商以某種特殊的光環，認為他們便是出現在中國的歷史中的某項新的出版技術的「發明者」，但從史料中又找不到對其發明過程詳細的記述。在與西方出版技術同時期的發展情況進行對比之後，我們就會明白，那些過去我們認為是「發明者」的一些人，並非真正意義上的技術發明人，而是首先將西方出版技術引入到中國，並應用於中文語言的「技術應用者」、「技術擴散者」或「技術傳播者」。

本書通過中西方技術發展過程的直接對比，以西方出版技術的發展作為背景來梳理中國出版技術的變革，證實了西方的技術發展軌跡是持續的而中國的技術引進是間斷進行的這一特點。

這一特點同樣體現在漢字激光照排技術的成功中。中國出版業在工業化

〔註49〕田玉倉，近代印刷術的主要特徵、形成時間及對傳入的影響[J]，北京印刷學院學報，1996（1）：50。

變革的過程中，由於一直依賴於外部的技術引進，又經常被戰爭和冷戰打斷，所以始終處於落後於西方出版技術的發展步伐。西方鉛字的排版技術持續改進，照相排版技術也開始從圖像應用到文字領域，從手工排字發展到機械排字，進而向自動化排字演變，已經發展到了生產的高度自動化、很少人工干預的新階段，而中國漢字有別於西方拼音文字的特殊性，只能採取手工的排版方式，這讓出版工業化的最終目標——自動化始終難以實現。隨著計算機技術的興起，一場由國家主導的信息化變革被引入到出版技術領域，計算機漢字激光照排技術的自主研發取得了成功，一下子解決了長期困擾出版業的排版工業化難題，後來隨著計算機的普及，漢字排版系統的價格越來越低，中國生產信息產品的效率就這樣一舉趕超了西方工業化後期的技術水平。與此同時，改革開放發展社會主義市場經濟的政策，產生了巨大的市場需求，催生了大量的市場經營主體，為新技術的採用提供了機遇。政府看得見的手和市場看不見的手，共同發揮積極作用，推動了新技術的迅速推廣，這就是中國能夠在改革開放之後短時間內實現出版業快速發展，並趕超西方發達國家成為出版大國的主要原因。

第一章　中西方出版技術的對撞

（1807～1847）

　　兩百多年前的 1807 年，被認爲是中國近代出版的開端。這一年，一位年輕的英國新教傳教士馬禮遜（Robert Morrison，1782～1834）來到中國，他在學習漢語之後開始編纂《華英字典》，該書於 1815 年開始在澳門印刷出版，它是第一套在中國採用西方鉛字排印技術印刷的中英文混合排版的圖書，被視作西方近代印刷技術傳入中國之始，因而在中國近代出版史上具有了里程碑的意義。

圖1：馬禮遜和他的華人助手〔註1〕

〔註 1〕 圖片來源：湯姆斯（Thoms）印製的 Memoirs of the Life and Labours of Robert Morrison[M]. London: Longman. 1839.的插圖。

圖 2：1815 年出版的馬禮遜《華英字典》（第一部第一卷）書名頁

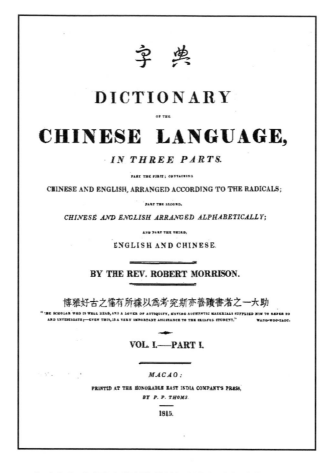

我們將 1807 年以來中國出版技術的發展歷程劃分為三個階段，分別是：中西方出版技術的對撞階段（1807～1847 年）、中國出版技術的工業化變革階段（1847～1974 年）和中國出版技術的信息化變革階段（1974～2010 年）。之所以把中西方出版技術的最初相遇這一時期單獨區分出來，稱之為「對撞期」，而沒有把這一時期歸於工業化變革的階段，是因為在這個階段，來自西方的出版技術相對於中國傳統的出版技術，實無任何優勢可言。

這一點可能會出乎很多人的意料。按照我們今天的常識，通常會認為西方的谷登堡印刷術是一種工業化的出版技術，要比中國傳統的泥活字、木活字和金屬活字手工雕刻的方法更為先進，這種先進性讓它取代中國傳統的雕版和活字印刷理所當然。但是真實的情況可能並非如此簡單。因為自 19 世紀初馬禮遜開啓基督教新教在華「文字傳教」以來，西方各種宗教團體的傳教

士和印刷工紛紛帶著印刷設備來華進行傳教和出版活動，他們曾經嘗試過採用中西結合的辦法來印刷出版中西文混合排版的圖書，但主要的中文傳教讀物，還是要靠吸收中國信徒，以雕版的辦法來印刷的。對於到底應該採取何種印刷方法，來華傳教士與其派出機構之間，傳教士與傳教士之間，曾展開過一場關於中西方印刷技術優劣對比的大討論。討論的結果是：各有優劣利弊，具體採用何種方式，應該因地制宜；但是爲了擺脫受制華人，傳教機構還是要自己掌握出版的技術工具。

所以在這個階段眞實的情況是，西方出版技術並未對中國傳統的出版技術造成實質性的挑戰，東西方兩種出版技術之間並未直接展開競爭，而是保持著各自獨立存在，自成體系的並存狀態。它們被掌握在完全不同的人群手中，分別爲各自的目的服務。

在本章中，我們將對中西方出版技術的操作程序逐一進行描述，並以流程圖的方式來概括出它們各自的特點；通過對出版技術操作程序的演變過程進行分析，我們可以理解在什麼情況下，一項技術能夠最終演變成爲一個「技術程式」；最後，我們會對不同的出版技術程式從經濟方面進行對比分析，以此解釋它們各自的適用範圍和優劣狀況。

1.1 中西方傳統出版印刷技術的對比

中國的出版技術曾經遙遙領先於西方。「四大發明」中的造紙術和印刷術最早都起源於中國。中國的活字印刷術和西方的鉛字印刷術，雖然在地理上相隔遙遠，但作爲一項技術，從本質上來講，如果追根溯源的話，最早都可以追溯到北宋慶曆年間（1041～1048 年）畢昇所發明的泥活字印刷術。

中國的傳統文化博大精深，這與歷朝歷代的統治者極爲重視圖書的出版不無關係，「盛世修典」的傳統也被奉爲治國之道。中國所特有的科舉制度和「士農工商」的等級社會，推動和引導了「萬般皆下品，唯有讀書高」的社會風尚，於是讀書被視爲改變個人命運的唯一途徑，文字被奉爲一種神聖的象徵。在這樣的社會背景中，中國傳統的出版印刷技術已經高度成熟、高度發達。

中國傳統的出版技術主要有兩類：一類是將圖畫與文字信息雕刻在木板之上然後進行刷印的雕版印刷技術（woodblock printing 或 xylography）；一類是集漢字的活字製備、排字、刷印與還字於一體的活字印刷技術（Movable type printing 或 typography）。

1.1.1 中國雕版印刷技術程式

中國傳統的雕版印刷術發明於何時，學界尚無定論。

張秀民的研究認為，中國最早的印刷出版的文字記載，見於明代史學家邵經邦（1491～1565）在《弘簡錄》卷四十六中，「太宗后長孫氏，洛陽人。……遂崩，年三十六。上為之慟。及宮司上其所撰《女則》十篇，採古婦人善事。……帝覽而嘉歎，以後此書足垂後代，令梓行之」這段話。據此記載，張秀民認為《女則》的印行應該是有史以來最早的內府刻本，由於長孫皇后卒於貞觀十年（636 年），所以他推論這部書的刊刻就在貞觀十年，這就是雕版印刷的「貞觀十年說」。〔註2〕但是由於《女則》並無印本存世，所以此說還缺乏令人信服的證據。

圖3：唐咸通九年（868）《金剛經》的卷首

雕版印刷的優勢在於它對於圖像和文字的處理是等同的，易於實現圖文混排的效果，從而在觀感上能夠滿足審美的要求。文字與圖像相得益彰，漢字的書法被作為圖像準確地複製出來，能夠保留書法的美感，這是後來的活字印刷所不具備的優勢。雕版印刷作為一種可以同時複製圖畫和文字的印刷技術，在中國的出版業中一直佔據著主導地位。

〔註2〕 張秀民著，韓琦增訂，中國印刷史（插圖珍藏增訂版）[M]，杭州：浙江古籍出版社，2006：9～11。

中國傳統的雕版印刷技術包括了如下的操作程序：

第1步　備料

先將紋質細密堅實的木材，如棗木、梨木等，鋸成一塊塊木板作爲印版。

第2步　書寫

將書稿內容工整地謄寫在薄紙之上。

第3步　雕刻

將謄寫好的薄紙反過來貼在木板之上，開始刻字。刻工用不同形式的刻刀將木版上的反體字墨蹟刻成凸起的陽文，同時將木版上其餘空白部分剔除，使之凹陷。

第4步　刷印

木板雕好以後，就可以開始印書了。印書的時候，先要施墨，用刷子蘸了墨汁，在印版上均勻地刷上墨，再小心地把白紙覆蓋在印版上，另外拿一把乾淨的刷子在紙背上輕刷，紙上便印出文字或圖畫的正像來。把紙揭起，陰乾，印製過程就完成了。

第5步　裝訂

將印好的書頁裝訂成冊，一本書也就完成了。

我們將雕版印刷的操作程序整理成如下的流程圖：

圖 4：雕版印刷技術流程圖

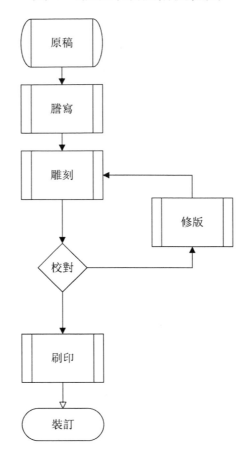

　　雕版更像是一門手藝，完全依賴於刻字匠個人的技能和經驗，一個人就可以獨立地完成操作，不需要分工配合，這種自給自足的生產方式，特別適合於古代中國這樣一個農業社會。在農閒的時候，那些有著雕刻技藝的工匠就可以背著簡單的工具到處遊走，替人刻版，換些小錢，補貼家用。甚至就是某些殿本的刊刻，都是由臨時招募的刻字工，以計件的方式組織起來完成的臨時性工作。

　　採用雕版刷印，所有環節均為手工操作，一個印工一天可以印出 1500～2000 張紙；一塊雕版可以印刷萬次以上，需要對印版做好防蟲、防潮的處理。

　　對於出版活動來說，僅有技術是不夠的，還需要先期投入大量的資金進行印版的刻製。無論是受眾廣泛的佛教經文還是卷帙浩繁的儒家經典，在最

終印刷出成品之前，首先必須備齊全書所需的印版，所以採用雕版印刷，前期投入不僅耗費巨大，而且曠日持久。印版一旦完成，只要保存完好，就能夠在後續的歲月中反覆使用，不論是成千上萬，還是僅僅一本，都可以隨時以很低的成本進行複製，這就是雕版印刷的主要優勢所在，也是「版權所有」說法的由來。誰掌握了印版，誰就掌握了後續出版的權利和優勢。

雕版印刷原理雖然很簡單，也能夠演化出很複雜的工藝技巧，通過多色套印能夠進行彩色印刷，從而創造出讓人賞心悅目的視覺效果。例如康熙朝所印《御製耕織圖》和《芥子園畫傳》，就是傳統彩色套印的精品之作。〔註3〕這種傳統的木刻套版彩印工藝也被用於彩印年畫，在民間的銷量很大。

圖 5：《御製耕織圖》

〔註3〕張秀民著，韓琦增訂，中國印刷史（插圖珍藏增訂版）[M]，杭州：浙江古籍出版社，2006：414。

　　由於雕版印刷操作程序簡單，在實際的社會生產中被從業者廣泛採用。由於刻字工遵循相同的技術規範，容易組織起來進行分工協作，所以雕版印刷技術是中國一種佔據主流的出版技術程式。

1.1.2 中國活字印刷技術程式

　　除了雕版印刷，中國人也發明了活字印刷術。

①畢昇發明的活字印刷術

　　北宋慶曆年間（1041～1048 年），畢昇（約 970 年～1051 年）發明了泥活字印刷術。畢昇發明的泥活字印刷術，比德國人約翰內斯·谷登堡 1450 年前後發明的鉛活字印刷術早了大約四百年的時間，是所有活字印刷技術的鼻祖。

　　泥活字印刷的操作程序比雕版印刷的操作程序略爲複雜，在刻字和刷印這兩道工序之外，增加了排版與還字的工序。

　　對畢昇活字印刷的發明，唯一的記載見於沈括《夢溪筆談》（卷第十八·技藝）中：

> 　　　　版印書籍，唐人尚未盛爲之，自馮瀛王始印《五經》，以後典籍，皆爲版本。慶曆中有布衣畢昇又爲活版。其法：用膠泥刻字，薄如錢唇，每字爲一印，火燒令堅。先設一鐵板，其上以松脂蠟和紙灰之類冒之。欲印，則以一鐵範置鐵板上，乃密佈字印，滿鐵範爲一板，持就火煬之，藥稍熔，則以一平板按其面，則字平如砥。若止印三二本，未爲簡易，若印數十百千本，則極爲神速。常作二鐵板，一板印刷，一板已自布字，此印者才畢，則第二板已具，更互用之，瞬息可就。每一字皆有數印，如「之」、「也」等字，每字有二十餘印，以備一板內有重複者。不用則以紙貼之，每韻爲一帖，木格貯之。有奇字素無備者，旋刻之，以草火燒，瞬息可成。不以木爲之者，紋理有疏密，黏水，則高下不平，兼與藥相黏，不可取。不若燔土、用訖、再火、令藥鎔，以手拂之，其印自落，殊不沾污。昇死。其印爲予群從所得，至今保藏。

圖6：沈括《夢溪筆談》（卷第十八・技藝）中有關畢昇活字的記述

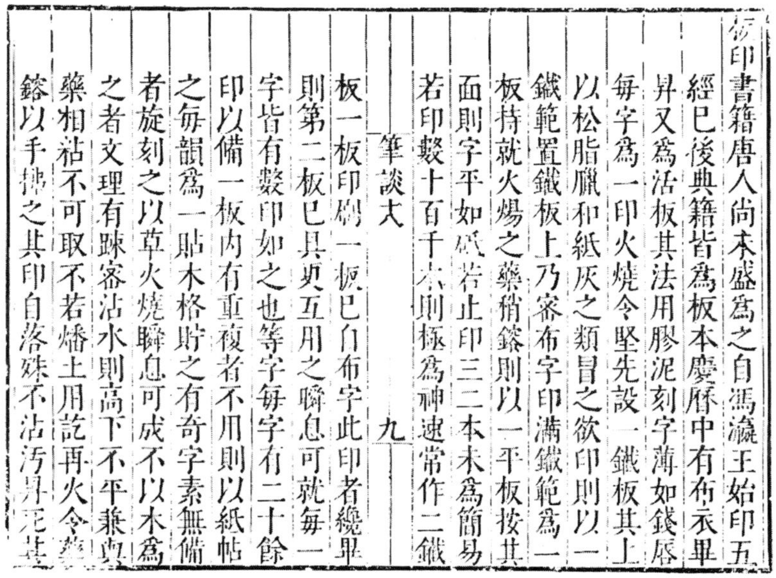

根據沈括的記載，畢昇發明的活字印刷術應該包括了製字、排字、刷印、還字這麼幾道操作程序：

第1步　製字

先用膠泥做成一個個四方長柱體，一面刻上單字，再用火燒硬，這就是一個個的活字。每一個單字都要刻好幾個備用；例如「之」、「也」這樣的常用字，則要刻二十多個，以備一版之內字的重複使用。如果碰到沒有預備的冷僻生字，就臨時雕刻，用火一燒很快就成，非常方便。

第2步　排字

排版的時候，先預備好一塊鐵板，鐵板上面放上松香和蠟等材料（松脂蠟和紙灰）混合而成的東西，鐵板四周圍著一個鐵框，在鐵框內密密地排滿活字，滿一鐵框爲一版，再用火在鐵板底下烤，使松香和蠟等熔化。另外用一塊平板在排好的活字上面壓一壓，把字壓平，一塊活字版就固定好了。

第3步　刷印

它同雕版一樣，只要在字上施墨，就可以進行印刷了。爲了提高效率，還需要另外準備一塊鐵板，這樣就可以一塊版印刷，另一塊版排字；等第一塊版印完，第二塊版也已經準備好了。兩塊版互相交替使用，效率會高很多。

第4步　還字

畢昇採用了按照音韻貯字和取字的方法。活字不用的時候，將字貼到紙上，每個韻的字貼到一張紙上，用木格子存放。

通過這個對製字數量的說明，我們可以看出，畢昇製備活字並非沒有計劃、沒有章法的，而是按照一套方案來的，對常用字和非常用字做了區分。畢昇之所以不用木頭來製作活字，是因為：木頭的紋理不均，沾上水後容易高低不平，而且容易與松香黏在一起，難以分開；不如黏土製成的活字，印過以後，把鐵板再放在火上燒熱，使松香和蠟等熔化，用手一拂，活字就會自動落下，不會沾上松香和蠟。

我們將畢昇發明的活字印刷術用如下的流程圖來表示：

圖7：畢昇發明的活字印刷術操作流程圖

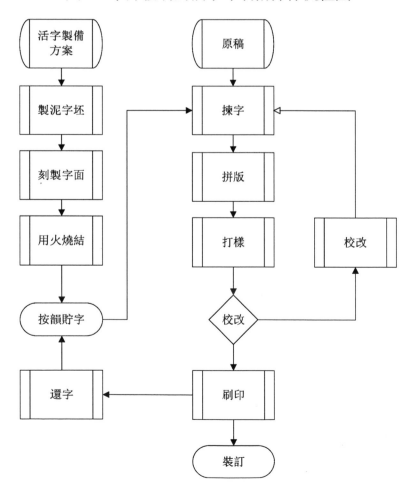

可惜的是，畢昇活字所印的圖書沒有存世；這種活字印書的方法，也沒有被大規模地採用，更沒有能夠取代雕版印刷在中國傳統圖書出版技術中的主導地位。由於沒有記載，其生產效率如何，我們也無從得知。從「技術程式」的定義來看，畢昇發明的活字印刷術並未成爲當時的一種出版技術程式，但這並不妨礙它作爲此後所有活字印刷技術程式鼻祖的歷史價值。畢昇首創的活字印刷的基本原理，已經具備了完整的操作流程，這一流程爲後來所有其他的活字印刷技術所因襲延續，所以可以說，畢昇的發明是此後所有活字印刷技術的靈感之源。

②王禎創制的木活字印刷術

初看起來，活字印刷應該具有雕版印刷所沒有的先天優勢，因爲它既不需要重複地去刻製相同的漢字，也不需要先期製作出大量的印版，從資金投入和時間投入上來看，可能都更爲合算；但活字印刷節省的是材料費用，額外增加了排版與還字的工作，所以這種材料上的節省是以增加工作爲代價的，整體上來說是否合算，還要根據具體情況具體分析。

在實際的操作中，活字印刷比雕版印刷需要更爲嚴密地分工協作和組織管理，甚至可以說，活字印刷更依賴組織機構的力量而非一人之力，否則就難以實行。畢昇雖然是活字印刷術的發明者，但由於他是一介平民，缺少發揮這項技術優勢所需要的編書、印書的出版資源和組織能力，所以他並沒有成功地把自己的發明付諸實踐，成爲一個出版家而留名後世，也沒有能夠將這一技術發揚光大，從商業上獲得巨大的收益。第一次有記載將活字印刷術付諸實用的，是元代的王禎。

王禎曾爲官安徽旌德和江西永豐。他注重發展農業生產，提倡種植桑棉，歷時十多年撰寫出了農學名著《農書》〔註4〕。他曾命工匠製作木活字3萬多個，元武宗至大四年（1311年），王禎用這些木活字排印了一本6萬多字的《旌德縣志》，不到一個月就印製了100部。遺憾的是，這部有明確記載的木活字印本，也已失傳。幸運的是，王禎將其製作活字、排版、印刷的方法，記載在《農書》（卷二十六·農器圖譜二十·雜錄）一節中，題爲「造活字印書法」，詳細記載了木活字製作、排字和印刷的具體過程。

王禎所創制的木活字印刷技術流程包括：寫韻刻字法、鎪字修字法、作

〔註4〕《農書》在元仁宗二年（1313年）完成後並未採用活字進行排印，而是仍舊用雕版印刷。

盔嵌字法、造輪法、取字法、作盔安字印刷法，《農書》中對每一個步驟的操作細節都做了具體描述，這是一份中國印刷技術史的珍貴文獻，也是中國傳統的活字印刷技術走向成熟的一個標誌。

《造活字印書法》〔註5〕摘錄如下：

> 伏羲氏畫卦造契以代結繩之政，而文籍生焉（注云：書字於木刻其側以爲契，各執其一以相考合）。皇帝時倉頡視鳥跡以爲篆文，即古文科斗書也。周宣王時史籀變科斗而爲大篆。秦李斯損益之而爲小篆。程邈省篆而爲隸。由隸而楷，由楷而草，則又漢魏間諸賢變體之作。此書法之大概也。或書之竹，謂之竹簡；或書於縑帛，謂之帛書。厥後文籍寖廣，縑貴而簡重，不便於用，又爲之帋（紙）。故字從巾案前漢皇后紀已有赫蹏帋，至後漢蔡倫以木屑、麻頭、破布、漁網造紙，稱爲蔡倫紙。而文集資之以爲卷軸，取其易於卷舒，目之曰卷，然皆寫本。學者艱於傳錄，故人以藏書爲貴。五代唐明宗長興二年，宰相馮道、李愚請令判國子監田敏校正九經，刻板印賣，朝廷從之，錄梓之法其本此。因是天下書籍遂廣，然而板木工匠所費甚多，至有一書字板，功力不及，數載難成。雖有可傳之書，人皆憚其工費，不能印造傳播後世。有人別生巧技，以鐵爲印，盔界行內，用稀瀝青澆滿冷定，取平火上，再行煨化，以燒熟瓦字排於行內，作活字印板。爲其不便，又有以泥爲盔界，行內用薄泥將燒熟瓦字排之，再入窯內燒爲一段，亦可爲活字板印之。近世又有注錫作字，以鐵條貫之，作行嵌於盔內界行印書。但上項字樣難於使墨，率多印壞，所以不能久行。今又有巧便之法，造板木作印盔，削竹片爲行，雕板木爲字，用小細鋸鋸開，各作一字，用小刀四面修之，比試大小高低一同，然後排字作行，削成竹片夾之，盔字既滿，用木屑楔之，使堅牢，字皆不動，然後用墨刷印之。

> **寫韻刻字法：**

> 先照監韻內可用字數。分爲上下平上去入五聲。各分韻頭，校勘字樣，抄寫完備。擇能書人，取活字樣制大小寫出各門字樣，糊

〔註5〕《農書》（卷二十六‧農器圖譜二十‧雜錄）中《造活字印書法》節錄自廣雅書局重刊武英殿聚珍本影印。

於板上，命工刊刻，稍留界路，以憑鋸截。又有如助辭之乎者也字及數目字，並尋常可用字樣，各分為一門。多刻字數約三萬餘字，寫畢，一如前法。今載立號監韻活字板式於後，其餘五聲韻字俱要仿此。

……

鎪字修字法：

將刻訖板木上字樣用細齒小鋸每字四方鎪下，盛於筐呂器內，每字令人用小裁刀修理齊整，先立準則，於準則內試大小高低一同，然後另貯別器。

……

取字法：

將元寫監韻另寫一冊，編成字號，每面各行各字俱計號數，與輪上門類相同，一人執韻依號數喝字，一人於輪上元布輪字板內取摘字隻，嵌於所印書板盔內。如有字韻內別無，隨手令刊匠添補，疾得完備。

作盔安字刷印法：

用平直幹板一片，量書面大小，四圍作欄，右邊空。候擺滿盔面，右邊安置界欄，以木楬楬之。界行內字樣，須要個個修理平整。先用刀削下諸樣小竹片，以別器盛貯。如有低邪，隨字形襯楬楬之。至字體平穩，然後刷印之。又以棕刷順界行豎直刷之，不可橫刷。印紙亦用棕刷順界行刷之。此用活字板之法也。

前任宣州旌德縣尹時，方撰《農書》，因其字數甚多，難於刊印，故尚己意，命匠創活字二年而工畢，試印縣志書約計六萬餘字，不一月而百部齊成，一如刊板，便知其可用。後二年，余遷任信州永豐縣，挈而之官，是《農書》方成。欲以活字嵌印，今知江西見行，命工刊板，故且收貯以待別用。然古今此法未有所傳，故編錄於此，以待世之好事者為印書省便之法傳於永久，本為《農書》而作，因附於後。

圖8：王禎《農書》所載「活字板韻輪圖」

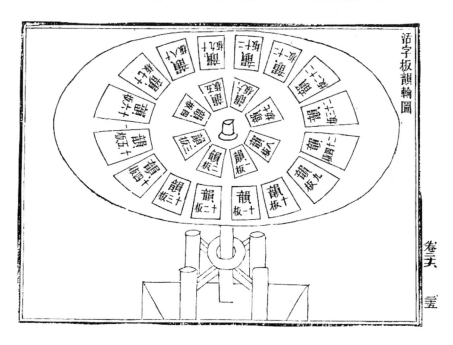

王禎所設計的轉輪排字盤和按韻分類儲字法，把活字印刷中的排版技術向前推進了一步。他所設計的轉輪排字盤，是一個用輕質木材製成的大輪盤，直徑約七尺，輪軸高三尺，輪盤裝在輪軸上可以自由轉動。木活字按古代韻書的分類法，分別放入盤內的格子裏。他製作了兩副這樣的大輪盤，排字者坐在輪盤之間，轉動輪盤即可找字。這就是王禎所說的「以字就人，按韻取字」的方法，既提高了排字效率，又減輕了排字者的勞動量，是活字排字技術走向實用的標誌。從「創活字二年而工畢，試印縣志書約計六萬餘字，不一月而百部齊成」這句話我們可以知道，雖然製備一套活字所需的時間很長，但在具備了一套活字的情況下，採用活字排版印刷圖書的時間要比從頭開始雕刻的雕版印刷快很多。

王禎改進的活字印刷術相比畢昇發明的活字印刷術更為成熟，也在印刷出版中實際得到了應用；而且王禎在《農書》中的這段詳細記錄——《造活字印書法》，已經具有了一種技術教科書的雛形，據此任何人都可以按圖索驥，應用木活字印刷術；但是由於這一技術後續並沒有得到廣泛地推廣與應用，所以實際上，它仍不能被稱為一種真正意義上的出版技術程式。

③中國傳統的銅活字製備技術

早在法國狄德羅（Denis Diderot）出版現代百科全書之前，正處於康乾盛世的中國就已經出版過一部大型類書（這是中國的百科全書）——《古今圖書集成》。這部書的編修始自康熙四十年（1701），印製完成於雍正六年（1728年），歷時兩朝二十八年。全書共計一萬卷，另目錄四十卷，初版本分裝 576 函，5020 大冊（含目錄 20 冊），50 多萬頁，共 1.7 億字，是中國最大的一部類書，也是現存規模最大、保存最完整的類書。

由於卷帙浩繁，這部類書無法採用雕版印刷出版，所以清內府在雍正四至六年（1726 年至 1728 年）間專門鑄造了數十萬枚銅活字，用於排印這部《古今圖書集成》，只印了 64 套。現在其中的一套完好地保存在中國國家圖書館。

採用銅活字印刷來出版《古今圖書集成》這樣的傳世巨著，標誌著中國的活字印刷技術已經完全成熟。可惜的是，印製《古今圖書集成》的這批銅活字後來被毀掉了，據說理由十分荒唐，是爲了把銅用於鑄造錢幣。由於實物盡毀，且記載缺失，所以這批銅活字到底是如何製備出來的，到底是刻？是鑄？學界一直存在著爭議。

有一種觀點認爲，這批銅活字應該是被逐個雕刻出來的。這個判斷基於兩方面的原因：從《古今圖書集成》實物上看，同一頁內的相同的字在字形上存在不一致的現象，而如果是鑄造出來的，就不應該存在這種現象；在乾隆《御製題武英殿聚珍版十韻有序》（1776）中有「康熙年間編纂《古今圖書集成》，刻銅字爲活版，排印藏工，貯之武英殿，歷年既久，銅字或被竊缺少，司事者懼干咎，適值乾隆初年京師錢貴，遂請毀銅字供鑄，從之。所得有限，而所耗甚多，已爲非計，且使銅字尚存，則今之印書不更事半功倍乎？深爲惜之！」的記載，其中「刻銅字爲活版」一句中的「刻」字表明，這批銅活字應該是逐字被雕刻出來的。

另一種說法認爲：當時我國的銅鑄造技術已相當成熟，所以印製《古今圖書集成》所用的銅活字應該是鑄造的而非手工刻製的。潘吉星認爲：「中國歷代銅活字皆鑄造而成，斷無逐個手刻之理，《古今圖書集成》當然也不能例外。」〔註6〕他依據的是吳長元（活躍於 1743～1800）在《宸垣識略》

〔註6〕潘吉星，中國金屬活字印刷技術史[M]，瀋陽：遼寧科學技術出版社，2001：95。

（1788）中所說的「武英殿活字板向係銅鑄，爲印《[古今]圖書集成》而設」。雖未有鑄造該批銅活字的具體記載，但考慮到中國已有鑄造銅錢的悠久歷史，《天工開物》冶鑄章中也記錄了翻砂鑄造（sand-casting）和失蠟鑄造（dewaxing casting）這兩種鑄造方法〔註7〕，所以潘吉星認爲：「將幾十萬至百萬銅活字逐個手刻，既難操作，又費時間，從技術經濟學角度觀之，是行不通的。排印 1.6 億字巨著所用相同的字出現頻率大，不可能以一個字模一次鑄出，不能指望以多個字模幾次鑄出的同一字結體都完全相同。朝鮮銅活字皆鑄造，但一部書中同樣的字也並非個個一樣，鑄後修整也使筆劃變異。」〔註8〕

由於中國青銅器上的金文就是被一次鑄造上去的，而不是先鑄造、後雕刻出來的，所以本文認同潘吉星的觀點，印製《古今圖書集成》所用的這批銅活字只能是採用中國傳統的金屬鑄造方法鑄造出來的。

中國人所說的「模」（model）或「鑄模」（casting model），是翻砂鑄造用的模具或母模，有木模和金屬模等。木模實際上就是木活字。用木活字在型砂中按壓出與鑄件（活字）外形相當的空腔來，這個空腔被稱爲「範」或「鑄範」（casting mould），又稱「鑄型」，是與鑄件外形相當的接受金屬液的空腔，包括引入金屬液的通道。在製好的「鑄範」中澆入熔化的金屬，待冷卻凝固後即成鑄件。如果是採取這種方式鑄造銅活字，其精確度勢必有限，重複性較差，每一個字都還要經過手工修整，也就不大可能做得一模一樣。

我們將中國傳統的翻砂法鑄造金屬活字的製備工序表示成如下流程圖：

〔註7〕潘吉星，中國金屬活字印刷技術史[M]，瀋陽：遼寧科學技術出版社，2001：110～112。

〔註8〕潘吉星，中國金屬活字印刷技術史[M]，瀋陽：遼寧科學技術出版社，2001：95。

圖9：中國傳統金屬活字製備的流程圖

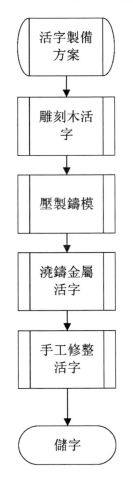

除了《古今圖書集成》所用的銅活字之外，以中國傳統方法鑄造活字的其他嘗試也曾嘗試使用過其他的金屬材料。由於只要是金屬，鑄造的流程都是一樣的，我們不再一一介紹。以後我們還會看到，這種中國傳統的製備漢字金屬活字的鑄造技術流程也曾被西方的傳教士馬士曼在塞蘭坡採用過。

由於金屬相較黏土和木材更為昂貴，製備一套銅活字的成本自然要比泥活字和木活字高出許多，所以不如木活字那樣易於推廣和普及。《古今圖書集成》的銅活字出自宮廷御製，所以無論是從組織管理的能力還是前期投入的資金上來看，都遠遠超過了王禎作為一個縣尹所能動用的資源，這樣才能把金屬活字印刷的效能充分發揮出來，而不必考慮所需耗費的成本。

銅活字的製備方法未見於存世的文獻當中，所以中國傳統金屬活字的製備流程並未能夠發展成爲一種行業普遍採用的標準，也就不能被稱爲是一種出版技術程式。

④木活字印刷技術程式

中國的活字印刷技術只有到了《武英殿聚珍版辦書程式》頒行的時候，才算是達到了眞正意義上的出版技術程式的階段。

乾隆三十八年（1773 年），乾隆帝命武英殿編修《四庫全書》，這套叢書歷時 9 載，共收書 3503 種，79337 卷，36304 冊，近 230 萬頁，約 8 億字。乾隆皇帝又命從所徵集的萬種圖書中，揀選一些將要失傳又頗具價值的重要圖書重印頒行，但由於這批圖書的品類繁多，若採用傳統雕版印刷，不僅投入巨大，而且週期很長。這時候，掌管皇家出版機構武英殿的大臣金簡上奏提議採取活字印書的解決方案。

乾隆在爲《武英殿聚珍版辦書程式》親題的《御製題武英殿聚珍版十韻有序》（1776 年）序言中記載：「校輯《永樂大典》內之散簡零篇，並搜訪天下遺籍不下萬餘種，匯爲《四庫全書》。擇人所罕觀、有裨世道人心及足資考鏡者剞劂流傳，嘉惠來學。第種類多，則付雕非易，董武英殿事金簡，以活字法爲請，既不濫費棗梨，又不久淹歲月，用力省而程功速，至簡且捷」。

金簡認爲採用木活字排印「比較刊版工料省儉懸殊」，可以做到省工省料。在他的意見被採納後，經過半年時間（乾隆三十九年四月二十六日上奏）就完成了 25 萬個漢字木活字的刻製。採用這批木活字排印的書籍被乾隆賜名《武英殿聚珍版叢書》。武英殿從乾隆三十八年到五十九年的 21 年間，總共印製了《武英殿聚珍版叢書》134 種。其中經部書 31 種，史部書 27 種，子部書 33 種；集部書 43 種。後在嘉慶年間，還採用此套活字印製過其他的書籍，包括《大事記》、《欽定平苗紀略》、《乾隆八旬萬壽盛典》、《西巡盛典》。

武英殿使用木活字印書取得了巨大的成功，於是金簡將木活字印刷技術的經驗總結爲《武英殿聚珍版程式》一書，被朝廷作爲此後木活字印書法的技術標準，在全國加以推廣。

圖 10：《欽定武英殿聚珍版程式· 目錄》〔註 9〕

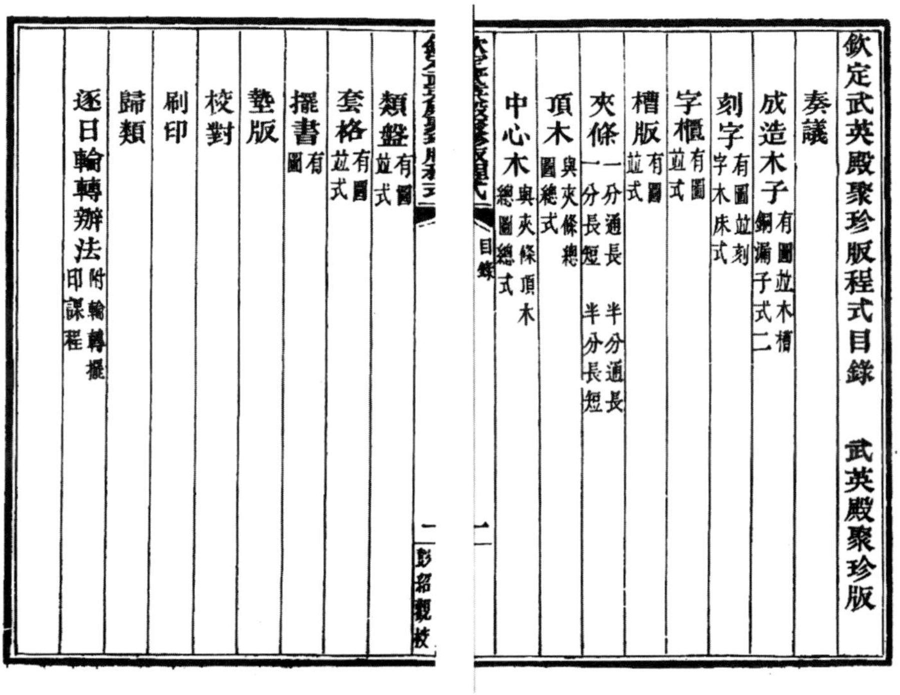
欽定武英殿聚珍版程式目錄　武英殿聚珍版

奏議
成造木子 有圖並木槽銅漏子式二
刻字 有圖並刻字木床式
字櫃 有圖並式
槽版 有圖並式
夾條 一分通長 一分長短 半分通長 半分長短
頂木 與夾條總圖總式
中心木 與夾條頂木總圖總式
類盤 有圖並式
套格 有圖並式
擺書 有圖
墊版
校對
刷印
歸類
逐日輪轉辦法 附輪轉擺印課程

彭紹觀校

《武英殿聚珍版辦書程式》詳細記述了武英殿採用木活字印刷的操作程序，全書分爲「成造木子、刻字、字櫃、槽版、夾條、頂木、中心木、類盤、套格、擺書、墊版、校對、刷印、歸類、逐日輪轉法」等 15 個部分，包括了備料、刻字、歸類、排版、校對、印刷等一系列圖書的生產工序。

我們將《武英殿聚珍版辦書程式》的幾個關鍵操作步驟整理如下：

第 1 步　制定活字製備方案

金簡在奏摺中說：「臣謹按《御定佩文詩韻》詳加選擇，除生僻字不常見於經傳者不收集外，應刊刻者約六千數百餘字。此內虛字以及常用之熟字，每一字加至十字或百字不等，約共需十萬餘字；又預備小注應刊之字，亦照大字每一字加至十字或百字不等，約需五萬餘字；大小合計不過十五萬餘字。遇有發刻一切書籍，只需將槽版照底本一擺，即可刷印成卷。倘間尚有不敷應用之字，預備木子二千個，隨時可以刊補。」

〔註 9〕（清）金簡，武英殿聚珍版辦書程式：欽定武英殿聚珍版程式[M]，北京：中國書店，2008。

金簡根據《御定佩文詩韻》一書中所用漢字，統計出常用字 6 千多個，對於經常會用到的虛字和常用字每個字準備 10 個到 100 個不等，總數爲 10 萬個。另外按照類似的辦法準備注釋所用的小號字共 5 萬個。金簡認爲這 15 萬字就可以基本滿足所有的書籍排版之需，如果碰到生僻的不常用字，就用預先準備好的 2 千個空白木子臨時雕刻。

後來經過補刻，全部活字共計 253,500 個，按照十二支的次序，分別裝在 12 個大字櫃裏，每個櫃子有 200 個抽屜，每個抽屜又分成大小 8 個格子，每格內放有大小活字各 4 個，每個抽屜上均標有部、字和畫數，揀字時按此打開抽屜，檢取所需要的活字。

第 2 步　備料

爲了保證每一個字的大小劃一，必須成批預製字坯，所以第一個環節就是要準備雕刻木活字的字坯——「成造木子」。

先用棗木板晾乾後裁成寬約一寸、厚度二分八釐的長條；然後橫截成木子，每個寬約四分；將幾十個木子夾在一個專門的槽中刨平，這個專門的刨槽寬一寸、深三分；再豎起放入到另一個寬三分而深七分的刨槽中刨平；這樣刨出來的木子就是一個寬爲三分、高爲二分八釐、長七分的長方體字坯。

小字的木子加工方法與大字木子相同，只是將原來寬爲三分的木子刨爲二分即可。

這些專用的刨槽上面都鑲有鐵片，以免刨得太深，這樣可以避免木子過小；刨完後的木子每個都要能剛好放入標準尺寸木子的大小銅漏中去，逐個漏過，這樣可以避免木子過大；不大不小，自然就是合乎標準的木子了。

第 3 步　刻字

將需要刻的宋體字照格書寫，然後逐字裁開，貼覆到木子上；然後將這些待刻的木子擺放到一個刻字用的木床上，這個木床高一寸、長五寸、寬四寸，中間挖有五條槽，每個槽寬三分、深六分，可容納十個木子。上下用活拴塞緊後，就可以像刻製雕版那樣刻字了。刻好之後，就成了一個個的木活字。

第 4 步　揀字

將這些活字分門別類儲存在十二個專門的字櫃中，每個字櫃有兩百個抽屜，每個抽屜分成大小八格，每個格中可以貯存大小活字各四個。根據《康

熙字典》〔註10〕的部首排序方法，在抽屜上標明所儲活字係某部某字及筆劃數等信息。

排版取字的時候，先按偏旁部首查到該字位於何部，即可找到相應的字櫃；再查筆劃數，就知道位於哪個抽屜中了。罕用的字則單獨儲存，放在字櫃頂上的小櫃子中。

揀字、還字都用一個專用的托盤——類盤，來豎直盛放活字，不致錯亂。

第 5 步　排字

排字用一種特製的槽版作爲擺字盤。外寬九寸五分，內寬七寸六分；外長七寸七分，內長五寸八分八釐；外高一寸六分，內深五分。擺字盤用銅包角，堅固耐用。

另用標準的一分通長夾條、半分通長夾條、一分長短夾條、半分長短夾條來夾緊每列的活字；再用頂木和中心木擺放在沒有活字的地方，以固定版面。

版面由套格所確定。套格是一個統一製作的、劃分爲十八行格線的印版，每行寬四分，版心也寬四分。套格格線長爲五寸九分八釐，這樣每行可以容納 21 個字，18 行，則每版爲 378 個字。套格需要預先刷印出所需數量的格子紙來，以備後續在上面套印活字版。

擺書的時候，也就是排版的時候，要先將待印的原文稿進行統計，列出所用的漢字和所需的數量；交由專人取字，取好活字後先放在類盤中；然後比照著原稿，進行排版，排好之後將頁碼信息寫在一個方簽之上，貼到槽版的外緣上，以備查驗。

排版的速度是每人每天可以排大字二版，排小字一版；也就是說，每人每天可排 756 字。

〔註10〕 《康熙字典》依據明朝《字彙》、《正字通》兩書加以增訂，是張玉書、陳廷敬等三十多位著名學者奉康熙之命歷時六年編撰的一部具有深遠影響的漢字辭書。《康熙字典》採用部首分類法，按筆劃排列單字，並按韻母、聲調以及音節分類排列韻母表及其對應漢字。

圖 11：《欽定武英殿聚珍版程式・擺書》〔註11〕

第6步　校對

排好的版先要墊版，將不平之處墊平整。然後刷印校樣一張進行校對。但凡改動，需要再行校對。完全無誤後，可以準備刷印。

第7步　刷印

刷印的時候，先在活字版上施墨，然後將預先印製好的格子紙蓋在上面刷印。如果遇到濕熱的天氣，活字滲入墨水後容易漲大，這時就要停下來，待版晾乾後才能繼續刷印。

第8步　還字

每版印完之後需要將活字全部按照原來的部首分類存放在類盤之中，然後再歸於字櫃。要求「凡取字、歸字，出入必須按類，方能清晰無訛。故雖千百萬之多，亦不覺其浩繁；若稍有紊淆，則茫無涯際，取給何能應手？」每年的年底，還要逐櫃逐字檢查一遍，才能保證有條不紊。

〔註11〕（清）金簡，武英殿聚珍版辦書程式：欽定武英殿聚珍版程式[M]，北京：中國書店，2008。

　　除了規範的操作程序之外，金簡還將如何進行活字排版印刷的管理方法總結成「輪轉擺印課程」，將印刷生產的工作流程設定為每十天一個循環，並規定了每天所做的工作和相應的工作量，這樣可以將每個工序的工作效率提升至最佳的水平，同時將活字的利用率也發揮到最高水平。採用「輪轉擺印課程」，10 天共擺書 120 版，歸類 72 版，之後每天刷印 12 版，校對 12 版，平墊 12 版，未平墊 12 版，這樣總共佔用了 48 版（36288 個）活字。

　　上述步驟可以表示為如下的操作流程圖：

圖 12：中國傳統木活字印刷技術的流程圖

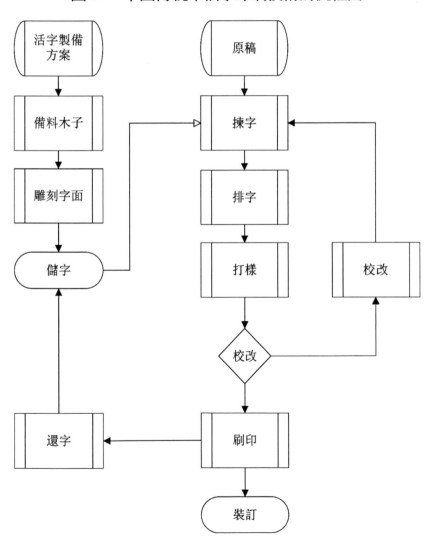

　　乾隆帝御筆將「活字」題名爲「聚珍」，可謂畫龍點睛。《武英殿聚珍版辦書程式》明確規定了活字印書的操作程序，沒有試圖隱藏任何技術秘密，它將哪怕是很小的、但是必要的操作步驟都羅列出來，工具及其使用方法也都以圖文配合的方式進行了說明，確立了活字印書的各項成本的標準，總結出了活字印書的生產管理方法。《武英殿聚珍版辦書程式》是一本眞正意義上的活字印書的技術培訓教程，只需要照此辦理，就可以使用木活字印刷技術進行圖書的出版，所以它贏得了皇帝和朝廷的認可，在全國得到了推廣應用。

　　《武英殿聚珍版辦書程式》使中國的活字印刷技術經驗得到總結，它已經臻於完備，達到了一個出版技術程式的成熟階段。

1.1.3　西方鉛字印刷的技術程式

　　西方的印刷術由谷登堡（Johannes Gutenberg，約 1400～約 1467）在大約 1450 年發明。他印製的《四十二行聖經》，這本西方最初的印本書，作爲珍貴的歷史文物，至今仍有很多副本被完好地保存在世界各地的圖書館和博物館中。

　　西方木刻版的印刷出現的時間基本上與谷登堡發明印刷術在同一個時期。在西方，木刻版只是用來印製圖像，主要是紙牌、贖罪券等，並未用於印製以文字爲主的圖書。

圖 13：谷登堡印刷的《四十二行聖經》（美因茲博物館藏）

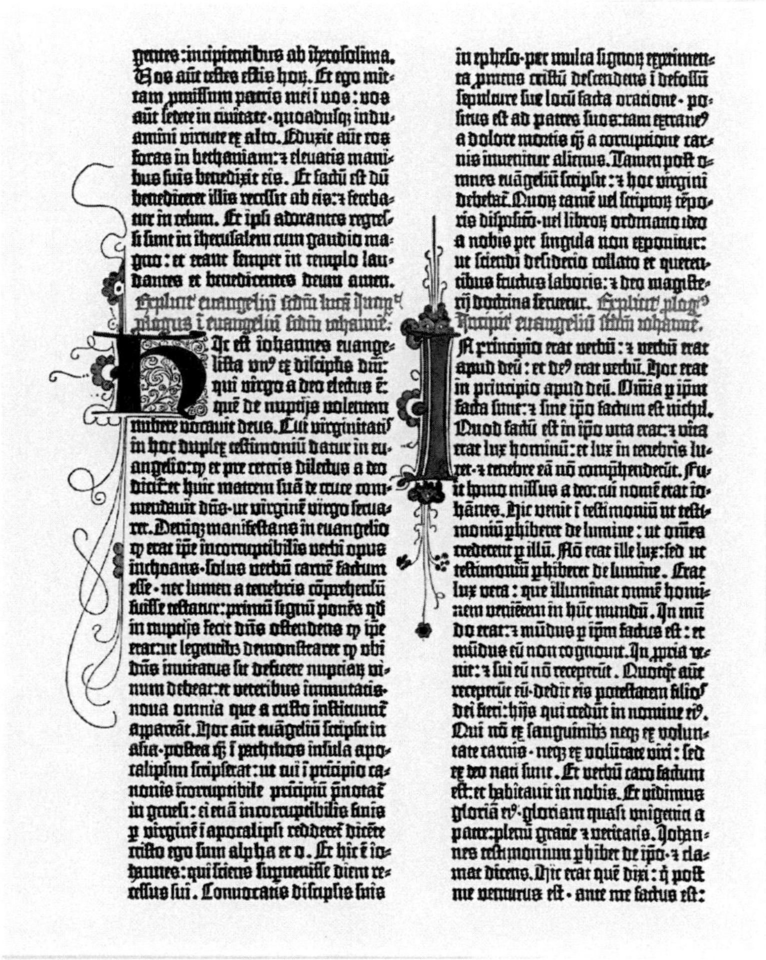

　　在谷登堡發明印刷術之前，西方的圖書是通過手工抄寫的方式生產的，這種狀況與中國早已採用雕版印刷出版圖書的歷史有很大的不同。相對於手抄本，谷登堡印刷術可以被定義為是「一種通過把顏料加到預先製備的印版表面，並通過壓印轉移到承印材料上的圖像複製技術」〔註12〕，它本質上是一套操作程序與工具的組合。這套操作程序和工具具體包括：配比合適的鉛錫銻合金，製備鉛活字，活字的排版與還字，一種配合鉛活字使用的油性墨

────────────

〔註12〕〔英〕辛格（Singer, C.）等主編，技術史（第 3 卷，文藝復興至工業革命）[M]，上海：上海科技教育出版社，2004：261。

和一種既能夠實現壓印功能，又能夠保護紙張空白部分不會沾染油墨的木質印刷機。通過這套新設計的操作程序和工具，谷登堡能夠快速地、大批量地、低成本地複製出與當時的手抄本圖書看起來一模一樣的印刷書來。谷登堡所用到的材料和工具單個拿出來並不是什麼偉大的發明，很多在當時都已經存在了，但通過這麼一整套的操作程序來實現印刷複製圖書的功能，目的是替代傳統的手工抄寫來複製圖書，這在西方是谷登堡最先想到的，也是他第一個做到的。

谷登堡印刷術這種大規模快速複製圖書的商業模式取得了巨大的成功，並隨著掌握這一技術的印刷工的遷居而在歐洲迅速擴散開來，西方的圖書出版從此邁入了一個印本的時代。法國年鑒學派大師費夫賀與印刷史學者馬爾坦的經典之作《印刷書的誕生》（*The Coming of the Book*）〔註13〕詳細介紹了西方印刷術的發明對圖書手抄出版的影響以及印刷技術在歐洲的快速普及，我們從中可以對西方出版技術的早期歷史有一個全面的瞭解。

谷登堡印刷術的發明對歐洲的政治、經濟、文化和社會產生了巨大的影響，成了推動文藝復興、宗教改革、近代科學、啓蒙思想和工業革命的一個關鍵因素，關於這方面的研究，伊麗莎白・愛森斯坦《作爲變革動因的印刷機：早期近代歐洲的傳播與文化變革》（*The Printing Press as an Agent of Change*）一書是典型的代表，她的結論是：「作爲一種變革動因，印刷術改變了資料搜集、儲存和檢索的方法，並改變了歐洲學界的交流網絡」〔註14〕，繼而對人類的讀寫能力和不同國家現代語言的定型也產生了深遠的影響。

谷登堡所發明的印刷術在最初被視爲一種商業秘密，但這並不妨礙它可以經由印刷工的流動實現在歐洲的快速傳播。在經過了這個最初的擴散階段之後，第一本關於印刷術的教科書誕生了。

莫克森（Joseph Moxon）在 1683 年編寫的《印刷藝術的機械練習》（*Mechanick Exercises on the whole Art of Printing*）一書是西方世界第一本介紹印刷技術的教科書。在這本書中，莫克森全面介紹了印刷技術的所有流程和每一個細節。

〔註13〕 〔法〕費夫賀（Lucien Febvre）、馬爾坦（Henri-Jean Martin），印刷書的誕生（The Coming of the Book）[M]，桂林：廣西師範大學出版社，2006。

〔註14〕 〔美〕伊麗莎白・艾森斯坦，作爲變革動因的印刷機：早期近代歐洲的傳播與文化變革（The Printing Press as an Agent of Change）[M]，北京：北京大學出版社，2010：前言 6。

教科書的出版，成爲了一種印刷技術被確立爲一種出版技術程式的標誌。此後，谷登堡印刷術就超越了商業秘密的早期階段，開始成爲業界所普遍採用的標準流程和技術規範，爲印刷出版業的社會化分工創造了必要的條件。當一項技術程式被行業內的操作人員共同遵守，這與庫恩所說的「科學範式」被科學共同體的成員共同遵循有著異曲同工之處，遵循技術程式給從業人員帶來的益處是巨大的，這保證了他們不僅能夠通過學習掌握規範的技能，也能夠保證他們生產出的商品滿足交換的要求，還能夠促使專業技術人員在行業內的流動，這些好處都是過去一味保守技術秘密的傳統難以做到的，促進了整個行業的發展。鑄造好的鉛字、排版工具、印刷機、油墨、紙張，此時都變成了可以從市場上隨時購買到的商品。出版一本書也從最初的由印刷工一個人關著門獨立完成所有的操作工序，發展到了一個新的階段，行業分工分化出鑄字匠、印刷廠、出版商、書店、裝訂匠等不同的角色，他們通過市場和商業行爲緊密地聯繫在一起，共同組成了一個高度專業化和市場化分工協作的產業格局。

當然「紙上得來終覺淺，絕知此事當躬行」，新的年輕人要想進入這個行業，還首先要經過一個學徒階段，通過向師傅學習手藝以積累實踐經驗，通過遵從行業規範以達到某些標準，經過一段時間之後，如果他已經能夠勝任某一項具體的操作崗位，可以獨立地承接業務的時候，他就能正式被接納成爲行業的一員。經過這樣的訓練之後，每一個行業的成員，面對所承接的每一項新的任務的時候，他便會主動地遵循技術程式來解決實際工作中碰到的問題。

谷登堡印刷術之所以能夠成爲一種實用的印刷方法，是因爲用它來生產一本圖書的操作程序已經固定下來了，有了自己的作爲行業標準的教科書，其操作程序也已經被行業內所有的企業和工匠普遍採用了，有了行會和學徒制度加以規範，這時候它已經成爲了一種技術程式，在西方圖書出版技術中佔據了主流的地位。

西方鉛字印刷技術程式有一個完整的操作流程，具體程序包括了鉛字的鑄造、排字和印刷三個主要環節。

第 1 步　鑄字

西方的鉛字鑄造，在基本技術原理上雖與前面所講的中國傳統的金屬鑄造方式相似，但在具體的操作方法和鑄造程序上都有所不同。鑄造的基本原

理就是要在一個預先做好的模具型腔內注入熔化的金屬液，然後冷卻成型，最後脫模取出。

西方鑄造鉛字使用銅模來鑄造鉛字。它的具體程序是：鑄字要首先製作陽文的衝頭（punch）——即「鋼模」，通過淬火使鋼模變硬，再將它作爲衝頭衝壓進另一種較軟的金屬基體（銅）內，製成陰文的字模（matrix）——即「銅模」，最後在手工開闢的模具（mould）——即「鑄模」中用該字模鑄造出鉛活字（type）來。由於充分利用了不同金屬的物理性質，這樣鑄造出來的每一個鉛字都能夠精確保留最初鋼模上字面的特徵，所鑄造出來的鉛字能夠做到一模一樣。

第一個環節製作鋼模最爲困難。在印刷術發明之初，製作一套西文字符（16 世紀中葉的一套活字有 24 個大寫字母、24 個小寫字母、10 個數字、約 10 個標點符號和常用符號，後來增加了約 100 個變體字母和連字，使字符總數達到了 170 個）的鋼模〔註15〕需要花費設計者和刻模工兩至三人持續工作至少一年、甚至兩年的時間。這項技藝一直被秘密掌握在極少數人的手裏，甚至沒有人會傳授這項技藝給別人。

下一道工序是用錘子把陽文的鋼質衝模敲進更爲柔軟的金屬條中製成鑄造鉛字的陰文字模。敲進去的深度雖然會有差異，但這不會成爲一個嚴重的缺陷，因爲澆鑄出來的活字還要通過銼磨底部來達到合適的高度。

接下來是鑄造鉛活字。在 19 世紀初實現鑄字機械化之前，製作《四十二行聖經》印製所需的 2 萬個字母是兩個工人（一人鑄造，一人加工）6 到 7 天的工作量。每一個鉛活字還要經過修邊、磨底等工序來使之規整，達到合適的尺寸和高度。

第 2 步　排字

接下來是排字的工序。排字工站在按照字母使用頻率區隔的活字盤前，將鉛字逐字從活字盤上拾揀到排字手托中，待排滿一行後將這一行鉛字轉移到拼版臺上的印框中。排滿一版之後，用木製的嵌條、壓條和緊版楔固定好印版。19 世紀一名按件計酬的排字工大約要用 3 到 4 小時排好《四十二行聖經》的一頁。

當每一頁被緊密楔好之後，印出一份校樣來，交給校對者進行校對。校

〔註15〕辛格（Singer, C.）主編，技術史（第 3 卷，文藝復興之工業革命）[M]，上海：上海科技教育出版社，2004：266。

對將校樣與原文逐字逐句比較，修訂校樣。

　　修訂後的校樣返回到排字工手中，他們需要鬆開鉛字版，根據修訂更換和調整鉛字，然後重新緊好版。根據需要可以再印出一份校樣，再次校對。

　　第3步　印刷

　　在我們今天看來，谷登堡在1450年前後發明的木製印刷機，也稱爲「手扳架」，還屬於非常簡單的階段，它與果汁和油脂的壓榨機類似，採用槓杆和螺栓的原理，拉動扳手可以在壓板上施加很大的向下的力。

圖14：谷登堡木製印刷機

　　使用這樣的一臺木製印刷機進行印刷操作，它的步驟（工序）並不簡單：

　　將校對無誤的鉛字印版安裝到下方的平板架子上；首先要用兩個上墨球給鉛字版均勻施墨；然後將潤濕過的紙張放置在一個夾紙框（frisket）中〔這個夾具是爲了保證內容部分以外的其他部分都不會沾上油墨，爲了保證壓印力量的均勻，這個夾具上面還增加了一個襯墊（tympan）〕，將夾紙框套在鉛字版之上；推動到壓印平板的下方（壓印平板上端連接著一個螺栓，螺栓上有一個把手，拉動這個把手螺杆推動壓印板向下，可以施加較大的壓力）；扳動把手進行壓印；壓印完成之後拉出鉛字版，打開夾具，取出紙張去晾乾；然後開始重複進行下一張紙的印刷操作。

由於壓版尺寸的限制，每次壓印只能印刷一頁紙的一面的一半，所以每一面都需要進行兩次印刷。而如果需要正反面印刷，還要在紙張上打孔以套準位置。

第4步　裝訂

當印刷一本多頁碼的圖書的時候，還需要根據裝訂的要求對頁碼的次序進行分配，即配頁，以保證裝訂時頁碼的正確。當時的慣例，書店銷售的是印好的書頁，可以根據顧客的要求來裝訂，裝訂工作並不在印刷廠完成，而是交給專門的裝訂匠來進行個性化的裝訂。

我們將西方鉛字印刷技術程序的具體操作表示爲下面的流程圖：

圖 15：西方鉛字印刷技術程式的操作流程圖

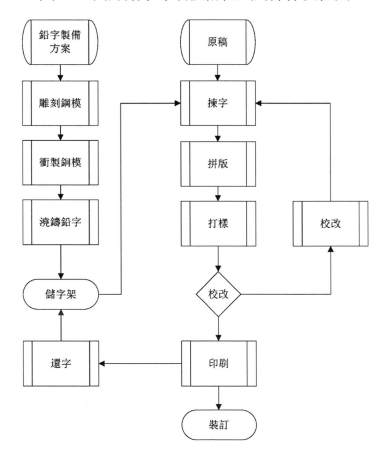

上述西方傳統的鉛字印刷技術程式的操作程序，在 15 世紀中期到 19 世紀初漫長的幾百年時間裏，幾乎沒有任何的改變。爲什麼？因爲技術程式本

身已具有一些解決新出現問題的潛力。當出版需要排印不同的語言文字或符號的時候，只需要用一樣的方法與步驟鑄造出各種不同語言文字的字符鉛字來，就可以實現同樣的排版和印刷操作。當遇到字庫中沒有的字符或臨時缺字的情況，排字工還可以拿起刻刀，在材質較軟的錫坯上手工雕刻出所需要的字符，以滿足一時之需，並不至於影響整個排版工序的進行。後面我們可以看到，正是這種西方鉛字鑄造技術程式具有應用於漢字的可能性，才讓西方鉛印技術在中國很快就可以投入漢字的印刷。

相比手工抄寫，鉛字印刷具有很大的經濟上的優勢，但這一技術在某些情況下也存在著一個很大的弊端：當一本書銷售完之後，需要重新印刷的時候，所有的工作就必須重新來一遍才行，重新排版、重新校對，對於時間和成本來說都是很大的浪費；對於印刷像《聖經》、祈禱書、學校課本等這些經常需要重印的書來說，印刷商需要保留印版以備重印，這將導致大量的鉛字無法重複使用。

為了能夠低成本地保存和重複利用已經完成的排版工作，19 世紀初的時候，西方鉛印技術程式中增加了一道叫做「複製鉛版」（stereotype）的工序，使得鉛印技術程式的適用範圍進一步擴大。複製鉛版最早出現在 1725 年，英國格拉斯哥的金匠威廉・格德（William Ged）採用石膏模製作過鉛版，另一位格拉斯哥人安德魯・福利斯（Andrew Foulis）由於使用了一種類似的方法制版而獲得了專利。〔註16〕1804 年，英國的斯坦諾普伯爵三世（Earl of Stanhope）發明了一種新的方法，用泥版澆鑄鉛版進行複製，即用排好的鉛字版先壓制出泥型來，然後用泥型再澆鑄出鉛版用於印刷。

複製鉛版不僅能夠保存印版，不再佔用鉛字，還可以減少鉛字在印刷過程中的磨損。增加了複製鉛版的工序之後，排版環節的生產變得獨立於印刷環節，可以在印刷之前就預先排好整本書並複製成鉛版以備隨時印刷或隨時重印，還可以複製多套鉛版在多臺印刷機上同時印刷。增加了複製鉛版的工序之後，鉛字印刷在靈活快速的優勢之外，也具有了中國雕版印刷所具有的保存印版、隨時印刷的優勢。這種方法具有明顯的優越性，所以自 19 世紀初以來一直為西方印刷業中的書籍印刷所常用。

泥型澆鑄鉛版的複製方法也存在一個弊端：泥型一經鑄造就要被打碎，

〔註16〕　〔英〕辛格（Singer, C.）主編，技術史（第 5 卷）[M]，上海：上海科技教育出版社，2004：484～487。

所以後來的改進採用了紙張作爲材料製作出紙型，取代了泥型，這樣可以重複地澆鑄鉛版，不再需要保留複製的鉛版，只需要保留紙型就可以了。

在印刷之前的排版環節，活字是可以修改替換的文本單元；但是一旦排好了版，印版本身就成了一幅不可變動的圖像，等待被印刷複製到紙張之上。複製鉛版等於將字符重新固定成了整版的圖像，將單個活字構成的文字拼版又變成了一個整體的圖版，從而彌合了鉛字印刷與圖像印刷之間的鴻溝。

1.1.4 西方圖像複製的技術程式

西方圖像複製的技術有凸版、凹版和平版三種類型，具體選擇哪一種類型，很大程度上取決於出版商和版畫藝術家的個人因素。

①凸版圖像複製技術

凸版印刷就是圖像部分是凸出的，施墨之後，這些凸出部分的圖像就可以被轉印到紙張上。西方凸版圖像複製技術的原理與中國傳統的雕版印刷相同，除了所用工具和版材上略有差異之外，西方木刻版印刷的製作程序與中國傳統的雕版印刷並無不同。

其實西方木刻版印刷早在被用於圖書插圖印刷之前，就已經被用於給織物印花了。最初使用含樹脂的木材，以免木材因吸收水性油墨中的潮氣而膨脹或開裂，所以櫻桃木通常是最合適的；後來隨著 15 世紀油性墨的出現，開始採用蘋果木、山毛櫸、梨木和槭木作爲版材；再後來，紋理更好並且更加堅硬的黃楊木成了標準的木刻版材被廣泛使用。各種金屬材料也都曾被嘗試過，而銅以其柔韌性高和耐銹蝕的特點成了最普遍使用的材料。金屬製成的凸版也可以像木刻那樣與鉛字一起用於圖書插圖和裝飾性首字母的印刷。

木刻凸版圖像複製技術，是一種非常普及的出版技術程式，它的製作工序與中國傳統的雕版印刷技術程式的製作程序相同，所以此處從略。

②凹版圖像複製技術

凹版圖像複製技術的原理與凸版印刷剛好相反，圖像部分是凹陷的，施墨之後，這些凹入的部分保存了油墨，其餘部分的油墨被刮去，圖像就可以被轉印到紙張上。凹印的印版通常使用金屬版材，所用金屬通常是銅，有時也使用鐵、白鑞（一種錫鉛合金）、銀和鋅等。在金屬板材上採用雕刻、針刻、蝕刻或鏤刻等不同工藝預先製作出構成圖像的深淺不一的刻痕。印刷的時

候，先把油墨輕擦在整個刻版上，浸滿每一道刻痕，然後刮除掉刻版表面的油墨，再將一張潤濕的紙鋪在刻版上，採用滾筒壓印機施壓，以使紙張吸附刻痕中留下的油墨完成印刷。

據王肇鋐《銅刻小記》〔註17〕記載，銅版凹印的操作程序包括：

第1步　磨版

以紅銅打成薄版，用堅木炭磨之，使其極光淨爲度。

第2步　上蠟

上蠟以銅版就炭火炆鈩上烘熱，將蠟擦之。上蠟後須陰涼若干時刻，使其蠟老結。

第3步　鉤圖

鉤圖用玻璃紙罩於圖面，四角用蓋釘釘後，手握針刀，目視顯微鏡，細細鉤劃，將紙劃破半層。至鉤時應用之器，平等直線則用三邊版，曲線則用曲線規，圈線則用活股規，與畫圖無異。

第4步　上版

玻璃紙鉤好圖式後，用棉花黏紅粉擦之，則粉入紙紋中，鮮明可觀，如有脫漏，甚易見出。將此紙覆於版蠟面，用光潔圓頭物擦紙背，則粉落蠟上。然粉易揩落，須將版再就火上微烘，蠟熱則粉俱黏住。

第5步　刻蠟

上版後須待蠟老透，始可動刀。手握針刀，照顯微鏡，將紅紋處緩緩劃去其蠟，不必用大力，銅版上僅針頭帶過耳。倘地圖中須鋪滿細點者，用針刀恐不勻而費工，則另有機器也。

第6步　爛銅

刻去蠟後，用有嘴磁缽盛爛銅藥水灌於版面。其腐爛之時刻，視乎藥力之強弱。見水面浮沫，則吹開沫，照以顯微鏡，如尚未深，則再待片時，視深淺適度，即將藥水仍瀉入缽，下次尚可用也。其藥水餘跡，先用紙或布輕輕揩抹，後用醋少許，灌上（無醋時以食鹽少許擦上代之）冷水淨洗，然後在炭火上抹去其蠟，始能刷印樣張。

第7步　修版

〔註17〕張靜廬，中國近代出版史料初編[G]，上海：上海書店出版社，2011：298～307。

印出樣張後，見有未刻到處，另用鍐刀硬刻之。如因有改正處，磨去之地步不少，則用彎頭斜鏟刀鏟平，再將炭蘸油加磨之。

第8步　印刷

刷印之法，先以紙張切齊，須較銅版稍小，將清水著濕，疊在機器上邊，一面將墨膏調勻，用斜版刮墨，刷於銅版，再行轉手刮去，則版面無墨，而陰文中有墨矣。將濕紙覆上，上襯一呢，入機器軸中軋之，則紋中之墨皆在紙上也。此紙須高掛陰乾，始能摺疊。（日本印刷局內則夾厚紙於烘櫥中烘乾）至銅印之機器，有木有鐵；如版在方一尺五寸左右者，可用木機器印之，每日可印二百張至三百張。

圖16：凹版印刷技術程式的操作流程

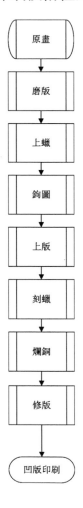

```
原畫
 ↓
磨版
 ↓
上蠟
 ↓
鉤圖
 ↓
上版
 ↓
刻蠟
 ↓
爛銅
 ↓
修版
 ↓
凹版印刷
```

雕刻凹版適用於非常精細的裝飾性圖案的複製，包括地圖和樂譜的複製。在照相製版技術出現之前，雕刻凹版作為一種精細圖像的出版技術程序，其精美絕倫的視覺效果，為西方出版物增色不少。

③平版圖像複製技術

與凸版、凹版這兩種利用物理原理實現圖像複製的技術不同，平版印刷的圖像複製技術是利用了印版的表面化學特性。

平版印刷圖像發端於石版印刷，故又稱「石印」。1796 年，一位布拉格的發明家塞內菲爾德（Alois Senefelder 或 Aloysius Senefelder）發明了這種石版印刷技術，它採用一種特殊的產於德國的索廉河汾（Solnhofen）的天然石板作印版，石版表面密佈細孔，利用油水相斥的原理，用脂肪性油墨將圖文繪製在石版之上，接下來用水潤濕石版的表面，使沒有圖文的空白區域蓄有水分從而抗墨，而描繪過油墨的圖文區域親墨抗水，這樣在石版上均勻施墨之後就可以進行印刷了。

採用上述方式獨立印刷出來的圖像，可以與鉛印的內文裝訂在一起，在 19 世紀初西方的圖書出版中比較常見。

平版石印的操作程序如下：

第 1 步　預備石板

石印要求質地細密，表面密佈細孔，能夠較長時間地保留水分。在製版之前首先需要研磨石板的表面，使之勻淨光滑。

第 2 步　製版

在照相製版技術發明之前，有兩種製作石印版的方法，都是由手工繪製完成的。

一是直描法。畫家用石印油墨或蠟筆直接在石頭上作畫，石印油墨和蠟筆是多種原料的混合物，其中含有牛脂、蜂蠟、肥皂和足夠的顏料，顏料的含量應以畫家能看清他的畫面為準，直接在石版上作畫時，畫面必須是反的。

另一種是轉寫法。轉寫法是先在一種經過特別處理過的轉寫紙上用專門的油墨先繪成線條畫的樣張，再經過手搖石印機將圖案從紙上轉移到石印版上。

第 3 步　印刷

印刷時，要用水全部浸濕石版。由於構成畫面的油墨線條或蠟筆線條是油脂性的，天然就會排斥水；而那些沒有沾上油脂的部分會吸水保持濕潤。

接下來，要趁著石版潮濕的時候，印刷工在整個石版表面滾上厚厚一層印刷油墨。印刷油墨的塗層會黏附在油性的線條上，而不會黏在石版吸水的潮濕部分。

　　早期的石印品是由各種圓壓平的碾壓式印刷機印製的，後來發明了一種新的石印印刷機，能給紙張施加更大的壓力。

　　第 4 步　套色

　　1836 年，德國石印家恩格爾曼（Gottfried Engelman）完善了彩色石印的方法，採用的原理是根據顏色的數量分別翻印出轉印紙多張，然後落在若干個石版上，再將各石各色之深淺、濃淡，按底樣描點，然後將不同顏色依次套印在同一張紙上以完成彩色的印刷。繪石製版工藝，特別是彩色石印，全靠工人的眼力，憑經驗分色，在石板上用製版墨手工點繪出圖像，工作量浩繁，要求工人具有很高的工藝技術水平。

圖 17：平版石印技術程式的操作流程

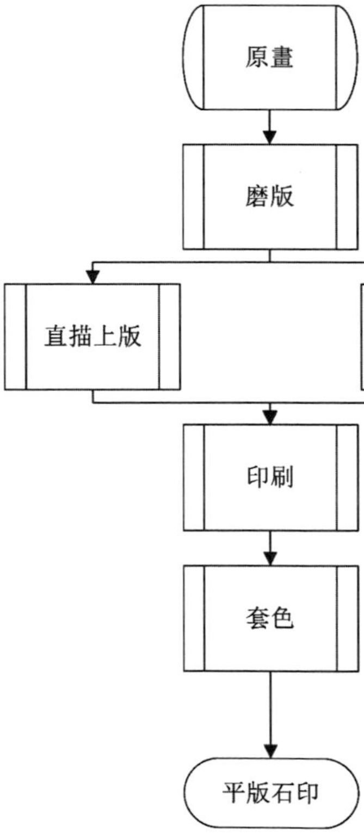

在西方，石印的發明是傳統木刻畫、銅版畫的圖像印刷方法的補充，並非取而代之。石印圖像的特殊藝術效果、相對於木刻與銅版印刷的更短的製作週期和更爲低廉的價格成本，使之自成一種圖像出版的技術程式。

1.1.5　中西方出版技術的對比

我們從兩個方面來對比中西方在出版技術程式上的區別：一個方面是語言文字上的差異，一個方面是歷史與文化上的差異。

①語言文字的差異

中西方出版技術程式上的不同與中英文這兩種語言文字上的差別有直接的關係。

首先，不同於西方的表音文字，漢字是表意的，所以漢字的數量遠遠大於西方的拼音文字，這使得製備一套漢字的活字變得極爲困難。漢字起源於象形文字，漢字每一個字都像一幅圖畫，這個特點使之與其他表音的西方拼音文字有著巨大的不同，在字符數量上遠遠超過表音的文字。後來雖然出現了很多形聲組合的漢字，但漢字的數量仍然高達數萬個，這是東西方文字一個最爲顯著的差異。

漢字起源於甲骨文，目前有實物可考的甲骨文約有三千個。秦朝李斯所作《倉頡篇》共收 3300 字。東漢許慎著《說文解字》有 9353 字，加上異體重文 1163 字，共有 10516 個漢字。此後南朝顧野王著《玉篇》（543 年）收字22726 個；宋代司馬光等著《類篇》（1066 年）收字 31319 個；明代枚膺祚著《字彙》收字 33179 個；清代張玉書等著《康熙字典》（1716 年）收字 42174個；民國時期中華書局編《中華大字典》（1915 年），收字 44908 個。〔註18〕而一套英文字符只有 26 個字母，即便加上其他的符號，數量依然十分有限。例如前面提到，16 世紀中葉的一套活字，包含 24 個大寫字母、24 個小寫字母、10 個數字、約 10 個標點符號和常用符號，後來增加了約 100 個變體字母和連字，字符總數也只不過 170 個而已。〔註19〕

其次，漢字的構成和分類也是獨一無二的，比西文複雜的分類方式導致漢字檢索的效率不如西文。在書寫中，漢字字形的構成以筆劃爲最小部件；

〔註18〕郭平欣、張淞芝，漢字信息處理技術[M]，國防工業出版社，1985：26。
〔註19〕辛格（Singer, C.）主編，技術史（第 3 卷，文藝復興之工業革命）[M]，上海：上海科技教育出版社，2004：266。

筆劃的不同組合構成了不同的部首和字根，字根是漢字形體的基本結構單元。

部首和筆劃是漢字常用的分類辦法。部首分類始自東漢許慎編《說文解字》，他把 9353 個漢字分類爲 540 部，每部的第一個字就是「部首」。明代梅膺祚著《字彙》，把許慎《說文解字》中的 540 部簡化爲 214 部，並爲《康熙字典》沿用。我們現在使用的部首檢字法，操作步驟包括：找出所查字的偏旁部首，數清此部首的筆劃；在「部首檢字表」中的「部首目錄」中找到這個部首，查到部首所在的頁碼；到「檢字表」找到頁碼並且找到要查的部首；數清部首以外餘下部分的筆劃數，然後按照所查部首下列的筆劃順序找到需要查的字。這種方法可在知道字形而不知道讀音的時候使用。

另一種是讀音檢字法，根據漢字的讀音來查找漢字。這種方法需要準確記得每一個字的讀音，而且漢語有很多方言，漢字有大量的多音字，所以查找起來效率也不會很高。

與複雜的漢字檢索相比，西文通常採取字母順序排列的方式來編製詞典或內容索引，所以能非常快地檢索到需要查找的單詞。

②歷史文化的差異

通過手工抄寫複製圖書在中國也有長期的傳統，讀書人通常會自己抄書，有時候也會雇請他人來幫助抄書，但這些抄本都是爲了自用，而非爲了銷售。與中國不同的是，在谷登堡印刷術發明之前，西方的圖書出版只有一種形式——手抄本。抄書鋪雇用了很多抄寫工來進行圖書的抄寫複製，甚至有時候可以一次性雇傭上百人同時進行抄寫，這些抄寫工通過分工與配合，也能夠實現一定規模的圖書出版。西方圖書抄寫員的書法與中國的書法藝術有類似之處，專業的抄寫工往往能以一種特殊的書法字體進行書寫，配合上精美的彩繪裝飾後，手抄本的圖書堪稱那個時代的藝術珍品。

西方的抄本雖然與印本並存過一段時期，但印本一經誕生之後，就只剩下一種技術方式——鉛字排印了；而中國雖說抄本與印本始終並存，但印本是以雕版印刷和活字印刷兩種方式生產的，且以雕版印刷爲主。

中國喜好雕版書甚於活字本，是因爲漢字的書法與西文字體的書寫不同，中國的文人墨客極爲推崇書法的藝術。書法不僅僅具有書寫的功能，而是等同於文人自身的學問與修養，被認爲是「載道的工具」和「文章的衣冠」。唐代便以「身、言、書、辯」取仕，這種以書法取仕的風氣到了明清兩代更是發展到了極致的程度，形成了中國歷史上「書爲功名、畫爲利祿」的風氣。

在這種風氣的引領下，為了謀求個人的發展，知識分子都不惜窮其一生苦練書法。這種風氣不僅催生了很多書法大家和眾多的書法流派，也誕生了很多優秀的書法作品，成為達官貴人和文人學士最為珍貴的收藏品。在這樣的文化背景下，由於雕版印刷能夠完美地再現中國書法藝術的精髓，所以可以做到長盛不衰。

中西方印刷技術程式的不同各有其歷史淵源。中國的雕版與活字印刷都採用水性墨，而西方的鉛字印刷技術則採用油性墨，這與使用的版材有關。複製的時候，中國的方式是「刷」，強調的是「刷印」；西方的印刷方式是「印」，強調的是「壓印」。中國的印刷方式不需要印刷機，一個人手工操作就能完成。西方的印刷從谷登堡的發明開始，就離不了印刷機。操作一臺印刷機，至少需要兩名印刷工配合起來工作。在我們今天看來，這種「扳手架」印刷機只是輔助印刷工完成一系列手工操作程序的一個器具而已，它並不會自動地完成印刷的操作，替代不了印刷工的勞動；它最大的作用其實是節省了印刷工的體力，因為印刷是一種繁重而機械的重複勞動，既需要工人精巧對位，又需要他們肌肉的力量。由於木製印刷機的壓印板較小、施加的壓力也小，所以還不能夠一次印刷一整張紙，只能印刷其中的一半；西方使用的紙張很厚，需要兩面印刷，而印刷機只能一次印刷紙的一面，另外一面還需要再次印刷。這些因素合在一起，導致它的生產效率並不高。中國傳統的雕版印刷雖然也需要上墨、蓋紙、刷印三個步驟才能完成，但可以由一個人操作完成，每次刷印可以完成一整張紙（兩個對頁）；而且中國的紙薄，只需要印一面就可以了。若將中國傳統的雕版刷印與西方谷登堡的印刷術進行比較，由於兩者都是存粹的手工生產，所以生產效率基本相當。

1.2　西方鉛字印刷技術傳入中國

與天主教不同，基督新教將《聖經》視為神的啟示，是基督教最高的權威，所以他們極為重視《聖經》的出版與普及。在谷登堡印刷術發明後，新教通過大量出版《聖經》而挑戰了教宗和羅馬教廷的權威，「從 1550 年到 1800 年，鑄字、印刷、出版和售書幾乎全部是新教的保留地。」〔註20〕

〔註20〕　〔美〕伊麗莎白・艾森斯坦，作為變革動因的印刷機：早期近代歐洲的傳播與文化變革（*The Printing Press as an Agent of Change*）[M]，北京：北京大學出版社，2010：252。

來到中國的新教傳教士們同樣也希望通過出版中文《聖經》和傳道小冊子的方式實現其「文字傳教」的目標。

1.2.1 馬禮遜和湯姆斯的漢字鉛字印刷

首位來華的基督新教傳教士馬禮遜由英國倫敦傳道會（London Missionary Society）選派，他於 1807 年 9 月 8 日到達廣州。馬禮遜首要的任務是翻譯並出版一部中文的《聖經》。

馬禮遜來到廣州之後，很快就意識到，在中國傳教的最大障礙是語言不通，中文有數萬個形態各異的漢字，各地還有眾多不同的方言，卻沒有一本供外國人使用的漢語教材，也沒有一本英漢——漢英字典作爲學習語言的工具。清朝官府不僅禁止外國人在華傳教，也禁止中國人教授外國人中文，更不允許中國人幫助外國人進行出版活動。

面對這些困難，馬禮遜選擇了更爲普遍的「官話」而非廣東地方方言粵語來學習漢語，他偷偷摸摸地聘請中文老師，刻苦學習，一年之後他的漢語水平提高很快，被專營中國貿易的英國東印度公司聘爲翻譯。馬禮遜根據自己學習漢語的體會，希望編寫一本漢英——英漢字典，爲需要學習漢語的英國人提供方便，也可以爲自己將來翻譯中文版《聖經》打下一個更爲堅實的基礎。於是接下來的幾年，他一邊在東印度公司做翻譯，一邊著手編寫字典。

馬禮遜編寫漢英——英漢字典的想法迎合了東印度公司在中國拓展貿易對漢語翻譯人才的迫切需求，再加上他多年積攢的人脈也發揮了一定作用，所以他非常幸運地爭取到了東印度公司董事會的支持來資助出版這部字典。要印刷出版這部字典，馬禮遜最初的估計是：大約需要 8 萬至 10 萬個漢字活字，成本約 1500 鎊；如果印 500 部，紙張成本 1000 鎊及耗材 500 鎊；這樣總的費用大約在 3000 鎊左右。東印度公司董事會決定慷慨資助馬禮遜出版這部字典，準備「印刷 750 部，由公司留用 100 部，其餘 650 部都贈予馬禮遜，以表彰對他的才智與勤奮的崇敬」。〔註 21〕爲此東印度公司成立了澳門印刷所，從英國選派來一位熟練的印刷工彼得·佩林·湯姆斯（Peter Perring Thoms）。湯姆斯攜帶著印刷機和鉛字鑄造工具與材料在 1814 年 9 月 2 日到達澳門，翌年就開始啓動印刷出版馬禮遜的字典。

〔註21〕蘇精，馬禮遜與中文印刷出版[M]，臺灣：臺灣學生書局，2000：91。

圖 18：《華英字典》第一卷第 1 冊內文

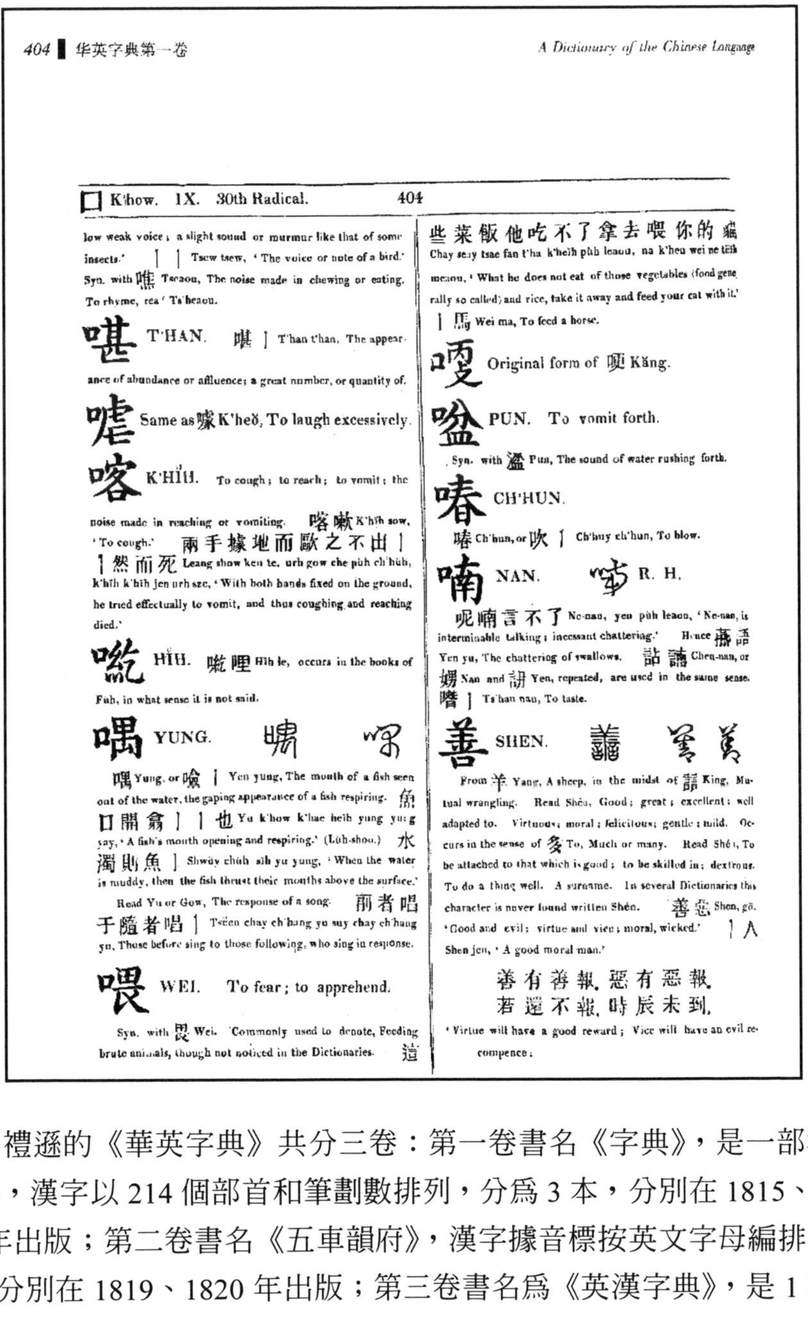
404 華英字典第一卷　A Dictionary of the Chinese Language

口 K'how. IX. 30th Radical. 404

low weak voice; a slight sound or murmur like that of some insects.' 丨丨 Tsew tsew, 'The voice or note of a bird.' Syn. with 噍 Tseaou, The noise made in chewing or eating. To rhyme, rea' Ts'heaou.

嘽 T'HAN. 嘽丨 T'han t'han, The appearance of abundance or affluence; a great number, or quantity of.

嗐 Same as 噱 K'heŏ, To laugh excessively.

喀 K'HIH. To cough; to reach; to vomit; the noise made in reaching or vomiting. 喀嗽 K'hih sow, 'To cough.' 兩手據地而歐之不出丨丨然而死 Leang show keu te, urh gow che pŭh ch'hŭh, k'hih k'hih jen urh sze, 'With both hands fixed on the ground, he tried effectually to vomit, and thus coughing and reaching died.'

嗀 HIH. 嗀哩 Hih le, occurs in the books of Fuh, in what sense it is not said.

喁 YUNG.

喁 Yung, or 噞丨 Yen yung, The mouth of a fish seen out of the water, the gaping appearance of a fish respiring. 魚口開翕丨丨也 Yu k'how k'hae heih yung yung say, 'A fish's mouth opening and respiring.' (Lŭh-shoo.) 水濁則魚丨 Shwŭy chŭh sih yu yung, 'When the water is muddy, then the fish thrust their mouths above the surface.' Read Yu or Gow, The response of a song. 前者唱于隨者唱丨 Ts'ëen chay ch'hang yu suy chay ch'hang yu, Those before sing to those following, who sing in response.

喂 WEI. To fear; to apprehend.

Syn. with 畏 Wei. Commonly used to denote, Feeding brute animals, though not noticed in the Dictionaries. 這些菜飯他吃不了拿去喂你的貓 Chay seay tsae fan t'ha k'heih pŭh leaou, na k'heu wei ne tëih meaou, 'What he does not eat of those vegetables (fond generally so called) and rice, take it away and feed your cat with it.' 丨馬 Wei ma, To feed a horse.

㗐 Original form of 哽 Kăng.

噴 PUN. To vomit forth.

Syn. with 湓 Pun, The sound of water rushing forth.

㖺 CH'HUN.

㖺 Ch'hun, or 吹丨 Ch'huy ch'hun, To blow.

喃 NAN. R. H.

呢喃言不了 Ne-nan, yen pŭh leaou, 'Ne-nan, is interminable talking; incessant chattering.' Hence 燕語 Yen yu, The chattering of swallows. 詀諵 Chen-nan, or 婻 Nan and 訮 Yen, repeated, are used in the same sense. 噡丨 Ts'han nan, To taste.

善 SHEN.

From 羊 Yang, A sheep, in the midst of 誩 King, Mutual wrangling. Read Shĕn, Good; great; excellent; well adapted to. Virtuous; moral; felicitous; gentle; mild. Occurs in the sense of 多 To, Much or many. Read Shén, To be attached to that which is good; to be skilled in; dextrous. To do a thing well. A surname. In several Dictionaries this character is never found written Shén. 善惡 Shen, gŏ. 'Good and evil; virtue and vice; moral, wicked.' 丨人 Shen jen, 'A good moral man.'

善有善報，惡有惡報，
若還不報，時辰未到，

'Virtue will have a good reward; Vice will have an evil recompence;

馬禮遜的《華英字典》共分三卷：第一卷書名《字典》，是一部漢英對照字典，漢字以 214 個部首和筆劃數排列，分爲 3 本，分別在 1815、1822、1823 年出版；第二卷書名《五車韻府》，漢字據音標按英文字母編排，分爲 2 本，分別在 1819、1820 年出版；第三卷書名爲《英漢字典》，是 1 本英漢字典，在 1822 年出版。

這套字典於 1808 年開始編纂，1815 年開始出版第一本，又歷經 8 年時間，至 1823 年全部出版完成，共印成 750 套，東印度公司實際爲此花費高

達 10440 英鎊〔註 22〕，遠遠超過了馬禮遜當初的預計。隨著這部字典各卷的陸續出版，馬禮遜也成了當時英國首屈一指的漢學家。

從湯姆斯到達澳門印刷《華英字典》開始，西方的鉛字印刷技術首次被引入到中國來。

出版這套包含著中、英兩種文字的字典，需要解決一項關鍵的技術問題——即如何將漢語與英文混合排版印刷在一起？

最重要的基礎性工作、也是最大的困難，是漢字鉛字的製備和排版問題。在當時的技術條件下，馬禮遜和印工湯姆斯考慮了兩種可行的方案：第一種方案是將中英文套印在一起，即先將漢字用雕版印刷，預留出空白位置，再將英文部分用鉛字排版進行第兩次印刷，套印在中文預留的空白處；另一種方案是將漢字也製成鉛字，這樣就可以與英文鉛字同時排版，一次印刷即可完成。由於第一種方案需要兩次印刷，容易造成錯位的麻煩，也不容易保持墨色的均勻一致，所以在經過試印之後，他們最終決定採用第二種方案，即製造漢字活字，與英文鉛字一同排版，這樣不僅工作起來效率更高，而且漢字與英文的墨色也能夠保持一致。〔註 23〕

這部字典面向西方讀者，馬禮遜和湯姆斯為了照顧中英文混合排版的要求，他們在《華英字典》中的漢字不僅採用了橫排，而且與英文從左至右的閱讀順序相一致。《華英字典》的這種排版格式，對中國採用西方鉛字印刷技術之後，新的圖書的排版格式起到了開創性的作用。〔註 24〕

印刷《華英字典》的這套漢字鉛字是如何製作的呢？研究這段歷史的學者存在兩種不一樣的觀點。

張秀民認為，為了出版這套字典，湯姆斯「預備了兩副大小不同的活字，在四十年中他們雕刻了二十萬個以上的活字，不同的生字超過二萬，但印中文書，字數仍感不足。」〔註 25〕而汪家熔認為，張秀民的這段話包含了兩個意思，第一，馬禮遜的字典印製前，有一個預先製備一套完整的漢字鉛字的工序；第二，所刻的漢字鉛字是重複使用的。他並不同意張秀民的觀點，認為馬禮遜的字典中小號的鉛字採取的是「用什麼字刻什麼字」的隨用隨刻方

〔註 22〕蘇精，馬禮遜與中文印刷出版[M]，臺灣：臺灣學生書局，2000：93。
〔註 23〕蘇精，馬禮遜與中文印刷出版[M]，臺灣：臺灣學生書局，2000：90～91。
〔註 24〕葉再生，馬禮遜與《中國語文字典》[J]，新聞出版交流，2003（3）：52。
〔註 25〕張秀民著，韓琦增訂，中國印刷史（插圖珍藏增訂版）[M]，杭州：浙江古籍出版社，2006：445。

式製造的，而且「所有用過的活字（不管是大的木活字或小的鉛活字）都不再重複使用」，因爲從湯姆斯 1814 年 9 月 2 日到達澳門到字典 1815 年開印之間僅有幾個月的時間，不可能製備出一套完整的漢字鉛字來，而且在該字典中竟然沒有發現排校的錯誤，也只能是「隨用隨刻」的方式才能做到。「所有用過的活字（不管是大的木活字或小的鉛活字）都不再重複使用」，是因爲如果所刻的鉛活字是重複利用的話，那麼到最後一些書頁上就會出現多位刻工不同時期刻的字，造成版面字形風格不統一，但是馬禮遜字典並未出現這種情況。如果中文鉛活字是重複利用的，就要增加揀字和印刷後的還字工序。在 19 世紀初的時候，中文的揀字和還字還是一件難事，多由兩人完成，一個口報所需活字，另一個取字，效率很低。由於鴉片戰爭之前，中國官府嚴禁中國人爲傳教士印書，馬禮遜只能秘密地雇傭雕版匠人，所以對他們來說，活字印刷所採用的揀字、還字工序，還不如隨印隨刻來得效率更高。〔註 26〕除此之外，汪家熔還認爲馬禮遜字典中的大字和象形字並非鉛字，而是木刻活字。

我們可以通過西方鉛字印刷技術程式來對上述觀點加以驗證，因爲作爲一個職業的印刷工，湯姆斯一定是遵循他所熟悉的西方出版技術程式來解決漢字鉛字印刷中出現的問題的，除此之外，他別無選擇。

根據西方鉛印技術程式的要求，鉛字的製備既可以採用「鋼模——字模——鉛字」的操作程序進行鑄造，也可以採取「鑄字坯——刻字」的方法臨時進行補字。在西方，由於印刷與鑄字是分離的兩個環節，一個印刷鋪往往備有從不同的鑄字匠那裡購買的不同規格的鉛字，在印刷的過程中，碰到缺字的情況，使用字模鑄造鉛字補充字庫還不如在預製好的鉛坯上臨時刻製來得更快、效率也更高。這些臨時刻製的鉛字在使用後往往直接熔掉，並不重複使用。

《華英字典》用到了中、英文兩種字符。對於英文字符，東印度公司肯定已經從鑄字匠那裡購買了足夠使用的英文鉛字，也可能購買了一套英文的字模。中文字符則無處可以購買，湯姆斯只能是自己來製備的。

湯姆斯是個印刷工而不是個鑄字匠，他熟悉排版與印刷，卻並不掌握鑄字匠雕刻鋼模、製作字模的手藝。既然他沒有漢字的字模，所以他能夠鑄造

〔註26〕汪家熔，試析馬禮遜《中國語文詞典》的活字排印——兼與張秀民、葉再生先生商榷[J]，北京印刷學院學報，1996（2）。

出來的，只是一個個沒有字面（Face）的鉛坯或材質更軟的錫坯——空白字坯。根據中英文排版的需要，他可以請中國的刻字匠在這些空白字坯上刻出所需要的漢字，也就是汪家熔所說的「隨用隨刻」的辦法。因爲這種方法省略了揀字和還字的工序，所以它的工作效率很高。當馬禮遜找到了能夠進行活字鐫刻的中國刻字匠後，由他們在空白字坯上雕刻漢字，湯姆斯的排版工作就不需要停頓，排字和印刷這兩項工作都能夠持續進行。所以，實際的情況並非通常所認爲的那樣，「湯姆斯在澳門爲東印度公司印刷所製造的漢字鉛字採用的是比較慢的方法，即手工在鑄造好的鉛坯或錫坯上雕刻字面」〔註27〕；相反，湯姆斯來華的第二年，他就完成了《華英字典》第一卷的出版。

　　汪家熔推測《華英字典》的漢字字頭和象形字用的是木刻活字，也有一定的道理，因爲將木活字與鉛字進行混合排版，也是西方鉛字印刷常用的一種做法。但這種做法主要原因是因爲鑄造鉛字的規格有一定限度，超過了這一限度之後，更大的字符只能用木頭來刻製。超大的字符並不常用，主要是用在廣告海報印刷或某些書中章節起頭的第一個大寫字母，通常以複雜的圖案做成花體；超大的字符無法按照常規的製法來鑄造，所以都是採用木頭來雕刻的。對於《華英字典》來說，其中的大字，還遠沒有大到無法鑄造的程度。馬禮遜和湯姆斯一定是在實驗效果和權衡利弊之後，才確定要統一使用雕刻鉛字的，因爲如果雕刻的是木活字，要與鉛字一起排版，對於字典這樣內容複雜的圖書，那只能是自找麻煩。

　　我們將湯姆斯製作漢字鉛字的方法概括爲下面的流程圖：

〔註27〕 Gilbert McIntosh. *The Mission Press in China: Being a Jubilee Retrospect of the American Presbyterian Mission Press, with Sketches of Other Mission Presses in China, as well as accounts of the Bible and Tract Societies at work in China*. [M]. Shanghai: American Presbyterian Mission Press. 1895:7.

圖 19：湯姆斯製作漢字鉛字的流程

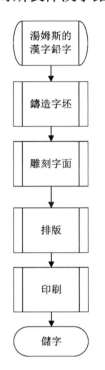

這部由馬禮遜編寫、湯姆斯印刷、東印度公司澳門印刷所出版的《華英字典》在中國出版技術發展史上具有重要意義，但令人奇怪的是，它是怎麼被生產出來的，卻很少有文字記載，無論是馬禮遜還是湯姆斯，都沒有記述當年排印《華英字典》的具體情況，這就造成了很多的懸念，還有很多技術上的細節尚待進一步的研究。

馬禮遜和湯姆斯，到底誰才是將西方鉛印技術引入中國的第一人呢？現有的研究多將馬禮遜視為將西方鉛印技術引入中國的第一人〔註 28〕，而忽視了真正的印工湯姆斯的貢獻。

從書名頁中即可確定：馬禮遜是《華英字典》的作者而非出版者、印刷者，他雖然親自承擔了圖書印刷工序中的校對工作，但這只是一個作者的分內之事；這部字典的出版者是東印度公司澳門印刷所，而印刷者是湯姆斯。

湯姆斯從 1814 年到 1825 年間受聘於東印度公司澳門印刷所，他是排版和壓印兩樣兼長的一名專業印刷工，作為印刷所唯一的印刷工，他就要獨立

〔註28〕 范慕韓，中國印刷近代史[M]，北京：印刷工業出版社，1995：5。

負責所有圖書的印製，不僅要鑄造漢字鉛字的字坯，還要雇請中國刻字匠雕刻木活字和漢字鉛字；他不僅要進行中英文鉛字的混合排版，還要親手用一臺谷登堡式的木製印刷機來一張張地重複完成繁重的印刷工作。

馬禮遜雖然可以提出意見和建議，但不大可能會越俎代庖，所以如果我們將第一個引入西方鉛印技術到中國的貢獻僅僅歸功於馬禮遜的話，顯然有失公允。第一個將西方鉛字印刷的技術帶入中國並將之用於漢字出版的，湯姆斯才是實際上的第一人，但他卻沒有受到人們應有的重視。作爲一位技術的傳播者來到中國，湯姆斯從最初一個完全不懂中文的印刷工，後來竟然成爲了一位會中文並且熟悉漢字印刷技術的出版商，但由於他本人的愛好集中在中國文學和藝術品之上，所以並沒有因漢字印刷的專長而留名出版史。

馬禮遜和湯姆斯爲什麼不考慮預先製備出一套漢字鉛字來，然後再進行排版印刷呢？

按照西方的鉛字印刷技術程式，在製備一套鉛字之前，必須要完成這套鉛字的配比方案（Plan），確定每個字符製備多少數量，才能保證在排版的時候不至於因缺少某些字符而停下來補字，以至於影響生產的效率。

如果要做出來一套漢字鉛字的配比方案，就需要對一定數量的文本進行字頻統計，才能確保這套漢字鉛字的實用有效。這一點在東、西方的活字印刷技術程式中的要求都是一樣的。金簡在製備印製《武英殿聚珍版叢書》所需的木活字之前，就先對《御定佩文詩韻》中漢字出現的字頻進行了統計，以此來配比不同漢字的製備數量，雖然具體的漢字配比方案並沒有列出來。

沒有記載顯示馬禮遜和湯姆斯兩人曾經試過進行漢字字頻的統計工作。馬禮遜是個傳教士、漢學家，並不是一位出版技術的專業人士。湯姆斯是一位熟練的印刷工而非鑄字匠，更不是一位發明家，無論是他的中文水平，還是個人的創造性，都不足以讓他對漢字鉛字印刷技術做出創新；他所能做的，只能是在自己的具體工作中選取最爲簡便、最爲經濟的方式來印刷產品。馬禮遜和湯姆斯的首要目的，看起來只是爲了盡快完成《華英字典》這一部書的印製，似乎只是急眼前之需，對製備出一套漢字鉛字來還缺乏長遠的規劃。

實際的情況恰恰相反，在當時的條件下，馬禮遜和湯姆斯都明白，要製備出一套完整的漢字鉛字來，最簡便的做法就是依據一部字典來製作漢字鉛字，而馬禮遜的《華英字典》恰恰可以滿足這樣的條件。按照字典製備出來

的鉛字不僅完整而且有序：所謂完整，就是所有的漢字都會有；所謂有序，就是每個字都能被查檢到。字典除了內容全面以外，最大的功能就是要便於讀者查閱檢索，所以其內容的組織一定是按照某種規則進行排列的。馬禮遜選擇了採用中國傳統字典《康熙字典》的檢索方式，將漢字分部排列，以部首和筆劃實現檢索。

圖 20：《華英字典》第一卷第一本的部首分類法

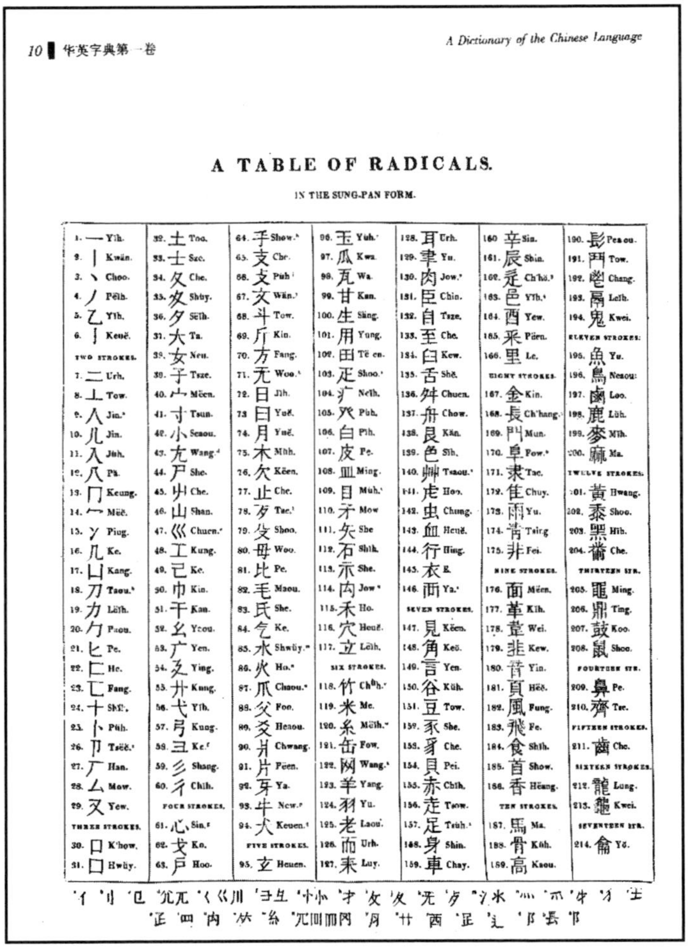
10 华英字典第一卷　　A Dictionary of the Chinese Language

A TABLE OF RADICALS.

IN THE SUNG-PAN FORM.

1. 一 Yih.	32. 土 Too.	64. 手 Show.	96. 玉 Yuh.	128. 耳 Urh.	160. 辛 Sin.	190. 髟 Peaou.
2. 丨 Kwăn.	33. 士 Sze.	65. 支 Che.	97. 瓜 Kwa.	129. 聿 Yu.	161. 辰 Shin.	191. 鬥 Tow.
3. 丶 Choo.	34. 夂 Che.	66. 攴 Pŭh.	98. 瓦 Wa.	130. 肉 Jow.	162. 辵 Ch'hŏ.	192. 鬯 Chang.
4. 丿 Pĕih.	35. 夊 Shüy.	67. 文 Wăn.	99. 甘 Kan.	131. 臣 Chin.	163. 邑 Yih.	193. 鬲 Leih.
5. 乙 Yih.	36. 夕 Sĕih.	68. 斗 Tow.	100. 生 Săng.	132. 自 Tsze.	164. 酉 Yew.	194. 鬼 Kwei.
6. 亅 Keuĕ.	37. 大 Ta.	69. 斤 Kin.	101. 用 Yung.	133. 至 Che.	165. 釆 Pëen.	ELEVEN STROKES.
TWO STROKES.	38. 女 Neu.	70. 方 Fang.	102. 田 Tĕen.	134. 臼 Kew.	166. 里 Le.	195. 魚 Yu.
7. 二 Urh.	39. 子 Tsze.	71. 无 Woo.	103. 疋 Shoo.	135. 舌 Shĕ.	EIGHT STROKES.	196. 鳥 Neaou.
8. 亠 Tow.	40. 宀 Mëen.	72. 日 Jih.	104. 疒 Neih.	136. 舛 Chuen.	167. 金 Kin.	197. 鹵 Loo.
9. 人 Jin.	41. 寸 Tsun.	73. 曰 Yuĕ.	105. 癶 Pŭh.	137. 舟 Chow.	168. 長 Ch'hang.	198. 鹿 Lŭh.
10. 儿 Jin.	42. 小 Seaou.	74. 月 Yuĕ.	106. 白 Pih.	138. 艮 Kăn.	169. 門 Mun.	199. 麥 Mih.
11. 入 Jŭh.	43. 尢 Wang.	75. 木 Mŭh.	107. 皮 Pe.	139. 色 Sih.	170. 阜 Fow.	200. 麻 Ma.
12. 八 Pă.	44. 尸 She.	76. 欠 Këen.	108. 皿 Ming.	140. 艸 Tsaou.	171. 隶 Tae.	TWELVE STROKES.
13. 冂 Keung.	45. 屮 Che.	77. 止 Che.	109. 目 Mŭh.	141. 虍 Hoo.	172. 隹 Chuy.	201. 黃 Hwang.
14. 冖 Mëĕ.	46. 山 Shan.	78. 歹 Tae.	110. 矛 Mow	142. 虫 Chung.	173. 雨 Yu.	202. 黍 Shoo.
15. 冫 Ping.	47. 巛 Chuen.	79. 殳 Shoo.	111. 矢 She	143. 血 Heuĕ.	174. 靑 Tsing	203. 黑 Hih.
16. 几 Ke.	48. 工 Kung.	80. 毋 Woo.	112. 石 Shih.	144. 行 Hing.	175. 非 Fei.	204. 黹 Che.
17. 凵 Kang.	49. 己 Ke.	81. 比 Pe.	113. 示 She.	145. 衣 E.	NINE STROKES.	THIRTEEN STR.
18. 刀 Taou.	50. 巾 Kin.	82. 毛 Maou.	114. 内 Jow.	146. 襾 Ya.	176. 面 Mëen.	205. 黽 Ming.
19. 力 Lĕih.	51. 干 Kan.	83. 氏 She.	115. 禾 Ho.	SEVEN STROKES.	177. 革 Kih.	206. 鼎 Ting.
20. 勹 Paou.	52. 幺 Yeou.	84. 气 Ke.	116. 穴 Heuĕ.	147. 見 Këen.	178. 韋 Wei.	207. 鼓 Koo.
21. 匕 Pe.	53. 广 Yen.	85. 水 Shwüy.	117. 立 Lĕih.	148. 角 Keŏ.	179. 韭 Kew.	208. 鼠 Shoo.
22. 匚 He.	54. 廴 Ying.	86. 火 Ho.	SIX STROKES.	149. 言 Yen.	180. 音 Yin.	FOURTEEN STR.
23. 匸 Fang.	55. 廾 Kung.	87. 爪 Chaou.	118. 竹 Chŭh.	150. 谷 Kŭh.	181. 頁 Hëĕ.	209. 鼻 Pe.
24. 十 Shih.	56. 弋 Yih.	88. 父 Foo.	119. 米 Me.	151. 豆 Tow.	182. 風 Fung.	210. 齊 Tse.
25. 卜 Pŭh.	57. 弓 Kung.	89. 爻 Heaou.	120. 糸 Mĕih.	152. 豕 She.	183. 飛 Fe.	FIFTEEN STROKES.
26. 卩 Tsëĕ.	58. 彐 Ke.	90. 爿 Chwang.	121. 缶 Fow.	153. 豸 Che.	184. 食 Shih.	211. 齒 Che.
27. 厂 Han.	59. 彡 Shang.	91. 片 Pëen.	122. 网 Wang.	154. 貝 Pei.	185. 首 Show.	SIXTEEN STROKES.
28. 厶 Mow.	60. 彳 Chih.	92. 牙 Ya.	123. 羊 Yang.	155. 赤 Chih.	186. 香 Hëang.	212. 龍 Lung.
29. 又 Yew.	FOUR STROKES.	93. 牛 New.	124. 羽 Yu.	156. 走 Tsow.	TEN STROKES.	213. 龜 Kwei.
THREE STROKES.	61. 心 Sin.	94. 犬 Keuen.	125. 老 Laou.	157. 足 Tsuh.	187. 馬 Ma.	SEVENTEEN STR.
30. 口 K'how.	62. 戈 Ko.	FIVE STROKES.	126. 而 Urh.	158. 身 Shin.	188. 骨 Kŭh.	214. 龠 Yŏ.
31. 囗 Hwüy.	63. 戶 Hoo.	95. 玄 Heuen.	127. 耒 Luy.	159. 車 Chay.	189. 高 Kaou.	

亻 刂 㔾 兀尢 巜巛川 彐彑 忄⺌ 扌 攵 攴 旡 歺 氵氺 灬 爫 牜 犭 王

⺪ 罒 肉 ⺮ 糹 冗罒⺲网 月 艹 覀 ⻊ 辶 阝 镸 阝

這樣，依據《華英字典》來刻製完成的漢字鉛字，在字典排印完成之後，自動就成爲了當時最爲完整的一套漢字鉛字，並且可以依據字典的編排方式來實現分類和檢索，以便在排字時進行揀字和還字。毫無疑問，在當時的條件下，這是我們能想到的最快的製備一套完整的漢字鉛字的方法了。這就是

為什麼湯姆斯在排印完《華英字典》之後，並沒有按照標準的技術程式，將臨時雕刻出來的漢字鉛字熔化掉，以重複利用鉛錫合金，雖然重複利用金屬可以降低資金的投入，可見不管是他、還是東印度公司都認為，保留這批鉛字以待將來再次使用的價值要超過了金屬本身的價值。

馬禮遜在 1815 年 10 月，曾建議在南洋馬六甲佈道站的米憐（William Milne）雕造兩萬個活字備用。「1816 年 6 月，他向東印度公司的澳門印刷所訂製價值一千銀圓的中文活字，估計可製成四萬至五萬個半鑄半刻的活字，但是在完成九千餘個後，因中國當局攻擊公司印刷所而停頓。他將這些活字送到馬六甲，以備印刷中英文夾雜的書刊。」〔註 29〕米憐在馬六甲出版的最早的中文期刊《察世俗每月統計傳》使用的是中國傳統的雕版印刷，「大英圖書館藏本的全部 549 葉篇幅中，僅有一葉（新聞篇）例外以活字排印……此頁所用活字為 1816 年馬禮遜為了嘗試活字印刷，委託東印度公司的印工湯姆斯，在澳門監督中國工匠雕刻約 9000 個金屬活字，於次年運至馬六甲備用，由於數量尚少，……因此初期此批活字僅用以排印英文書刊內夾雜的中文，或一些零星散件，而《新聞篇》即為一例。」〔註 30〕米憐在《新教傳教中國頭十年回顧》一書中也重溫了這段歷史：

> 1814 年，東印度公司派人來印刷馬禮遜先生的中文字典的時候，面對一個巨大的困難，就是該如何將漢字與羅馬字母組合在一起。中國的木活字並不適用於這個目的。大家擔心的是，既沒有工具和材料，又沒有鉛字鑄造的實踐經驗。他們曾經見到過塞蘭坡的浸信會傳教站成功地用字模鑄造出來的漢字鉛字的樣本，非常令人鼓舞；但是由於缺少合適的工具和材料，這種方式無法在中國嘗試。他們也見過中國的活字以及用活字印出來的樣本；但是這些活字本身在大小和高度上是精確配合的，看起來不可能與歐洲的鉛字組合在一起使用。經過了各式各樣的嘗試失敗之後，他們最終通過用一個鋼質模具鑄造出鉛坯解決了這個問題。雇請了中國當地的刻字匠在字面上刻出漢字來。用這種方式他們取得了出乎意料的成功。後來馬六甲的傳道站也開始採用類似這種方案製作的大約 1 萬個鉛字，從中國購買被運到馬六甲，還準備有專門的字櫃，鉛字

〔註 29〕蘇精，馬禮遜與中文印刷出版[M]，臺灣：臺灣學生書局，2000：15。
〔註 30〕蘇精，馬禮遜與中文印刷出版[M]，臺灣：臺灣學生書局，2000：161。

被準確地按照《康熙字典》同樣的規則放置，跟在部首的後面，以每個漢字的部來區分。這樣在正常的情況下，儲字盒打開後，呈現的就是字典中每一頁的樣子。但是由於鉛字的數量太少，我們還無法用它進行實際的排印。普通消息的專欄就是用這批鉛字排印的，附在我們《察世俗每月統計傳》的後面。去年（1818 年）一本教義問答的小冊子也是用這批鉛字印刷的。這批鉛字偶而也有用起來非常方便的時候，在排印英文著作，例如《印中搜聞》（the Indo-Chinese Gleaner）的時候，有時會出現引用中文的情況。但是由於這批鉛字的數量少、缺字多，也必須由一個精通漢語的人來排版，我們覺得對於傳教會的主要目的來說，採用這種方式印刷過於繁瑣，作用不大。但是我們也沒有放棄將它最終轉變爲一種更具優勢的印刷方法的希望。尤其是對於各種各樣的宣傳頁來說，並不需要詞彙太過豐富。用鉛字排版的時候，碰到了缺字就必須停下來刻字、補字，但是我們已經開始看到了，經過塞蘭坡傳道站成員的努力，隨著鉛字數量的擴充，已經讓這種日常缺字的情況越來越少見了。〔註31〕

　　至此我們可以明白，隨著馬禮遜《華英字典》的印製完成，爲印製這套字典而製造的漢字鉛字就成爲了西方出版技術傳入中國伊始所製作的第一套漢字鉛字，它並不是預先製備的，而是隨著字典的印製，歷時 8 年積累完成的。

　　令我們好奇的是，湯姆斯製備的這套漢字鉛字後來去了哪裏？

　　《華英字典》出版後，馬禮遜便試圖獲得這套漢字鉛字。喬治·斯當東爵士在 1823 年 4 月 13 日至馬禮遜的信中說：「還有幾個關於印刷所的問題，涉及你的漢語詞典印刷工作結束後如何處置它。我不能肯定印刷所的活字在中國是否有其他的印刷任務；如果沒有，我贊同你的合理建議，把它們贈送給馬六甲英華書院。」〔註32〕但是，馬禮遜未能如願。1827 年 11 月 10 日，馬禮遜寫道：「馬治平向威廉爵士和部樓頓先生（Mr. Plowden）提議讓英華書

〔註31〕　〔英〕米憐（William Milne）. *A Retrospect of the first ten years of the Protestant Mission to China*（新教傳教中國頭十年回顧）[M]，Malacca: the Anglo-Chinese Press. 1820: 237～239.

〔註32〕　〔英〕艾莉莎·馬禮遜，馬禮遜回憶錄（中文版第 2 卷）[M]，鄭州：大象出版社，2010：116。

院使用曾印刷我的字典的中文活字；但他們不同意」〔註33〕。

　　1834 年，英國取消東印度公司對華貿易的壟斷權，澳門印刷所也隨即關閉。其承印的倫敦會傳教士麥都思（Walter H. Medhurst）編著的《閩南語字典》（*A Dictionary of the Hok-këen Dialect of the Chinese Language*）〔註34〕從 1831 年開始排印，到 1834 年 3 月停印時，只印了三分之一（320 頁）。馬禮遜 1834 年 5 月 16 日在日記中寫到：「我收到了麥都思給我們和特選委員會的信，談他的詞典。他想讓公司把活字送給他——或者他想『全部』帶到廣州，他想讓聖經更適合異教徒。他認爲憑他改進風格，就可以讓聖經成爲一部吸引人的書！」〔註35〕1835 年，麥都思募得資金後，請美國海外傳教會印刷所的印工衛三畏（Samuel Wells Williams）繼續排印未完的 500 餘頁。由於美國海外傳教會印刷所的機器已排滿《中國叢報》的任務，便向馬儒翰（John Robert Morrison）借來英式印刷機與英文活字，又向已經關閉的東印度公司澳門印刷所借來其閒置的中文活字，由衛三畏負責排版和印刷，終於在 1837 年中完成，但封面仍印 1832 年由東印度公司印刷所司汀兄弟印於澳門。〔註36〕

　　根據蘇精對於後來東印度公司澳門印刷所的漢字鉛字情況的追蹤，我們得知，「東印度公司澳門印刷所關閉後，直到 1842 年鴉片戰爭結束，英國駐華公使兼香港總督璞鼎查（Henry Pottinger）處分公司未了事務，將印刷所的中文活字全部贈予美國海外傳教委員會印刷所，估計包含兩萬字、二十餘萬個活字，都是從 1815 年開印馬禮遜字典以後，20 年之間陸續雕刻累積而成，轉入美國印刷所後，卻在 1856 年廣州十三行大火中完全焚毀無存。」〔註37〕

　　最後一個我們關心的問題：馬禮遜、米憐等西方新教傳教士是如何看待中西方印刷技術的？孰優孰劣？

　　雖然馬禮遜的《華英字典》經湯姆斯的努力已經成功實現了中英文的混合排版，但是馬禮遜本人並不認爲西方的鉛字印刷技術能夠適用於純粹中文讀物的出版。他的主要理由是：無論是西式的鉛字、還是中國的木活字，活

〔註33〕〔英〕艾莉莎·馬禮遜，馬禮遜回憶錄（中文版第 2 卷）[M]，鄭州：大象出版社，2010：194

〔註34〕Walter H. Medhurst. 閩南語字典（A Dictionary of the Hok-këen Dialect of the Chinese Language）[M]，澳門：東印度公司印刷所，1832。

〔註35〕〔英〕艾莉莎·馬禮遜，馬禮遜回憶錄（中文版第 2 卷）[M]，鄭州：大象出版社，2010：259

〔註36〕蘇精，馬禮遜與中文印刷出版[M]，臺灣：臺灣學生書局，2000：106～107。

〔註37〕蘇精，馬禮遜與中文印刷出版[M]，臺灣：臺灣學生書局，2000：107。

字印出來的效果在觀感上都無法與雕版印刷出來的漢字相媲美。不僅中國的讀書人這麼認為，就連中文水平日漸提高的馬禮遜本人都認為幾無可取之處。能夠得出這個結論，確實是因為馬禮遜非常瞭解中國傳統文化和傳統的印刷技術。

馬禮遜在 1817 年出版的《中國概覽》（*A View of China*）一書中寫道：

> 1722 年〔註38〕康熙就命人刻製了大量的銅活字。後來由於缺少銅錢，乾隆允許將之熔掉，事後又後悔不已，只好又刻製 25 萬枚木活字。活字排成的書頁被稱為『活版』或『活字版』。為了彰顯文雅，乾隆皇帝更賜名為『聚珍』。早在宋朝，中國就開始使用活字，採用膠泥燒結而成。本文作者就藏有 24 卷本的武英殿聚珍版《欽定平苗記略》，但活字印刷的效果無論怎樣都難以與雕版印刷相提並論，這也是為什麼絕大多數中國的圖書還堅持採用雕版印刷的原因。〔註39〕

從這段文字我們可以知道，馬禮遜對《武英殿聚珍版叢書》所代表的中國傳統木活字印刷技術程式非常瞭解，對金簡分析雕版印刷與活字印刷各自的優劣也非常清楚，但是馬禮遜同中國的那些讀書人一樣，認為僅從印刷質量和閱讀觀感這一點上做對比，不管是鉛活字、銅活字還是木活字，只要是活字印刷出來的圖書，其閱讀觀感都絕對無法與中國人普遍喜好的雕版印刷相媲美。

與馬禮遜持同樣觀點的，還有隨後來華的倫敦傳道會傳教士米憐。米憐作為馬禮遜的助手，不僅協助馬禮遜翻譯中文《聖經》，還為了規避清朝官府限制外國人出版傳教書籍的禁令，帶著華人教徒蔡高和梁發在馬六甲設立了英華書院，在當地進行傳教、辦學，並進行傳教讀物的印刷出版。米憐 1819 年在馬六甲採用雕版印刷出版了馬禮遜所譯的第一本中文聖經全本——《新舊約聖經》，他還創辦出版了第一份中文雜誌——《察世俗每月統記傳》。印製這些圖書和雜誌，米憐採用的也是中國傳統的雕版印刷技術。

米憐在他所著的《新教傳教中國頭十年回顧》一書中詳細對比了雕版印刷和鉛字印刷的優劣。〔註40〕

〔註38〕 應為雍正四至六年（1726 年至 1728 年）。

〔註39〕 馬禮遜，A *View of China* [M]. Macao: East India Company's Press, 1817: 6～7.

〔註40〕 〔英〕米憐（William Milne）. *A Retrospect of the first ten years of the Protestant*

他認爲，中國傳統的雕版印刷相比西方鉛字印刷技術的劣勢在於：

1、雕版印刷不適用於那些內容混雜、時效很短的讀物，例如報紙、商品目錄、海報等。

2、雕版印刷不如歐洲的鉛字印刷那樣迅速快捷（expedition）。

3、如果大規模的印刷，雕版會越積越多，造成存儲不便，這一點與歐洲的複製鉛版（stereotype）類似。

4、大量印刷之後雕版容易字面磨損，導致印刷出來的清晰度降低。

5、即便是同樣的漢字，可能在一本書中重複出現了 5 千次，也需要反覆地雕刻，不能省工。

6、中國的雕版印刷，就像他們的國家政策一樣，非常不友好，不能適用於其他的語言文字的印刷出版。在這一點上，雕版印刷和鉛字印刷沒法比。

7、雕版磨損之後不像鉛字那樣可以重鑄。

相比西方的鉛字印刷技術，米憐認爲採用中國雕版印刷方法的優勢在於：

1、雕版印刷特別適合於漢語的特點。漢語有超過 4 萬個單字，如果採用西式的方法制備漢字鉛字，每個單字都需要雕刻鋼模來製作字模，總共需要製作 4 萬個鋼模，這幾乎是不可能完成的。可能有很多並不常用的字，在一個作者的一生中都不會使用第二次，但也一樣需要花費同樣的成本來製作字模，這就很不划算了；而如果採用雕版印刷的話，比較起來，雕刻這些漢字反倒顯得容易得多。只有對於某些經常用到的字（假設一個字會被使用 5000 次以上的話，製作一個鋼模假設會需要耗費 20 先令，但是同樣的錢用雕版只能夠刻出 1500 個字來的情況），製作西方的字模才顯得更爲划算。

2、除了雕版所用的木材不耐久和無法拼成大版之外，雕版完全具有歐洲複製鉛版（stereotype）的所有優勢。

3、採用中國的雕版印刷方法，不管內容需要用到多少種不同大小的字體，如果找同一個人來刻字，也差不多同樣快捷和便宜；而對於鉛字來說，多少種規格的字體就意味著需要準備多少套字模。

4、中國雕版印刷所需要的工具超級簡單，不需要金屬鑄造，沒有複雜的

Mission to China（新教傳教中國頭十年回顧）[M]. Malacca: the Anglo-Chinese Press. 1820: 239～257.

印刷機和裝訂設備，也不需要很大的場地。

5、雕版更爲節省紙張，因爲鉛字印刷需要多次反覆校對。

6、雕版再次印刷的時候不需要排版，也不需要校對。

在分析了雕版印刷與鉛字排印各自的優劣之後，米憐著重從經濟角度對比製作漢字鉛字的成本。〔註41〕到底是用中國傳統雕版印刷的方式更爲便宜，還是採用金屬活字排印的方式更爲便宜。

米憐認爲，漢語本身的特點使得製備一套漢字鉛字的前期投入很高。

首先，是字形上的差異。漢字的字形遠比英文複雜，每個單獨的漢字，有的筆劃多達四五十，例如「個」這個字，肯定要比英文的「M」或「W」要複雜得多，讓我們假設漢字的平均筆劃是 10 筆，雕刻漢字鋼模的費用也要大大超過英文字符。

其次，是數量上的差異。西方文字的一套字體，其中的字母數字等符號一般不會超過 200 個，而要構成一套漢字的字體，所需要漢字數量要多得多。現在我們假設製備一套能夠基本滿足日常所用的 5000 個漢字的字體，儘管這只是全部漢字的十分之一；這五千個漢字需要五千個鋼模，其初期的投入勢必驚人。假設製作每個字模耗資 1 英鎊，全套英文字符會需要 200 英鎊；而選取十分之一的漢字就需要 5000 英鎊。如果字形複雜價錢也許更高。這樣，在任何進一步的工作還沒有開始之前，就要先投入這麼一大筆錢進去製備一套漢字鉛字。如果要再準備三種大小不同的字體，那麼英文部分的投入可能只有 600 鎊，而漢字部分的投入就會高達 15000 鎊了。因此在米憐看來，製備漢字鉛字的難題還需要很多年才能克服。

從前期製備鉛字所需的投入來看，在西方成熟的技術，到了中國之後，由於碰到漢字，已經變得毫無經濟優勢可言。用鉛字印刷漢字，必須預先鑄造和製備出足夠數量的鉛字來，這些前期投入的資金也就不可避免。

從排字的環節來說，中文也與西文有很大的不同：西文的字符很少，漢字的字符很多。能夠用漢字鉛字排字的工人需要具有一定的語言知識，最起碼能夠辨識漢字，那麼他們的工資至少是雕版刻工的兩倍，因爲能夠認得這麼多字的人在中國並不容易找。越是受教育程度高的人，排起字來也越快，

〔註41〕 〔英〕米憐（William Milne）. *A Retrospect of the first ten years of the Protestant Mission to China*（新教傳教中國頭十年回顧）[M]. Malacca: the Anglo-Chinese Press.1820: 258～266.

可是他們的工資也越高，這看起來是一個矛盾，導致排版的人工成本難以降低。雕版的刻工在中國有很多，婦女尤其擅長。廣東的雕版工價在全國是最低的，因爲那裡連婦女都可以刻字，所以中國的書商們也常常跑到廣東來刻版，以此來降低出版的成本。

從印刷的環節來說，米憐認爲，採用鉛印，印刷機可以印刷紙的兩面，而中國傳統的雕版只能單面印刷，所以從紙張的角度來看，兩面印肯定能夠節約紙張的。但是雕版具有的另一個優勢，在重印時的成本很低，卻是鉛印無論如何都難以比擬的。米憐根據自己的親身經驗，用某一本刻於 1815 年的基督教書籍爲例加以說明。這本書的同一塊雕版已經在四年的時間里根據需要印刷了十三次，每一次都是很小的印量，而且在以後的四年裏還可以這麼印。按照 8 年總共 3000 冊的印量來計算，如果採用活字印刷的話，就需要一次性全都印出來，那會長期佔用大量的資金，很不划算。

除了成本的因素之外，影響馬禮遜和米憐傾向於採用中國傳統的雕版印刷的另一個原因是清朝官府對傳教讀物出版的嚴格管制。米憐認爲，對於傳教事業來說，很重要的一點，就是要將基督教的讀物輸入中國並廣爲流通。想要做到這一點，就必須完全本地化，不管是書的樣式還是印書的方法，都要本地化；看起來就像是中國人寫的、中國人印的一樣，只有這樣，才能躲過海關的檢查，在書商的店裏賣；紙張、裝訂、排版、墨色、外觀都不能被懷疑是外國的，否則一旦被懷疑，就會引來官府的檢查和禁令。

米憐所做的分析，反映了西方出版技術剛剛傳入中國的實際情況。他的觀點，可以解釋爲什麼馬禮遜和米憐等早期的新教傳教士們並不傾向於採用漢字鉛字來進行排版印刷，而是要選擇中國傳統的雕版來印製傳教讀物。由於在 19 世紀初的時候，西方的印刷技術尚未實現工業化，所有的工序每一個步驟都是人工操作來完成的，西方鉛印技術的生產效率與中國傳統的雕版印刷和活字印刷技術相比，不僅沒有什麼優勢可言，甚至成本費用還要高出許多。既然沒有經濟上明顯的優勢，到底選擇何種印刷技術就取決於傳教士個人的選擇了，所以深諳中國文化的馬禮遜，雖然自己的第一部著作就是採用鉛字印刷的，卻並不贊同採用鉛印來出版傳教所用的中文書籍，他覺得只有雕版印刷才能將漢字發揮到審美的高度。

馬禮遜和湯姆斯雖然是首先在中國進行中英文混合排版嘗試的先驅，但他們只是試圖解決西方鉛字印刷技術程式應用到漢字時所碰到的具體問題，

他們所採用的雕刻鉛字的方式並沒有得到普及，很快就被其他的技術方式取代了。

1.2.2 馬士曼鑄造漢字鉛字的嘗試

就在馬禮遜和湯姆斯在澳門印刷《華英字典》的同時，印度塞蘭坡的浸信會傳道站也曾嘗試過使用另一種方式——鑄造法來製備漢字鉛字，並使用漢字鉛字印刷出版中文傳教讀物，還在 1815 年出版了馬禮遜的《通用漢言之法》一書。主持這項工作的是英格蘭浸禮會傳教士馬士曼（Joshua Marshman，1768～1837），但是「馬士曼從未踏足中國，終其一生於印度傳教，故相較於馬禮遜在中國的聲名，自是遠遠不及，以至於常常在研究著作中淪爲馬禮遜的注腳。」〔註42〕

傳教團體之間的競爭，也體現在出版技術的選擇上。馬士曼想了很多辦法來進行漢字印刷的技術實驗。他完成的第一部作品，是 1809 年木雕版印刷的含有中文原文的英譯《論語》。他採用的辦法是，雇用一名華人指導當地的孟加拉土著在木板上雕刻漢字，待一整片木板雕成後，逐字鋸開，這樣就可以獲得所需的漢字木活字，然後用這些木活字與英文的鉛字混合排版印刷。由於中文木活字很大，所以整本書留空很多。

1811 年，塞倫坡迎來了一位倫敦有名的刻板印刷家約翰·勞森（John Lawson，1787～1825）。勞森帶來了鉛活字印刷技術，使塞倫坡的中文印刷成了那個時代的先驅。根據蘇精的研究，馬士曼在塞蘭坡印刷所先後共鑄造過四副漢字鉛字。他只鑄造常用字部分，非常用字則以手工雕刻。「從 1811 年起開始，他鑄造出兩幅中文鉛活字，一副每字 0.8cm^2，另一副每字 0.5cm^2，比《論語》中的木活字小了很多。這些活字在 1812 年的印刷所大火中不幸焚毀，但災後馬士曼迅速重鑄、重刻……在 1813 年用鉛活字印刷出版了《約翰福音書》與《約翰書信集》，1814 年和 1815 年又分別出版《中國言法》（Clavis Sinica）和《通用漢言之法》」。〔註43〕在 1815 至 1822 年間，塞倫坡傳道站使用漢字鉛字排印了馬士曼漢譯的全部《聖經》篇章，並於 1822 年終訂合集爲

〔註42〕康太一，他山之石——馬士曼與塞倫坡的中文印刷出版[G]//李靈，陳建明主編。基督教文字傳媒與中國近代社會，上海：上海人民出版社，2013：146。

〔註43〕蘇精，馬禮遜與中文印刷出版[M]，臺灣：臺灣學生書局，2000：144。

第一部新教漢譯之《聖經》全本。

圖 21：馬士曼 1814 年在塞蘭坡出版的《中國言法》內文

252   ELEMENTS OF   [OF SUBSTANTIVES.

the character 自 *tsè*, self, which by a strange transition of idea, is used to denote motion *from* or *out of* a place.

The first of these, 從 *ts'hoong*, is perhaps oftener used in conversation to denote *from*, than either of the others.   It occurs in sentences of this nature :

" Did you come from Canton, or are you from *Foŏh-kyen?*"

來 *lai* come. 福 *Foŏh* Fooh 是 *sheŏ* are (you) 來 *lai* came. 廣 *Kwŏng-* Can- 你 *Neĕ* You
建 *kyĕn-* kyen 從 *ts'hoong* from 還 *hwan* or 東 *toong* ton 從 *ts'hoong* from

Very few instances however of its being thus used as a preposition are found in their best writings.   In the first book of *Lun-yu*, Confucius describing the state of his mind at the age of seventy, says,

矩 *kyŭ* the bounds. 不 *poŏh* (did) not 所 *sŏ* what 從 *Ts'hoong* From
踰 *eŭ* exceed 欲 *yoŏh* desires, 心 *sin* (my) heart

" *From* the heart the desires which (*proceeded*,) passed not the due bounds."

Lun-yu, book i.

In this sentence, the first character on the right, may be possibly rendered *from*; but even here it admits of doubt whether it may not be rendered better by the verb *followed*; thus, "The desires which *followed* the natural bent of my heart, passed not the prescribed bounds."

圖 22：馬士曼《使徒馬竇傳福音書》

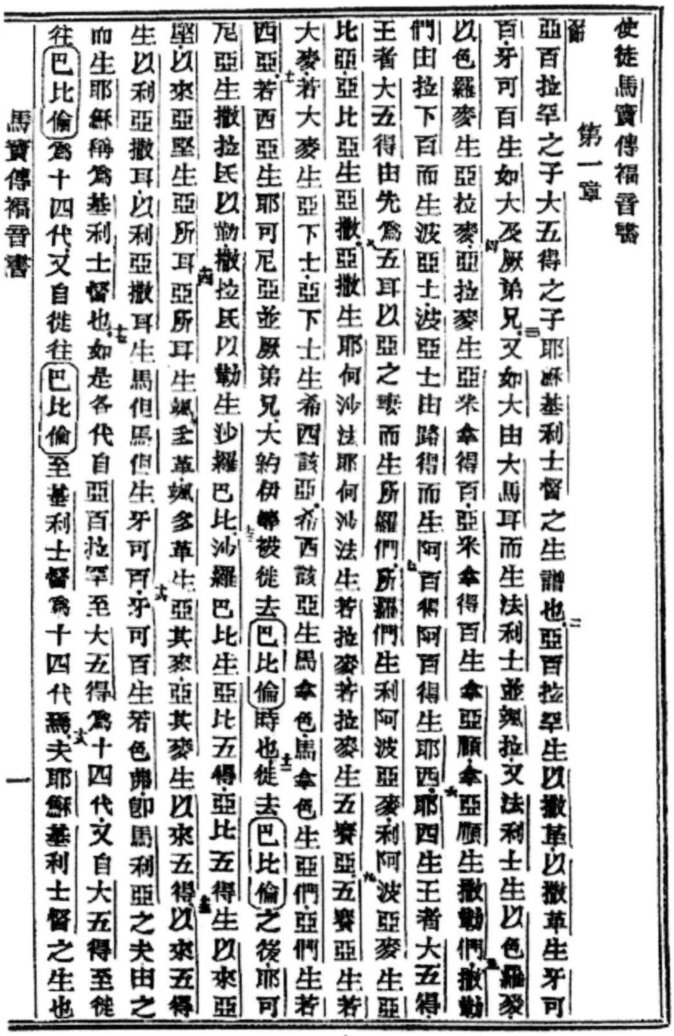
使徒馬竇傳福音書

第一章

亞百拉罕之子大五得之子耶穌基利士督之生譜也亞百拉罕生以撒革以撒革生牙可百牙可百生如大及厥弟兄又如大由大馬耳而生法利士並颯拉又法利士生以色羅麥以色羅麥生亞拉麥亞拉麥生亞米拿得百亞米拿得百生拿亞順拿亞順生撒勒們撒勒們由拉下百而生波亞士波亞士由路得而生阿百得阿百得生耶西耶西生王者大五得王者大五得由先為五耳以亞之妻而生所羅們所羅們生利阿波亞麥利阿波亞麥生亞比亞亞比亞生亞撒亞撒生耶何沙法耶何沙法生若拉麥若拉麥生五賽亞五賽亞生若大麥若大麥生亞下士亞下士生希西該亞希西該亞生馬拿色馬拿色生亞們亞們生若西亞若西亞生耶可尼亞並厥弟兄大約伊勒被徙去巴比倫時也徙去巴比倫之後耶可尼亞生撒拉氐以勒撒拉氐以勒生沙羅巴比沙羅巴比生亞比五得亞比五得生以來亞墾以來亞墾生亞所耳亞所耳生颯多革颯多革生亞其麥亞其麥生以來五得以來五得生以利亞撒耳以利亞撒耳生馬但馬但生牙可百牙可百生若色弗即馬利亞之夫由之而生耶穌稱為基利士督也如是各代自亞百拉罕至大五得為十四代又自大五得至徙往巴比倫為十四代又自徙往巴比倫至基利士督為十四代稱夫耶穌基利士督之生也

馬竇傳福音書　一

馬士曼鑄造漢字鉛字的具體方法和步驟他本人並未有詳細介紹，但有一點是確定的，那就是馬士曼雖然在塞蘭坡鑄造出來了一批漢字鉛字，且用它們排版印刷了一批中文書籍，但他採用的並不是西方傳統的「鋼模——字模——鉛字」的鉛字鑄造的技術程式。

根據潘吉星分析的《古今圖書集成》的中國傳統銅活字鑄造方法，我們可以猜想馬士曼採用的其實是源自東方的一種傳統鑄造方法，即先用刻好的木活字或鉛活字「字模」〔其實是中國傳統金屬鑄造工藝中所說的「鑄模」

（casting model）〕在黏土或石膏上成批按壓出空腔來，形成「鑄範」（casting mould），然後經過澆鉛、脫模後取出，最後修整成一個個的漢字鉛字。這樣鑄造出來的鉛字與雕刻出來的鉛字不同，每個字的字形會比較接近，在同一頁上重複漢字的字形有可能基本一致，完全不像單獨刻製的漢字鉛字那樣五花八門，每個都不一樣。

1815 年的時候，馬士曼曾託湯姆斯在澳門雇人鐫刻過一批中文「字模」。這個細節可以增進我們上述推測的合理性，因為這些所謂的「字模」，絕非西方鑄字技術中所用的銅模（matrix），只能是湯姆斯所用的雕刻鉛字。鉛字可以刻出更小的字號來，這是傳統的木刻活字所不及的，而馬士曼想要複製出湯姆斯所用的漢字鉛字，他所用的方法必然不是西方的鑄字法，而是中國的傳統活字鑄造方法。

圖 23：馬士曼製備漢字鉛字的操作流程

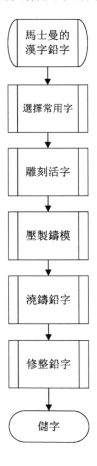

　　對於雕版與鉛字印刷的成本問題，馬士曼認爲漢字採用鉛字印刷會具有成本上的優勢，在這一點上，他與支持中國傳統雕版技術的馬禮遜曾進行過爭論。

　　馬士曼的觀點是，根據他自己的經驗，從鉛字排好版到最終印刷之前，內容的錯誤需要經過 10 遍到 12 遍的反覆校對才能完全消除，而鉛字排版的修改卻很方便，只需要替換個別的鉛字即可，所以他認爲雕版印刷根本無法做到這一點，一旦刻上的字就無法修改，如果反覆修改還不如重新刻製來得容易，再加上鉛字比木刻更耐印，所以這麼綜合算下來，馬士曼認爲鉛印的成本大約只有雕版的三分之一左右。

　　馬禮遜認爲，馬士曼高估了雕版印刷的成本。「馬士曼宣稱印刷全部聖經需要的金屬活字成本是 400 鎊，只是木刻（1600 鎊）的四分之一。但是馬禮遜刻印新約的費用是 140 鎊，而新約的篇幅占聖經的四分之一，因此全部聖經的費用應是 560 鎊，而非馬士曼過分高估的 1600 鎊。」〔註44〕馬禮遜認爲馬士曼誇大了中國與孟加拉工匠工資的差異，其實中國熟練工匠刻字的速度，要快於從活字盤揀字的速度，而且中國印工一天印刷兩千葉的工錢不過一錢五分，僅等於一先令而已。對於馬士曼所說的活字排版便於校對一說，馬禮遜認爲，木刻印刷過程中的校對是在寫樣後、付刻前，這樣就可以避免反覆地修改。馬禮遜說他並不反對金屬活字，只是他認爲中國經典的圖書還是以雕版印刷爲佳，因爲雕版一旦完成，可以貯藏印版，以備隨時重印，幾乎不帶來額外的費用；而活字若拆版後再印，便要重新排版與校對；如果一次多印，又會造成庫存積壓。馬禮遜認爲，活字印刷的優勢在於一次大量生產以降低單位成本，但馬士曼在塞蘭坡所印的中文圖書，實際印量卻只有一百本上下，這麼小的印量已經讓活字的優勢蕩然無存了。〔註45〕

　　米憐同馬禮遜的觀點一樣，認爲在中國出版傳教讀物，最好的選擇是採用雕版印刷，而非西方的鉛印技術；但對於中英文混合排版類型的圖書，他則贊成馬士曼在塞蘭坡的嘗試。米憐認爲，「中國的雕版印刷方式，就像他們的國家政策一樣，非常不友善，不能適用於與其他的語言文字配合使用。將雕版與鉛字排在一個版上已經多次嘗試，但是傚果都不好。……一定會帶來

〔註44〕蘇精，馬禮遜與中文印刷出版[M]，臺灣：臺灣學生書局，2000：146。
〔註45〕蘇精，馬禮遜與中文印刷出版[M]，臺灣：臺灣學生書局，2000：146～148。

大量的麻煩，而最終的結果看起來也很差、很笨。自從漢字鉛字開始在印度鑄造（casting），在澳門雕刻字模（engraving of moulds）以來，這種中西文組合就變得既容易又美觀，就像希臘文和英語或者是拉丁文與阿拉伯文的組合一樣。從這一點上來說，中國傳統的雕版方式有巨大的劣勢，唯有金屬活字方可彌補。」〔註46〕

此後塞蘭坡又進行過一次漢字鉛字鑄造的試驗，沒有成功。衛三畏在《中國紀錄》（Chinese Recorder）1875年卷6中記載：德籍傳教士郭實獵（Karl F. A. Gutzlaff）1833年曾進行了另外一種嘗試，在銅板上直接用手工刻鑿出陰文的漢字，省卻雕刻鋼模的步驟，用它作為字模（matrix），來澆鑄鉛字。他請人刻了約4000個字，送到塞蘭坡（Serampore）委託馬士曼澆鑄鉛活字。花了很多錢，但由於字形歪斜，不平整，難以鑄出滿意的活字來。郭實獵的這種改變鉛字鑄造技術程式的想法雖然很新穎，但由於在銅版上刻鑿的凹痕是無法保證一樣的深度的，這樣澆鑄出來的鉛字字面勢必不平整、不等高；如果需要磨平字面的話，又無法保證字體的一致性和印刷出來的效果了。後來1844年成立於上海的墨海書館，曾經使用過一部分郭實獵委託馬士曼在塞蘭坡鑄造的鉛字，但是也很快就廢棄不用了。〔註47〕

馬士曼雖然嘗試了各種方法來鑄造漢字鉛字，但是他鑄造出來的鉛字只能在塞蘭坡印刷所自用，並未對此後中國出版技術的發展產生什麼影響，這種鑄造方法也沒有能在傳教機構間得到推廣。

1.2.3 菲金斯鑄造漢字鉛字的試驗

馬禮遜1824年至1826年間返回英國休假的時候，他對使用西方鉛字印刷技術出版中文傳教讀物的態度突然發生了一個一百八十度的轉變，轉而積極支持採用西方技術來製備漢字鉛字，推動使用漢字鉛字印刷技術來出版中文傳教讀物。促使馬禮遜態度轉變的，是他在倫敦進行的一次鑄造漢字鉛字的試驗。

這段故事過去並未引起出版史的研究者注意，主要是因為對它的記錄太

〔註46〕〔英〕米憐（William Milne）. *A Retrospect of the first ten years of the Protestant Mission to China*（新教傳教中國頭十年回顧）[M]. Malacca: the Anglo-Chinese Press.1820: 242～243]。

〔註47〕蘇精，馬禮遜與中文印刷出版[M]，臺灣：臺灣學生書局，2000：230。

過簡短了。1833 年 2 月的《中國叢報》（*Chinese Repository*）上，刊登了一篇塞繆爾・戴爾（Samuel Dyer，1804～1843）討論漢字鉛字製備的文章，提到「來自英格蘭的小字體實驗已經取得了令人滿意的效果，我們尚未聽到負面的意見，唯一的問題似乎是字體過於小了點。……毫無疑問漢字的鉛字今後也可以採用我們常規的方式來鑄造了。菲金斯先生，倫敦一位值得尊敬的鑄字匠，他的嘗試已經獲得了極大的成功。如果熟悉漢字的話，他所能達到的效果將會更完美。但是，由於他的方法費用很高，考慮到漢字龐大的數量，恐怕我們用這種方法要獲得一套完整的漢字鉛字還要等待相當長的一段時間。」這裡所謂「常規的方式」（in the usual way）就是指的西方鉛字鑄造的技術程式。

這家著名的倫敦鑄字廠、鑄字匠小文森特・菲金斯（Vincent Figgins Junior）所進行的漢字鉛字鑄造試驗的結果，一份當年菲金斯試製漢字鉛字的字體樣本和記錄的檔案（見圖 24）至今保存在倫敦艦隊街上的聖布賴德基金會（St. Bride Foundation）圖書館中，他當年鑄造鉛字所用的鋼模與銅模也都被保存在這裡。

在這份 1826 年 6 月所鑄漢字鉛字的樣本〔註48〕中，記錄了菲金斯所作的漢字鉛字鑄造試驗：

〔註48〕倫敦 St. Bride Foundation 所藏有關 Vincent Figgins II 的鉛字樣本檔案，編號：FTS-12。

圖 24：菲金斯漢字鉛字樣本及實驗記錄

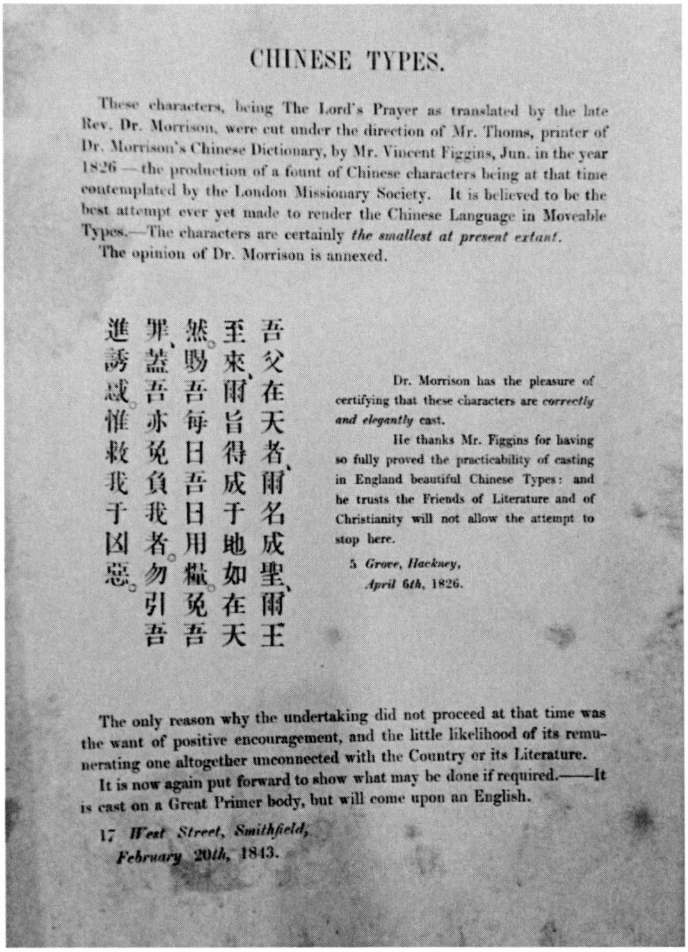

CHINESE TYPES.

These characters, being The Lord's Prayer as translated by the late Rev. Dr. Morrison, were cut under the direction of Mr. Thoms, printer of Dr. Morrison's Chinese Dictionary, by Mr. Vincent Figgins, Jun. in the year 1826 — the production of a fount of Chinese characters being at that time contemplated by the London Missionary Society. It is believed to be the best attempt ever yet made to render the Chinese Language in Moveable Types.—The characters are certainly *the smallest at present extant.*
The opinion of Dr. Morrison is annexed.

吾父在天者、爾名成聖、爾王至來、爾旨得成于地如在天然。賜吾每日吾日用糧。免吾罪、蓋吾亦免負我者。勿引吾進誘惑。惟救我于凶惡。

Dr. Morrison has the pleasure of certifying that these characters are *correctly and elegantly* cast.

He thanks Mr. Figgins for having so fully proved the practicability of casting in England beautiful Chinese Types: and he trusts the Friends of Literature and of Christianity will not allow the attempt to stop here.

5 *Grove, Hackney,*
April 6th, 1826.

The only reason why the undertaking did not proceed at that time was the want of positive encouragement, and the little likelihood of its remunerating one altogether unconnected with the Country or its Literature.
It is now again put forward to show what may be done if required.——It is cast on a Great Primer body, but will come upon an English.

17 *West Street, Smithfield,*
February 20th, 1843.

漢字鉛字

吾父在天者、爾名成聖、爾王至來、爾旨得成於地如在天然。賜吾每日吾日用糧。免吾罪、蓋吾亦免負我者。勿引吾進誘惑。惟救我於凶惡。

這些漢字，是最近由牧師馬禮遜博士所譯的讚美上帝的祈禱文，它們是在湯姆斯先生（馬禮遜博士《華英字典》的印刷者）的指導下，由小文森特·菲金斯先生在1826年所刻。在那個時候，製造一套漢字的鉛活字是倫敦傳道會非常關注的，而據信，這是迄今爲止效果最好的漢字鉛活字的嘗試。這些漢字肯定也是當今最小號的漢字鉛字。

馬禮遜博士本人的觀點如後所附。

馬禮遜博士非常高興地肯定，這些漢字不僅正確，而且鑄造得非常雅觀。

他感謝菲金斯先生已經完全證明了在英國鑄造漂亮的漢字鉛字的可行性，他相信支持文化和基督的朋友們不會讓這次嘗試半途而廢的。

地址：5 Grove, Hackney,

日期：1826 年 4 月 6 日

至於爲什麼這件事情在當時沒能繼續下去，唯一的原因是由於缺乏積極的支持，而且整體上需要投入的花費與我們的國家和文化看起來關係也不大。

現在我們將這套鉛字再度展示出來，只是爲了表明，如果有必要的話，這種 Great Primer 規格（18 點）的漢字鉛字也可以用 English（14 點）的活字規格來鑄造。

地址：17 West Street, Smithfield,

日期：1843 年 2 月 20 日

塔爾博特·里德（Talbot Baines Reed）在《古老英國鑄字匠的歷史》（*A History of the Old English Letter Foundries*）一書中，曾對菲金斯父子和他們的生意有一段非常生動的描述，反映了那個時代的鑄字匠是如何開創自己的事業及保守自己的商業秘密的。〔註49〕

〔註49〕Talbot Baines Reed. *A History of the Old English Letter Foundries, with notes, Historical and Bibliographical, on the Rise and Progress of English Typography*（古老英國鑄字匠的歷史）. [M]. London: Elliot Stock, 62, Paternoster Row, E.C. 1887：335～344。

文森特·菲金斯（Vincent Figgins）從 16 歲（1782 年）開始成爲倫敦一位知名的鑄字匠約瑟夫·傑克遜（Joseph Jackson）的學徒。他在相當程度上繼承了導師的才能和生意，並且通過自己所生產的漂亮字體樣本確立了自己的地位，尤其是那些東方的字體。但是 1792 年傑克森去世後，該鑄字廠被另一位知名鑄字匠威廉·卡斯隆三世（William Caslon Ⅲ）購買，使得作爲領班的菲金斯喪失了繼承這間鑄字廠的希望，他只好另立門戶。在寬宏大量的顧客們的支持下，菲金斯先生在最艱苦的開創階段，不放棄每一個機會，靠著自己的精湛技藝和辛勤勞動，最終不負眾望，確立了他作爲一位傑出藝術家的聲望。他的兒子小文森特·菲金斯在 1855 年記述了一件軼事，講述了在那個時

　　馬禮遜在 1824 年至 1826 年期間返回英國休假。負責印製馬禮遜《華英字典》的湯姆斯也結束了與東印度公司澳門印刷所的聘用關係，於 1825 年 3 月離開中國返回倫敦。湯姆斯在倫敦開設了一間印刷所，繼續從事印刷業務。在 1826 年，馬禮遜、湯姆斯兩人再次聯手，試圖解決漢字鉛字的鑄造問題，就以倫敦傳道會的名義委託菲金斯進行了這次漢字鉛字鑄造的實驗。根據上述鉛字樣本的記錄，我們可以知道，這次實驗是在 1826 年 4 月 6 日前完成的，鋼模由小菲金斯刻製，湯姆斯親自指導了漢字的刻製，實驗結果很成功，也獲得了馬禮遜的肯定。

　　這批 Great Primer 規格（18 點，小二號）漢字共 38 個，標點符號 2 種。鋼模與銅模和鉛字是一一對應的關係。每一個漢字都需要刻製單獨的鋼模；依據不同漢字在文中出現的次數，還需要用銅模鑄造一定數量的鉛字，譬如，「吾」字在文中就出現了 6 次。採用西方鉛字鑄造技術程式製作出來的漢字鉛字，不僅在字體上要比手工雕刻的漢字鉛字精美許多，而且相同的鉛字具有完全相同的字形，這是漢字雕刻鉛字和馬士曼採用中國傳統鑄造方法制作

代鉛字鑄造技術的神秘：「鉛字鑄造的操作處處充滿神秘色彩，根據我自己（34 年來）的回憶，在我父親的職業生涯中仍有很多很大的謎團尚未揭開，一個我父親早期奮鬥的軼事就能夠說明這一點。傑克遜先生去世的時候，我父親已經作了十年的學徒和領班，當時為牛津大學出版社設計的希臘字體正在進行之中，出版社的代表希望仍由我的父親來完成這套鉛字。原來的顧客支持是他好運的起點。但是當他應承下來之後，才發現了真正的困難——他並不知道到哪裏去找雕刻鋼質衝模的人。因為沒有人知道他的地址，只知道他是一個高個子的男人，偶而會神神秘秘地來鑄字廠；沒有人知道他的名字，只知道他的綽號叫『黑人』。其實這位老人是一個非常聰明的技工，後來靠著我父親的獎勵過上了退休的生活。我認識他，卻怎麼也不能理解他為什麼會有那麼一個綽號，除非這個『黑』字說的是他來去傑克遜鑄字廠的方式，指的是『夜晚』和『神秘』的意思。」菲金斯最初在生意上的好運，隨著 19 世紀初大眾口味的轉變而受阻。要適應這種新的潮流，就意味著菲金斯先生需要做出相當大的犧牲——犧牲掉他以前所積累的工作和生意，這也是為什麼在一個相當長的時間裏他都沒有發佈任何有影響力的字體樣本。在 1824 年到 1826 年這兩年間，更多的字體樣本被發佈，表明了這家成長中的鑄字廠正在經歷的快速發展。根據漢薩德（Hansard）在 1825 年的記述，「沒有鑄字廠能像菲金斯先生的鑄字廠那樣儲存那麼多的雕刻鋼模了，而這僅是為了保存，並不是為了利潤的目的。這些字模包括天文的、幾何的、代數的、物理的、家譜的和算術的各種類別」。菲金斯先生死於 1844 年 2 月 29 日。他在 1836 年已經將自己的生意交給了兩個兒子——小文森特·菲金斯和詹姆斯·菲金斯。兩個兒子在 1838 年發佈了自己的首個字體樣本。小文森特·菲金斯死於 1860 年，生意由詹姆斯·菲金斯及其兒子繼續經營。

的鉛字無法達到的完美效果。

這次實驗第一次成功地用鋼模鑄造出了漢字鉛字，其時間要早於法國在漢學家叟鐵（I. Pauthier）的建議和指導下由巴黎著名刻工勒格朗（Marcellin Legrand）所進行的雕刻漢字拼合活字鋼模的工作，拼合活字的樣本出版於1837年。〔註50〕

事實勝於雄辯，在菲金斯的實驗之後，馬禮遜堅定了完全採用西方的鉛字鑄造方式來製備漢字鉛字的決心，原來關於活字印刷與雕版印刷孰優孰劣的爭論也終於塵埃落定，現在只剩下募集資金的問題了。1826年4月24日倫敦傳教廳（Mission House）在對馬禮遜的致辭中說：「我們相信，在有專人負責的情況下，我們能夠實現製備一套漢字字模的重要目標；理事們樂意促成此事，為此捐獻以敷支出」〔註51〕。似乎遵循鉛字鑄造的技術程式來製備出漢字鉛字，只是時間和資金的問題了。

但是為什麼後來又沒能繼續呢？主要還是因為資金的問題和價格的原因。菲金斯在1826年給出的報價相當高，每個鋼模約合2鎊，令那些有心無力的傳教士們感到捉襟見肘。

在我們今天看來，菲金斯完成的實驗為漢字鉛字的製備確實做出了歷史性的貢獻，但他距離最終製備出一套完整的漢字鉛字，還有相當大的距離。因為按照西方鉛字製備的程式，首先需要對漢字字頻進行統計，才能設計出一套漢字配比的方案；在這個配比方案的基礎上，首先進行常用高頻字的鋼模刻製，然後再擴展到非常用字去；而後來戴爾所做的漢字鉛字，就是沿著這條路繼續走下去的結果。

1.2.4　戴爾製作漢字字模的努力

第一個完成一套漢字製備的完整方案並進行大規模漢字鋼模雕刻的，是英國倫敦會的傳教士塞繆爾・戴爾（Samuel Dyer，1804～1843）。戴爾受到馬禮遜感召，矢志於赴華傳教。1827年戴爾攜妻乘船前往馬六甲，在到達檳榔嶼（Penang）之後，他發現當地的傳教工作非常薄弱，所以他們決定留在檳榔嶼，放棄了原定前往馬六甲的計劃。此後他一直在馬來半島的檳榔嶼、馬六

〔註50〕張秀民著，韓琦增訂，中國印刷史[M]，杭州：浙江古籍出版社，2006：446。
〔註51〕〔英〕艾莉莎・馬禮遜，馬禮遜回憶錄（中文版第2卷）[M]，鄭州：大象出版社，2010：158。

甲、新加坡三地從事傳教會的工作。戴爾在傳教、辦學之餘，將自己的其餘時間都花在了研究漢字鉛字鑄造方案和實際雕刻漢字鋼模的工作上。他於1843 年病逝在澳門。在他短暫的一生中，戴爾爲了出版《聖經》，憑一己之力研製完成了一批美觀實用的漢字鉛字鋼模，這些字模成爲後來一度暢銷中國的「香港字」的基礎。

就在戴爾去世三年之後的 1846 年，接任戴爾的牧師埃文・戴維斯（Evan Davies）出版了一本《薩米爾・戴爾牧師的回憶錄：十六年的中國傳教生涯》（*Memoir of the Rev. Samuel Dyer: sixteen years missionary to the Chinese*），該書記錄了戴爾艱難探索、勇於嘗試刻製漢字鋼模的具體過程。

在從英國出發之前，戴爾就已經知道馬禮遜和湯姆斯當年在中國進行手工雕刻漢字鉛字所碰到困難，他也瞭解菲金斯在 1826 年所做的漢字鋼模的實驗，他立志解決漢字鉛字的鑄造這一難題，目的是將漢字鉛字的鑄造成本降低到可以接受的程度。

在當時的條件下，數量龐大的漢字看起來不可能採取西方製備鉛字的方法來完成，這樣做所需要的資金將會是個天文數字。漢字的數量超過了 4 萬個，如果要按照西方鉛字印刷的技術程式製備出一套完整的漢字鉛字，最少需要刻製大小兩套共 8 萬個鋼模。雖然菲金斯先生已經證實了漢字鋼模製作的可行性，但菲金斯要價每個鋼模 2 幾尼〔註52〕，8 萬個鋼模就需要 16 萬幾尼的資金，要傳教會募集這麼一大筆錢是不可能完成的任務，看起來使用中國傳統的雕版印刷方式仍然是唯一的選擇。〔註53〕

按照鉛字印刷的技術程式，戴爾首先必須從理論上設計一套漢字鉛字的製備方案。他選取了馬禮遜和米憐所譯的中文《聖經》等 14 種著作，對圖書中漢字出現的頻率進行了初步的統計，記錄每一本書中所出現的不同漢字的數量和每一個漢字在不同書中所總共出現的次數，試圖找出常用漢字的數量。這項統計工作耗費了他數月的時間，最終的結果使他搞明白了很多原來含混不清、似是而非的問題。

戴爾在寫給馬禮遜的信中說：「根據我的記錄，我發現不同的漢字，同樣是 20 頁（或兩個半的全張紙）的內容，《四書》有 703 個不同的字，其中 309

〔註52〕 幾尼（guinea），英國舊金幣，值一鎊一先令。
〔註53〕 Evan Davies, *Memoir of the Rev. Samuel Dyer: sixteen years missionary to the Chinese* [M]. London: John Snow, 1846: 82.

個字只用過一次；《三國演義》有 929 個不同的字，其中 400 個字僅出現過一次；《馬太福音》出現了 225 個不同的字，其中 91 個字僅出現一次」〔註54〕。平均計算，只有不超過 2500 個或 3000 個漢字的使用頻率超過了一次。戴爾發現，如果以傳教爲目的，所需要的漢字不會超過 5000 個；而如果擴展到更大的文學出版，只需要再增加 1800 個漢字即可足敷使用。

　　常用漢字在數量上的大幅降低，意味著並不需要原來所設想的那麼大的初期投入。準確統計漢字出現的頻率之後，漢字使用鉛字排版具有了可行性，排字工並不需要原來所設想的那麼大的場地，排字的難度也將大幅度降低。

　　我們前面已經講過，早在 1773 年，金簡就在《武英殿聚珍版程式》一書中介紹了自己統計漢字字頻的方法，即通過統計《御定佩文詩韻》這部中文經典中的漢字字頻來確定常用漢字及其數量配比方案。戴爾未必知曉金簡的做法，但是他在英國就已經專門學習過鉛字鑄造方面的技術知識，所以他的做法一定也是符合西方製備一套鉛字的技術程式的。西方的鑄字匠在計劃鑄造一套鉛字的時候，通常都要先設計一套方案（Plan）——根據不同字母可能出現的頻率來配備不同數量的鉛字比例和設置每個字母擺放的位置。

　　戴爾對漢字字頻研究的成果發表在他於 1834 年出版的《重校幾書作印集字》〔註55〕一書中，在這個基礎上，後續製備整套漢字鉛字的工作就可以循序進行了。

〔註54〕 Evan Davies, *Memoir of the Rev. Samuel Dyer: sixteen years missionary to the Chinese* [M]. London: John Snow, 1846: 94.

〔註55〕 戴爾，重校幾書作印集字（*A Selection of Three Thousand Characters being the Most Important in the Chinese Language*）[M]，12 開本，共 8 頁和 24 頁，馬六甲，1834 年版。

圖 25：戴爾《重校幾書作印集字》（1834 年）〔註 56〕

根據字頻統計，戴爾可以把漢字分爲「常用字」和「非常用字」兩類。常用字可以採用雕刻鋼模的辦法，畢竟數量有限；那非常用字該怎麼辦呢？

爲了找出來一種低成本製作非常用字的方法，1834 年戴爾做了用雕版複製鉛版（stereotype）來製造漢字鉛字的試驗：通過一套雕版壓製出泥型或紙型，然後用泥型或紙型澆鑄鉛版，再將鉛版鋸成單個的鉛字，這項試驗取得了成功。〔註 57〕雕版來自馬六甲英華書院，戴爾把雕版發往倫敦，進行鉛版的澆鑄和切割。採用雕版複製鉛版再製成活字的方法，也曾經被其他的傳教組織進行過嘗試。《中國叢報》曾在 1835 年報導，美國波士頓有人用中文佈道書的雕版 24 面澆鑄鉛版，製成活字兩套，運回在廣州的美國傳道會書館，用於排印中文教會書報。這種做法可以省卻製作鋼模的費用，尤其是對於那些非常用字，更顯划算。

在完成漢字字頻統計和採用雕版複製鉛版這種低成本製作漢字鉛字的實

〔註 56〕圖片來源：張秀民著，韓琦增訂，中國印刷史[M]，杭州：浙江古籍出版社，2006：455，圖 95。

〔註 57〕據《中國叢報》（Chinese Repository）1834 年報導，英國有人用一套雕版澆鑄成鉛版，製成 700 個活字。這是否就是戴爾的工作，文章並沒有說明。

驗成功之後，戴爾首次提出了一套完整的漢字鉛字製備方案，發表在 1833 年 2 月的《中國叢報》（*Chinese Repository*）上。他寫道：

> 我們確信只有三套鉛字分別在廣東（Canton）、馬六甲（Malacca）和塞蘭坡（Serampore），它們都有缺陷，（因為並未根據漢字字頻來配置的緣故），在圖書排版印刷的時候還需要經常補充缺字，除非是所用到的漢字均已在以前印製的書中出現過，而且每個字所用的數量都不超過以前作品中的字數的情況下才行。
>
> 我們確信這些鉛字的字面（face）都是被刻在金屬上的，但是由於在堅硬的金屬上雕刻實屬不易，或者是由於其他的原因，實話實說，這些字的樣子不僅不優雅，而且帶有『洋相』，與木版雕刻出來的漢字大為迥異（不符合中國人的閱讀習慣），所以在印製《聖經》等傳教書籍的時候採用鉛字並不明智，雕版印刷的效果要遠超過廣東、馬六甲或塞蘭坡的鉛字印刷效果。〔註58〕

戴爾的論述分為五個部分：第一，中文活字的特點；第二，中文金屬活字的必要性；第三，以往試製中文金屬活字的弊端；第四，改進金屬活字的建議；第五，建議雕刻鋼模。

在將雕版、石印與鉛印三者的優劣、成本進行對比之後，戴爾得出結論：鉛印漢字相比其他印刷方式具有更大的優越性。他進而提出了自己的方法，根據所統計出來的漢字字頻，對於常用字採取雕刻鋼模的方式製備；對於非常用字則採用雕版複製鉛版的方式製備。這樣做總體上費用最低、效果最好、最為經濟。戴爾強調，即使是採用臨時性的雕版鑄造方法，雕版中的文字也必須要符合所需要的字數比例才行。〔註59〕

> ……通過計算這些漢字在 14 個中文作者作品中所使用的相對數量，已經為鑄造漢字設計出了所需的比例分配。
>
> 這 14 位作者所用到的不同漢字的數量只有 3240 個；相當少的漢字用到了數百次；而且為了保證一套鉛字足數使用，它們必須按照一定的比例，如 2、3、4……700 的數量來鑄造。
>
> 如果要澆鑄 12,000 或 13,000 個不同的漢字的話，需要大約 200

〔註58〕Chinese Repository（《中國叢報》）1833 年 2 月，Vol. I: 416.

〔註59〕原文為：The types cast from matrices can easily be made to agree with the types cast from blocks, provided the characters themselves are the same size.

塊的木刻雕版，然後可以通過一次、兩次、三次等多次澆鑄，就可以獲得相應漢字所需的比例。

我們後續所做的實驗證明，還存在一個重要的難題：如果一套鉛字持續使用，五年或七年之後，就必須重新進行澆鑄。除非我們能夠在印度重鑄它們，否則製備一套新鉛字的困難和花費都是巨大的。所以按照六年的使用期限來算，不管我們現在能夠採取什麼樣的有效方式來製備，最終我們還是要刻製鋼模的。

鋼模才是一勞永逸的解決辦法。一旦那些最重要的漢字的鋼模完成，我們自己就能大量鑄造所需的鉛字。我們刻製的鋼模越多，我們的優勢就越大。即便是只有最常用的 100 個漢字的鋼模，也能發揮巨大的作用。被經常使用的漢字其實不超過1200 個。

我們應該（從英國）雇傭一個掌握了雕刻鋼模技術的工人，再由他雇用當地的中國人，這樣就能把鋼模刻製的成本降到每個 1 盧比或 2 便士的低價，可以進行漢字、日文等文字鋼模的刻製。〔註60〕

戴爾通過分析漢字的結構，進一步提出了一種更加節省雕刻鋼模費用的方法：大量的漢字是由不同的偏旁和部首組合而成的，假設一套 1 萬多字的字庫中有 300 個漢字的某個偏旁是同一個偏旁的話，那麼這個偏旁就可以單獨雕刻鋼模，並能夠滿足製作這 300 個漢字字模的需求。也就是說，鋼模的數量可以不是一一對應於漢字字模的數量，而是可以大大小於漢字的數量。

根據戴爾的方案估計，刻製一套包含 3000 個常用字的鋼模，總共需要 400 英鎊的資金；而採用澆鑄鉛版的方式獲得不常用的 3 萬字鉛字，只需要 100 英鎊。兩項投入共計 500 英鎊，戴爾計劃通過向公共募集資金的方式籌得這筆資金，他呼籲道：如果採用這種辦法，「郭實獵先生所需要的印製的 2000 本聖經和 1 萬本傳教小冊子就能夠用雕版印刷一半的成本完成。不同的傳教機構所需要的大量漢字鉛字也能夠保障供應，每套鉛字只需要 100 英鎊的價格。這是一項有利於公眾的事業。中國已經打開了她的大門，上百萬的讀者已經準備好接受這種以文字為基礎的生活方式，而上帝能夠翹動這個世界的槓杆，無疑就是鉛字印刷這項技術。」〔註61〕

〔註60〕Chinese Repository（《中國叢報》）1833 年 2 月，Vol. I: 417～418.
〔註61〕Evan Davies, *Memoir of the Rev. Samuel Dyer: sixteen years missionary to the Chinese* [M]. London: John Snow, 1846: 141.

圖 26：戴爾製備漢字鉛字的技術程式

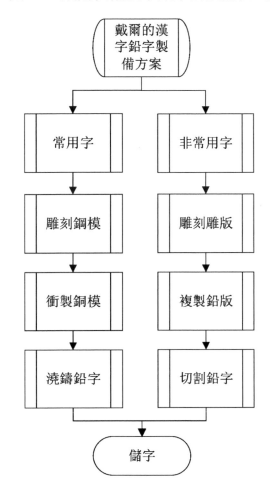

戴爾不僅提出了製備漢字鉛字的科學合理的方案，更難得的是他還身體力行，要靠自己的努力把自己的想法變爲現實。

鋼模雕刻的技藝一直被作爲鑄字匠個人的商業秘密，只有很少的人掌握這項特殊的技藝；而且鋼模的雕刻頗爲耗費時日，如果要雕刻如此大批的漢字鋼模更是一項曠日持久的工作。因爲漢字的字形更爲複雜，如果要達到可以比肩中國傳統雕版印刷質量的效果，不僅需要熟悉中文書法的雕刻工，還需要對雕刻質量精益求精，這也意味著工期將大大延長。

雖然戴爾在離開英國之前，（可能從菲金斯那裡）已經親眼見過刻製鋼模的方法，但是由於他畢竟是個新手，要完全掌握雕刻鋼模的手藝，還是經過了很長時間的摸索。他畢竟並非學徒出身，沒有人可以求教，他只好以書本

爲師，並親自實踐，這也讓他對於爲什麼要學會一門手工藝必須要經過學徒階段訓練深有感觸。每一個鋼模都由他親手鍛鍊（temper）〔註62〕；每一個字模的衝製都要在他的監督與指導下完成；鑄造鉛字所需的鉛錫銻合金也要他親自調配。

「後來戴爾找到一個中國工人能在鋼上刻字，而僅需二先令十便士就可以刻一個鋼模，因此刻三千個鋼模僅需 425 鎊」〔註63〕。戴爾還說他採用了衝製字模的機器，這應該是一種鑄字匠常用的將刻好的鋼模衝製出銅字模的工具。從刻工那裡收到鋼模之後，戴爾需要親自仔細檢查每一個字符，他以《康熙字典》中的字體爲坎本，不放過任何缺陷。他用顯微鏡精確地檢查每一個鋼模上的一筆一畫，用銼刀和刻刀反覆修改。

爲雕刻字模籌措資金，戴爾已經竭盡所能了，他甚至不惜花光自己的積蓄。他爭取到倫敦傳道會委員會的支持，同意爲此專項募集資金。〔註64〕他將自己最初刻好的鋼模紙樣寄給馬禮遜，並向他尋求資金上的支持。馬禮遜熱情地參與到戴爾的計劃中，鼓勵他無論如何都要繼續推進這項事業。

戴爾預備製作出三、四套大小不同的鋼模來。到了 1838 年的時候，他已經有字體樣本展出。這些採用雕刻鋼模鑄造的漢字鉛字字體精緻、棱角分明、字跡清晰，不僅賞心悅目，而且輕鬆易讀。

戴爾並未在有生之年完成自己的理想——採用西方鉛字鑄造的技術程式製備出一套完整的漢字鉛字來，但是他一生共刻成了漢字大字模 1845 枚及少量的小字模，這些字模後來在柯理的手中鑄造出了在中國廣泛使用的漢字鉛字——「香港字」。

〔註62〕賴彥予在《三十五年來歐美之印刷術》一文中提到過：「十八世紀歐美鑄字方法，係將字刻於軟鋼上，成爲陽文之字。經火鍛鍊，變爲堅硬，成爲鋼鑽（steel punch）。再將鋼鑽打入銅版，使銅版成爲陰文之字，稱爲字模（matrix）。」（引自：范慕韓，中國印刷近代史（初稿）[M]，北京：印刷工業出版社，1995：67～68）此處所謂的「鍛鍊」temper（improve the hardness and elasticity of steel by reheating and then cooling it rapidly, esp. in cold water or oil）指的就是使用回火的方法鍛鍊鋼，以使之變得更爲堅固的方法。

〔註63〕張秀民著，韓琦增訂，中國印刷史[M]，杭州：浙江古籍出版社，2006：456。

〔註64〕Evan Davies, *Memoir of the Rev, Samuel Dyer: sixteen years missionary to the Chinese* [M]. London: John Snow, 1846: 98～99.

圖 27：戴爾所製的漢字大字〔註65〕

戴爾在馬六甲鉛鑄中文大字。倫敦大學亞非學院藏本。

圖 28：戴爾所製的漢字小字〔註66〕

戴爾在新加坡鉛鑄中文小字。倫敦大學亞非學院藏本。

〔註65〕圖片引自：蘇精，馬禮遜與中文印刷出版[M]，臺灣：臺灣學生書局，2000。
〔註66〕圖片引自：蘇精，馬禮遜與中文印刷出版[M]，臺灣：臺灣學生書局，2000。

1.2.5 勒格朗巴黎拼合活字的嘗試

西方的鉛字鑄造技術程式應用於漢字所遇到的困難，激發著人們進行更多富有創造力的嘗試。就在戴爾專注於雕刻漢字鋼模的同時，另一些人也在嘗試通過其他的途徑來解決問題，其中最接近成功的，是漢學家叟鐵（I. Pauthier）和巴黎著名刻工勒格朗（M. Marcellin Legrand）的合作，他們試圖根據漢字的特點，採用偏旁部首拼合的原理來進行漢字的排版，創造出一種「華文疊積字」，以此降低所需的漢字字符數量，來達到降低鑄字成本的目的。

1837 年勒格朗所刻的漢字樣本出版，他將全部漢字分為三類：第一類，為印刷孔子等經典著作所用的 3000 個字；第二類，在此基礎上再增加 1600 個，共 4600 個字，可印刷《聖經》；第三類，再增加 4400 至 4900 個字，共 9000 至 9500 個漢字，可以組成《康熙字典》中的三萬個漢字。

勒格朗為減少所需字模的數量，採取了偏旁部首和基本字分開鑄造，排版時再組合在一起的辦法。比如分別鑴刻「蟲」、「石」、「女」、「禾」等偏旁和「宛」、「戶」、「口」、「火」等字根（或基本漢字），可以拼合出「蜿」、「碗」、「妒」、「和」、「秋」等字。對於那些無法拆分的字，則作為基本漢字製作鋼模。這樣製備出來的一套字符，包括 214 個偏旁和 1100 個基本漢字。偏旁占字的三分之一大小，字根（或基本漢字）占三分之二大小，這樣可以拼合出漢字 22471 個。這種拼合活字被稱為「華文疊積字」或「疊積活字」。〔註 67〕

〔註 67〕張秀民著，韓琦增訂，中國印刷史（插圖珍藏增訂版）[M]，杭州：浙江古籍出版社，2006：445～452。

圖 29：製備漢字拼合活字的操作流程

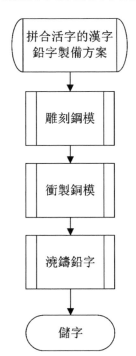

1837 年巴黎出版的《大學》法譯本，所用的漢字鉛字就是由勒格朗所刻的漢字鋼模鑄造的。美國長老會在 1836 年訂購了一套 3000 個字模。1844 年，勒格朗的一套字模被帶到中國，送至澳門美國長老會的印刷所「華英校書房」。「華英校書房」將這套拼合活字用於印刷傳教書籍，並出版了一本名為《新鑄華英鉛字》的拼合活字樣本。

圖30：澳門美國長老會印刷所「華英校書房」印《新鑄華英鉛字》
（1844），購自巴黎勒格朗（M. Legrand）製的拼合活字〔註68〕

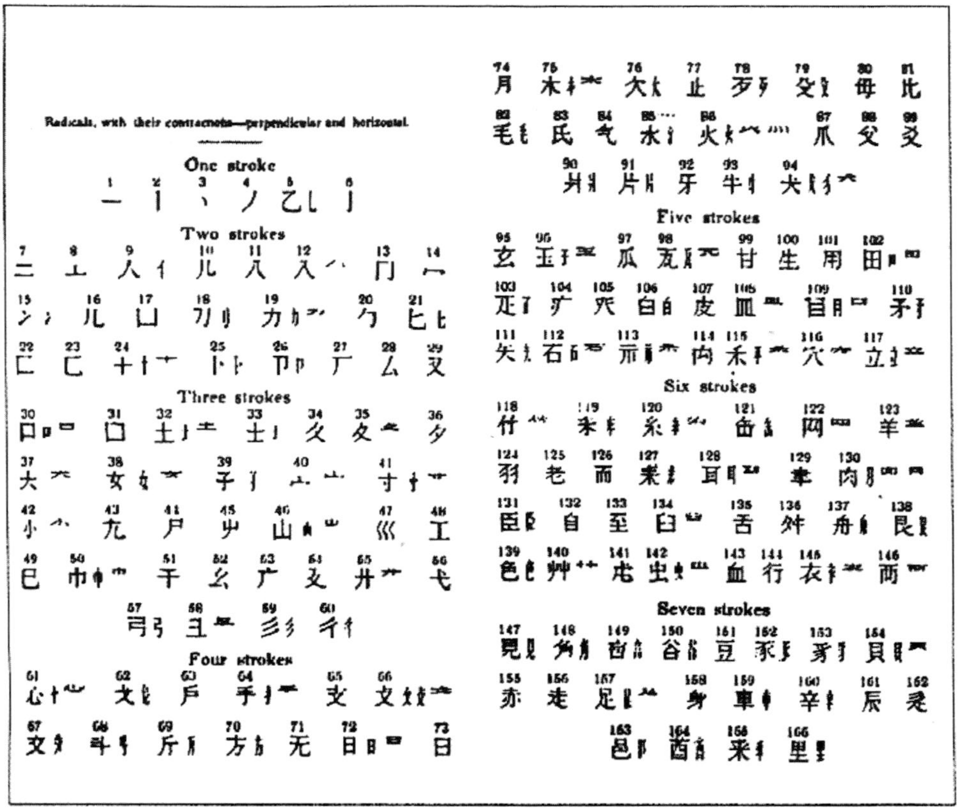

這套拼合活字雖然看起來很精緻，但用於印刷中文圖書顯然不具有可行性，因爲要用這種拼合活字進行排版，那就不僅是排版了，而是要拼出來每個漢字。拼合活字雖然可以減少字模與鉛字的數量，有利於降低前期製備漢字鉛字所需的投資；但由於需要拼字，排版就變得更爲複雜，將會大大增加排字的工作量，總體上的經濟效益並不明顯。

拼合活字的另一個問題是，雖然部首和字根單獨看起來都沒什麼毛病，但是拼合出來的字卻顯得比例失調，每個字的大小、長短不一，看起來很不美觀。戴爾曾抽查其中的三百個字，他認爲能夠與中國雕版的字體相媲美的

〔註68〕圖片來源：張秀民著，韓琦增訂，中國印刷史[M]，杭州：浙江古籍出版社，2006：448. 圖 89-2。

不超過十個。〔註69〕

　　衛三畏在 1847 年出版的《中國總論》（*The Middle Kingdom*）中記載，與巴黎拼合活字相似，1847 年，在紐約長老會發起下，拜爾豪斯（A. Beyerhaus）在柏林指導製備一套大號漢字活字，也是按照勒格朗的拼合原理進行的。1849 年寧波長老會書館購買過的「柏林字」，可能就是拜爾豪斯研製的產品。〔註70〕

　　由於拼合字的缺點，拼合活字的方法並沒有在中國推廣開。雖未取得成功，但這種思想本身所具有的創造性，使它在 20 世紀後期的計算機——漢字激光照排技術中重新煥發出了生機，可以說我們大家熟知的「五筆字型」等漢字字根輸入法，其實就是這種早期的拼合活字思想的延續。

1.3 西方圖像複製技術傳入中國

　　凸版印刷原理的木刻版畫，東西方系出同源，並無二致，所不同的是用途：西方的文字印刷以鉛印為主，木刻版畫僅用於圖像的印製；而在崇尚書法藝術的中國，對於占主導地位的傳統雕版印刷來說，文字與圖像本為一體，雕版可以同時應用於文字與圖畫的印刷，只不過版畫的雕刻難度會超過普通的文字。那些能夠雕刻出令人賞心悅目的傳神作品的雕工，其實已經步入了藝術的高度，往往只為皇室貴族而服務。

　　源自西方的另外兩類圖像印刷技術——凹版印刷和平版印刷，也先後被傳教士帶入中國。其中銅版凹印技術早在 18 世紀的時候就已經傳入中國，但由於被局限在宮牆之內，並沒有流入民間，所以其技術細節一直不為人知。19 世紀初西方新興起的平版石印技術，最早也是由馬禮遜傳入中國的，但只有很少的傳教士能夠掌握這項技術的訣竅，所以也未能得到普及。

　　實際上，在工業化的照相製版技術出現之前，來自西方的圖像複製技術雖然都已經進入到中國，但均未能對中國傳統的雕版印刷的主導地位產生什麼衝擊，在中國，主要的圖像複製方式仍然是木刻雕版。

〔註69〕Evan Davies, *Memoir of the Rev. Samuel Dyer: sixteen years missionary to the Chinese* [M]. London: John Snow, 1846: 101～102.

〔註70〕范慕韓，中國印刷近代史（初稿）[M]北京：印刷工業出版社，1995：69。

1.3.1 銅版凹印的傳入

最早將銅版凹印技術介紹到中國來的西方人是意大利傳教士馬國賢（Matteo Ripa，1682～1745）。1713 年，他受命以銅版鐫刻了熱河三十六景圖，印刷後將圖合訂成一卷，爲康熙六十歲誕辰祝壽。由於相比宮廷木刻版畫，銅版凹印的筆觸線條更爲細膩、層次更爲豐富，更有眞實感，所以深得康熙帝的讚賞。於是康熙又命馬國賢用銅版凹印製作一套清代的地圖集，即《皇輿全覽圖》。馬國賢在 1713 年至 1715 年間共鐫刻了 44 幅銅版地圖，這是我國製作的第一套銅版地圖。〔註71〕

圖 31：馬國賢以銅版凹印印刷的熱河三十六景圖〔註72〕

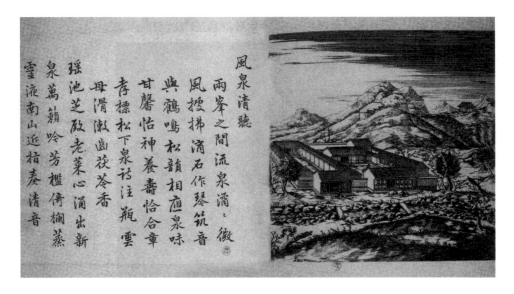

雍正元年（1723 年），德國耶穌會士戴進賢（I. Kögler，1680～1746）與利白明（F. B. Moggi，1684～1761）鐫刻了《黃道總星圖》，這是中國出版的第一幅銅版凹印的星圖。1773 年，乾隆皇帝曾命法國傳教士蔣友仁（Michael Benoist）繪製十三排地圖《乾隆內府輿圖》，鐫爲「銅板一百〇四片，每片刷印百張，共計一萬零四百張（廣二尺三寸，寬一尺二寸），裝潢成圖，奏呈御

〔註71〕 張秀民著，韓琦增訂，中國印刷史（插圖珍藏增訂版）[M]，杭州：浙江古籍出版社，2006：431～434。
〔註72〕 圖片來源：張秀民著，韓琦增訂，中國印刷史[M]，杭州：浙江古籍出版社，2006：432，圖 82。

覽，上悅，命印一百冊，賜群臣。」〔註73〕

　　這些御用的宮廷銅版凹印作品，每一件都刻鏤精美，堪稱藝術珍寶。但由於技術始終掌握在洋人手中，所以它們的造價也相當不菲。例如乾隆皇帝命蔣友仁等外國傳教士繪製的《乾隆平定回部得勝圖》是在法國鐫刻完成的，共花費了白銀二萬五千兩，僅刷印了二百份。為了投中國皇帝的喜好，耶穌會還在 1751 年選派了高類思、楊德望兩名華人教徒前往法國留學，專習繪畫與銅版的鐫刻、腐蝕技術。沒想到他們兩人在 1765 年回到中國後一無所成，連一件銅版印刷的作品都沒有留下來。〔註74〕

　　西方銅版凹印技術在中國的推廣和普及，還要等到 19 世紀末期的時候。1889 年，王肇鋐赴日學習雕刻銅版技術，他著有《銅刻小記》〔註75〕一文，對銅版凹印的蝕刻技術做了介紹。1905 年商務印書館聘請日本技師來華，傳授銅版雕刻技術，之後銅版凹印便再度興盛起來。

1.3.2 平版石印的傳入

　　最早將平版石印技術帶入中國的西方人是馬禮遜。1826 年 9 月，他從英國結束休假返回中國，帶回來一部自費購買的石印機。

〔註73〕　張秀民著，韓琦增訂，中國印刷史（插圖珍藏增訂版）[M]，杭州：浙江古籍出版社，2006：435。

〔註74〕　張秀民著，韓琦增訂，中國印刷史（插圖珍藏增訂版）[M]，杭州：浙江古籍出版社，2006：440。

〔註75〕　王肇鋐，銅刻小記[G]//張靜廬，中國近代出版史料（初編・卷四），上海：上海書店出版社，2011：298～307。

圖 32：1825 年馬禮遜的石印樣張〔註 76〕

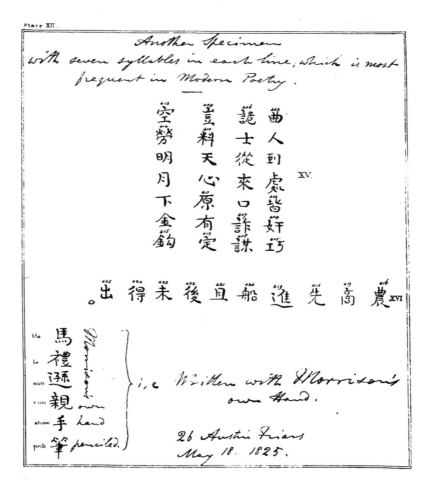

圖 32：1825 年馬禮遜的石印樣張〔註 76〕

　　我們前面已經講過，中國傳統的雕版印刷技術操於中國人手中，實非傳教士所願。馬禮遜爲了解決漢字的印刷問題，曾利用回國休假的機會在英國遍尋各種解決方案，包括 1826 年他和湯姆斯請菲金斯所做的雕刻漢字鋼模的試驗。從上圖這件 1825 年馬禮遜親手書寫的石印樣張可以看出，他也希望嘗試一下新興的石印技術，看能不能解決長期以來一直困擾自己的漢字印刷的問題。

　　1826 年 11 月 14 日，由馬禮遜的華人助手阿才（Atsow）執筆書寫，馬

〔註 76〕圖片來源：Robert Morrison. Chinese Miscellany [M]. London: London Missionary Society, 1825.

禮遜的兒子馬儒翰（John Robert Morrison）在澳門試印了第一件石印作品。〔註77〕馬儒翰又將石印技術傳授給梁發的助手屈昂，印刷過少量傳教單頁。

1834年8月1日馬禮遜在澳門病逝。同年，馬禮遜的助手、中國教徒梁發在廣東鄉試期間當街散發傳教書刊〔註78〕，引起了當局的抓捕，於是屈昂與梁發兩人一同逃往馬六甲。馬禮遜父子的印刷事業也就此終結。〔註79〕

1832年10月，廣州美國海外傳教會也運來一部石印機，用於印刷《中國叢報》中的地圖。〔註80〕真正成功將平版石印這種圖像複製技術用於漢字印刷的，是另一位傳教士麥都思（Walter Henry Medhurst，1796～1857）。

麥都思14歲時就開始當印刷學徒，他後來受洗入教，受聘於馬六甲傳道會作印刷工。麥都思在1817年抵達馬六甲，接替米憐在印刷所的工作。1821年他在巴達維亞建立印刷所。

1824年9月，麥都思寫信給倫敦傳道會理事，要求供應石印機，認為石印比雕版和活字更適合印刷中文，可以憑此技術開創對華傳教的新紀元。1827年一臺石印機被運到巴達維亞，第二年麥都思就用它印出了中文和馬來文的圖書各兩種。這兩種最早的中文石印本，一本是學校教材，一本是麥都思自己寫的《東西史記和合》。

後來麥都思雇請的華人刻工因為偽造紙幣而入獄，這更讓他對雕版印刷需要依賴華人感到深惡痛絕，所以在巴達維亞，麥都思決定不再雇傭華人刻工，而是以石印技術替代了原來的雕版印刷。麥都思不僅研製出了石印所需的製版油墨，還在爪哇島找到了合用的石材，於是從1827年開始的16年間，他先後用石印出版過中文書籍28種。

麥都思覺得馬禮遜的《華英字典》六卷本售價極貴，一般學生負擔不起，因此他想要用石印來低成本地印刷出版一部實用而廉價的字典。這部《中英字典》自1841年初開始印刷，至1843年5月才印完，每部書1486頁，共印了600部。一個月後他就離開了巴達維亞前往中國，因此這是他在巴達維亞最後的一部、也是最重要的一部石印作品，就石印技術而言，也是他登峰造

〔註77〕〔英〕艾莉莎·馬禮遜，馬禮遜回憶錄（中文版第2卷）[M]，鄭州：大象出版社，2010：186。

〔註78〕其中就有梁發所著的《勸世良言》，這本書對後來洪秀全發動太平天國運動有很大的影響。

〔註79〕蘇精，馬禮遜與中文印刷出版[M]，臺灣：臺灣學生書局，2000：179。

〔註80〕蘇精，馬禮遜與中文印刷出版[M]，臺灣：臺灣學生書局，2000：177。

極的傑作。〔註81〕

麥都思所用的西方石印文字的常規做法，是把文字和圖片分別印、寫在轉印紙上，然後上石印版印刷。先以鉛字排出英文版，將圖片（或漢字）部分留空，然後用印刷機在轉印紙上用石印製版的油墨印出來英文鉛字的樣張；接下來用手工在樣張的留空部位添上圖畫（或寫上中文），完成後使用石印機轉印到石版上，完成上版開始印刷。這樣石印出來的英文就有了活字版的效果，而且可以一次印刷完成。

1843 年《中英南京條約》生效之後，麥都思離開巴達維亞，於 1843 年底抵達上海，開始創建當地第一個基督教新教佈道站，並在上海建立印刷所，名為「墨海書館」。

隨著中國第一部滾筒式印刷機於 1847 年運抵上海墨海書館，麥都思又開啓了一個新的工業印刷時代的序幕。

另一位採用石印技術出版圖書的傳教士是馬禮遜的長婿、倫敦傳道會傳教士合信（Benjamin Hobson）。他於 1847 年在廣州建立佈道站，開設「惠愛醫館」。

合信在 1849 年購買了一臺石印機，用於印製自己的著作《天文略論》。這本書的文字部分採用中國傳統的雕版印刷，而插圖的單頁則採用石印，並注有「省城金利埠惠愛醫館石版印」的說明。

1851 年，合信出版了他最為著名的生理學著作《全體新論》，書中附有多達 271 幅插圖，石印在七張大折頁上，這是傳教士將西方近代醫學介紹給中國的第一部專著。大量逼眞的石印插圖使這本書在當時的中國引起了很大的反響。〔註82〕

石印技術雖然具有替代中國傳統雕版印刷的潛力，但由於早期這一技術僅僅掌握在西方傳教士的手中，所以並未對中國的出版業產生多少實際上的影響。

1.4 出版技術程式的分析

在介紹完中國傳統的雕版印刷、活字印刷和西方的鉛字印刷、銅版凹印

〔註81〕蘇精，馬禮遜與中文印刷出版[M]，臺灣：臺灣學生書局，2000：185。
〔註82〕蘇精，馬禮遜與中文印刷出版[M]，臺灣：臺灣學生書局，2000：186～188。

與石印技術這幾種出版技術程式之後，在瞭解了西方印刷技術傳入中國的歷史之後，下面我們主要從雕版印刷與活字印刷不同的適用範圍和經濟因素來具體分析不同技術程式各自的優劣。

西方出版技術傳入中國後，到 1847 年之前，此時的中國已經出現了多種出版技術並存的局面，但這些技術分別掌握在完全不同的人群手中：源自西方的鉛印和石印技術由在華的西方傳教士所掌握，即便是能夠參與其中的中國人，如馬禮遜的助手梁發和屈昂，也是肩負著傳教任務的華人教徒；而中國傳統的雕版與活字印刷依然在官刻、私刻、坊刻等各類出版活動中佔據著主導地位。

我們可以看到，政治、社會和文化等因素都能夠影響技術程式的建立和對技術程式的選擇，但它們並非最終決定性的因素。在不同技術程式的生存競爭中，經濟因素才是決定競爭最終勝敗的決定性因素。

1.4.1 雕版印刷與活字印刷的適用分析

回到我們最初的問題：中國在北宋慶曆年間畢昇就已經發明了泥活字印刷術，此後八百多年時間裏，中國的活字印刷技術並非沒有發展，而是經過不斷改進，銅活字和木活字都已經進行了大規模的出版應用，最終演進到了《武英殿聚珍版叢書》的木活字印書技術程式，但為什麼活字印刷並沒有完全取代雕版印刷呢？

對於這個問題，中國的出版史家已經有了一種令人信服的解答。汪家熔在分析活字印刷在中國古代為何未佔優勢的時候，強調應該從活字印刷與書籍出版要求的適應性出發來思考這一問題，他認為一種出版方式必須在經濟上划算才有發展的可能。

只有在所需要複製的複本數量能夠預先確定，且一次印刷以後不再需要重印的情況下，活字印刷才比雕版印刷更為快捷、合算。汪家熔認為，預先製備的活字只有能夠多次反覆使用，排印的總字數和製備的活字數之比越大才越合算：

> 清代的《邸報》、《京報》、《宮門抄》都是傳錄朝廷每天發生的政事，發行人都有自己固定的訂戶，按日派發，所以多用活字。家譜，要多少份是確定的，不外流、不再印，所以也多用活字印刷。大的類書，一般家刻、坊刻都刻不起，採用活字排印，適當多印些，

經濟上也是可以回收的。清廷兩次刻活字印書，都是用來頒發的。《古今圖書集成》頒賞給親貴和編纂《四庫全書》時獻書500種的藏書家，共印66部。《武英殿聚珍版叢書》頒發各省，鼓勵翻刻，印數都有定數。這樣算起來，排印《武英殿聚珍版叢書》時共刻了25萬個木活字，排書150種2300多卷，每卷負擔活字110個。排《古今圖書集成》刻銅活字，雖然活字數不詳，但以25萬計，每卷僅負擔25字。所以這兩部大書都利用了活字印刷的優點，從經濟上來講也是可以承受的。〔註83〕

除了上述特定的圖書適合活字印刷之外，其餘的圖書只能選擇雕版印刷。中國古代，坊刻分散，沒有形成規模經營，始終沒有大的圖書批發機構，書業流通環節不發達，形成了官刻、家刻、坊刻和寺廟刻書並行的我國古代書籍出版獨特的產業結構，這種產業結構導致商業出版除掉暢銷書之外，其他的書難免賠錢的局面。這種情況下書坊出版圖書，採用雕版，只要保存好印版，以後還可以反覆印刷，選擇雕版印刷還有長期銷售的可能，而選擇活字排印則必定賠錢。

這種情況即便是西方出版技術傳入中國之後依然如此。清末的江南製造局雖備有西式鉛字和印刷機，但所譯圖書仍全部採用雕版印刷。個中原因，傅蘭雅已在《江南製造局翻譯西書事略》中有解釋：

> 近來上海多用鉛字活版，印中國書籍甚便。局內亦有一副鉛字並印書架等。然所譯格致書，仍用古制而刊木版，以手工印刷。……此法為歐洲初有印書法之先多年而中國已用者，較鉛字活版更省更便。……有云：『刻一木版，較排活版所貴有限。且木版已成，則每次刷印任意多寡，只印一部亦可。』此法之便可知矣。若照西法活版印書，則一次必多印之，始可拆版。設所印者年深（內容）變舊，或文字錯訛，則成廢紙而歸無用。惟中國法則不然，不須鉅資多印存儲。若版有錯字亦可更改；而西法已印成書，則無能更改也。〔註84〕

不管圖書出版的目的如何，出版本質上都是一種商業活動。而商業必然

〔註83〕汪家熔，活字印刷在古代為何未佔優勢[G]//汪家熔，商務印書館史及其他——汪家熔出版史研究文集，北京：中國書籍出版社，1998：408~418。

〔註84〕傅蘭雅，江南製造局翻譯西書事略[G]//張靜廬，中國近代出版史料（初編·卷一），上海：上海書店出版社，2011：18~19。

要考慮投入與產出之比，必然要考慮資金的流動和回收的週期，必然要考慮降低風險和獲取最大的利益。這些條件才是選擇不同的技術程式時做出決定的關鍵。

1.4.2　中西方印刷技術程式的經濟分析

有一種普遍的觀點認為：新的技術肯定要比原有的、傳統的技術更為「先進」，這種「先進性」能帶來生產能力的提升和單位成本的降低；西方的谷登堡印刷術之所以能夠取代中國傳統的雕版印刷和活字印刷，就是因為它有一種與生俱來的「先進性」，是一種具有大量生產能力和降低單位成本兩項特質的新技術。要判斷這樣的結論是不是正確，我們還需要通過數據來對中國傳統的雕版印刷、活字印刷和西方的谷登堡印刷術的具體成本進行分析之後，方可加以比較。

需要說明的是，要進行比較必須先有一個統一的計量標準。我們使用「兩」和「英鎊」兩種貨幣單位，一兩為十錢，一錢等於十分。1823 年，1500 兩銀等於 500 英鎊或約 1835 銀元〔註85〕。兩和英鎊之間的換算關係是 1 兩＝1/3 英鎊＝6 先令 8 便士；1894 年 1 兩跌至 3 先令 2 便士，1904 年 1 兩跌至 2 先令 10 便士。〔註86〕我們以漢字作為計量單元，來估算一下雕版、木活字和雕刻鉛字這三種不同的出版技術程式在印刷之前雕刻出一個漢字所需的單位成本。

雕版

據金簡《武英殿聚珍版辦書程式・奏議》載乾隆三十八年十月二十八日奏摺所述：

> 武英殿現存書籍核較，即如《史記》，一部計版二千六百七十五塊，按梨木小版例價銀每塊一錢，共該銀二百六十七兩五錢；計寫刻字一百一十八萬九千零，每寫刻百字工價銀一錢，共用銀一千一百八十餘兩，是此書僅一部已費工料銀一千四百五十餘兩。

計算 1450 兩／1,189,000 字可得雕版每個字的單位成本平均為 0.0012 兩

〔註85〕　蘇精，馬禮遜與中文印刷出版[M]，臺灣：臺灣學生書局，2000：100。
〔註86〕　〔美〕徐中約（Immanuel C. Y. Hsü），中國近代史：1600～2000，第 6 版（The Rise of Modern China）[M]，計秋楓等譯，北京：世界圖書出版公司北京公司，2008：貨幣及度量衡折算表。

銀，約等於 0.0004 英鎊。

木活字

據金簡《武英殿聚珍版辦書程式‧奏議》載乾隆三十九年五月十二日奏摺所述：

> 棗木子每百個銀二錢二分，刻工每百個銀四錢五分，寫宋字每百個工銀二分，共合銀六錢九分。計刻得大小木字二十五萬三千五百個。實用銀一千七百四十九兩一錢五分。備用棗木子一萬個，計銀二十二兩。擺字楠木槽版八十塊……工料銀一兩二錢，計銀九十六兩。……貯木子大櫃十二座……每座各安抽屜二百個，實用工料銀三十兩，計銀三百六十兩。……通共實用銀兩千三百三十九兩七錢五分。
>
> ……此項木子器具成造工價事屬初創，並無成例可援，所有請領價值俱係實用實銷。請將此次奏准工料價值作爲定例。

上列所有成本都應被平均分攤到每個活字之上，計算 2339.75 兩/253,500 字可得木活字的平均單個成本爲 0.0092 兩，或 0.0031 英鎊。

雕刻鉛字

根據蘇精的考證，東印度公司印刷所「每刻 50 個小字或 20 個大字的工價都是一銀元」[註87]，不考慮金屬材料及鑄造的成本，平均每刻一個大字的工價大約折合 0.0409 兩或 0.0136 鎊（1500 兩 / 1835 元 / 20 個），小字的工價 0.01635 兩或 0.00545 鎊（1500 兩 / 1835 元 / 50 個）。

爲了可比性，我們選取大字的工價作對比，將上述三種製備漢字字符的單位成本列表如下：

表 1：雕版、木活字與雕刻鉛字的單位製備成本對比

	單價（兩）	單價（英鎊）
雕版	0.0012	0.0004
木活字	0.0092	0.0031
刻製鉛字	0.0409	0.0136

比較可以看出，每刻製一枚木活字，其單價大約是雕版刻製一個漢字的

〔註87〕蘇精，馬禮遜與中文印刷出版[M]，臺灣：臺灣學生書局，2000：98。

7.7 倍；而每刻製一枚鉛字，其成本又相當於刻製一枚木活字的 4.4 倍；每刻一個漢字鉛字的成本，相當於用雕版刻了 34 個字。

根據對比我們發現，所謂的西方鉛印技術具有大量生產能力和單位成本更低的優勢，最起碼在 19 世紀上半葉的時候，這種經濟成本上的優勢其實是不存在。

1.5　小結：中西出版技術程式的對撞

在本章的結尾，我們簡略回顧一下這一時期的歷史。西方出版技術進入中國，有兩個標誌性的里程碑：一個是 1814 年湯姆斯帶著谷登堡印刷機到達澳門，一個是 1847 年第一臺滾筒式印刷機運抵上海墨海書館。在這兩者之間是一段西方出版技術與中國傳統出版技術並存和競爭的時期，我們將這一時期稱爲一個「對撞」期。

1.5.1　操作程序是技術的一項本質特徵

從科學的角度看，中西方出版技術之間在原理上並沒有本質的不同，無論是雕版還是活字，都是應用凸版印刷的原理來複製文字內容。

但是從技術的角度看，差異就出現了。每一項新的技術出現，都意味著有了一種新的解決問題的方法。方法的不同不僅體現在技術所使用的工具和材料上，還體現在具體操作程序上的差異。

舉例來說，活字印刷與雕版印刷的相異之處主要在於活字的製備。以簡略的文字來表述，畢昇發明的泥活字製備程序是「製泥——刻字——燒結」；《古今圖書集成》所代表的銅活字製備程序是「刻字模——製鑄範——鑄銅字」；王禎《農書》中記載的木活字製備程序是「刻版——鋸字——修字」；而金簡《武英殿聚珍版程式》的木活字製備程序是「製木子——刻字」。從畢昇發明的泥活字到金簡規範的木活字，這一歷史演進的過程中，有別於材料和工具的異同，活字的製備程序也在發生變化，所以我們說操作程序是技術的一項本質特徵，區分了不同的技術。

1.5.2　技術有很多，技術程式卻不多

出版技術雖然可以有很多，但能夠最終發展成爲技術程式的並不多。

在社會化分工中，當一種出版技術的「工藝流程」或「技術規程」的操作程序被自然選擇或人為規定為一套標準之後，輔以相應的培訓教材作為行業規範，被從業者廣泛採用和普遍遵循之後，這套操作程序方才成為了一種「技術程式」。

從歷史的觀點來看，任何一項技術的發展都有一個生命週期。對於中國傳統的活字印刷術來說，畢昇完成的是活字印刷的發明階段，王禎完成的是該技術的驗證和實用化階段，《古今圖書集成》的出版標誌著這一技術的大規模應用階段，而只有到了金簡《武英殿聚珍版程式》頒行之後，活字印刷術才算是發展到了一個成熟的技術程式的階段。

一個成熟的技術程式，不僅有著它特定的適用範圍，而且也提供了多種辦法來解決現實應用中可能會面對的新的問題。

我們以西方的鉛印技術程式應用於漢字為例說明這一點。在適應漢字這種特殊字符的本地化過程中，來自西方的傳教士和印刷工就曾經嘗試過採用各種各樣的辦法來製備漢字鉛字：湯姆斯在排印馬禮遜《華英字典》的時候，採取了手工雕刻鉛字的辦法「鑄字坯——刻字」；馬士曼採用了中國傳統的金屬活字鑄造方法「刻木字／鉛字——製（泥或石膏）模——鑄鉛字」，對於常用字，戴爾採用了西方標準的鉛字鑄造程序「刻鋼模——衝銅模——鑄鉛字」；對於非常用字，他採用了「雕版——複製鉛版——鋸成單字」來鑄造漢字鉛字；勒格朗的巴黎拼合字採用「刻鋼模——衝銅模——鑄部首或字根——拼合成鉛字」的程序，也符合西方標準的鉛字鑄造技術程序，但改變了常規活字排版的技術程序。

這些嘗試方法頗具創意，各有特點，但它們最終的結果，還是會回歸到某一成熟的技術程式之中。

1.5.3 因應不同的情況，技術程式可以競爭與並存

中國傳統的雕版印刷、活字印刷技術程式和西方谷登堡發明的鉛字印刷技術程式，這三種不同出版技術程式處於一種相互競爭的局面，但又有著各自不同的應用範圍。

西方來華的傳教士們積極投身於將西方出版技術應用於漢字的本地化嘗試中，無論是在澳門的馬禮遜、湯姆斯，還是遠在印度塞蘭坡的馬士曼和檳榔嶼的戴爾，都為此付出了畢生的精力。西方鉛印技術進入中國的早期，與

中國傳統的活字技術相比，在成本上仍然沒有明顯的優勢，反而前期的投資更大，也會帶來更大的經營風險。在這一時期，中西方出版技術程式掌握在不同的人手中，分別被不同的人、根據各自不同的目的所採用，出版技術之間和不同的技術程式之間構成了一種相互競爭的關係。

隨著工業革命蔓延到出版領域，西方傳統的手工鉛印技術很快被工業化的機器生產所取代，以機器生產來替代手工勞動的工業化技術和資本主義商業出版，開始不斷衝擊中國封建社會以官辦為主的出版格局，最終源自西方的工業化出版技術才完成了對中國傳統的雕版與活字印刷技術的取代。

1.5.4 西方技術程式並不先天具有經濟成本上的優勢

早在 1807 年第一位新教傳教士馬禮遜進入中國，希望打開中國大門的時候，中西方在出版技術上的差異遠沒有我們通常想像得那麼巨大。

西方沿用幾百年不變的谷登堡印刷術的生產效率並不高，從「大量生產能力」的角度來看，西方鉛印技術程式與中國傳統的出版技術程式相比，無論是從鉛字的製備和排字環節，還是從印刷環節來看，前者都沒有什麼優勢可言。從單位成本對比可知，對於一本書的出版來說，採用中國傳統的雕版印刷仍是最為經濟的做法，前期投入的成本最低，後續加印的成本也最低，所謂西方鉛印技術能夠「降低單位成本」的優勢也是不存在的。這就是為什麼以馬禮遜為代表的第一批新教傳教士們會傾向於採用中國傳統的雕版印刷來進行文字傳教的原因。

由於漢字數量的龐大，刻製鋼模的費用高、時間長，戴爾未能在他有生之年完成這一艱巨的任務，1847 年倫敦傳道會聘用柯理，繼續按照西方傳統的鉛字鑄造技術程式，進行戴爾未完成的字模雕刻，並著手鑄造生產和銷售漢字鉛字商品給其他的中文印刷出版機構。漢字鉛字在柯里的手中最終完成了商品化，這就是當時在中國頗負盛名的「香港字」，「香港字」推動了此後漢字鉛字在中國的普及，為西方鉛印技術程式最終勝過中國傳統活字印刷技術程式創造了條件。

湯姆斯來華的 1814 年，帶來的是西方普遍使用的谷登堡 1450 年發明的手扳架，它依靠人力，一次只能印刷半張紙。這種壓印方式與中國傳統的手工刷印方式，在生產能力上難分仲伯。谷登堡印刷機直到 19 世紀初才開始出現一些改進，首先是鐵製印刷機的出現，可以一次壓印整張紙，這就把原來

的生產效率提高了一倍，馬禮遜在 1832 年帶入中國的 Albion 印刷機就是這樣一臺新式的鐵製印刷機。

　　相比中國傳統的出版技術，西方印刷技術程式在總體生產效率上的提升，還要等到機械滾筒式印刷機這一新發明出現並在 1847 年傳入中國之後，才逐漸地體現出來。這是我們在下一章中要討論的重點。

第二章 中國出版技術的工業化變革
（1847～1974）

「西方印刷術並沒有在中國引起一夕之間的印刷革命，而是與傳統木刻經過大約九十年的競爭之後，才成爲主要的書刊生產技術。」〔註1〕實際上，從源自西方的工業化印刷技術開始逐步取代中國傳統的印刷技術程式，到中國建立起一套完整的印刷工業化體系，這中間所經過的時間超過了一個世紀。

我們將 1807 年以來中國出版技術的發展歷程劃分爲中西方出版技術的對撞階段（1807～1847 年）、中國出版技術的工業化變革階段（1847～1974 年）和信息化變革階段（1974～2010 年）這三個階段，其中有兩個關鍵的時間節點，一個是工業化變革的起點，一個是信息化變革的起點。

工業化變革的起點在鴉片戰爭之後，倫敦傳道會的香港英華書院開始向中國商品化銷售成套的漢字鉛字，同屬於倫敦傳道會的上海墨海書館於 1847 年將第一臺鉛字印刷的滾筒印刷機引入中國，拉開了中國出版技術工業化變革的大幕，此後各種西方工業化的出版技術陸續被引入到中國。以鑄字機、印刷機和照相製版爲代表的西方工業化出版技術，打破了原來手工生產方式各種技術程式之間不相上下、難分伯仲的競爭格局，依靠越來越強的生產能力和越來越低的生產成本，機械化生產方式的印刷技術程式逐漸顯現出了經濟上的優勢，逐步成爲主流，最終取代了中國傳統的雕版印刷和活字印刷技術。

信息化變革的起點在計算機出現之後，爲了解決計算機處理漢字的問

〔註1〕 蘇精，馬禮遜與中文印刷出版[M]，臺灣：臺灣學生書局，2000：286～287。

題，1974 年 8 月中國開始啓動「七四八」工程，以計算機——漢字激光照排技術爲代表的信息技術，解決了長期困擾中國出版業的手工排版難以實現工業化的問題，把中國的出版業帶入到了一個信息化的發展階段。

在這兩個關鍵的時間節點之間，就是我們所說的工業化變革的階段（1847～1974 年）。

2.1 西方出版技術工業化的背景

在世界工業革命的歷史大背景下，要深入理解中國出版技術的工業化變革，我們首先需要對西方出版技術的工業化過程有一個全面的瞭解。

所謂「工業革命」（Industrial Revolution），是指發生在 18、19 世紀，首先從紡織業引入機器生產開始，以英國爲發源地，後來擴展到歐洲、美洲的工業化變革。這次變革是一次以煤炭等新能源代替傳統的風能、水利和人力，以蒸汽機的應用、工廠的增加和大規模機器生產代替人工勞動爲主要特徵的生產方式的轉型。

按照英國政治經濟學者托馬斯·馬爾薩斯（Thomas Malthus）的學說，人口的增長方式是幾何級的，而自然資源的增長方式是線性的；結果就會出現人們爲了爭奪有限的資源，發生戰爭、饑荒和瘟疫；反過來，戰爭、饑荒與瘟疫會限制人口總量的增長，這就是所謂的「馬爾薩斯陷阱」。但農業革命和工業革命，使英國擺脫了這一發展的陷阱。「1750 年到 1850 年一個世紀期間，大不列顛和愛爾蘭的人口總數從 1750 年的 1000 萬人左右增至 1850 年的 3000 萬人左右」。〔註2〕

令英國從歐洲乃至在世界範圍內脫穎而出的重要因素，是煤炭在能源供應中扮演的重要角色。18 世紀初期，英國生產、消耗的煤炭總量達到 300 萬噸；1800 年，總量上升至 1500 萬噸，約占歐洲煤炭消費總量的 85%。1850 年，消費量躍升至 5500 萬噸，這意味著要生產相當於這麼多煤炭的能量產出的可持續性木材數量所需的森林面積相當於英國國土面積的 4 倍。〔註3〕

維多利亞女王統治期間（從 1837 年 6 月 20 日至 1901 年 1 月 22 日）

〔註2〕 〔美〕帕爾默，帕爾默現代世界史（工業革命：變革世界的引擎）[M]，北京：世界圖書出版公司北京公司，2010：8～9。

〔註3〕 〔荷〕皮爾·弗里斯著；苗婧譯，從北京回望曼徹斯特：英國、工業革命和中國[M]，杭州：浙江大學出版社，2009：22～30。

被稱為「維多利亞時代」（Victorian Era），這是一個英國快速崛起的歷史時期。維多利亞時代所取得的進步不但改變了傳統的英國，也深刻影響了此後的世界。1851 年，第一屆世界博覽會（The Great Exhibition）在倫敦的水晶宮舉行，展示了許多在那個工業革命的時代所做出的偉大發明。交通運輸實現了一次跨越式的發展，不論距離的遠近，整個帝國統一郵資，通過郵車、運河、蒸汽船和鐵路緊密聯繫在一起，實現了人員、物資和信息的快速流動。火車成為重要的交通方式，隨著鐵路的不斷延伸，帶來了「鐵路時刻」這個統一的時間標準，個體的生活開始與整個社會融合成為一體，標準時間成為這個新興的工業社會的基礎。現代航海技術指引著蒸汽驅動的商船往來於世界各地，國際貿易得以空前繁榮。在亞當·斯密新的經濟學理論對自由貿易的倡導下，英國快速成了世界貿易的中心。源源不斷從美洲、澳洲殖民地運來的棉花和羊毛等原材料，在英國被用蒸汽機替代人力驅動著的無數紡紗機和織布機，變成了足以供應全世界市場的紡織品，從而創造出了難以計數的財富。繼英國之後，在 19 世紀，法、德、美等國也相繼完成工業革命。

從 19 世紀初開始，工業革命的火苗開始蔓延到了出版技術領域，在造紙（1803 年）、鑄字和排字（1822 年）、印刷（1814 年）等一系列生產環節陸續開始了使用機器生產方式替代手工生產方式的技術革新。歷史的故事情節遠比我們所想像的還要離奇，其精彩程度勝過了任何一本虛構小說。

2.1.1 出版工業化的引擎——印刷機

在西方鉛字印刷技術程式所包括的鉛字的鑄造、排字和印刷三個主要生產環節中，印刷機的工業化是起步最早、發展最快的一個環節，可以說，印刷機是出版工業化變革的引擎。

從印刷機的機械原理上來說，印版和紙張之間要完成印刷，只有三種可能的方式，分別是：平壓平、圓壓平、圓壓圓。

①平壓平：鑄鐵印刷機

1772 年，瑞士巴塞爾（Basle）的威廉·哈斯（Wilhelm Haas）曾經嘗試製造過一臺大部分部件都是鐵製的印刷機。隨著工業革命的發展，冶鐵鑄造技術已經發展成熟。全鐵製的印刷機 1800 年開始出現，發明人是查爾斯·斯

坦諾普伯爵三世（Charles Stanhope, 3rd Earl Stanhope，1753～1816）〔註4〕，他熱衷於改進傳統的印刷技術，在後來的印刷機械、排字方法、複製鉛版等技術領域都有所創新。他改進了谷登堡的螺杆木製印刷機，設計了一種通過槓杆系統來推動壓印板的鐵製印刷機。這種設計既便於壓印板的上下運動，又能在壓印板與鉛字版開始接觸的時候才施加強大的壓力，能夠避免螺杆扭動造成的墨蹟不清等問題。

斯坦諾普伯爵與羅伯特·沃克（Robert Walker）合作生產這種印刷機。他並沒有申請專利去限制別人採用，反而鼓勵其他人也去嘗試製造鑄鐵印刷機，這促成了工業技術在印刷領域的擴散。他的這一設計思路體現在後續其他暢銷的印刷機上，如 Columbian、Washington 和 Albion 等。當更多仿製這一設計的印刷機投入市場後，鐵製印刷機的價格也開始大幅度下降。

當時一臺木製印刷機的售價通常是六、七十英鎊，而斯坦諾普印刷機的價錢根據壓印紙張的尺寸不同，價格從 21 到 73 英鎊不等〔註5〕。這樣的價格與木製印刷機相當，印刷速度也是 250 張/小時，但由於鐵製的印刷機具有更加堅固的、尺寸更大的壓板，所以一次能夠壓印一整張紙，從生產效率的角度來看，相比每次只能印刷半幅紙的木製印刷機，至少提高了一倍。

另一種享譽全球的哥倫比亞鐵製印刷機（Columbian Iron Press），由美國費城的喬治·克萊默（George Clymer）設計，它同樣是利用槓杆原理，使印刷工的勞動強度大幅度降低，甚至連 15 歲的童工都可以完成操作。該印刷機機頭上的標誌引人注目，那是美國的象徵——白頭海雕，它無異於一種對鑄造技術直白的炫耀。與喬治·克萊默（George Clymer）在英國合作生產這種印刷機的理查德·科普（Richard Whittaker Cope）隨後也生產了知名的 Albion 印刷機。直到 1860 年，斯坦諾普設計的印刷機仍在銷售。

〔註4〕斯坦厄普三世對出版技術的革新做出過很多貢獻，除了提出鐵製印刷機以外，他還提出了泥型澆鑄鉛版和「連鑄詞條」等印刷改革的思路。

〔註5〕James Moran. *Printing Press: History & Development from the 15th Century to Modern Times* [M]. Berkeley and Los Angeles: University of California Press,1973:52.

圖33：哥倫比亞鐵製印刷機

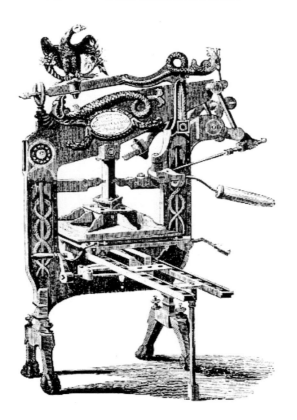

　　繼兩位先驅斯坦諾普和喬治・克萊默之後，從1819年開始，英、美兩國的工程師們都開始大量仿製鐵製的印刷機，而歐洲的其他製造廠商則會在短時間內仿製英國和美國的印刷機。快速的技術擴散讓鐵製印刷機迅速取代了傳統的木製印刷機。但我們還不能說印刷已經進入了工業時代，因爲此時印刷機的每一步操作都依然需要人工來操作完成。

②圓壓平：滾筒印刷機

　　鐵製印刷機雖然在材料上有所改變，但它的壓印原理依然是平壓平的印刷方式。印刷機器真正開始替代人工印刷，是從1814年第一臺滾筒式印刷機（Cylinder Press）的發明開始的，此後出版技術才開始進入到一個使用機器替代人力的時代。

　　滾筒印刷的原理也很簡單，就是通過一個圓筒的滾動運動來完成原來谷登堡木製印刷機的夾紙、印版上墨、移動位置、進行壓印、取紙等一系列連

續的操作步驟。這一簡單的改變卻觸及工業革命的核心。我們知道，工業革命中最偉大的發明之一——瓦特蒸汽機，最大的改進就是把原來蒸汽機的直線往復運動轉變成了圓周運動，通過圓周運動就可以驅動各種各樣的機器。

從理論上來說，以輪子爲代表的圓周運動，具有最完美的週期性，如果能將一套操作程序整合進一個圓周運動的週期裏，就能夠設計出最爲簡單、也最爲高效的機器，替代重複性的人工操作，並可以通過提高圓周運動的速率來提高生產的效率。

爲了獲得圓周運動以取代往復運動，最理想的印刷機應該採用圓壓圓的原理。這個想法早在 1790 年就由威廉·尼科爾森（William Nicholson）提出過，他還獲得了一項專利權。尼科爾森的專利由三個部分構成：首先是多個字母的連鑄，兩個、三個甚至更多個字母能夠一次性鑄造，且保證鉛字的形狀能夠被鑲嵌成一個圓柱體；第二個部分是自動給這個鑲嵌了鉛字的圓柱體完成上墨的工序；第三個部分是用兩個滾筒夾著紙張，讓紙張在兩個滾筒（其中一個嵌有鉛字）之間通過的同時完成壓印。但是尼科爾森只是提出了一個想法，這距離一個發明的實際完成還有很大的距離。

受尼科爾森專利的啓發，倫敦艦隊街上的印刷商托馬斯·本斯利（Thomas Bensley）開始資助德國人弗里德里希·凱尼格（Friedrich Koenig）進行機械印刷機的試驗。1810 年，凱尼格與自己的同胞、工程師安德烈·鮑爾（Andreas Bauer）合作研發出了一種基於平壓平原理的蒸汽驅動印刷機，並爲之申請了專利；凱尼格又在 1811 年 10 月獲得了滾筒式印刷機（cylinder machine）的專利，並在第二年建造出了一臺滾筒式印刷機的樣機，這臺機器每小時能夠完成 800 次印刷。〔註6〕

凱尼格設計的滾筒印刷機只是一種過渡性的圓壓平印刷機，並非眞正意義上的圓壓圓印刷機。印刷機的印版被固定在一個底座上，滾筒安置在印版的上面，送入的紙張被卷在滾筒上，由滾筒帶動著在印版上滾過一周，就可以完成一張紙的印刷。在這個過程中，隨著滾筒的轉動，有專門的墨輥來給印版完成自動上墨。整個印刷過程都不再需要印刷工人的干預和操作，他們只需要配合機器的運轉完成送紙和收紙的簡單工作既可。

〔註6〕 James Moran. *Printing Press: History & Development from the 15th Century to Modern Times* [M]. Berkeley and Los Angeles: University of California Press,1973:105.

　　一批報業老闆受邀參觀了這臺樣機，其中就有《泰晤士報》（*The Times*）的老闆約翰‧沃爾特二世（John Walter II）。英國的《泰晤士報》一直是工業技術在出版領域應用的先驅，它在 19 世紀初就採用了斯坦諾普的印刷機。沃爾特要求凱尼格在一年內為《泰晤士報》建造兩臺由蒸汽機驅動的、可以兩端進紙的雙機組滾筒印刷機，附加條件是在該技術 14 年的專利保護期內，倫敦城方圓 10 英里的範圍內凱尼格不准再賣給第二家，這是一個極為聰明的商業策略，它為《泰晤士報》提供了競爭優勢的同時，也限制了其他報業競爭對手的進入。〔註7〕

圖34：凱尼格為《泰晤士報》製造的蒸汽驅動的雙滾筒印刷機

　　原來每臺平壓平的印刷機需要配備 2 名印刷工協同工作，而現在每臺凱尼格的滾筒印刷機只需要 2 名工人送紙，其他所有的工序都由機器來自動完成，可以完成 5 倍於傳統印刷機的印刷量，這也意味著原來的那些專業印刷工將被迫失去工作，被一些從事簡單勞動的送紙工和專業的機械師所取代。

　　為了避免報社印刷工人的抵制，沃爾特將新機器安置到了另一個地點進行秘密安裝調試。激動人心的時刻到來了，這一天，沃爾特欺騙自己的印刷

〔註7〕 James Moran. *Printing Press: History & Development from the 15th Century to Modern Times* [M]. Berkeley and Los Angeles: University of California Press,1973: 107.

工人們說，報紙還要等候來自歐洲大陸的最新消息才能開印，結果在第二天清晨六點，在凱尼格的印刷機已經印刷完成了 1814 年 11 月 29 日的《泰晤士報》之後，印刷工人們才等來了沃爾特的「最新消息」，他帶著保安趕來宣佈一個令人震驚的、讓工人們失去工作的消息。

這一天的《泰晤士報》宣告了工業印刷時代的到來：

> 我們今天的報紙向公眾宣告了自印刷術誕生以來該領域所取得的最重大進展的實際成果。您正在閱讀的這段文字和您手中的這份《泰晤士報》，是一種新的機械裝置昨晚所印的數千份報紙之一。這種精心設計的機械系統能夠大大解放印刷工作中繁重的體力勞動，而且在速度上遠遠超過人力所及。我們想要告訴公眾的是，這項發明的重大意義及其效果，當排字工人將鉛字排好並紮好版之後，他們就不需要再做什麼了，只需要站在旁邊看著印刷機來完成後續的操作。這時機器只要裝填紙張，它自己就會將印版歸位，上墨，並校準紙張與印版之間的位置，然後壓印，並將印好的紙張傳遞到工人的手中，同時撤回印版再次上墨，並自動塗勻，之後返回到印刷的工位，與下一張等待印刷的新的紙張會合。整個複雜的動作，都能夠快速而同步地完成，每個小時的印刷量不低於 1100 張紙。〔註8〕

後來根據《泰晤士報》的要求，凱尼格又將該滾筒印刷機的速度提高到了每小時 1500～2000 印次，平均每個送紙工的產能為每小時 750～1000 張。

我們從經濟的角度來看，當時一臺斯坦諾普的印刷機售價 95 鎊，而最簡單的單滾筒、沒有對準裝置的凱尼格印刷機售價 900 鎊，每年的專利使用費 250 鎊；雙滾筒、包含對準裝置的印刷機售價 2000 鎊，每年還要繳納專利使用費 500 鎊，所以只有很少的報社願意採用。凱尼格強調，自己的機器「主要是針對發行量大的報紙的特定目標開發的，而對於這些發行量大的報紙而言，迅速才是其最重要的目標」。〔註9〕

滾筒印刷機的發明將印刷的往復運動變為圓周運動，為蒸汽動力在印刷

〔註8〕 James Moran. *Printing Press: History & Development from the 15th Century to Modern Times* [M]. Berkeley and Los Angeles: University of California Press,1973:108.

〔註9〕 James Moran. *Printing Press: History & Development from the 15th Century to Modern Times* [M]. Berkeley and Los Angeles: University of California Press,1973:110.

行業的引入鋪平了道路，但是蒸汽動力的採用和機器生產能力的提高，也是一個漸進的過程。在 1820 年，整個倫敦只有 8 臺蒸汽動力的印刷機，幾乎全部用在報紙印刷上，更爲高效的蒸汽動力驅動的印刷機還需要三十年的時間去持續改進。

1827 年，隨著《泰晤士報》發行量的增長，沃爾特又需要一臺新的產能更大的機器，他找了奧古斯塔斯·阿普爾加思（Augustus Applegath）來解決這個問題，於是一臺包含四個機組（four-feeder）、每小時可以印刷 4200 張報紙的大型機器，讓《泰晤士報》又用了 20 年。這種需要 4 個送紙工的阿普爾加思印刷機，一臺就能夠完成過去需要 6 個人 3 臺凱尼格印刷機才能完成的工作量。〔註 10〕

1848 年，《泰晤士報》發行量的增長對印刷速度又提出了更高的要求。由於阿普爾加思爲《泰晤士報》設計製造的四機組滾筒印刷機仍然是圓壓平的原理，鉛印版底座平臺的往復運動使印刷機的速度難以繼續提升，機械震動還容易引起印刷的錯位，必須改用圓壓圓的輪轉方式才能印得更快。阿普爾加思設計了一臺具有 8 個供紙位的「鉛字版旋轉」（type-revolving）的垂直輪轉印刷機（Rotary Press）。在這臺輪轉印刷機中，過去安置在底座上的鉛印版被裝著印版的四邊形的輪柱替代了，以鉛版輪柱的旋轉替代了過去鉛版的往復運動，使印刷速度大幅度提高，達到了每小時 10,000 印。〔註 11〕8 個供紙位意味著需要 8 名工人來爲機器送紙，平均每個送紙工的產能達到了每小時 1250 張。這臺機器已經接近了當年威廉·尼科爾森（William Nicholson）在 1790 年所提出的設想，但仍然不能算是眞正意義上的圓壓圓的輪轉機，而要實現機器完全替代人工，下一步的關鍵就是解決人工送紙的問題。

③圓壓圓：輪轉印刷機

單張送紙和接紙的送紙工手工操作已經成爲繼續提高印刷效率的瓶頸，接下來只有採用像紡織品那樣連續的捲筒紙和鑄造出弧面的印版才能實現圓壓圓的印刷機，並繼續提高印刷的速度。

〔註 10〕 James Moran. *Printing Press: History & Development from the 15th Century to Modern Times* [M]. Berkeley and Los Angeles: University of California Press,1973:129.

〔註 11〕 James Moran. *Printing Press: History & Development from the 15th Century to Modern Times* [M]. Berkeley and Los Angeles: University of California Press,1973:185.

造紙機在 1798 年由法國的尼古拉斯-路易·羅伯特（Nicholas-Louis Robert）發明出來，他將自己的專利賣給了聖萊熱·迪多（St. Leger Didot），後者的連襟（brother-in-law）約翰·甘布爾（John Gamble）在 1799 年來到英國，說服了造紙商富德里尼耶（Fourdrinier）兄弟兩人投資建造這種機器。1803年世界上第一種生產捲筒紙的長網造紙機在英國的赫特福德郡（Hertfordshire）和亨廷登郡（Huntingdonshire）分別由布賴恩·唐金（Bryan Donkin）和甘布爾建造成功，以 Fourdrinier 的名字命名的，英國也成爲了世界上首先進行機器造紙的國家。但是當時的英國稅法規定，每一張紙都要單獨計稅，由於機器生產出來的捲筒紙無法計稅，所以還要被裁切成爲單張銷售。使用滾筒紙的輪轉印刷機的研製，需要等到 1860 年英國廢除了紙張稅之後才得以繼續。

要實現尼科爾森最初設想的輪轉印刷，還需要將鉛字排出弧面的印版來，這只有等到使用紙型（papier mâché）澆鑄弧形鉛版的技術發明出現，才能實現真正的輪轉印刷。

紙型採用紙張、膠水、糨糊、陶泥和綿紙纖維等混合物，覆蓋在排好的鉛版之上，然後通過敲擊或壓制，將文字內容製成陰模，乾燥後可以進行印刷鉛版澆鑄的一種複製版工藝。摩西·普爾（Moses Poole）在 1839 年，約瑟夫·克龍海姆（Joseph Kronheim）在 1843 年分別申請了用紙型製作鉛版的專利。紙型有別於過去的泥型，它的最大優勢是可以反覆多次澆鑄鉛版，這給印刷出版帶來了很大的方便：鉛活字版排好後，一經打成紙型，即可拆版還字，留存紙型待用；紙型不僅便於保存，且因其輕便，可以運往外地，能夠在多地同時印刷，爲報紙的印刷與發行提供了方便。

由於紙型具有一定的柔韌性，有可能通過彎轉澆鑄出弧形的印刷鉛版來。沃姆斯（M. Worms）和菲利普（M. Philippe）在 1845 年取得了採用弧形印版的印刷機專利。就在 1848 年《泰晤士報》建造「鉛字版旋轉」的輪轉印刷機的時候，法國的雅姆·德拉加納（James Dellagana）兄弟來到倫敦，用他們所掌握的製作紙型的方法建立起了一家鉛版鑄造廠，《泰晤士報》在他們的幫助下開始了使用紙型澆鑄弧面鉛版的嘗試，並最終在 1857 年取得了成功。

同樣是 1848 年，在美國費城，一款可與奧古斯塔斯·阿普爾加思（Augustus Applegath）的豎直布局的印刷機相競爭的機型出現了，這是理查德·霍（Richard Hoe）設計的水平布局的鉛字旋轉的輪轉印刷機（Hoe Type Revolving Machine）。這種機器可以支持兩組到十組滾筒，每組送紙器的速度

標稱每小時 2000 張。《泰晤士報》的老闆約翰・沃爾特三世（John Walter III）在 1857 年花費 1 萬英鎊的價格訂購了兩臺十個進紙器的霍氏印刷機，每臺機器具有每小時 20,000 張的印刷速度，平均每個送紙工每小時的產能達到了 2000 張。隨著這兩臺機器在 1858 年安裝完成，阿普爾加思的豎直輪轉機也就被淘汰了。〔註 12〕此後，霍氏印刷機不斷完善，並引入了弧形鉛版，成為以後報紙印刷的主力機型。

英國在 1860 年廢除紙張稅後，《泰晤士報》便開始進行連續供紙的捲筒紙印刷的試驗，並最終在 1869 年成功安裝了 3 臺機器，送紙工這一存在了半個世紀之久的職業也在《泰晤士報》消失了。法國一直到 1871 年還在生產鉛字旋轉的印刷機，因為直到那一年法國的報紙印花稅才被取消。

就在《泰晤士報》在倫敦改進輪轉印刷機的同時，美國費城的威廉・布洛克（William Bullock）在 1863 年獲得了另一項輪轉印刷機的專利，他的首臺印刷機在 1865 年安裝在《費城詢問者報》（*Philadelphia Inquirer*），這是世界上第一臺全自動的捲筒紙輪轉印刷機，採用澆鑄鉛版，雙面印刷，每小時能雙面印刷 10,000 張紙。〔註 13〕至此，印刷環節已經可以實現完全的自動化生產，印刷全程不再需要人工的操作，這臺機器每小時的產量就能夠超過過去由 160 臺谷登堡式印刷機每小時 250 個單面半幅的總產能，相當於替代了超過 320 名印刷工人的勞動。

連續供紙的捲筒紙輪轉印刷機的出現也帶動了自動裝訂技術的發展。紐約的沃爾特・斯科特（Walter Scott）在 1869 年設計了帶有自動折紙裝置的捲筒紙印刷機，裁紙刀被移到了印刷後，可以支持高達每小時 20,000 張紙的更高速度。1875 年，斯蒂芬・塔克（Stephen Tucker）獲得了一種旋轉折紙滾筒的專利，可以每小時折紙 15,000 份，滿足了當時印刷機的速度要求。

威廉・布洛克（William Bullock）的輪轉印刷機很快就被約翰・沃爾特三世（John Walter III）和理查德・霍（Richard Hoe）合作生產的輪轉印刷機所取代，《泰晤士報》的「沃爾特機」奠定了此後輪轉印刷機的基礎。據稱開啟

〔註 12〕 James Moran. *Printing Press: History & Development from the 15th Century to Modern Times* [M]. Berkeley and Los Angeles: University of California Press,1973:189.

〔註 13〕 James Moran. *Printing Press: History & Development from the 15th Century to Modern Times* [M]. Berkeley and Los Angeles: University of California Press,1973:190.

了現代報紙印刷業時代的「沃爾特機」的平均速度為每小時 12,000 份報紙，這種機器《泰晤士報》一直沿用到 1895 年。〔註 14〕

④印刷機的模組化

在繼續提高印刷速度的同時，印刷機也開始走向模組化。輪轉印刷機的基本單元是一對兒壓輥，其中一個上面安裝著印版，配有上墨系統。模組化的理念，是通過重複增加這樣的基本單元和機組，就可以擴大印刷機的產能。

模組化的情況我們不再詳細介紹，而只是把有代表性的技術進步依時間順序排列如下：

1882 年，理查德·霍（Richard Hoe）建造了第一套雙聯裝的輪轉印刷機（Double Supplement machine），用於《紐約先驅報》（*New York Herald*）。據稱，其速度為每小時 24,000 張 4 到 12 頁大小的紙張或 12,000 張 16 頁大小的紙。

1887 年，理查德·霍繼續將同樣的理念用於建造四聯裝的機器（*Quadruple*），據稱速度達到了每小時 48,000 張 8 頁大小的紙，或 24,000 張 10 到 16 頁大小的紙。

1891 年，理查德·霍為《紐約先驅報》建造了六聯裝的印刷機（*Sextuple*），採用三個捲筒輸紙，每小時自動雙面印刷和折疊 90,000 個四聯頁。它有 6 套印版滾筒，每個能夠上 8 套鉛版。

1902 年，八聯裝機器（*Octuple*）誕生了，它由 4 個四頁寬的捲筒輸紙，運行速度每小時 96,000 張。

1925 年，霍氏的 24 滾筒多色印刷機號稱是世界上最大的印刷機。

1956 年《費城新聞快報》（*Philadelphia Bulletin*）建造了當時世界最大的機組，它由兩條霍氏生產線構成，每一條包含了 36 組機組和 7 個折紙裝置。〔註 15〕

從 19 世紀西方印刷機械的發展歷史中我們可以看出，西方出版技術的進步是一個持續改進、不斷發展的過程，而工業革命以來，這種技術進步的速度和頻率都出現了突然的加快，明顯地區別於之前漫長歷史時期的技術進步。

〔註 14〕 James Moran. *Printing Press: History & Development from the 15th Century to Modern Times* [M]. Berkeley and Los Angeles: University of California Press,1973:192.

〔註 15〕 James Moran. *Printing Press: History & Development from the 15th Century to Modern Times* [M]. Berkeley and Los Angeles: University of California Press,1973: 213～214.

2.1.2 鑄字與排版的工業化——從手工到機械

隨著印刷機的發展，在傳統的印刷車間裏，自動化的印刷機替代了絕大部分印刷工的手工勞動，但是在排字車間，排字工的工作沒有發生多少變化，仍然是純粹的手工勞動。接下來，工業革命的火焰繼續蔓延到了傳統的鉛字鑄造和排字環節，將傳統手工鑄字和排版的技術程式，也改變爲一種新的機器生產方式。

①鋼模雕刻機

在鉛字的鑄造環節，鋼模——銅模——鉛字這套技術程式中，先後誕生了各種各樣的發明，試圖以機器取代原來的手工操作。

鋼模雕刻是特殊的技藝，一直有一種諱莫如深的神秘感，誰如果從源頭上掌握了鋼模，也就掌握了後續這種字體的鉛字生產，但這種狀況隨著鋼模雕刻機的出現畫上了句號。

1843 年，美國新澤西州的威廉·利文沃斯（William Leavenworth）曾在一種繪圖縮放尺（pantograph）上安裝了高速旋轉的刻刀，從而製作了一臺能夠雕刻木活字的機器。但雕刻鋼模的機器，直到 1885 年，才由美國波士頓的鑄字匠林·博伊德·本頓（Linn Boyd Benton）發明出來。這是一種能夠在三維方向上進行精密雕刻的設備，可以實現鋼模的快速製作，替代了傳統手工雕刻鋼模的繁瑣工作，從而能夠更加經濟地製造字模。〔註16〕

本頓設計的雕刻機採用槓杆縮放的原理，其下端是一個引導頭，將引導頭放在一個預先設計好的字體的陰模上，這個引導頭就會跟隨著字體陰模的形狀，控制和引導其上端的一個高速旋轉的刻刀，在鋼坯上刻出同樣形狀的陽文鋼模。由於是採用槓杆原理，所以其縮小的比例可調，能夠刻製出不同大小的鋼模來。

〔註16〕 Richard Southall. *Printer's type in the twentieth century, Manufacturing and design methods* [M]. London:The British Library & Oak Knoll Press,2005:20.

圖 35：本頓（Benton）發明的鋼模／銅模雕刻機

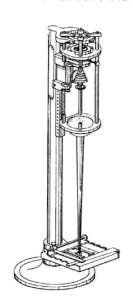

本頓發明的鋼模雕刻機從根本上解決了生產質優價廉的字模的問題，為後來的萊諾行鑄排機（Linotype）和蒙納單字鑄排機（Monotype）取得成功創造了條件。本頓更是慷慨地將這種機器提供給了其他的鑄字匠使用，從而為整個鑄字行業的發展做出了難以估量的貢獻。〔註17〕

②電鍍銅模

自 19 世紀初開始，電學的基礎科學研究開始取得一系列的進展。1800年，亞歷山德羅·伏打（Alessandro Volta，1745～1827）發現了置於城、鹽或酸等電解液中的不同種類的金屬板能夠產生電位差，因而發明了「伏打電池」。1831 年，法拉第（Michael Faraday，1791～1867）發現了電磁感應現象，此後開始出現了各種各樣的發電機。〔註18〕

電化學領域的科學發現催生了一種實用的電鍍技術。電鍍技術是一種在含金屬鹽的溶液中通過電流而使溶液中的金屬物質在陰極電極上沉積的過程。1840 年埃爾金頓兄弟（George Richards Elkington 和 Henry Elkington）獲

〔註17〕 Richard E. Huss, *The Development of Printers' Mechanical Typesetting Methods, 1822～1925* [M]. USA: The University Press of Virginia, 1973: 9.

〔註18〕 〔英〕辛格（Singer, C.），技術史（第 5 卷）[M]，上海：上海科技教育出版社，2004：121～122。

得了電解沉積工藝的第一項專利，他們把金、銀、銅或其氧化物溶解在氰化鉀或氫化鈉溶液中，然後用這種電解液進行電鍍。1842 年，伍爾里奇（John Stenhen Woorlich）獲得了使用發電機發電來進行電鍍的專利。〔註 19〕

電鍍技術馬上就被用於對出版技術的改進之中。1841 年，美國的木刻版畫家亞當姆（Joseph A. Adams）發明了將木版畫電鍍成銅版的技術，並首次將之用於印刷紐約《梅普雜誌》（*Mape's Magazine*）。1845 年，費城的托馬斯（Thomas）和埃德文・斯塔爾（Edwin Starr）第一次採用電鍍法制造字模，並在紐約詹姆斯・康納（James Connor）的鑄字廠裏開始採用。過去按照西方鉛字鑄造的技術程式，用於鑄造鉛字的銅模都是由鋼模衝製出來的，現在斯塔爾用電鍍製造銅模的方法開始替代鑄字廠裏傳統的雕刻鋼模的工藝，可以不經雕刻鋼模就能製作出銅模來。〔註 20〕

採用電鍍法制模，鑄字匠可以輕易地複製別人的字體，這種可能性導致的結果就是盜版字體的氾濫。只需要購買一套新的鉛字，然後採用電鍍法就可以製作出一套一模一樣的字模來，而有了這套字模就可以大量生產鉛字，然後以不同的命名或編號來銷售這些贗品鉛字。

電鍍銅模的技術程式與傳統的鉛字鑄造技術程式之間展開了競爭，徹底打破了原來鑄字匠字體專營的商業格局。

③機械鑄字機

機械鑄字的出現，真正威脅到了原來鑄字工匠的傳統生意。最早鑄字機是丘奇（Church）在 1822 年設計的，是其排字機的一個配套產品，需要由兩個人來操作，「能在一個小時內生產 75,000 個鉛字」〔註 21〕，但是這句話僅僅出現在理德《古代英國鑄字匠的歷史》（*A history of the Old English Letter Foundries*）一書的一個腳注中，其速度之快讓人感到懷疑。

第一架真正實用的機械鑄字機是戴維・布魯斯（David Bruce）發明的，在 1838 年獲得了美國專利。這種機械鑄字機完全模仿手工鑄字的過程，它

〔註 19〕〔英〕辛格（Singer, C.），技術史（第 5 卷）[M]，上海：上海科技教育出版社，2004：438。

〔註 20〕David Consuegra. *American Type Design & Designers* [M]. New York: Allworth Press, 2004:18～19.

〔註 21〕Talbot Baines Reed. *A History of the Old English Letter Foundries, with notes, Historical and Bibliographical, on the Rise and Progress of English Typography* [M]. London: Elliot Stock, 62, Paternoster Row, E.C. 1887：121.

可以用人力驅動，也可以用蒸汽作動力，圓周運動推動著鑄模朝著熔化鍋的噴嘴往復運動，與之相配合的一連串組合動作包括：適時地開啓和關閉鑄模，使字模傾斜著脫離新鑄鉛字的表面，使新鑄鉛字能夠完全出坯。這種機器被萊比錫著名的印刷匠布羅克豪斯（F. A. Brockhaus）在德國加以仿製，並在 1851 年的倫敦世界博覽會上展出。布魯斯鑄字機的基本原理經過多次改進後，爲後來大多數的鑄字機所仿傚。〔註 22〕

到了 1881 年，弗雷德里克·威克斯（Frederick Wicks）發明了一種速度更快的輪轉鑄字機，這臺機器有 100 隻鑄模，當年《泰晤士報》使用這種輪轉鑄字機創造了機械鑄字的速度記錄，每小時能鑄造 60,000 個鉛字。對於一家報社來說，鑄字機的高速度帶來的直接好處是，可以免去印刷後拆版還字的人力，只需將用過的鉛字倒回到熔爐裏去，每天都使用新鑄的鉛字來印報紙。〔註 23〕

對於鉛字這種可以重複使用的材料來說，其鑄造速度並不是印刷企業優先要考慮改進的因素，機械鑄字機更爲重要的作用，是使印刷廠不再需要從鑄字匠那裡購買鉛字，從而節約了費用，降低了成本。

在手工鑄造鉛字的階段，每一家鑄字匠所生產的字體規格都有所不同，印刷廠從不同的鑄字匠那裡購買的不同字體之間不能混合使用，這是幾百年來鑄字匠爲了確保自己生意能夠持續的主要手段。爲了改變這種局面，1886 年美國最先建立起以 Pica 作爲 12 點的鉛字點數制標準，英國也在 8 年之後採用了這一標準，使字體的規格得到了統一。鑄字機採用了這種統一的標準規格之後，機器鑄造的鉛字就能夠作爲標準件來使用了，與傳統手工鑄造的鉛字並沒有任何區別，所以傳統的手工鑄字廠就只有面臨被淘汰的命運。

1908 年，約翰·湯姆森（John S. Thompson）設計了一種構造極其簡單的鑄字機，能夠鑄造從 12 點到 48 點大小的字體，不僅自帶字模，而且可以很容易地使用其他鑄造鉛字用的字模。除了鉛字以外，它還能鑄造連鑄活字、方塊空鉛、空格、標點符號和其他很多的特殊符號，所以風行全球，直到 20 世紀 60 年代。

〔註 22〕 〔英〕辛格（Singer, C.），技術史（第 5 卷）[M]，上海：上海科技教育出版社，2004：465。
〔註 23〕 〔英〕辛格（Singer, C.），技術史（第 5 卷）[M]，上海：上海科技教育出版社，2004：465。

④機械排字

在鑄字技術程式中的雕刻鋼模、複製銅模和機械鑄字這三個環節上都已相繼實現了機器生產之後，機器生產也就基本上替代了傳統鑄字工匠和鑄字廠的手工生產，接下來機器需要替代的，就是那些仍然活躍在印刷廠裏的排字工了。

早期爲了提高排版的生產效率，在西方印刷界曾經嘗試過進行「詞條連鑄」（logotypes）的技術革新，這是一種爲了節省排版的時間、提高排字工作效率而想出來的辦法。早在 1783 年，亨利・約翰遜（Henry Johnson）就出版了《詞條連鑄法介紹》（*An Introduction to Logography*）一書，並申請了相關專利。「詞條連鑄」的就是將常用的單詞直接鑄爲一體，這種辦法看起來似乎可以提高排版的工作效率。詞條連鑄最堅定的支持者之一，是創辦《泰晤士報》的約翰・沃爾特，他首先在自己的報紙中應用這種排版方法。另一位堅定的支持者是發明鑄鐵印刷機德斯坦諾普伯爵三世，他也是改進排版技術的實驗者。〔註 24〕在這股詞條連鑄的熱潮中，不僅需要設計新的儲字架來放置大量鑄好的詞條，排字工也需要記住每個詞條放置的具體位置。但是當詞條的數量到了一定程度之後，排字工花費在找尋這些詞條上的時間越來越長，與直接排出這些詞條的時間相差不大的時候，詞條連鑄的探索也就戛然而止了。〔註 25〕

在印刷機飛速改進的時候，排字工作一直保持著手工的方式進行。排字的效率高度依賴於排字工自身的技能，所以他們是印刷所裏最重要的工種；排字是排字工們生存的基礎，所以他們會自覺或不自覺地抵制一切試圖將排字工作機械化的建議，而如何設計出一種能夠代替人工排字的自動機器，就成爲了資本家和發明者苦苦追求的目標。

自動排字機的構想始自 1822 年丘奇（Church）所發明的排字機，它是所有後續排字機的鼻祖，奠定了後來採用循環字模的所有排字機器的工作原理。但是經過了 70 多年的時間之後，直到 19 世紀末期的時候，奧特默・默根特勒（Ottmar Mergenthaler）發明的萊諾行鑄排機（Linotype）和托爾伯特・蘭斯頓（Tolbert Lanston）發明的單字鑄排機（Monotype）才讓機器自動排字

〔註 24〕 Richard E. Huss, *The Development of Printers' Mechanical Typesetting Methods, 1822～1925* [M]. USA: The University Press of Virginia, 1973: 5.

〔註 25〕 即便後來自動排字機取得了成功，但詞條連鑄的構想並未徹底消失，當時還有人爲詞條連鑄設計了專門的排字和鑄字機械。

的夢想最終變成了現實。

在此期間，共有超過三百多種獲得了專利的排字機器被不斷地發明出來，還有超過千件的專利申請最終沒有能夠問世。發明家懷著白手起家的夢想，吸引幻想獲得超額回報的投資者，大家紛紛投入到這一場豪賭的競賽中，所投入的資金不計其數，但最終絕大多數的努力都是以失敗的結局而告終。還有大量的發明，僅僅停留在萌芽階段或早期的試驗階段，它們之中有相當的部分由於資金問題被迫放棄。竭力鼓勵發明的《泰晤士報》在報社的地下室堆滿了各種廢棄不用的五花八門排字機，它們不僅常出毛病，而且相對手工排字的速度優勢也不明顯。

不管發明家對於排字機的設計思路如何選擇，最終檢驗排字機成功與否的標準只有一條——是否能比手工排字速度更快？

⑤萊諾行鑄排機（Linotype）

1890 年，一種劃時代的萊諾行鑄排機（Linotype）的出現，讓所有的排字機發明都黯然失色。人們將它的發明者奧特默·默根特勒（Ottmar Mergenthaler，1854～1899）〔註26〕與另一位德國人谷登堡相提並論，愛迪生也將萊諾行鑄排機譽為「世界八大奇蹟」之一〔註27〕。

一般的排字機需要三個人進行操作：一個管鍵盤輸入，一個為之供應鉛字，另一個負責最後的齊行處理。而默根特勒設計的萊諾行鑄排機僅需一個人從鍵盤輸入，其餘的所有排字工作都由機器來自動完成。

萊諾行鑄排機設計得如此精妙和完美：它就像一架鋼琴一樣，豎直排列的滑道中儲存著不同字符的字模，而操作鍵盤上的每一個鍵各自控制著對應滑道的出口，每按一次鍵可以釋放滑道中的一枚字模；空格與其他字模不同，它是一種獨特設計的楔形，隨著鍵入空鉛鍵，它被插入到各個單詞之間，等到一行輸入結束之後，機器會自動把這種楔形的空鉛條向上推，這樣就可以擴大單詞之間的間距，把一行文字的兩端對齊；接下來將這一行順序排列好的字模推入到鑄字腔的前面，等到字模完全貼緊澆鑄口之後，機器打開熔鉛爐的閥門，泵入一定量的鉛液；鉛液冷卻後，鑄字腔隨之旋轉，鑄好的鉛字

〔註26〕 德國人默根特勒出身於鎖匠，後來到了美國。為了研製出一款實用的照排機，他整整奮鬥了 14 年，直到 1890 年的時候，他才製造出了第一架非常完善的萊諾鑄排機。

〔註27〕 Carl Schlesinger. *The Biography of Ottmar Mergenthaler: Inventor of the Linotype* [M]. U.S.A.:Oak Knoll Books, 1989: Foreword vii.

條落入收集端，並開始準備下一行的澆鑄；用過的字模被送回到儲存字模的滑道的頂端，由於每個字模都有著像鑰匙一樣各自不同的齒牙，它們懸掛著被蝸輪推動前行，當到達相對應的開口位置時，就如同鑰匙與鎖孔配對成功一樣，脫落到相應的滑道中，以備再次被使用。

　　萊諾行鑄排機的設計完全改變了原來傳統的鉛字鑄字、排版、還字的操作程序，它的工作流程圖如下所示：

圖 36：Linotype 行鑄排機的操作流程

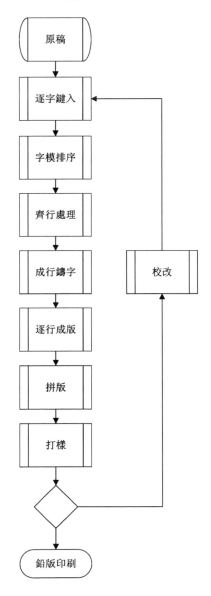

　　萊諾行鑄排機的發明極爲成功，但它的成功也離不開前面所說的機械化字模製造環節的技術進步。當萊諾行鑄排機被設計出來之後，面對一個主要的難題，那就是如何製造這臺機器所需要的大量精巧的字模？如果不是因爲本頓在1885年發明了鋼模雕刻機，大大簡化了鋼模的製作工藝，降低了鋼模的製作成本，提高了鋼模的製作速度，萊諾行鑄排機即便設計出來也是不可能實現大批量生產的。

　　十年的時間裏，萊諾行鑄排機生產了數百架，到1900年的時候，倫敦的21種日報以及全英國的250種報紙和期刊都採用了這種機器，它在美國和歐洲大陸都十分暢銷。到了20世紀40年代，全世界都在用萊諾行鑄排機排印報紙和期刊，甚至還用來排印書籍。〔註28〕

　　萊諾行鑄排機的排字速度能夠像操作員鍵盤輸入的速度一樣快。後來增加了電力和機械自動控制的萊諾行鑄排機開始採用紙帶控制，每分鐘能夠澆鑄15行鉛字條。1928年後，《泰晤士報》曾將遠距離傳輸的電傳排字機終端安裝在英國下議院，將議會的會議記錄直接發送給報社的萊諾行鑄排機上，以提升新聞的時效性。電傳排字的方法也可以將文字錄入與鑄排機分開設置，以增加排字車間的產量。

　　隨著萊諾行鑄排機專利權的到期，大量的商人、有經驗的排字機生產廠家、工程師、機械師，有些人甚至就是默根特勒過去的同事，他們都認爲擴展排字機市場的時機已經成熟，於是紛紛加入市場競爭，甚至像1913年推出的Intertype鑄排機這樣完全仿製萊諾行鑄排機的產品，也曾經熱銷一時。〔註29〕

⑥蒙納單字鑄排機（Monotype）

　　與萊諾行鑄排機的發明同樣成功的，是1894年上市的蒙納單字鑄排機，它能夠解決萊諾行鑄排機不好解決的校改問題。

　　1887年，托爾伯特·蘭斯頓（Talbot Lanston）發明了另一種類型的鑄排機——單字鑄排機，但這款機器直到1894年才投放市場，成爲了此後與萊諾行鑄排機相競爭的主要機型。

　　蒙納單字鑄排機的特點是它一開始就是由穿孔紙帶控制的鑄字機，通過

〔註28〕〔英〕辛格（Singer, C.），技術史（第5卷）[M]，上海：上海科技教育出版
　　　　社，2004：478。
〔註29〕Richard E. Huss, *The Development of Printers' Mechanical Typesetting Methods,
　　　　1822～1925*. USA: The University Press of Virginia, 1973: 277～278.

手工輸入的鍵盤來給紙帶進行穿孔。在蒙納單字鑄排機中有一個字模盒，可以放置一片銅字模版，在這一片銅字模版上排列著一整套的字模。鍵盤穿孔紙帶後，紙帶可以控制字模盒移動到與穿孔一致的位置上，這個位置就是鍵盤所輸入的那個字符對應的字模；此時將液態的鉛合金注入到字模中，然後再把鑄成的鉛字逐個從字模中倒出來；就這樣一個字一個字地單字鑄造，順序排列在一個槽中，直到排滿一行為止。

圖 37：蒙納單字鑄排機所用的字模版〔註30〕

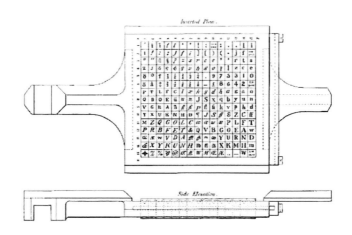

蒙納單字鑄排機相比萊諾行鑄排機，在機械上更為簡單，它採用穿孔紙帶的控制方式，錄入與鑄造環節可以分開進行，紙帶也可以反覆使用。相比萊諾行鑄排機，蒙納單字鑄排機在校改的時候可以手工替換鉛字，更為方便，所以特別適合需要反覆修改的內容出版。雖然萊諾行鑄排機在報紙和期刊出版中取得了巨大的成功，但蒙納單字鑄排機的使用範圍更廣，在圖書排版印刷中得到了廣泛應用。

蒙納單字鑄排機最初需要兩條紙帶來控制：第一條紙帶控制原先鑄造的鉛字向前移動，被刨削到合適的字高和厚度、寬度、高度；第二條紙帶控制模具，它控制 196 個陰模，移動到合適的位置，鑄造出特定的字符。後續的機型都採用了一條寬紙帶，紙帶通過一個有氣孔的地方，穿孔紙帶可以控制空氣的流通。空氣吹動一系列的滑動三角楔移動，調整模具以適合每個字母的寬度，而模具本身可以獨立調整字母的寬度，不受字體的限制，這就相當

〔註30〕圖片來源：Richard Southall. *Printer's type in the twentieth century, Manufacturing and design methods* [M]. London:The British Library & Oak Knoll Press,2005:37.

於可以任意控制字母之間的間距。同時，紙帶上特定位置開口的空氣吹動字模架在前後左右的平面上移動，將所選的字模對準模具，面朝下。熔鉛爐有一個圓形的噴嘴向上移動到模具下方的凹口噴射出鉛液，鉛字被鑄造，就這麼周而復始。噴嘴撤回之後，模具將鑄好的鉛字推離，一個剪刀將鉛字底部的柄剪掉。因為紙帶的緣故，鑄字與排字在操作上是反向的，從結尾的地方開始，在起首的地方結束。〔註31〕

蒙納單字鑄排機的具體工作流程如下圖所示：

圖 38：Monotype 單字鑄排機的操作流程

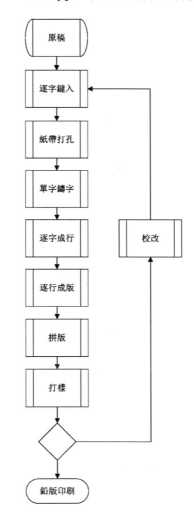

〔註31〕 Richard E. Huss, *The Development of Printers' Mechanical Typesetting Methods, 1822～1925*.[M]. USA: The University Press of Virginia, 1973:138.

　　無論是萊諾行鑄排機還是蒙納單字鑄排機，它們都直接使用字模而非鉛字，將鑄造與排版融爲一體，鑄造後的鉛字也不再重複使用，而是直接熔化，這樣就省去了原來印刷廠的鑄字、排字和還字工序。自動排字機在複製原來鑄字匠和鑄字廠生產的鉛字字體的基礎上，1913 年英國蒙納鑄排機公司開始生產專門爲排字機設計的第一種鉛字字體——Imprint 字體。〔註 32〕

　　隨著這兩種機器的日漸普及，它們完全替代了原來傳統的鑄字匠和排字工的手工勞動。這樣到了 1950 年的時候，雖然仍有少數的鑄字工人，但他們已不可能僅靠製作鉛字來維持生計了。對於報紙，一臺萊諾行鑄排機可以替代原來 6 個或 8 個排字工才能完成的工作；而對於圖書和雜誌，蒙納單字鑄排機的情況也與之類似。

　　雖然在排字工人與資本家之間會就是否採用新的機器發生衝突，但是工業化的步伐已經不可阻擋，因爲這些新的機器不僅能夠提高生產的效率，縮短生產週期，還能夠替代人工的繁重勞動，爲資本家贏得競爭上的優勢，從而可以帶來源源不斷的利潤，那麼選擇採用工業化的出版技術也就成了必然。

2.1.3 圖像製版的工業化——從手工製版到照相製版

　　在文字之外，圖像作爲另一種信息形態，也同樣經歷了從手工複製到工業化生產的轉變。從 1826 年世界上第一張照片的誕生開始，半個世紀的時間裏，圖像的製版技術也經歷了多次的技術革新，從早期傳統的手工繪製、手工雕刻，發展到採用照相進行圖像複製和印版複製，從而實現了圖像製版技術的工業化。

①照相技術的發明

　　照相技術是圖像製版工業化的源頭。

　　世界上第一張照片是涅普斯（Joseph Nicéphore Niépce，1765～1833）在 1826 年拍攝的。他運用了一種在光的作用下變硬而不變色的瀝青作爲感光劑。

　　與涅普斯合作過的達蓋爾（Louis Jacquues Mande Daguerre）使用碘化銀作爲感光劑，發明了水銀蒸氣顯影法，他用自己的名字命名這項發明——「達

〔註 32〕〔英〕威廉斯（Williams, T. I.），技術史（第 7 卷下部）[M]，上海：上海科技教育出版社，2004：403。

蓋爾銀版法」。1839 年 8 月 19 日在法國自然科學研究院和美術研究院的會議上，達蓋爾銀版法的操作細節被公之於眾。「達蓋爾銀版法」是將一面磨光的銀銅合金版放置於碘蒸氣中，在版表面形成一層極薄的碘化銀膜。將感光銀版曝光後，放入盛有加熱到 60℃ 的氯化水銀的箱子裏顯影。在大約 20 分鐘的顯影過程中，微小的水銀顆粒會附著在版上已經曝光的部分，形成了畫面中光亮部分。用硫代硫酸鈉溶液沖洗版面，將沒有發生反應的碘化物溶解掉，保留下來的銀形成了圖像的陰暗部分，這樣就可以使圖像持久保持。〔註 33〕

　　1835 年，塔爾博特（W. H. Fox Talbot，1800～1877）改進照相技術，發明了「碘化銀紙照相法」，他把氯化銀作爲感光劑塗覆在紙上進行拍照取得成功，並在 1841 年取得了英格蘭和威爾士的專利。〔註 34〕「碘化銀紙照相法」是在高質量的書寫紙上連續塗刷硝酸銀和碘化鉀溶液，形成碘化銀紙。再刷上一層棓酸和硝酸銀後，碘化銀紙就變得更加敏感。根據光的強度和負片的尺寸，其曝光時間爲 1～5 分鐘。進一步使用棓酸和硝酸銀溶液，潛像就被顯影。然後，用溴化鉀溶液定影。塔爾博特建立了第一家照相印刷公司，生產的產品被稱作「日曬圖片」（sun pictures），在圖片商店和文具店出售。1844 年他還出版了世界上第一本攝影術的圖解書——《自然的畫筆》（*The Pencil of Nature*），書中附有一些照片原作。在他的公司裏，大規模的生產線設備將業餘攝影者的負片印製成正片，他還印刷圖書上的插圖，每天從一張負片上可以生產 200 到 300 張正片拷貝。他採用的將照片黏貼在書的正文之前或插頁上的做法，一直被出版界沿用到 1875 年。〔註 35〕

　　1851 年阿徹（Frederick Scott Archer，1813～1857）發明了「膠棉濕版法」，它在幾年之內就取代了當時所有的攝影術。「膠棉濕版法」是將碘化銀作爲感光劑，混合膠棉（火棉溶解在乙醚中）製成感光溶液，塗佈在玻璃版上，形成一層均勻、黏稠的覆蓋面，然後立即放入硝酸銀溶液中浸泡以增加感光的敏感度。照相曝光必須趁版還是潮濕的時候進行，因爲感光度會隨著

〔註 33〕　〔英〕辛格（Singer, C.），技術史（第 5 卷）[M]，上海：上海科技教育出版社，2004：499～500。

〔註 34〕　〔英〕辛格（Singer, C.），技術史（第 5 卷）[M]，上海：上海科技教育出版社，2004：501。

〔註 35〕　〔英〕辛格（Singer, C.），技術史（第 5 卷）[M]，上海：上海科技教育出版社，2004：502。

膠棉變乾而逐漸失效，所以這種照相法也被稱爲「濕版法」。顯影時使用焦棓酸或硫酸亞鐵，也必須在版變乾之前進行，定影時用硫代硫酸鈉或氰化鉀，最後經硫化鈉的黑化液處理。膠棉濕版法可以獲得極精細的圖像，改善了中間調，增強了感光性能，但是其操作需要很高的技巧。1864 年，博爾頓（W. B. Bolton）和利物浦的塞斯（B. J. Sayce）改進了「膠棉濕版法」，他們將感光速度遠快於碘化銀的溴化銀作爲感光劑，並於 1867 年起開始進行商業生產。〔註 36〕「膠棉濕版法」是當時所有照相法中操作最爲迅速的一種，被廣泛應用了近 30 年之久，直到被明膠乾版所取代。

　　1871 年，馬多克斯（Richard Leach Maddox，1816～1902）使用硝酸銀作爲感光劑，發明了「明膠乾版法」。「明膠乾版法」是使用一種含有硝酸、溴化鎘和硝酸銀的乳狀明膠作爲感光劑，用含有少量硝酸銀的連苯三酚溶液作爲顯影劑。它具有極強的感光性，比膠棉濕版的曝光速度快了很多，而且由於版是預製的，也讓攝影變得非常簡單。明膠乾版於 1876 年開始投放市場，到 1879 年，生產明膠乾版的公司數量猛增到 14 家，英國製造的乾版遠銷世界各地，膠棉濕版很快就被明膠乾版替代了。可以說，在使用了明膠乾版後，眞正意義上的瞬時攝影才算是正式開啓。〔註 37〕

　　1873 年，美國的海厄特（John Wesley Hyatt）開始大量生產賽璐珞膠片，他在 1888 年生產出了厚度只有百分之一英寸的均勻清晰的賽璐珞膠片，能夠滿足新攝影底版材料的要求。與此同時，賴興巴赫（H. M. Reichenbach）研製了一種類似的膠片，由伊斯曼公司（Eastman Company）生產並投放市場。伊斯曼公司於 1889 年 12 月獲得專利，在此後的 15 年中，它幾乎包攬了全世界的膠卷生產。1888 年 8 月，伊斯曼發明了柯達（Kodak）照相機，這是一種大批量生產的簡單手提式照相機，尺寸小、重量輕，帶有內置式膠卷裝置。伊斯曼公司提供配套的沖洗服務，其廣告語是「你只需要按動按鈕——剩下的我們來做」。相機被送去公司的營業網點進行顯影和沖洗，而送還回來的是裝上了新膠卷的照相機和已經洗出來的照片，這對攝影愛好者產生了巨大的吸引力，攝影也隨之普及。〔註 38〕

〔註 36〕〔英〕辛格（Singer, C.），技術史（第 5 卷）[M]，上海：上海科技教育出版社，2004：503～504。

〔註 37〕〔英〕辛格（Singer, C.），技術史（第 5 卷）[M]，上海：上海科技教育出版社，2004：504～505。

〔註 38〕〔英〕辛格（Singer, C.），技術史（第 5 卷）[M]，上海：上海科技教育出版

②照相凸版製版技術

隨著照相技術的發展，印刷行業開始嘗試直接採用照相製版來製作凸版。

照相凸版最初並不能將拍攝好的照片直接製成印版，而是只能將藝術家畫在白紙上的黑色線條畫通過拍攝的方式來製成印版。它的製作步驟是：首先將類似木刻版畫那樣的線條畫拍攝成負片，然後將負片同一塊事先塗過感光劑的鋅版疊放在一起，放到強光燈下曝光；然後將鋅版浸入水中，用棉花球擦拭，將可溶性的部分沖洗掉，而不可溶部分——畫上的線條，則保留在鋅版上；然後對鋅版進行腐蝕，使線圖凸顯出來；最後將鋅版裝到木頭底板上，使之和鉛字具有相同的高度後可以與鉛字一起拼版印刷。〔註39〕

《每日電訊報》（*Daily Telegraph*，1881年）是最早使用照相線條網凸版的報紙之一，而最先大量使用這種插圖的卻是英國的《每日寫真報》（*Daily Graphic*），它於1890年1月4日第一次出版發行，是第一種以插圖為主要特點的報紙。〔註40〕

鋼筆畫、版畫等線條原稿的照相製版比較簡單，但是另一類是有層次變化的連續調原稿，要進行照相製版還要等到半色調（halftone）工藝發明之後。半色調工藝是一種在原圖的照相底片和用於製作印版的底片之間插入網屏來進行照相製版的特殊工藝。1876年，美國艾維斯（Frederic Eugene Ives）首先製造出了一種明膠的凹凸模型作為網屏來進行半色調製版，1878年他製出了用於三色凸版（銅版）的網屏。1886年，萊維兄弟（Louis Edward Levy和Max Levy）開始用機器刻製網屏。此後，艾維斯與萊維兄弟合作，以兩塊玻璃板分別刻平行線，填黑漆後按線條方向成直角膠合在一起，做成十字形的網屏。刻有十字線的網屏可以將照片中的漸變色調的像素轉變成為印版上的大小不同的網點，網點越大，印刷品的顏色就顯得越深，網點越小，印刷品的顏色就顯得越淺，這樣就能夠複製出連續調的照片來。讀者從正常距離看印刷品的時候，這些網點在人眼的視覺中重新組合成明暗的漸變效果。通常所使用的網屏線數從55到200不等，報紙印刷使用較粗的網屏，而圖書中的插圖則使用較細的網屏，以獲得最好的圖片還原質量。

社，2004：505～507。

〔註39〕 〔英〕辛格（Singer, C.），技術史（第5卷）[M]，上海：上海科技教育出版社，2004：487～491。

〔註40〕 〔英〕辛格（Singer, C.），技術史（第5卷）[M]，上海：上海科技教育出版社，2004：488。

1880 年，美國的斯蒂芬・霍根（Stephen H. Horgan）首次在《紐約每日寫真報》（*New York Daily Graphic*）上使用半色調工藝。到了 1900 年，這項技術已經普遍應用於大多數週報了，而《泰晤士報》的半色調照片代表著當時這一技術所能達到的最高質量。〔註41〕

使用照相製版進行凸銅鋅版製作的操作程序描述如下：

第 1 步　磨版

先用木炭仔細研磨鋅版表面，在鋅版上形成一層均勻細緻的砂目，以提高感光液與鋅版之間的結合力。

第 2 步　塗布感光層

將重鉻酸鹽膠體的感光液均勻地塗佈在鋅版上，使印版具有了感光交聯硬化的能力。

第 3 步　曝光顯影

將原稿拍攝而得的正向陰圖附著在鋅版上進行曝光。對應於原稿的圖像部分，在陰圖上能通過光線，使鋅板上的感光層交聯硬化，經水顯影後仍附著在鋅版上；而對應於原稿的空白部分，在陰圖上則阻擋光線，使其無法到達感光層，這一部分的感光層便在顯影時溶解在水中。經過顯影之後，鋅版上的圖像部分為硬化膠膜所保護，而空白部分則裸露出來，經過 230 攝氏度高溫烘烤琺瑯化後，準備下一步的腐蝕處理。

第 4 步　腐蝕

腐蝕的目的是要使得空白部分下凹，與圖像部分形成一個足夠的高度差。但是當鋅版放入稀硝酸溶液中腐蝕的時候，酸液不僅會垂直向下腐蝕，還會沿著側面向圖像部分的橫向發生側腐蝕。側腐蝕會損傷圖像，降低耐印力，因此從鋅版發明之初，人們就採用各種辦法進行側面保護。

側面保護採用紅粉腐蝕法，也稱「龍血法」，其具體做法是，鋅版每放入酸液中一段時間，側面開始出現時，就將鋅版取出，在圖像的側面塗上一層紅粉，使其形成抗酸薄膜，隨後繼續進行腐蝕，當出現新的側面後再塗紅粉，這樣多次反覆。

使用照相製版技術的操作流程可以表示為下面的流程圖：

〔註41〕〔英〕辛格（Singer, C.），技術史（第 5 卷）[M]，上海：上海科技教育出版社，2004：489。

圖 39：照相凸版印刷技術的操作流程圖

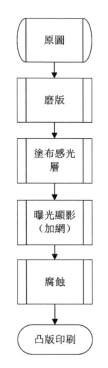

③照相凹版製版技術

傳統凹版的手工雕刻和腐蝕的製作印版流程，在應用照相製版技術之後，也改爲一次性曝光之後進行腐蝕的技術程式。

1878 年，德國發明家克利克（Karl Klic / Karl Klietsch）最先研發出凹版製版的照相技術。1894 年，他將凹版照相（photogravure）和刮墨畫（doctor blade）的工藝結合在一起，發展成爲新的照相凹版的技術程式。

照相凹版製版的操作程序是：首先用照相方法將原稿的正片轉印到拋光銅版上，然後將十字線網屏印到圖像的上面，最後對銅版進行腐蝕處理。通常網屏在每英寸 150 線左右，網屏構成的交叉線條部分因受到徹底的曝光，不會被酸液所腐蝕，但網屏線條之間的空間卻受到深淺程度不同的腐蝕，圖片上極暗調就是受腐蝕最深的部分。在印刷過程中，凹版上被腐蝕的坑窪處填滿了油墨，而表面多餘的油墨則被刮墨刀壓到交叉線上刮去。

照相凹版最初使用的是平面銅版，後來則直接把網版轉移到滾筒表面上，通過網版塗層在滾筒表面進行蝕刻，製成銅質凹印的滾筒，這樣就可以直接上到高速輪轉機上進行凹版印刷。

1895 年，根據克利克的建議，從事花布印刷的斯托里兄弟公司組建了倫勃朗（Rembrandt）凹版印刷公司，使用捲筒送料的紡織品凹版印刷機，進行美術印刷品的生產，並在此後大約 20 年的時間里保持著經營凹版印刷的壟斷地位。到 1915 年，有 10 種雜誌和 8 種報紙採用了照相凹版印刷。在 20 世紀 30 年代，英國開始大規模採用照相凹版印刷高檔美術畫冊、牆紙、郵票和雜誌。〔註42〕

④平版印刷照相製版

用金屬版替代石版（limestone）進行平版印刷（Lithography）的設想由來已久。1860 年，柔性的金屬鋅版已被用來代替石版作爲版材，理查德・霍（Richard Hoe）設計了第一種機械化的滾筒平版印刷機，它通過一個覆蓋著法蘭絨的滾筒來潤濕印版，採用輥軸上墨。在 1860 年的時候，從事平版印刷的企業僅有 60 家，到了 1890 年的時候，就有了七百多家。照相技術發明後，平版印刷普遍採用照相製版取代了原先的手工繪製或轉印上版的技術程式。

平版膠印（Offset printing）的發明在 1908 年，魯貝爾（Ira Rubel）在偶然之間發現，採用間接印刷竟然比採用直接印刷的效果更好，這種間接的印刷方法採用有彈性的膠皮輥筒作爲承印物，它先將印版上的圖像壓印或「黏印」到膠皮輥筒的表面上，再從膠皮輥筒的表面把圖像轉印到紙上。後來美國的哈里斯（Harris）公司以及英國的喬治曼公司（George Mann and Co.）都開始生產使用這種間接印刷原理的膠印輪轉平版印刷機。

1912 年，萊比錫的 VOMAG 公司建成第一個捲筒紙輪轉膠印機，其生產速度達到每小時 7500 印次。

1938 年，卡萊（Kalle）進行了預塗感光版的早期實驗研究，9 年後他採用了第一個重氮化物預塗感光版（PS 版），而小膠印機的普及則導致了預塗感光版的推廣。

平版石印除了在某些美術作品的印刷中使用之外，已逐漸被膠印技術所取代。

⑤珂羅版印刷技術

相比其他印刷工藝，珂羅版印刷是更純正的照相製版工藝，它不需要加網，可以復現照片、素描或繪畫中最精細的色調和層次。珂羅版印刷與石印

〔註42〕〔英〕威廉斯（Williams, T. I.），技術史（第 7 卷下部）[M]，上海：上海科技教育出版社，2004：401。

一樣，依據的是油水不相溶的原理。

珂羅版的印版是一塊玻璃基底，上面塗有由明膠和重鉻酸鉀組成的感光乳劑。將玻璃板放在一張反圖（左變爲右）的負片下曝光，曝光的結果使乳膠與受到的光照量成比例地硬化。原稿中的暗調部分，即負片中透亮的部分，硬化得最厲害；而原稿中高光區域，即負片中的深暗部分，阻止光線照射，因而這部分的乳膠仍然是軟的。在高光和暗調兩個極端之間，乳膠軟硬度的不同能表現出色調的不同層次。洗去未經曝光的重鉻酸鉀後，將感光版浸泡在甘油和水的混合液中。乳膠吸收這種混合液的量與其硬度成比例，乳膠越軟的部分吸收得越多。當油墨塗在印版上時，變硬的印版部分，也就是照片的暗調部分，吸墨最多。其他部分則按照明膠吸水的多少不吸墨或者吸墨很少。

由於印版表面是膠質的，所以每塊印版的印數有限，因此這種方法只適用於少量的精印插圖或招貼畫。這種印刷法首先在歐洲大陸，特別是德國和法國實現了商業化，然後才是英國。

⑥分色原理與彩色印刷

在照相製版工藝發展的同時，彩色印刷也開始了進行照相製版的改進。

從傳統的套印方法開始，彩色印刷首先經歷了一個照相製版、手工上色的階段。手工上色的照相製版方法，是根據人工設想，將黑白稿分解爲黃、品紅、青、黑等多塊印版，然後套色印刷成彩色圖像的印刷品。其操作程序是：首先修正黑白照片，然後用透明片基蒙在黑白照片的原稿上，用手工按畫面階調層次塗上墨水，再與原稿蒙合後進行加網，再拷貝陽網，進行打樣或上機印刷。

後來人們認識到三原色分色的原理，使用三塊半色調的負片來代替原稿中的黃、紅、藍三種顏色的構成，就有可能製造出三塊獨立的印版；如果在這些印版上塗以適當顏色的油墨，並在同一張紙上連續準確地套印，就可以還原出近似於原稿的彩色印刷品。

分色原理的工藝要對原稿進行分色，製作出三原色的底片來，還要用濾色鏡對要拍攝到負片上的顏色進行補色，需要對濾色鏡、感色底版、合適的彩色油墨、精確的套準等大量問題進行研究。

應用分色原理進行彩色照相製版的方法逐步取代了原先手工上色製作色版的繁瑣工序，使彩色圖像的複製變得更簡單、也更準確，逐漸成爲了彩色

印刷的主要方法。

　　不管是凸版、凹版還是平版，照相製版技術都全面替代了原來手工繪製和手工製版的技術程式，使得西方圖像印刷的生產效率得到大幅度的提高，生產成本大幅度降低，圖像開始越來越多地出現在各類出版物中。

2.2　西方工業化出版技術傳入中國

　　1839 年鴉片戰爭之前，西方傳教士在澳門、廣州進行的出版活動受到嚴格的限制；鴉片戰爭之後，1842 年 8 月 29 日清政府與英國政府簽訂了不平等條約——中英《南京條約》，將中國沿海的廣州、福州、廈門、寧波、上海開闢爲通商口岸。西方的傳教機構得以直接進入中國，他們紛紛開設書館，大規模地展開了「文字傳教」的出版活動。

　　傳教機構所建立的出版機構，並非以營利爲目的，他們主要依靠西方傳教團體提供經費與補貼，通過免費贈送《聖經》、傳教小冊子、甚至是單頁等宣傳品的方式，進行「文字傳教」，這是新教傳教的常規做法，也是教會從事印刷出版和一般商業印刷出版的不同之處。

　　這些傳教機構在中國所設印書館的快速發展，也吸引了一些在華從事貿易的西方投資者的注意，他們把印刷出版作爲了一項有利可圖的生意來做，嘗試性地在上海的租界內投資建立起了第一批外資商業出版機構，利用西方新興的工業化出版技術進行報紙、雜誌和圖書等商業出版物的生產，取得了巨大的商業上的成功，也推動了現代大眾傳媒這種新的信息傳播媒介在中國的發展。

2.2.1　墨海書館引入機械印刷

　　最先將新式滾筒印刷機引入中國的出版機構是倫敦傳道會設在上海的墨海書館（The London Mission Press）。

　　墨海書館也是在我國創辦最早，影響較大的出版機構。它由英國倫敦傳道會傳教士麥都思（Walter Henry Medhurst，1796～1857）於 1844 年 5 月創設。雖然是英國倫敦傳道會的出版機構，墨海書館也翻譯出版了一批西方自然科學的書籍，爲中國學習西方的科學技術提供了幫助。〔註43〕

〔註43〕黎難秋，中國科學文獻翻譯史稿[M]，合肥：中國科學技術大學出版社，1993：84。

　　麥都思最初從巴達維亞帶了印刷機具和兩名印刷學徒來到上海，他從一開始就將鉛字印刷的技術程式作爲自己主要的出版方式，雖然也曾使用過雕版和石印。由於當時尚無一套完整的漢字鉛字可以購買，所以墨海書館最初所使用的漢字鉛字是拼湊而成的，包括了倫敦傳道會的戴爾在新加坡鑄造的鉛字、德籍傳教士郭實獵（Karl F. A. Gutzlaff）委託英格蘭浸禮會傳教士馬士曼在印度塞蘭坡鑄造的鉛字和德國柏林鑄造的拼合漢字鉛字。〔註44〕即便如此，合起來後缺字情況仍然很嚴重，所以麥都思不得不雇人雕刻了大約 6000 個大的活字和 25,000 個小的活字應急。到 1847 年底的時候，這批雕刻的小字已經達到 15,000 個不同的漢字，共有 10 萬個之多。後來倫敦傳道會香港的英華書院鑄造完成的大小活字各超過 4000 字以上，墨海書館遂停止自行雕刻活字，改爲主要向英華書院訂購鉛字。〔註45〕

圖40：1850 年上海墨海書館鉛字

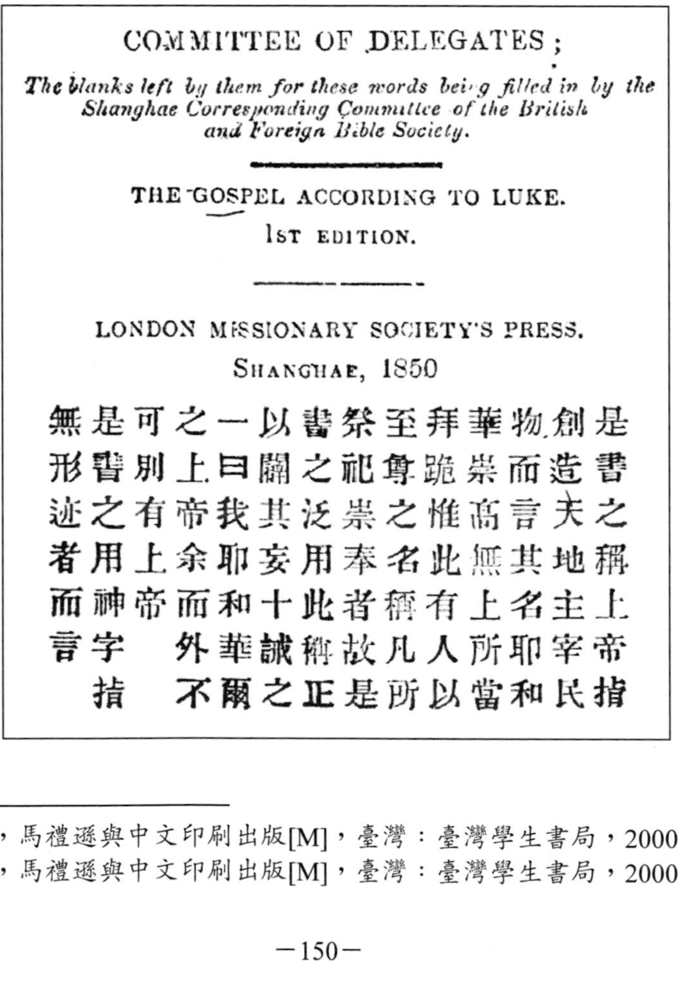

COMMITTEE OF DELEGATES;

The blanks left by them for these words being filled in by the Shanghae Corresponding Committee of the British and Foreign Bible Society.

THE GOSPEL ACCORDING TO LUKE.
1ST EDITION.

LONDON MISSIONARY SOCIETY'S PRESS.
SHANGHAE, 1850

無是可之一以書祭至拜華物創是
形瞽別上曰關之祀尊跪崇而造書
迹之有帝我其泛崇之惟高言夫之
者用上余耶妄用奉名此無其地稱
而神帝而和十此者稱有上名主上
言字　外華誠故凡人所耶宰帝
指　不爾之正是所以當和民指

〔註44〕蘇精，馬禮遜與中文印刷出版[M]，臺灣：臺灣學生書局，2000：229。
〔註45〕蘇精，馬禮遜與中文印刷出版[M]，臺灣：臺灣學生書局，2000：229。

　　最初的三年，墨海書館只有從巴達維亞帶來的一部傳統的手工印刷機，產量在第一年（1844 年 5 月至 1845 年 4 月）印刷 71 萬頁，第二年（1845 年 5 月至 1846 年 4 月）大幅增加到 222 萬頁之多，而第三年（1846 年 5 月至 1847 年 4 月）再度攀升至 263 萬頁。〔註 46〕

　　進入中國內地之後，對傳教書籍的需求大增。由於墨海書館非盈利的性質，所印的《聖經》都由英國聖經公會（British and Foreign Bible Society）全額補助，而所有的傳教小冊則由宗教小冊會（Religious Tract Society）全額補助，於是麥都思在 1845 年向倫敦傳道會申請一部新式的滾筒式印刷機。後來獲得了聖經公會 1000 鎊的資助，購買一臺新式印刷機贈與上海站，條件是未來聖經公會的出版品將優先印刷。

　　1847 年 8 月，這臺新式印刷機與印刷工偉烈亞力一同抵達上海，墨海書館因此成為上海第一家擁有滾筒印刷機的出版機構。這部滾筒印刷機原以蒸汽驅動，墨海書館因地制宜，改為用牛拉動轉盤，然後通過傳動帶動印刷機。新的機器啟用後，單是最初半年的生產能力，便已大大超越了從前單純手工印刷機全年的產量，達到了 338 萬餘頁。太平天國運動爆發之後，為了順勢推動傳教事業的進展，英國聖經公會在 1853 年提出了一項「送百萬冊聖經新約到中國」（One Million New Testaments for China）的宏偉計劃，號召全英民眾踴躍捐款。這項宏大的出版計劃促進了在華傳教機構印刷所的快速發展。在華傳教士們決定先印刷 25 萬本，其中由墨海書館負責 11 萬 5 千冊，預定在 18 個月內完成；由倫敦傳道會在香港的英華書院以鉛字印刷 5 萬冊；由國教會的維多利亞主教以雕版印刷 8 萬 5 千冊。墨海書館為此又購進 2 部新式滾筒印刷機，終於如期完成印刷任務。後來由於聖經公會對太平天國運動的態度發生轉變，不再堅持百萬冊聖經的目標，但傳教機構在華的印刷出版能力卻實實在在得到了大幅度的提升。此後墨海書館繼續保持其巔峰的產量，1859 年印刷了將近 1600 萬頁。〔註 47〕

　　傳教機構印刷生產能力的提升還體現在圖書的印數上。在開始幾年的手工印刷機期間，傳教小冊子的印量大都在 1000 冊左右，很少會超過 3000 冊；但是到了滾筒印刷機的時期，圖書的印數大增，大多數以 10,000 冊為基準。〔註 48〕

〔註 46〕蘇精，馬禮遜與中文印刷出版[M]，臺灣：臺灣學生書局，2000：230～231。

〔註 47〕蘇精，馬禮遜與中文印刷出版[M]，臺灣：臺灣學生書局，2000：231～232。

〔註 48〕蘇精，馬禮遜與中文印刷出版[M]，臺灣：臺灣學生書局，2000：233。

圖 41：墨海書館（1853 年）印刷的偉烈亞力著《數學啟蒙》

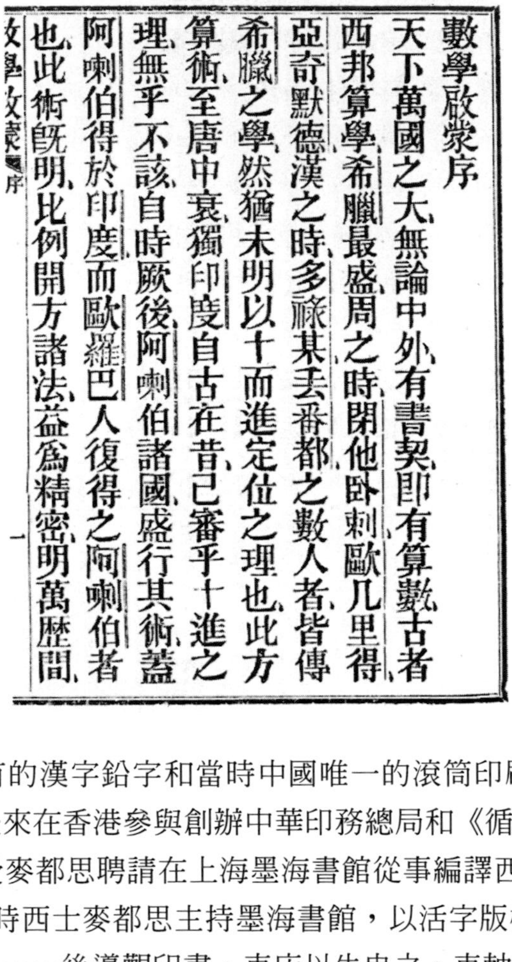
數學啟蒙序
天下萬國之大無論中外有書契即有算數古者
西邦算學希臘最盛周之時閉他卧剌歐几里得
亞奇默德漢之時多祿某丟番都之數人者皆傳
希臘之學然猶未明以十而進定位之理也此方
算術至唐中衰獨印度自古在昔已審乎十進之
理無乎不該自時厥後阿喇伯諸國盛行其術蓋
阿喇伯得於印度而歐羅巴人復得之阿喇伯者
也此術既明比例開方諸法益為精密明萬歷間
數學啟蒙 序 一

墨海書館擁有的漢字鉛字和當時中國唯一的滾筒印刷機吸引了很多中國人前往參觀。後來在香港參與創辦中華印務總局和《循環日報》的王韜，從 1849 年開始受麥都思聘請在上海墨海書館從事編譯西學的工作長達 13 年，他形容道：「時西士麥都思主持墨海書館，以活字版機器印書，竟謂創見。余特往訪之。……後導觀印書，車床以牛曳之，車軸旋轉如飛，云一日可印數千番，誠巧而捷矣。……字架東西排列，位置悉依字典，不容紊亂分毫。」〔註 49〕

後來精於技術、善於管理的印刷工麥都思在 1857 年初突然去世，譯介西學、著述頗豐的偉烈亞力也在 1860 年離職，改任英國聖經公會駐華監督，這讓墨海書館難以繼續保持其領先的發展勢頭。1865 年底，倫敦傳道會上海站終於做出了出售所有的印刷機器、活字和房產的決定，爲超過 20 年歷史的墨海書館畫上了句號。〔註 50〕。

〔註 49〕王韜，弢園文新編[M]，上海：中西書局，2012：316。
〔註 50〕蘇精，馬禮遜與中文印刷出版[M]，臺灣：臺灣學生書局，2000：237～238。

2.2.2 英華書院推動鉛字的普及

除了機械印刷之外，另一個出版技術工業化的基礎是漢字鉛字的商品化。香港英華書院是最早在中國把漢字鉛字作爲商品進行銷售的先驅。

作爲倫敦傳道會香港佈道站的英華書院，建立於 1843 年。鴉片戰爭之後，英國開始租借香港。倫敦傳道會傳教士理雅各（James Legge）遂將馬六甲英華書院和新加坡佈道站的印刷機、漢字鋼模和鑄字設備以及華人工匠等悉數遷到香港，英華書院便同時具備了鑄造漢字鉛字和進行中文印刷出版的能力。戴爾生前刻成了漢字大字模 1845 枚和少量的小字模，在他去世後，倫敦傳道會雕刻漢字鋼模的工作繼續在新加坡進行，1846 年轉往香港的時候共完成了 3891 個活字鋼模，到 1865 年的時候已經增加到了 6000 字。〔註 51〕1847 年，倫敦傳道會聘用從美華書館離職的柯理（Richard Cole），利用他的專業技能，一邊繼續戴爾的工作雕刻鋼模，一邊開闢銷售漢字鉛字的貿易渠道。英華書院製作的鉛字被稱爲「香港字」，正如當年戴爾所願，他雕刻鋼模的漢字字體，除了供倫敦傳道會在中國的印刷出版所用之外，還能出售給其他的中文印刷出版機構，直接促進了西方鉛字印刷技術在中國的推廣與普及。

蘇精在《馬禮遜與中文印刷出版》一書中對「香港字」的銷售情況進行了頗爲詳盡的研究，使我們可以瞭解西方鉛印技術最初在中國的傳播與擴散的過程。

第一份中文報紙《遐邇貫珍》1853 年 8 月在香港創刊，由英華書院採用漢字鉛字印刷。香港的英文報紙也利用英華書院的活字編印中文附刊。巴黎的亞洲學會、俄國來華談判天津條約的沙皇欽差大臣普提雅廷（E. V. Putiatin）和新加坡政府等也紛紛前來洽購英華書院的「香港字」。首先訂購漢字鉛字的中國人是曾在英華書院落過腳的洪仁玕，他投奔洪秀全之後，被任爲太平天國的幹王，主管科舉考試、文化及外交事務，他在 1861 年向英華書院訂購了兩副活字和一臺印刷機。理雅各說：「別人供應這些叛亂分子槍彈，我則樂於供應別樣物品。……中國人終於逐漸接受外國的理念和實際，活字生意不是我們傳教士的直接任務，但我們相信會比傳教產生更廣泛有益的效果，印刷機必將在未來的中國扮演一個重要的角色。」〔註 52〕

〔註 51〕蘇精，馬禮遜與中文印刷出版[M]，臺灣：臺灣學生書局，2000：276。
〔註 52〕蘇精，馬禮遜與中文印刷出版[M]，臺灣：臺灣學生書局，2000：262～263。

　　中國的官辦印書機構也開始意識到採用鉛字印刷的優勢，向英華書院訂購「香港字」。1863 年，兩廣總督派兒子在英華書院觀察活字印刷的運作，購買了一批活字準備印刷總督衙門的出版品。1865 年，擔任上海道臺的丁日昌和俄國的普提雅廷一樣，向英華書院購買全副的銅模。英華書院出售鉛字的商業模式延及出售銅模，類似於從出售雞蛋到出售母雞。1872 年，總理各國衙門設立同文館印刷所，也向英華書院訂購兩副活字，同時又委託傳教士向倫敦訂購兩臺印刷機。〔註 53〕

　　根據蘇精的研究：「從創立到 1852 年為止，英華書院的鑄字業務年年入不敷出，但是從 1853 年起情況好轉，新鑄的活字數量大減，而且薪資占全部鑄印成本 40%～45%的美國籍主管柯理在前一年底離職，省下大筆支出，同時出售活字的收入增加，於是首度在這年產生盈餘 500 銀元。此後隨著活字生意擴大，盈餘增加，1858 年達到最高的 2716 元。從 1861 年到 1866 年，每年盈餘在 1000～2000 元之間（1863 年是 500 元），有時甚至足夠支應英華書院的全部開銷，不必再向倫敦總部申請經費。從 1867 年起，持續盈餘的情況突然逆轉成虧損，以後到 1871 年止，是虧多盈少的局面。1867 年虧損 300 元，1868 年盈餘 201 元，1869 年虧損 550 元，1870 年情況不明，1871 年又虧損 208 元，至於 1872 年則因總理衙門的大筆訂購，造成 2982 元的盈餘，屬於特例。」〔註 54〕

　　「香港字」保持了與中國傳統雕版印刷和活字印刷在書籍版式和字體大小上的一致，又是採用西方鉛字鑄造技術加工製造出來的，所以字跡清晰規整，一改當年湯姆斯使用雕刻鉛字印製馬禮遜《華英字典》時漢字鉛字的字形不一致問題。

　　「香港字」是第一套標準的漢字鉛字，商品化的漢字鉛字解決了西方鉛印技術在中國本地化的一個最大障礙，為各類新式出版機構的建立提供了基礎性的支撐。

〔註 53〕蘇精，馬禮遜與中文印刷出版[M]，臺灣：臺灣學生書局，2000：263。
〔註 54〕蘇精，馬禮遜與中文印刷出版[M]，臺灣：臺灣學生書局，2000：266～267。

圖 42 :「香港字」樣張〔註 55〕

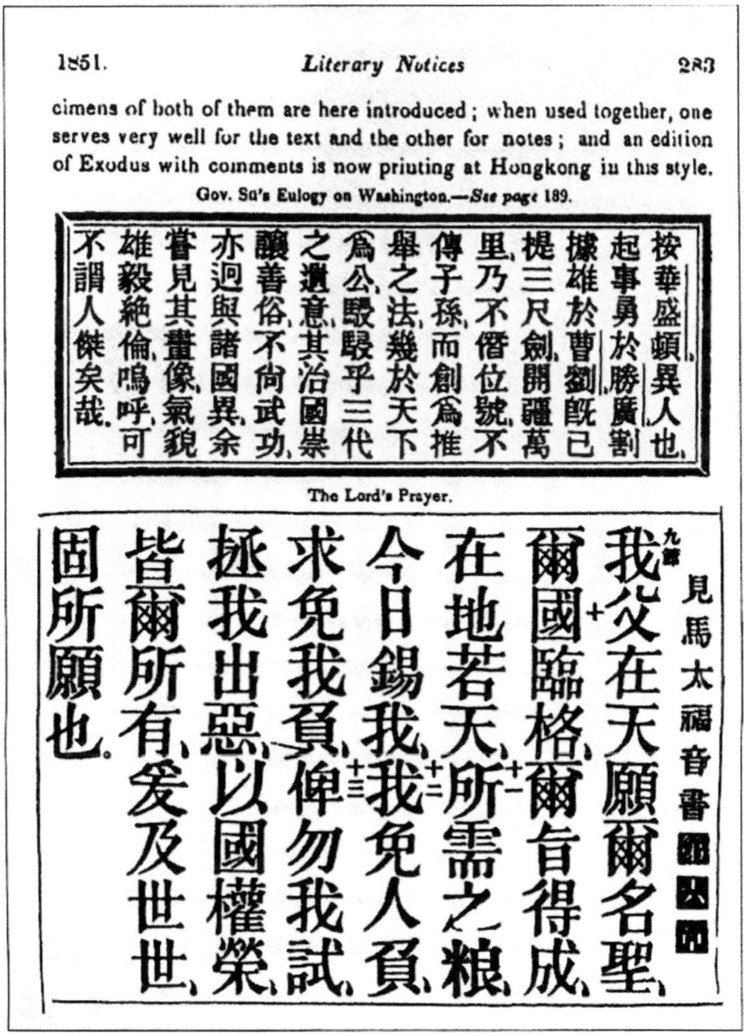

〔註 55〕 圖片來源：張秀民著，韓琦增訂，中國印刷史[M]，杭州：浙江古籍出版社，2006：450，圖 91。

圖 43：合信《約翰真經釋解》的字樣，
香港英華書院（1853 年）〔註 56〕

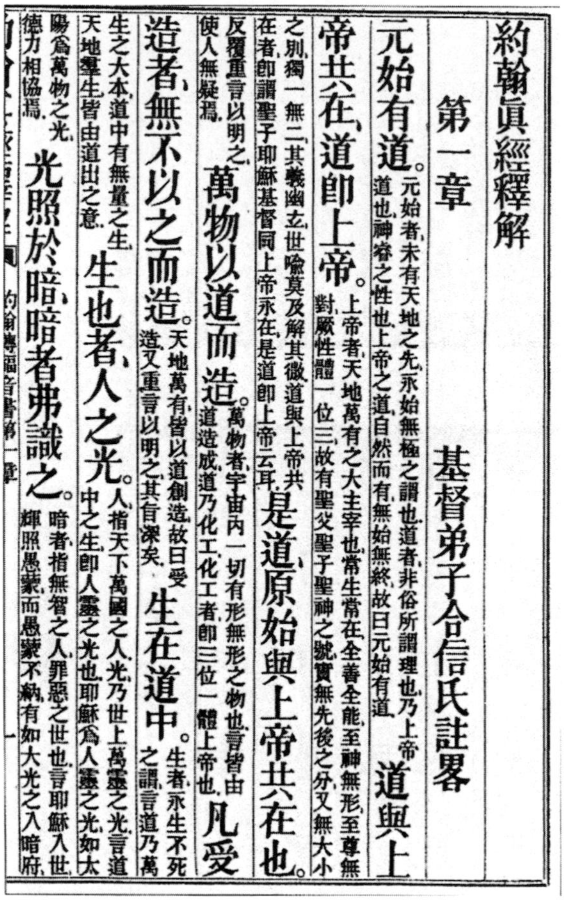
約翰眞經釋解

第一章　基督弟子合信氏註畧

元始有道。元始者未有天地之先永始無極之謂也道者非俗所謂理也乃上帝道也神睿之性也上帝之道自然而有無始無終故曰元始有道。道與上帝共在道卽上帝。上帝者天地萬有之大主宰也常生常在全善全能至神無形至尊無對厥性體一位三故有聖父聖子聖神之號實無先後之分又無大小之別獨一無二其義幽玄世喻莫及解其微道與上帝共在者卽謂聖子耶穌基督同上帝永在是道卽上帝云耳是道原始與上帝共在也。反覆重言以明之使人無疑焉萬物以道而造。萬物者宇宙內一切有形無形之物也言皆由道造成道乃化工化工者卽三位一體上帝也凡受造者無不以之而造。天地萬有皆以道創造故曰受造又重言以明之其旨深矣生在道中。生者永生不死之謂言道乃萬生之大本道中有無量之生天地羣生皆由道出之意生也者人之光。人指天下萬國之人光乃世上萬靈之光言道中之生卽人靈之光也耶穌爲人靈之光如太陽爲萬物之光德力相協焉光照於暗暗者弗識之。暗者指無智之人罪惡之世也言耶穌入世輝照愚蒙而愚蒙不納有如大光之入暗府

2.2.3 姜別利改進漢字鉛排技術

最先將鉛字鑄字機和電鍍法制作字模等工業化鑄字技術引入中國的，是美國長老會在寧波設立的「花華聖經書房」。

幾乎與墨海書館同期成立的美國長老會傳教印刷所，與墨海書館一樣，在創立伊始就確信，在大批量印刷傳教讀物的情況下，採用鉛字印刷是最便宜和最快速的方式。印刷所一開始規模很小，也採用了戴爾製作的漢字鉛字。「印刷機於 1844 年 2 月 23 日運抵澳門，由理查德 · 柯理（Richard Cole）負

〔註 56〕圖片來源：張秀民著，韓琦增訂，中國印刷史[M]，杭州：浙江古籍出版社，2006：456，圖 96。

責。4月1日，收到了從美國寄來的 323 個字模。爲了等待所需的配件和安置辦公場地，等到 6 月 17 日印刷機才正式投入工作。教會印刷所最低的配置包括 2 名印刷工和 1 名排字工。」〔註57〕

1845 年，柯理將印刷所從澳門遷往寧波，改稱「花華聖經書房」（The Chinese and American Holy Classic Book Establishment）。印刷所工人們的數量也從原來的 2 名印刷工和 1 名排字工變爲了 2 名印刷工和 3 名排字工，排字工作相對於印刷工作的比例有所增加。在柯理主持印刷所期間，花華聖經書房的技術設備得到不斷擴充。

1846 年 4 月，又有一臺新式的鉛字鑄字機從美國運來。我們雖然無從考證這臺鑄字機的型號，但有一點可以知道，出身印工的柯理非常重視建立獨立鑄造鉛字的能力。後來隨著花華聖經書房鉛字生產能力的提升，他們開始進行漢字鉛字的銷售業務，其中第一單外銷業務是發往曼谷的鉛字。而且，花華聖經書房在 1846 年就曾經進行過電鍍字模的實驗，只不過沒有取得成功。柯理在 1847 年 8 月辭職（或被解雇）〔註58〕離開美國長老會傳教印刷所後，受聘前往香港主持英華書院印刷所，爲戴爾所創製的「香港字」繼續完善和推廣做出了貢獻。

即便能夠用鑄字機自己鑄造鉛字，但由於花華聖經書房的字模有限，仍然需要從別處購買鉛字，因此 1846 年 7 月，他們從香港買來了共 1197 磅重的「香港字」；1849 年又從柏林訂購了一套拼合活字「柏林字」，還獲得了一套完整的澆鑄鉛版的工具，使其鉛印的生產能力得到了進一步的提升。〔註59〕

花華聖經書房初期的印刷業務量並不大，當有中國人上門來聯繫印刷業務的時候，他們又因美國長老會所規定的「任何其他的業務都不能影響傳教圖書的印刷」而不得不加以拒絕。〔註60〕

〔註57〕 Gilbert McIntosh. *The Mission Press in China: Being a Jubilee Retrospect of the American Presbyterian Mission Press* [M]. Shanghai: American Presbyterian Mission Press. 1895：6.

〔註58〕 Gilbert McIntosh. *The Mission Press in China: Being a Jubilee Retrospect of the American Presbyterian Mission Press* [M]. Shanghai: American Presbyterian Mission Press. 1895：14.

〔註59〕 Gilbert McIntosh. *The Mission Press in China: Being a Jubilee Retrospect of the American Presbyterian Mission Press* [M]. Shanghai: American Presbyterian Mission Press. 1895：16.

〔註60〕 根據金多士（Gilbert McIntosh）在 *The Mission Press in China: Being a Jubilee Retrospect of the American Presbyterian Mission Press* 一書中的數據，從 1846

1858 年 10 月，姜別利（William Gamble）來華負責這間美國長老會傳教印刷所。姜別利出身於一個傳統的愛爾蘭家庭，早年移民到了美國，曾在一家大型印刷企業工作，後來爲紐約的聖經出版社工作。與戴爾不同，姜別利在來華之前便已經有了豐富的印刷工作經驗。金多士（Gilbert McIntosh）評價他「具有敏銳的商業才能和不可戰勝的堅韌毅力，還具有無窮的耐性和眞正的傳教士精神。他成功地將這個發展中的印刷所快速地從很小的規模發展成一個規模龐大、具有代表性的出版機構，對基督教在華傳教事業做出了巨大的貢獻。……這些巨大的成就與一個並不顯眼的印刷工的角色相比，簡直是天壤之別，從這個意義上說，相比他的貢獻，我們並未給予姜別利先生足夠的回報。我們應該銘記在心。」〔註 61〕

①引進電鍍法制字模技術

姜別利對於漢字鉛印技術的第一個貢獻是他將西方電鍍法制字模的技術引入到了中國。

姜別利爲花華聖經書房帶來了新的鉛字、字模和一臺鉛字鑄字機，在此基礎上，1860 年，姜別利開始採用電鍍法制作漢字字模，用來鑄造新的漢字鉛字。電鍍法制作字模的技術起源於美國費城，來華之前在美國費城從事印刷工作的姜別利已經熟悉這種電鍍字模的方法，這使他有別於柯理，能夠成功地將這項技術用於漢字字模的製作。

姜別利按照西文活字的規格，分別製成了七種不同大小的漢文活字字模，依次命名爲：一號「顯」字，二號「明」字，三號「中」字，四號「行」字，五號「解」字，六號「注」字，七號「珍」字。七種漢文鉛字的規格等同於西文的七種鉛字，字身高度都是 23.546mm 或 0.927 英寸，從而解決了中西文鉛字的混合排版問題。

年開始，花華聖經書房的印刷量一直在逐年穩步提升，從 1846 年的 635,400 頁，1847 年的 1,819,092 頁，1848 年的 1,997,100 頁，1849 年的 1,724,700 頁，增長到 1950 年的約 3,000,000 頁，除了 1851 年、1852 年、1856 年這三年受太平天國起義的影響缺乏詳細的資料以外，1853 年仍然有 2,800,000 頁，1854 年共 4,012,800 頁，1855 年共 4,602,018 頁，1857 年共 4,505,600 頁，增長到 1858 年的時候達到了 6,175,460 頁的產量。Gilbert McIntosh. *The Mission Press in China: Being a Jubilee Retrospect of the American Presbyterian Mission Press* [M]. Shanghai: American Presbyterian Mission Press. 1895：12～18.

〔註 61〕 Gilbert McIntosh. *The Mission Press in China: Being a Jubilee Retrospect of the American Presbyterian Mission Press* [M]. Shanghai: American Presbyterian Mission Press. 1895：19～25.

姜別利採用電鍍法製作漢字字模的程序是：

首先，請刻字工用傳統的雕版工藝將反轉的陽文漢字刻在黃楊木等合適的版材上，就可以直接用它來電鍍一層銅膜了；也可以用雕版或活字先做出蠟模，然後將蠟模作為電鍍的介質。

然後，雕版或蠟模被放入盛有銅溶液的電鍍槽中，經過幾天的沉澱，銅達到一定的厚度之後就成了正寫陰文的銅膜。根據電鍍時間的長短，可以控制銅殼的厚度。

最後，將銅膜剝離之後逐個鋸開磨光，鑲到黃銅底座上，就製成了銅字模。

姜別利的電鍍法後來更改為用鉛字作坯，然後直接電鍍紫銅，再鑲黃銅殼子。這種方法可以複製出其他已有鉛字的字模來。

電鍍法製字模的操作步驟可以被表示為如下的流程圖：

圖44：姜別利採用電鍍法製備漢字鉛字的操作流程

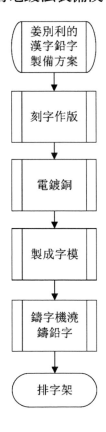

圖 45：美華書館 1867 年的鉛字樣張〔註62〕

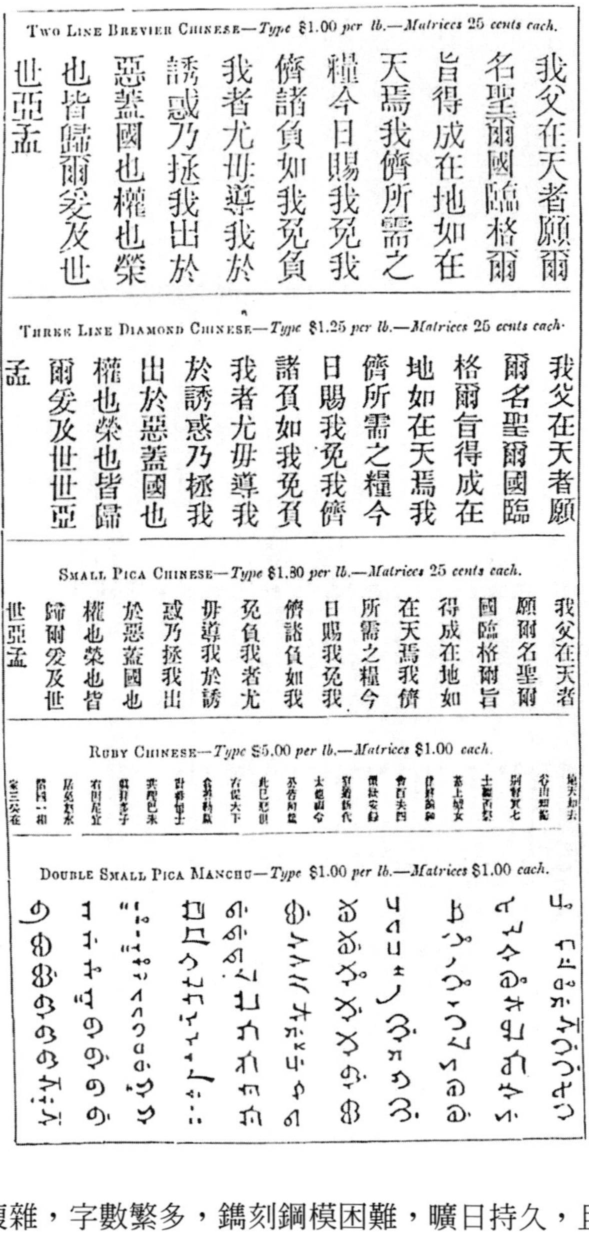

漢字字形複雜，字數繁多，鐫刻鋼模困難，曠日持久，且費用驚人，戴爾窮其一生，尚沒有來得及完成一套漢字的鋼模；但是採用姜別利引進的電鍍法制作漢字字模，鑄造出來的鉛字字體能夠更加精細地反映出中國人所推

〔註62〕 資料來源：蘇精，馬禮遜與中文印刷出版[M]，臺灣：臺灣學生書局，2000：XXXIV。

崇的書法之美來，而且製備的過程快速高效、製作的成本也非常低廉，所以
這種方法在中國一致被沿用至 20 世紀 30 年代。〔註63〕

②革新中文排字架

姜別利對於漢字鉛印技術的第二個貢獻是他革新了中文的排字架。

要讓漢字鉛印技術變得實用，不僅要解決一套完整的漢字鉛字的鑄造問
題，還要解決使用漢字排字的工作效率問題，這兩個問題是相輔相成的。

在姜別利之前，戴爾也曾經進行過漢字的字頻統計工作，並根據統計
的結果設計了製備漢字鉛字的配比方案，但由於戴爾尚未完成雕刻鋼模的
工作，所以他並未對具體的排字方法做出改進，也沒有設計專門的漢字排
字架。

戴爾所進行的漢字字頻統計規模較小，他僅憑一己之力做過小樣本
（《聖經》等 14 種著作）的抽樣統計，雖然得出了一定的結果，但其完備
性還存在疑問。姜別利對漢字字頻進行的統計超越了戴爾所做的工作，他
決定對更大的圖書樣本進行字頻統計，這樣所得出的結果也更具有科學性
和實用價值。

馬蒂爾（J. L. Mateer）在《基督教長老會印刷所字體中的漢字鉛字列表》
的序言中對姜別利為了改進漢字排字架所進行的科學研究有一段令人感興趣
的描述：

> 為了弄清到底多少漢字是最常用的，尤其是在基督教書籍中
> 使用的情況，同時也是為了改進字體的排字架設計，姜別利對《聖
> 經》和另外 27 種印刷所所印的書籍，總共有 4166 頁八開紙的內容，
> 進行了一次認真的統計調查，發現：這些圖書總體的字數達到了
> 110 萬字，卻僅由 5150 個不同的漢字組成。將香港的倫敦傳道會
> 字體表中的另外 850 個字補充進來後，總數為 6000 個常用字（現
> 在這個常用字表已經增加到了 6664 個字）。在總字數為 676,827 字
> 的《聖經》中，發現只有 4141 個不同的漢字。在 503,663 字的《舊
> 約》中，發現只有 3946 個不同的漢字；而在 173,164 字的《新約》
> 中，只有 2713 個不同的漢字。姜別利將這 6000 個常用漢字根據它
> 們使用的頻率分成了 15 組。在 28 卷圖書中，有 13 個漢字出現的

〔註63〕范慕韓，中國印刷近代史（初稿）[M]，北京：印刷工業出版社，1995：546。

次數超過了 1 萬次；224 個漢字超過了 1 千次；以此類推；3715 個漢字的使用頻率低於 25 次。〔註64〕

要完成上述 110 萬字的字頻統計，顯然非一己之力和一日之功能夠完成的，姜別利組織了兩位中國學者耗時一年進行這項統計工作，才最終得到了這一結果。

統計出漢字使用的頻率，對於確定一套實用的鉛字所需要的數量配比至關重要，可以避免因為頻繁缺字而不得不中斷排版去進行補字，而且如果根據漢字的使用頻率來設計和配置排字架的話，就能夠大幅度地節省排字工頻繁找字的時間，提高排字的工作效率。

中國傳統的活字排版方法中，有兩種排字架的設計。一種是王禎創製「輪轉排字盤」，根據音序來劃分漢字，排字的人旋轉這種「輪轉排字盤」，可以方便地揀到所需要的活字，不需要重複走動，提高了排字的效率。另一種是金簡在排印《武英殿聚珍版叢書》時所採用的字櫃，這也是一種排字架的設計，用來進行儲字、揀字和還字，漢字的歸類按照《康熙字典》的部首進行擺放。這兩種排字架的設計，都未根據活字的使用頻率區分擺放常用字和非常用字，導致揀字與還字的工作效率不可能很高。金簡雖然也曾根據所統計的漢字字頻對活字的數量做出了合理規劃，但在字櫃的設計上沒有體現出常用字和非常用字的區別。

姜別利在 1859 年為漢字排字設計了一種「元寶式排字架」，根據西方排字架的設計原理對漢字的排字架進行了革新，根據漢字出現的頻率來分配相應的位置，大幅度地提高了漢字排字的工作效率。這種元寶式排字架為木製，正面放 24 盤。中間 8 盤放常用字，上下各 8 盤放備用字，兩旁 64 盤放罕用字。每一類鉛字在盤中的次序則按照《康熙字典》部首次序排列。

〔註64〕 Gilbert McIntosh. *The Mission Press in China: Being a Jubilee Retrospect of the American Presbyterian Mission Press* [M]. Shanghai: American Presbyterian Mission Press. 1895：21～22.

圖46：姜別利設計的中文排字架〔註65〕

CHINESE TYPE CASE.

　　花華聖經書房的印刷產量在1859年達到了739萬頁。1860年12月姜別利意識到了上海作為中國的商業中心和傳教中心的重要性，決定將美國長老會傳教的印刷所從寧波遷往上海發展，並更名為「美華書館」。

　　為了滿足社會上對鉛字的需求，美華書館開始對外出售漢字鉛字。美華書館的印刷機數量增加到了5臺，每年印刷產能達到1100萬頁。1862年美華書館又擴充場地，增加了一臺滾筒印刷機，更多的設備和更多的鉛字被補充進來，一年之後美華書館的印刷產量達到了1400萬頁的規模。姜別利管理期間，美華書館在上海迅速取代了墨海書館的龍頭地位，在鑄字、排字和印刷等各個環節上都超越了墨海書館的技術與生產能力。

　　對於姜別利的貢獻，尤其是他對於出版技術的進步所做出的貢獻，金多士給予了很高的評價。他說：

　　　　各種各樣的印刷機構，隸屬於不同的團體和公司，近來在中國

〔註65〕圖片來源：Gilbert McIntosh. *The Mission Press in China: Being a Jubilee Retrospect of the American Presbyterian Mission Press* [M] Shanghai: American Presbyterian Mission Press. 1895.

像雨後春筍一樣地快速增長。但他們每個人都要感謝這位促成中文印刷進步的先鋒，正如在他葬禮上的佈道詞所說的，「一個世紀以來，在中國和日本，沒有一本《聖經》、基督教或科技圖書沒有姜別利先生的手印」。如此偉大的一個人，如此勇敢的作為，卻從不想要任何讚揚或謀求任何榮譽。〔註66〕

姜別利在用電鍍法解決了漢字字模的製造問題，又用字頻統計完成了漢字的配比方案並改進了漢字排字架的設計之後，漢字鉛字鑄造和排版工序的工業化已經趨於成熟，漢字鉛字印刷技術隨之被逐漸推廣普及，成為了一種新的出版技術程式，開始取代傳統的雕版印刷和活字印刷。

2.2.4 中國新式官書局

對於工業化的西方出版技術，在中國，不同的人群有不同的態度。非營利的西方傳教機構在中國開設的書館、書院等印刷出版機構，均以傳教為首要目的，但這不妨礙它們成為中國最先、也是最積極採用工業化出版技術的一類出版機構。同樣不以營利為目的的官書局，是中國的洋務派官員在自強運動開始後興辦的新式出版機構，佔有舉足輕重的主導地位，那麼這些中國官方的出版機構對新的西方出版技術的態度如何呢？這是一個讓人感興趣的話題。

鎮壓太平天國與第二次鴉片戰爭之後，清政府又一次用領土和主權暫時換取了「穩定」的局面。從 1861 年 1 月 11 日恭親王愛新覺羅‧奕訢上奏《統籌全域酌擬善後章程》開設「總理各國事務衙門」專責對外交往事務開始，此後三十多年以曾國藩、李鴻章、左宗棠等人為代表的洋務派開始了「中學為體、西學為用」，以「自強」為目標的洋務運動，「師夷長技」以圖中興。

徐中約在其《中國近代史》〔註67〕一書中，將自強運動劃分為三個階段：

第一階段從 1861 年到 1872 年。清朝吸取自己戰敗的經驗，轉而希望能靠「師夷長技」 以制夷，所以洋務派開始通過建立新式學堂和翻譯機構以及派遣留學生來直接學習西洋的軍事、武器以及機器製造等工業化的科學技術

〔註66〕 Gilbert McIntosh. *The Mission Press in China: Being a Jubilee Retrospect of the American Presbyterian Mission Press* [M] Shanghai: American Presbyterian Mission Press. 1895: 23.

〔註67〕 〔美〕徐中約，中國近代史（第6版）[M]，北京：世界圖書出版公司北京公司，2008：222～227。

知識，並著力培養此類技術和外交的專業人才。1862 年，根據英、法《天津條約》中所規定的以英語和法語文本作爲條約解釋的條款，在北京專門設立了「同文館」，主要目的在於培養通曉外語的人才，這標誌了中國西式教育的開端。1863 年，在上海也設立「廣方言館」；第二年，又在廣州設立一所「廣方言館」；1866 年在福州也開設了一所「廣方言館」。這些外語教學機構的設立，是爲了培養外交所急需的翻譯人員。1872 年之後，中國更是開始直接選派留學生官派出洋留學。1865 年，在上海建立江南機器製造總局，內設翻譯館；1866 年，在福州馬尾建立福州船政局；1867 年，建立金陵機器製造局和天津機器局。

第二個階段從 1872 年到 1885 年之間。隨著自強運動的推進，洋務派已經認識到，一個國家要強大必須發展經濟，新式的國防必須依靠現代化的工業和交通體系作爲支撐，所以此後，一批包括輪船、鐵路、礦山、紡織、電報等新式的工業企業也開始建立，也相應出現了一批「官督商辦」的商業企業。1872 年，上海建立輪船招商局；1877 年，天津開辦開平礦務局；1878 年，甘肅建立蘭州織呢局，上海建立機器織布局。1880 年，李鴻章在天津開辦水師學堂，奏請鋪設鐵路，購買外國軍艦；1881 年，成立電報總局；

第三個階段從 1885 年到 1895 年。在洋務派的推動下，清朝 1885 年組建了海軍衙門；1888 年成立了北洋水師；1890 年張之洞開辦了大冶鐵礦、漢陽鐵廠和萍鄉煤礦；1891 年開設「官商合辦」性質的貴州製鐵廠；1894 年創建「官商合辦」的湖北繰絲局。但是 1894 年發生的甲午中日戰爭中，北洋海軍全軍覆沒，洋務派的努力隨即宣告破產。

在大張旗鼓興辦洋務的同時，清朝政府和各地官僚紛紛開始興辦官書局。由於太平天國將儒家經典視爲妖術邪說，不准買賣藏書，違者處斬，所到之處，不僅焚毀學堂書院，還銷毀了大量民間藏書，所以 1864 年清軍攻陷天京後，朝廷便鼓勵各地重新開設書局，重新刊刻經史子籍。曾國藩 1863 年首先在安慶成立金陵書局，1864 年遷至金陵，組織編印大批儒家經典。金陵書局創立後，各地紛紛傚仿，到清末，前後成立的官書局有四十餘家（不包括蒙藏地方書局）。〔註68〕

「官書局創始於同治，極盛於光緒」〔註69〕，它們理應成爲、也是最有

〔註68〕 范慕韓，中國印刷近代史（初稿）[M]，北京：印刷工業出版社，1995：197～198。
〔註69〕 范慕韓，中國印刷近代史（初稿）[M]，北京：印刷工業出版社，1995：17。

條件成爲採用新式工業化出版技術的、中國人自己的出版機構，但實際上，這些官書局仍舊倚重傳統的雕版印刷。

在這些書局中，浙江書局和崇文書局以刻印書籍種類最多而著稱。1867年，浙江巡撫馬新貽在杭州開設了浙江書局。「選士子有文行者，總而校之，集劇厥氏百十人，以寫刊之」，「自丁卯（1867 年）開局，至光緒乙酉（1885年），凡二十年，先後刊刻二百餘種」，有 16 萬 3 千片書版。〔註70〕1867 年，湖廣總督兼湖北巡撫李瀚章在武昌創辦了湖北書局，1870 年與民辦的崇文書局合併，稱崇文書局。後來，張之洞在 1889 年調任湖廣總督，出於辦洋務的需要，他把翻譯出版西書當作當務之急，所以每月撥銀數千兩資助崇文書局。崇文書局興盛的時候，每天有數百名民間的刻工雕版刷印圖書，積累的雕版達到 250 種，共計 14 萬餘片。〔註71〕

同治七年（1868 年），江南製造局成立了自己的翻譯館，這是洋務運動時期最大的譯書機構。江南製造局全稱江南機器製造總局，是曾國藩、李鴻章等洋務派官員在同治四年（1865 年）創辦於上海的官辦軍事工業。雖然江南製造局翻譯館置辦了西式的印刷設備，但因爲該館所譯的圖書多爲科技書，印量小，採用鉛字排版不僅麻煩，而且經濟上也不合算，所以還是以傳統的雕版印刷爲主，鉛印設備並不常用；相反，翻譯館所譯的地圖，則採取蝕刻銅版凹印。

受聘於江南製造總局的傅蘭雅（John Fryer，1839～1928）〔註72〕在 1880年所寫的《江南製造總局翻譯西書事略》中，對此是這樣解釋的：「局內刊版印書之處，原爲小屋；然刊書之事漸大，其屋亦增廣，內有三十餘人，或刊版，或刷印，或裝訂，而一人董理，又一人董理售書之事，另有三四人抄寫各書。……近來上海多用鉛字活版，印中國書籍甚便。局內亦有一副鉛字並印書架等。然所譯格致（科技）書，仍用古制而刊木版，以手工刷印。此法爲歐洲初又印書法之先多年而中國已有者，較鉛字活版更省更便。……有云：『刻一木版，較排活版所貴有限，且木版已成，則每次刷印，隨意多寡，即只印一部亦可。』此法之便可知矣。若照西法以活版印書，則一次必多印之，

〔註70〕范慕韓，中國印刷近代史（初稿）[M]，北京：印刷工業出版社，1995：18。
〔註71〕范慕韓，中國印刷近代史（初稿）[M]，北京：印刷工業出版社，1995：198。
〔註72〕傅蘭雅，英國人，1861 年來華，任香港聖保羅書院院長。後應北京同文館之聘，任英文教習。1865 年任上海江南製造局編譯處編譯。1875 年主編《格致彙編》，1885 年創辦格致書室，1911 年創辦上海盲童學堂。

始可拆版；設所印者，年深變舊，或文字錯訛，則成廢紙而歸無用。惟中國法則不然，不須鉅資多印存儲；若版有錯字，亦易更改；而西法已印成書，則無法能更改也。有云：『最能印書者，一日可成五千頁，不用印架，不需機器，俱以手工手器印之，而工價亦廉，每四工約得洋一元。』」〔註73〕

江南製造總局印書處在 1871 年到 1880 年間共出版了 98 種圖書，計 235 冊，到 1879 年統計，共售出 1111 部，83454 冊。〔註74〕品種雖多，但由於印量低、銷量小（如果以 98 種圖書售出 1111 部算，平均每種圖書僅銷售 11 部；如果以 235 冊圖書售出 83454 冊計算，平均每冊僅銷售 355 本），雖然備有西式的鉛印設備，經濟成本的因素也決定了他們仍舊只能採用中國傳統的雕版印刷技術。

專門培養外語人才的京師同文館也在 1873 年成立了印書處。受聘於同文館的丁韙良（William Alexander Parsons Martin）曾擔任過美國長老會「花華聖經書房」的經理，所以得到了姜別利贈送的一批漢字鉛字，丁韙良把這批漢字鉛字轉贈給了大學士文祥，這批鉛字成爲了後來「同文館印書處的種子」。〔註 75〕同文館附設的這個印書處，相當於原來武英殿所具有的皇家印刷所的職能。印書處備有中文、羅馬文活字 4 套和手搖印刷機 7 部。由於同文館和總理衙門的印件都由這個印書處負責印製，印書處翻譯出版的書籍也免費發送給各處官員，所以只有這些並不需要重印的東西，才比較適合採用鉛字印刷。

2.2.5 商業出版的建立與大眾傳媒的誕生

能眞正認識到西方印刷技術的優勢，並能爲我所用、身體力行地投身於興辦新式出版事業的中國人，是一類比較特殊的知識分子。能夠較早開眼看世界，接觸過西方鉛字印刷技術並瞭解西方科學文化的王韜就是其中的代表人物。

①王韜和《循環日報》

王韜在 1871 年曾籌建「中華印務總局」，收購香港英華書院的全套印刷設備和中英文字模，開啓中國民間新式商業出版之先河，又在 1874 年創辦了

〔註73〕范慕韓，中國印刷近代史（初稿）[M]，北京：印刷工業出版社，1995：195。
〔註74〕范慕韓，中國印刷近代史（初稿）[M]，北京：印刷工業出版社，1995：196。
〔註75〕范慕韓，中國印刷近代史（初稿）[M]，北京：印刷工業出版社，1995：196。

第一種由中國人自己經營的中文報紙——《循環日報》。「中華印務總局與《循環日報》的創辦，是中國印刷出版史上的里程碑，象徵著西方印刷術及出版業本土化完成奠基，從此展開另一個發展的階段。」〔註76〕

圖47：1874年2月5日《循環日報》〔註77〕

1849年，王韜曾應麥都思之邀入上海墨海書館從事編校工作，前後達13年之久，並在1854年受洗成為基督徒。後來由於他投書進言太平天國，受到清廷的追捕，1862年逃往香港英華書院避難。在上海墨海書館和香港英華書院的出版工作經歷，使王韜對西方鉛字印刷技術的瞭解程度超過了當時其他

〔註76〕蘇精，馬禮遜與中文印刷出版[M]，臺灣：臺灣學生書局，2000：279。
〔註77〕圖片來源：蘇精，馬禮遜與中文印刷出版[M]，臺灣：臺灣學生書局，2000：XXXIII。

的中國人。後來，爲了協助負責英華書院的英國傳教士和著名漢學家理雅各翻譯中國的儒家經典，他又在 1867 年到 1870 年間訪問英國和歐洲，不僅直接體驗到了西方科學文化發展和工業革命的成果，還參觀了愛丁堡的印刷廠、鑄字廠，敦底（Dundee）的印刷廠和倫敦的造紙廠，他在自己的遊記中記錄了對西方出版技術的觀感，敏銳地預見到了工業化技術可能對中國傳統手工業產生的影響。

　　王韜在《漫遊隨錄》中記錄了自己參觀機器造紙廠的情景：「士君以機器造紙，一日出數百萬番，大小百樣咸備。設四鋪於英京，販諸遠方，獲利無算。香港日報館咸需其所製，稱價廉而物美焉。導觀其造紙之室，皆融化碎布以爲紙質，自化漿以至成紙，不過頃刻間耳，裁剪整齊即可供用，亦神矣哉。」〔註78〕在《蘇京瑣記》中言及：「余又偕紀君往一印書館。其館屋宇堂皇，推爲都中巨擘，爲信宜父子所開設。其中男女作工者，約一千五百餘人，各有所司，勤於厥職。澆字、鑄板、印刷、裝訂，無不純以機器行事。其澆字蓋用化學新法，事半功倍，一日中可成數千百字；聯邦教士江君，曾行之於海上。其鑄板則先搗細土作模，而以排就字板印其上，後澆以鉛，筆劃清晰，即印萬本亦不稍訛，此誠足以補活字版之所不逮。苟中國能仿而爲之，則書籍之富可甲天下，而鐫刻手民咸束手而無所得食矣。」〔註79〕「敦底所有織罽之房，煮糖之室，印字之館，無一不以機器行事，轉捩便捷，力省功倍。」〔註80〕王韜對機器在工業化中對手工的替代作用可謂一語中的，他也對歐洲當時的專利制度大爲讚譽：「西國之例，凡工匠有出新意製器者，器成上稟，公局給以文憑，許其自行製造出售，獨專其利，他人不得仿造。須數十年後乃弛此禁，其法亦良善也。其巨者如行水舟艦，大小畢具。」〔註81〕

　　1870 年返回香港的王韜，開始編撰《普法戰記》一書。他以自己的遠見卓識，一再致函江蘇巡撫丁日昌等人，鼓吹辦報，還建議中國主動進行國際宣傳。此時英華書院的「香港字」在市場上已經難敵姜別利在上海採用電鍍法製模生產出來的新字體的競爭，經營出現虧損，只好決定出售機器設備。王韜等人決計成立中華印務總局，自 1873 年 2 月 1 日起全資收購英華書院的設備，自行出版與辦報。除了主筆王韜、總經理陳言、原英華書院鑄印部門

〔註78〕　王韜，漫遊隨錄[M]，北京：社會科學文獻出版社，2007：139。
〔註79〕　王韜，漫遊隨錄[M]，北京：社會科學文獻出版社，2007：113。
〔註80〕　王韜，漫遊隨錄[M]，北京：社會科學文獻出版社，2007：124。
〔註81〕　王韜，漫遊隨錄[M]，北京：社會科學文獻出版社，2007：69～71。

副主管黃木（廣徵）外，還有來自各洋行的梁雲漢、馮普熙、陳桂士等人結合成了一個出版、印刷、商業、資本的經營組合。〔註82〕

　　1874 年 2 月 4 日中華印務總局的《循環日報》創刊。《循環日報》是第一份完全由中國人出資、中國人經營的報紙，由王韜主筆，倣仿西方報紙，評論時政，宣傳變法。雖《循環日報》以大眾傳媒為擔當，但中華印務總局畢竟是一家商業出版機構，所以它也非常重視廣告宣傳，採取積極的營銷手段，面向海內外市場，拓展發行代理。除了發行報紙之外，中華印務總局也採取了靈活的多元化經營策略，從事鑄字、印刷、出版和書店零售等業務。鑄字部分，除了原有的大小兩副活字，又新增一副中號鉛字，以增加在活字市場上的競爭力。印刷出版王韜的《普法戰記》、傳教士湛約翰（John Chalmers）的《英粵字典》、鄺全福的《華英字典》等圖書，影響甚廣。門市書店也經銷在華傳教士的科學譯著和學習英文的課本。

圖 48：中華印務總局印王韜著《普法戰紀》

　　英華書院的鉛字印刷設備轉移到中華印務總局的手中，標誌著西方印刷技術在中國的發展從此進入了一個以盈利為目標的商業出版時代；《循環日報》的創刊，標誌著新興大眾傳媒在中國的誕生。王韜以其獨特的個人經歷，

〔註82〕蘇精，馬禮遜與中文印刷出版[M]，臺灣：臺灣學生書局，2000：270～271。

成爲了最早認識到西方的出版技術將對中國未來的發展具有革命性影響的極少數人之一。

②美查和《申報》

就在王韜開始在香港籌辦《循環日報》的幾乎同一時期，美查等人在上海創辦了《申報》。《申報》後來成爲上海歷史最久、影響最大的中文日報。

雖然西方出版技術最初在中國落地生根，是由傳教士和傳教機構的印刷工這一類並不是以盈利爲目的的人完成的，但眞正讓工業化的出版技術在中國成長壯大的，是另外一類人——以盈利爲目的商人或企業家，英國商人安納斯托・美查（Ernest Major）就是其中的代表人物。

英國茶商美查看到外國人在 1861 年創辦的《北華捷報》的中文版《上海新報》有利可圖，就決定投資辦報。《申報》1872 年 4 月 30 日（清同治十一年三月二十三日）創刊於上海，由美查、伍華德（L. Woodward）、普萊亞（W. B. Pryer）、瓦奇洛（J. Wachillop）四人共同出資創辦，每人出規銀 400 兩，合計資本 1600 兩。合約中指名股款專用於投資印刷機器、鉛字及其他附屬設備之用。投資款雖由四人均攤，但因美查負責實際經營責任，是《申報》實際上的控制人，所以規定：「凡盈餘及虧耗皆劃爲三份，其中美查獨佔兩份，餘三人則合占一份。如報紙營利，美查得二份；如有虧損，美查所負亦多」。〔註83〕爲了辦好報紙，美查聘請中過舉人的蔣芷湘爲總主筆，錢昕伯、何桂笙爲主筆，還請錢昕伯遠赴香港，向王韜學習辦報經驗。

《申報》創刊號爲雙日刊，第五號改爲日刊，但星期日不出刊，後來改爲日報。用中國毛太紙單面活字印刷，每號八頁，每頁版面大小比現在的四開報紙一半稍寬，高 10 又 1/8 英寸，寬 9 又 1/2 英寸，不分欄，通欄長行，每頁約 800 字。

《申報》是《申江新報》的縮寫，用「新報」二字來表示與過去的《京報》相區別。《申報》首先將西方大眾傳媒的新聞作用對中國的讀者進行啓蒙，宣明與《京報》不同的辦報方針，在 1872 年 5 月 4 日刊登了《申江新報緣起》一文：

> 蓋歐洲諸國近數百年來新聞紙出刊，而天下之名山大川、奇聞異見，或因其人而傳之，或因其事而傳之。而人之所未聞者，亦得

〔註83〕徐載平、徐瑞芳，清末四十年申報史料[M]，北京：新華出版社，1988：3。

各擅其矜奇鬥巧之才，而傳其智慧之技，作者快之，聞者獲之。其
所以日新而月盛者，非新聞紙其誰歸美乎？僕嘗念中華爲天下第一
大邦。其間才力智巧之士，稀奇怪異之事，幾乎日異而歲不同。而
聲名文物從古又稱極盛。其中紀事之詳明，議論之精實，當必大有
可觀者。惜乎聞於朝而不聞于野；聞於此而不聞於彼。雖有新聞而
未能傳之天下。尤可異者，朝廷以每日所下之訓諭、所上之章奏咸
登《京報》，爲民表率，而民無一事一聞上達於君，所謂上行下效者
其果何心乎？今特與中國士大夫縉紳先生約，願各無惜小費而惠大
益於天下，以冀集思廣益。其法捷、其價廉。倘此舉可久行而無大
虧損，則不脛而走，得以行吾志焉，是蓋鄙念所甚慰也。本館先設
上海，故曰《申報》。——《申報》館主人啓。

《申報》之創刊，打破了《上海新報》獨佔上海報業市場十一年的局面，
成爲其強勁競爭對手。《申報》採取廉價紙印刷，並壓低售價，每號零售價僅
銅錢八文，不到《上海新報》報價的三分之一（當時《上海新報》用白報紙
印刷，每號零售價三十文）。《申報》以其內容貼近讀者、價格更低等優勢展
開競爭，最終迫使《上海新報》於 1872 年底停刊，於是《申報》成爲了當時
上海唯一的中文報紙，從創刊時的銷量只有不到 600 份，發展到 1876 年時已
增至 2000 份，不久又增至 5000 份以上，發行範圍自上海擴展至全國。

同英國的《泰晤士報》一樣，《申報》也極爲重視出版技術的更新換代，
不斷隨著業務量的擴大更新設備。《申報》初創時以鉛字排版，泥型澆鑄鉛
版，那時報紙的銷量只有 600 份，使用普通的手扳架印刷。後來，隨著報紙
銷量的增大，在 1906 年購進一臺華府臺單滾筒印刷機（Wharfedale Printing
Press），用電氣馬達驅動，每小時可出一千張。〔註84〕1912 年，購置雙滾筒
米利（R.Michle）印刷機，每小時可印 2000 張，同年又購進理查德·霍（Richard
Hoe）公司的二回轉印刷機。1916 年，申報館購置威廉·布洛克（William
Bullock）發明的捲筒紙印刷機，每小時可印報 8000 張，同年也購買了日本
製造的捲筒紙輪轉印刷機。

1881 年 12 月 24 日，中國第一條天津至上海的電報線敷設完成，在電報
對公眾開放服務當天，即 1882 年 1 月 18 日，《申報》就將北京的四道朝廷諭
旨作爲電訊稿發往上海，成爲中國新聞史上的第一條電訊稿。此後，《申報》

〔註84〕徐載平、徐瑞芳，清末四十年申報史料[M]，北京：新華出版社，1988：73。

外埠的訪員如有新聞，就隨時到電報局拍發電報，以致《申報》的外埠新聞來源大增，帶動了報紙影響力的提升和發行量的提高。

圖 49：《申報》館

　　當時作爲大眾傳媒的報紙還是新鮮事物，姚雲鶴在《上海閒話》中說：「昔日發行之報，無過數百份。其發行本埠之報紙，均由報販先行訂定，或一人承包。而當時社會上還不知報紙爲何物。父老且有以不閱看報紙來教訓子弟。外埠訂戶由信局（私人辦的郵政）分寄，本埠則必雇專人分送訂戶。其剩餘之報，則挨門分送與各商店，然各商店並不歡迎。而此送報者，則唯唯承受店家的呵責。及到月終，復多方善言乞取報資，多少亦勿論，幾與沿門求乞無異矣！」〔註85〕

　　《申報》積極鼓吹其作爲大眾媒體的進步意義和社會責任；鼓勵投資開發礦藏、冶煉鋼鐵與製造輪船；鼓吹興建鐵路，倡導開設郵政；提出學習西方，製造事業官辦不如商辦等意見和建議。「以洋務運動來說，如果沒有近代

〔註85〕徐載平、徐瑞芳，清末四十年申報史料[M]，北京：新華出版社，1988：14～15。

化的報紙來宣傳，則洋務運動的開展，恐怕還要延遲多年。」〔註86〕

《申報》取得與《上海新報》競爭的勝利之後，引來各地人士紛紛傚仿，集資創辦商業報紙。1882 年 5 月字林洋行創辦的《字林滬報》和 1893 年 2 月中外商人合辦的《新聞報》，在後來的競爭中形成了與《申報》鼎足而立之勢。報紙之間的商業競爭，愈發推動了大眾傳播在中國的發展。

2.2.6 民營商業出版機構的建立與發展

《申報》在發行報紙之外，還利用其掌握的出版技術，先後創辦了申昌書局、點石齋印書局和圖書集成鉛印書局，開創了一種新的民營商業出版機構建立和發展的新路子。

①鉛印商業出版

申昌書局原本只是利用《申報》館的鉛印設備，在印報紙的餘剩時間內，印刷流行的書本銷售。但出於美查個人對中國古籍的興趣愛好，他不惜出鉅資徵求珍版、佳本重新翻印，使我國很多行將失傳的孤本、珍本得以流傳於世。

古今圖書集成書局就是專爲印刷《古今圖書集成》這套書而設的。1883 年 6 月 3 日，《申報》刊登招股印刷《古今圖書集成》的啓示：「是書在康熙年間搜輯，越事年尙未印就，雍正朝繼之，爲目四十，爲卷一萬。當時所印，僅數十部。茲已隔百餘年，剝蝕消沉，再越數年，恐衹存其名，豈非一大憾事。本齋擬將此書縮小照印，出書一千五百部，擬集股一千五百股，每股出銀一百五十兩，計三易寒暑，可以出齊。」此後，1884 年 2 月 23 日《古今圖書集成》開始印刷，到 1889 年 9 月 7 日全書印就，共一萬卷，分訂一千六百二十八冊，全部用鉛字排成。就這部書的規模來說，可算是私人印刷出版的最大部頭的叢書了，被譽爲「康熙百科全書美查版」。

在當時上海的民間印刷企業中，古今圖書集成書局的規模和設備算是最大、最先進的。僅 1882 年至 1889 年間在《申報》上刊出開印的和出售的書目就有 190 餘種〔註87〕，包括《二十四史全史》、《資治通鑒》這樣的大部頭書籍和《萬國輿圖》、《石印芥子園畫傳》等精品書冊，一般圖書包括《重印普法戰紀》、《格致彙編》等西學作品，總的品種數比乾隆朝聚珍版叢書還多。

〔註86〕徐載平、徐瑞芳，清末四十年申報史料[M]，北京：新華出版社，1988：44。
〔註87〕徐載平、徐瑞芳，清末四十年申報史料[M]，北京：新華出版社，1988：334。

　　《古今圖書集成》1889 年 9 月 7 日全書印成僅僅在一個月之後的 10 月
15 日，美查股份有限公司就公開招股，募集資本銀三十萬兩，美查兄弟二人，
收回投資收益白銀十萬兩，之後便回國了。美查兄弟的傳奇故事堪稱經典，
從 1872 年到 1889 年短短的 17 年間，他們投資回報率超過了 60 倍，足以讓
人對發生在中國近代的那場出版技術變革印象深刻。1909 年 5 月 31 日，美查
股份有限公司將《申報》售予買辦席裕福（字子佩），該報遂歸華人經營。清
朝被推翻，中華民國成立後，席裕福隨即將產權售於史量才。

②照相石印出版

　　美查在主持《申報》的同時，還創辦了點石齋書局，採用照相石印技術
進行圖像的印刷複製，也獲得了巨大的商業上的成功。

　　《申報》館在 1879 年 8 月刊出購置石印機器的啟示：「本齋於去年在泰
西購得新式石印機器一付，照印各式書畫，皆能與原本不爽錙銖，且神態更
覺煥發。至照成縮本，尤極精工，且行列井然，不費目力，誠天地間有數之
奇事也。」購買這部機器之後，美查便成立「點石齋書畫室」，後改為「點石
齋印書局」，成為上海較早的石印書局。美查又聘請王韜主持點石齋。

　　照相石印圖書，因為印製過程快速、尺寸易於縮小、內容文字圖像逼真、
成本低而售價廉，所以銷售很好，曾經風行一時。縮印可以有效降低成本，
縮二分之一，則成本就會降低二分之一。點石齋最初印刷了《聖諭詳解》一
書，但隨後翻印的《康熙字典》讓其大獲其利。姚公鶴《上海閒話》寫道：
「點石齋印第一獲利之書為《康熙字典》，第一批印四萬部，不數月而售罄，
第二批印六萬部，適某科舉子北上會試，道出上海，每名率購備五六部，以
作自用及贈友之需，故又不數月而罄。」〔註88〕此後點石齋書局又影印了《十
三經》、《佩文韻府》、《駢字類編》等經典讀物，並在《申報》上持續刊登廣
告搜集孤本、善本、珍本進行重印。除了重印經典，點石齋還編印了我國最
早定期發行的《瀛環瑣記》、《四溟瑣記》、《環宇瑣記》等月刊，還經銷在倫
敦印刷的畫報──《環瀛畫報》，1884 年開始發行《點石齋畫報》，這是我國
最早定期出版的畫報。

　　點石齋印書局最初使用的是木製架石印機，隨後又採用鐵製手搖石印
機，再後來開始採用滾筒石印機，但仍需「以人力手搖轉動印機。每臺機 8
人，分成兩班，輪流搖動，一人續紙，二人接紙，勞動強度大，效率較低，

〔註88〕范慕韓，中國印刷近代史（初稿）[M]，北京：印刷工業出版社，1995：351。

每小時印幾百張。不久，圓壓式電動石版印刷機問世，用電力帶動版臺運動，在圓形壓印滾筒下通過而完成印刷，每小時可印 1000 張左右。」〔註89〕

圖 50：點石齋書局

點石齋書局採用照相石印技術獲得了豐厚的商業利潤，自然刺激了中國出版商人的仿傚，迅速吸引了其他行業者爭相投資加入競爭。光緒七年（1881年）廣東商人徐裕子投資創立同文書局，購買了石印機 12 部，員工五百名，其規模遠超點石齋。同文書局最大的出版工程是翻印《古今圖書集成》一萬卷。首先是縮印版，擬印 1500 套，因爲成本浩大，也採用了預約訂購的辦法，從光緒十一年（1885 年）起以兩年爲期，認股訂購，每股預交半價，銀 180 兩。光緒十六年（1890 年），戶部侍郎張蔭桓時充總理各國通商事務衙門大臣，奏准照殿本原式石印《古今圖書集成》百部，也由同文書局承印，於光緒二十年（1894 年）告成。「印刷甚精，與原本無異，每部價規平銀三千五百餘兩。先取五十部解京，用作贈送外國政府的禮品。不久同文書局被火，所存五十部全部焚毀」〔註90〕，而且所有的機器設備也一併被毀。

〔註89〕范慕韓，中國印刷近代史（初稿）[M]，北京：印刷工業出版社，1995：567。
〔註90〕張秀民著，韓琦增訂，中國印刷史（插圖珍藏增訂版）[M]，杭州：浙江古籍

1887 年上海已有十三家石印業，整個光緒年間多達五十六家，超過了鉛印業者，照相製版的石印技術成爲中國出版業中非常重要的一種技術程式。〔註91〕到 19 世紀 90 年代，石印在很大程度上代替了傳統的雕版印刷，成爲當時頗爲風行的印刷方法。除上海外，北京、天津、廣州、杭州、武昌、蘇州、寧波等地在 19 世紀末和 20 世紀初也開設了石印局。

③商務印書館

1895 年甲午戰敗之後，中國的一批有識之士，已經從自強運動的失敗中領悟到了「非師法西方不能救中國，非變法不能圖強」的道理。接下來，清光緒帝在 1898 年 6 月 11 日宣佈變法，實行新政，到同年的 9 月 20 日慈禧太后發動政變，這段時間在中國近代史上被稱爲「戊戌變法」，又名「百日維新」。戊戌變法失敗後，具有維新思想的洋務派政治家和一些知識精英們，轉而尋求通過創辦報紙、出版新書、開辦新式學校等方式繼續進行維新思想的宣傳和科學民主的啓蒙。新思潮借助新媒體，將中國的出版業帶入到了一個新的時期。上海湧現出了一批採用西方出版技術的新式商業出版企業，取代北京成爲了全國最大的出版中心。這些新辦的民營商業出版機構，從民族救亡圖存出發，宣揚民族自強和愛國思想，同時譯介西方新知和思想，逐漸成爲了中國出版業發展的主力軍，商務印書館就是這批商業出版企業的典型代表。

1897 年商務印書館成立於上海。創辦人分別是夏瑞芳、鮑咸恩、鮑咸昌和高鳳池。夏瑞芳和鮑咸恩、鮑咸昌同爲美國長老會所辦教會學校清心書院的學生；鮑咸恩曾在美華書館學刻字，鮑咸昌學排字；夏瑞芳、鮑咸恩又同在英文報紙《捷報》（China Gazette）中作排字工作，夏瑞芳任排字領班；高鳳池在美華書館任華籍經理。他們幾個人不僅熟悉印刷業務，且均與美華書館關係密切。

商務印書館初期創業資本僅有 3750 元，購買了一些中英文鉛字和手動印刷機等器具，只是一家很小的印刷所。夏瑞芳努力招攬生意，還編譯了一本《華英初階》的英文教材，銷量很好。恰逢此一時期上海新開設的書店如雨後春筍一般湧現，在這樣的大背景下，商務印書館的業務發展很快。

1900 年，商務印書館在印有模的幫助下收購了日本人在上海所辦的修文

出版社，2006：468～471。

〔註91〕蘇精，馬禮遜與中文印刷出版[M]，臺灣：臺灣學生書局，2000：284。

印書館，使得商務印書館獲得了一批當時頗爲先進的印刷機械，並由此掌握了使用紙型澆鑄鉛版的技術，使得生產成本大幅度降低，也能夠儲存版型。當時上海仍然流行使用雕版印書，一套《通鑒輯覽》需要十幾元的價格，但商務印書館首先採用鉛字排印，售價只要二元多，價格便宜，所以能夠暢銷一時。〔註92〕

商務印書館 1901 年的資本額已經增加到了 5 萬元，發展成爲上海較有規模的民營印刷企業。1902 年初，時任南洋公學譯書院院長的張元濟受邀加入商務印書館，創設編譯所，商務印書館也從印刷業務爲主走向以出版業務爲主的發展階段。

1903 年，爲了進一步增強技術優勢，商務印書館與日本明治時代四大教科書出版社中規模最大的金港堂的大股東原亮三郎等人進行合資，中日雙方各占 50% 的股份，資本總額增加到了 20 萬元。中日合資使商務印書館獲得了雄厚的經濟基礎，得以擴充機構，網羅人才，增購機器，引進技術，從一個以經營印刷爲主的企業轉型成爲了一家全面經營編輯、出版、印刷、發行的綜合性出版企業。經營管理也從家族型企業改制爲股份制有限公司，建立了由股東大會推舉董事和監事，成立董事會，由董事會推舉董事長任命總經理的現代企業制度。〔註93〕

1904 年清政府宣布新學校體制和各級學校課程設置方案，1905 年正式宣佈廢除傳統的科舉制度，各地紛紛開始興辦新式學校。抓住這一商機，商務印書館開始編寫新式教科書，並借鑒了日本教科書編寫的先進經驗。商務印書館的《最新國文教科書》第一冊出版後，四個月內銷售了十萬多冊，轟動一時。從此教科書的出版成爲商務印書館的主營業務，獲得了可觀的經濟效益，到 1910 年，商務印書館的資本已經擴大到了 100 萬元。在合資經營 11 年後，商務印書館在 1914 年結束合資，收回日方股權，此時商務印書館的總股本達到了 150 萬元。〔註94〕

商務印書館在 1908 年開始編輯《辭源》工具書，歷時 8 年之後，終於在 1915 年出版發行。《辭源》的出版適逢中國新文化運動風起雲湧，這部新辭典

〔註92〕 王學哲，方鵬程，商務印書館百年經營史（1897～2007）[M]，武漢：華中師範大學出版社，2010：11。

〔註93〕 王益，中日出版印刷文化的交流和商務印書館[J]，編輯學刊，1994（1）：1 ～2。

〔註94〕 王益，中日出版印刷文化的交流和商務印書館[J]，編輯學刊，1994（1）。

取代了已使用兩百多年的《康熙字典》。商務印書館還出版了一批影響深遠的西方譯著，包括嚴復所譯的《天演論》和《國富論》等名著。其中《天演論》是影響最大的一本書，從 1905 年到 1927 年間，共印行了 32 版，對當時的知識分子產生了很大的影響。〔註95〕

商務印書館 1929 年 4 月創刊《萬有文庫》叢書，以出齊一萬種圖書為目標，希望以低廉的價格，讓各地公司團體或大小圖書館，均有能力收藏一套基本的叢書，也可以作為開辦鄉村圖書館或私人圖書館的開始。為了方便使用，圖書均加注「中外圖書統一分類編碼」，即使是缺乏人手的小圖書館，也可以輕易歸類上架。《萬有文庫》選擇了上千種書籍，分裝成 2000 冊，1933年始將第一集出齊，第一集共發行 8000 套，第二集又發行 6000 套，後來從兩集中挑出 500 種書編為《萬有文庫簡編》，但由於抗戰爆發，這套叢書沒有能夠續編下去。〔註96〕

在張元濟之後繼任總經理的王雲五，借鑒西方管理理念，在 1930 年 3月開始推行現代科學管理的改革。這套改革計劃包括：實施預算管理、成本會計制度、統計制度，在印刷廠建立科學管理制度、職位分類、動作研究、測定基本動作所需的時間、標準化，改善營業、改革組織、確定責任、改善印刷質量等，商務印書館計劃發展成為一家具有現代化管理水平的出版企業。但 1932 年 1 月 28 日「一‧二八」事變爆發，日本侵略軍悍然進攻上海閘北，當時日軍出動停泊於長江的航空母艦上的飛機，向商務印書館投下六枚炸彈，一枚命中印刷總廠，一枚命中紙張存書倉庫，當即爆炸起火。商務印書館附設之東方圖書館、編譯所和尚公小學等也被焚毀。東方圖書館藏書五十多萬冊，是中國當時最大的圖書館，商務印書館歷時三十年收藏的珍本書籍悉數被毀。商務印書館當時供應全國教科書市場的四分之三，都是在上海的五所印刷廠中印刷的，其中的四所被敵人炸毀。日軍的轟炸導致商務印書館被迫停業，王雲五的改革目標也未能實現。時隔五年，1937 年日本全面發動侵華戰爭，在戰爭中商務印書館所受的損失更是難以估量。〔註97〕

〔註95〕 王學哲，方鵬程，商務印書館百年經營史（1897～2007）[M]，武漢：華中師範大學出版社，2010：34～35。

〔註96〕 王學哲，方鵬程，商務印書館百年經營史（1897～2007）[M]，武漢：華中師範大學出版社，2010：52～53。

〔註97〕 王益，中日出版印刷文化的交流和商務印書館[J]，編輯學刊，1994（1）：6～7。

2.3 社會主義工業化出版體系的建立與發展

以商務印書館爲代表的一批中國民營資本投資的新式出版機構，借助西方新興的工業化出版技術，在市場競爭中不斷發展壯大，但是這一發展勢頭由於日本侵華而中斷。中國的出版業遭受了重創，尤其是在上海這樣的出版中心城市和一些重要的大城市，戰爭的破壞之後，原先的出版工業基礎已經所剩無幾。

從 1931 年 9 月 18 日「九·一八」事變起，至 1945 年 8 月 15 日日本宣佈無條件投降，中國抗日戰爭歷時十四年，終於取得了最後的勝利。1949 年 10 月 1 日中華人民共和國成立，此時的中國出版業，百廢待興，工業化的底子非常薄弱，「據 1948 年《中華年鑒》的數據，全國造紙印刷業（包括造紙、製版、印刷、鑄字及紙製品）共有工廠（指登記者）1669 個，而合於工廠法者僅 251 家，約占 15%，其餘皆爲規模較小的印刷廠，計 863 家，其中上海約占半數。簡單的鉛印機，全國爲 3533 部，其中上海有 2624 部。全國腳踏架 1294 部，鑄字機 420 部。」〔註98〕

此後的三十年時間裏，中國的出版業經歷了一個社會主義工業化的過程。這一工業化過程大致可以分爲兩個階段，即公私合營的社會主義改造與出版計劃經濟的建立階段（1949～1966 年）和「文化大革命」這一歷史時期的特殊發展階段（1966～1976 年）。

2.3.1 公私合營的社會主義改造與出版計劃經濟的建立

西方資本主義的工業化發展是在資本家追逐利潤的競爭中自發實現的，而社會主義國家的工業化發展路徑有所不同。中國共產黨在 1952 年制定的過渡時期總路線中，把逐步實現社會主義工業化，規定爲全黨和全國人民的重大任務，以保證實現對農業和整個國民經濟的技術改造，鞏固和發展社會主義制度，滿足人民日益增長的需要。我們把經濟比較落後的社會主義國家通過建立強大的現代工業，變落後的農業國爲先進的工業國的過程稱爲社會主義的工業化過程。〔註99〕

1949 年 10 月 3 日，中共中央宣傳部出版委員會在北京召開了全國新華書店出版工作會議，成立了人民出版社、新華書店和新華印刷廠總管理處，對

〔註98〕范慕韓，中國印刷近代史（初稿）[M]，北京：印刷工業出版社，1995：435。
〔註99〕夏徵農，陳至立主編，辭海[M]，上海：上海辭書出版社，2010：1652。

出版、印刷、發行進行了專業分工和分類管理。國家開始對印刷工作實行集中統一的管理，建立起了第一批共 12 家國營印刷企業，分佈在我國華北、東北、華中、西南、西北六大區域，擁有當時全國 17%的鉛印機，但是如果將 2 臺對開機等於 1 臺全張印刷機來計算的話，這 17%的鉛印機僅相當於 128 臺全張印刷機。〔註 100〕

1952 年 7 月國家撤銷了新華印刷廠總管理處，設置印刷事業管理局，開始實行出版計劃管理，並按出版計劃、印刷生產計劃分配紙張，調度印刷任務，使出版印刷業納入了全國整體計劃經濟的發展軌道。

1954 年 11 月出版行政業務歸口文化部出版事業管理局，開始對各類私營印刷業進行社會主義改造。對規模大、技術良好的印刷廠，如商務印書館印刷廠、中華書局印刷廠、北京京華印書局等印刷廠，改組為公私合營企業；對有條件承印書刊的組織聯營、進行合併，接受國家出版社的委託加工；對不具備承接書刊的印刷廠由地方工業部門根據社會需要轉業或承接零件印刷。

在報刊發行方面，1950 年國家決定報紙出版與發行實行郵發合一的體系。報社負責報紙的出版印刷，報紙的發行及收訂工作統交各地郵政部門辦理，全國郵局發行的報紙為 140 種，發行總印張為 4.1 億。隨著 1956 年公私合營的社會主義改造全面完成，全國報紙全部變為郵局發行，種類上升到 1236 種，發行總印張達到 26.4 億。〔註 101〕

在印刷機械製造方面，1949 年上海市將上海人民印刷廠機械維修部與上海造幣廠機修部合併，稱上海人民印刷廠鐵工分廠，生產印刷機械附件和配件；1954 年改名為上海人民鐵工廠，生產二回轉凸版印刷機。1956 年上海市幾十家私營小廠組合成立了中鋼機器二廠、和豐湧印刷機材料製造場、建業義華機器廠、揚子江機器廠、萬年機器廠、謙信機器廠、瑞泰機器廠、德昌機器廠等公私合營企業。

1956 年，全國三大專業字模廠形成三足鼎立的局面。1955 年北京新華字模製造所成立。1956 年，北京公記銅模鉛字局等企業合併為北京市印刷材料廠。1960 年北京新華字模製造所與北京市印刷材料廠合併為北京新華字模

〔註 100〕王德茂，中國印刷技術裝備 60 年[G]//本書編委會，光輝印跡——新中國 60 週年印刷業發展歷程，北京：印刷工業出版社，2009：36～40。
〔註 101〕夏天俊，報紙印刷不斷向現代化邁進[G]//本書編委會，光輝印跡——新中國 60 週年印刷業發展歷程，北京：印刷工業出版社，2009：24～25。

廠。1956 年上海華豐廠與 22 個中小企業合併，後又與漢文、求古齋等廠合併，更名爲上海華豐銅模鑄字廠。1967 年又更名爲上海字模一廠。1956 年華文廠與 14 個中小企業合併，成立了上海華文銅模鑄字廠，1967 年更名爲上海字模二廠。1968 年遷至湖北丹江，更名爲文字六○五廠。〔註 102〕

1952 年北京市將 22 家鐵工廠合併爲北京市人民機器總廠，生產平臺印刷機、手搖鑄字機、裁紙機、訂書機等印刷機械；1953 年北京市人民機器總廠改名爲北京人民機器廠。〔註 103〕1958 年上海人民鐵工廠與公私合營中鋼機器二廠合併成立了上海人民機器廠。〔註 104〕

到 1956 年，全國私營印刷業基本上完成了社會主義改造。1956 年生產印刷機械 903 噸，是 1949 年產量的 19 倍。〔註 105〕1959 年，國務院將印刷機械產品納入國家計劃管理範圍，由第一機械工業部主管生產，文化部主管分配。

爲了解決我國印刷工業生產力分佈不平衡的問題，「據統計，從 1953 年到 1960 年間，上海向內地 22 個省、自治區調派技術工人約 2000 人，鉛印對開機 91 臺、膠印對開機 125 臺、全張印刷機 4 臺，膠印生產能力約 90 萬色令，占當時上海印刷生產能力的 50%，緩解了上海印刷生產力過剩的問題，也改善了東西部印刷力量不平衡的狀況，推動了西部印刷業的發展」〔註 106〕。

1963 年 10 月 29 日，國家爲了加強對全國書刊印刷廠的指導，成立了中國印刷公司。它的主要任務是根據出版事業的需要，規劃發展全國書刊印刷生產力；在全國範圍內調度生產任務；組織印刷經驗技術交流和相互協作；制定印刷業的標準；協助有關方面培訓技術幹部和做好印刷器材供應的規劃平衡和承接印刷技術的援外事項。到 1964 年，全國有各類印刷企業 1800 家，

〔註 102〕范慕韓，中國印刷近代史（初稿）[M]，北京：印刷工業出版社，1995：672。

〔註 103〕1956～1966 年間，北京人民機器廠試製成功的產品有：TZ202 型對開平臺印刷機、TE102 型全張自動二回轉平臺印刷機、TP1101 型全張單面輪轉印刷機、LB404 型報版輪轉印刷機、ZY102 型全張刀式折頁機、QS-01 型三面切書機、J2201 型對開雙色膠印機。

〔註 104〕1958～1966 年間，上海人民機器廠試製成功的產品有：LB203 型報版輪轉印刷機、LB2405 型雙層兩組報版輪轉印刷機、LB4405 雙層四組報版輪轉印刷機、W1101 型全張凹版印刷機及 7 種輔助機械。

〔註 105〕王德茂，中國印刷技術裝備 60 年[G]//本書編委會，光輝印跡——新中國 60 週年印刷業發展歷程，北京：印刷工業出版社，2009：36～40。

〔註 106〕中國印刷及設備器材工業協會書刊印刷專業委員會，書刊印刷 60 年回顧[G]//本書編委會，光輝印跡——新中國 60 週年印刷業發展歷程，北京：印刷工業出版社，2009：16。

職工 17 萬人。其中書刊印刷廠 76 家，職工 36,000 人，中國的書刊印刷業已經初具規模。〔註107〕

在這十幾年間，一批新式的國產印刷設備被先後研製出來，也從國外引進了一些急需的專業設備，基本解決了當時的出版印刷需求。

這些技術發展可以按照時間排列如下：

1952 年，上海私營精成機械廠試製出全國第一臺捲筒紙報版輪轉印刷機，同時還試製成功了 500 噸壓紙型機及製版輔助機械。〔註108〕

1954 年，人民日報印刷廠進口了 12 臺高速輪轉印報機及整套照相製版設備，全部更新了鑄字機和銅模，生產能力和規模進一步提高。〔註109〕

1954 年外文印刷廠引進了 4 臺日本的萬年鑄字機，開始排中、日文；1956 年又引進了蒙納鑄字機。〔註110〕

1956 年，北京新華字模廠從日本不二越機械公司引進了 10 臺字模雕刻機，以取代手工刻鉛字、電鍍銅模的舊工藝，才使機器刻模開始成為我國字模生產的主要方法。〔註111〕

1958 年 6 月，文化部出版局做出《關於活字及字模規格化的決定》，規定 1 點＝0.35 毫米，以五號字字身寬度為基準，其他字身寬度與此相比較，成整數倍或約數關係。但實際上，我國各地印刷廠所用的鉛字大小並不統一，而是略有差異。〔註112〕

1965 年，上海字模一廠又研製成功電鍍闊邊活芯字模（也稱小片模），改進了電鍍字模的生產工藝。

2.3.2 「文化大革命」時期出版印刷業的畸形發展

1966 年到 1976 年「文化大革命」十年間，印刷毛澤東著作被放在了一

〔註107〕王德茂，中國印刷技術裝備 60 年[G]//本書編委會，光輝印跡——新中國 60 週年印刷業發展歷程，北京：印刷工業出版社，2009：16。

〔註108〕王德茂，中國印刷技術裝備 60 年[G]//本書編委會，光輝印跡——新中國 60 週年印刷業發展歷程，北京：印刷工業出版社，2009：36～40。

〔註109〕范慕韓，中國印刷近代史（初稿）[M]，北京：印刷工業出版社，1995：507。

〔註110〕范慕韓，中國印刷近代史（初稿）[M]，北京：印刷工業出版社，1995：487～488。

〔註111〕丁一，印刷業與國外交往的歷程[G]//本書編委會，光輝印跡——新中國 60 週年印刷業發展歷程，北京：印刷工業出版社，2009：65～68。

〔註112〕范慕韓，中國印刷近代史（初稿）[M]，北京：印刷工業出版社，1995：548。

切出版工作的首位。

1967 年 12 月 25 日至 1968 年 1 月 8 日，中央文革領導小組召開了全國毛主席著作用紙生產會議和毛主席著作出版計劃會議，制定了出版毛澤東選集 4 億冊、毛主席語錄 3.6 億冊、毛主席畫像 5 億對開張的計劃，全國書刊印刷企業掀起了保質保量印製毛主席著作的熱潮。〔註 113〕為保障這項政治任務的完成，需要「迅速擴大印刷機械生產能力，國家有關部門先後召開了五次緊急會議，採取新建、改建、擴建、轉產、遷移等多種措施，在資金、材料、設備、勞動力等方面優先安排，積極促進印刷機械生產能力的擴大，印刷機械製造行業進入了第一次大發展時期。」〔註 114〕

1967 年，第一機械工業部決定投資新建咸陽鑄字機械廠、陝西印刷機器廠、湖南印刷機器廠三個新的印刷設備廠。1968 年決定投資改建擴建太行印刷機械廠、平涼印刷機械廠、宜賓印刷機械廠、商丘印刷機械廠、新邵印刷機械廠、重慶印刷機械廠、北京人民機器廠（鑄造車間）7 個印刷機械廠。在此期間，各地也自行轉產籌建了一批印刷機械製造廠。1968 年，上海群眾印刷廠內遷在湖北襄樊市新建了文字六〇三廠，作為專門印刷毛主席著作的三線廠，全部國產裝備，是當時湖北省規模最大的書刊印刷企業。同時由上海華文字模廠內遷在湖北丹江建立了文字六〇五廠，作為專業生產字模的企業，生產的字模供應全國印刷企業。〔註 115〕

在此期間，又相繼研發了一批新式的國產印刷設備。

鑄字環節：郴州印刷機械廠試製成功了單字自動鑄字機。

照相製版環節：淄博印刷機械廠試製成功了全張弔式照相機，營口印刷設備廠試製成功了無粉腐蝕機和一系列樹脂版塗布、照相、沖洗設備。

印刷機器：上海人民機器廠試製成功了微型報版輪轉機，上海第一印刷機械廠、威海印刷機械廠、哈爾濱印刷機械廠、北京人民機器廠試製成功了一系列平臺印刷機。

〔註113〕中國印刷及設備器材工業協會書刊印刷專業委員會，書刊印刷 60 年回顧[G]//本書編委會，光輝印跡——新中國 60 週年印刷業發展歷程，北京：印刷工業出版社，2009：17。

〔註114〕范慕韓，中國印刷近代史（初稿）[M]，北京：印刷工業出版社，1995：628。

〔註115〕中國印刷及設備器材工業協會書刊印刷專業委員會，書刊印刷 60 年回顧[G]//本書編委會，光輝印跡——新中國 60 週年印刷業發展歷程，北京：印刷工業出版社，2009：17。

　　裝訂機器：上海釘書機械廠試製成功了騎馬聯動釘書機，北京人民機器廠試製成功了平裝書膠訂聯動機，長春印刷機械廠試製成功了對開高速折頁機、配頁機。

　　其他機械：上海切紙機械廠試製成功了液壓切紙機和三面切書機。

　　到 1975 年全國印刷機械製造廠發展到 50 家，職工達 24,000 多人。這十年內，印刷設備製造企業取得了較大的發展，共提供印刷機械 62,694 臺。〔註116〕

　　為了完成特定的出版任務，中國的出版印刷業在總體布局上的安排，導致了此後排版、印刷與裝訂各環節比例嚴重失衡的結構。1970 年，國家進行恢復出版業的工作，成立了隸屬國務院的國務院出版口。1973 年 7 月成立了國家出版事業管理局，開始規範「文化大革命」期間印刷業由於內亂造成的嚴重混亂狀態，制定了《1974～1975 年印刷技術改造計劃》，國家計劃投資2.8 億元，逐步在全國幾個重點地區的主要生產環節上實現機械化、自動化和聯動化，針對當時排版、製版手工操作，裝訂大部分手工生產和印刷設備陳舊的狀況，提出了試製 28 項新的印刷機械和材料的具體要求。〔註117〕

　　這 28 項印刷機械和材料具體包括：電子分色機、自動照相排字機、電子刻版機、自動鑄字機、雙面四色捲筒紙膠印輪轉機、彩色報紙膠印輪轉機、一系列裝訂、整飾印後加工設備，還有全自動切紙機等重要印刷輔助設備。

　　照相排字方面：機械部通用機械研究所研製成功一臺光機式自動照排機，上海勞動儀表廠研製成功手動照排機。

　　照相製版方面：北京儀器廠試製了一臺電子分色機樣機，重慶印刷機械廠試製成功立式分色放大機，上海印刷器材廠試製成功對開膠片沖洗機，廣州金星儀器廠試製成功投射、反射彩色密度計。

　　印刷機械方面：上海人民機器廠試製成功彩色報紙膠印輪轉機，北京人民機器廠試製成功了雙面四色捲筒紙膠印輪轉機、薄凸版輪轉印刷機，湖南印刷機器廠試製成功了立式彩色膠印輪轉機。

　　裝訂機械方面：上海釘書機械廠研製成功書籍精裝自動線，商丘印刷機

〔註116〕王德茂，中國印刷技術裝備 60 年[G]//本書編委會，光輝印跡——新中國 60
　　　　週年印刷業發展歷程，北京：印刷工業出版社，2009：36～40。

〔註117〕中國印刷及設備器材工業協會書刊印刷專業委員會，書刊印刷 60 年回顧[G]//
　　　　本書編委會，光輝印跡——新中國 60 週年印刷業發展歷程，北京：印刷工業
　　　　出版社，2009：17。

械廠試製成功了平裝無線熱熔膠釘聯動機、釘包燙聯動機，新邵印刷機械廠試製成功塑料線鎖線折頁機，長春印刷機械廠試製成功雙聯包燙機，湖南印刷機器廠試製成功了報紙堆積分發機。

這些產品填補了我國印刷機械產品的空白，培育了技術力量，爲進一步的研究開發打下了基礎，但是「從 1949 年開始，經過 30 年的努力，中國印刷機械製造工業基本上實現了以鉛印爲主要特徵的近代印刷工業所需要的機械裝備的自主製造。30 年我們沒有什麼新的國際發明，我們試製的都是人家已有的東西，而且不少東西很快就被我們自己淘汰了。」〔註118〕

2.4 工業化出版技術程式對傳統手工技術程式的取代

在回顧了西方工業化的出版技術程式是如何替代中國傳統手工的出版技術程式之後，讓我們回到本書開篇中提出的問題，爲什麼到了 19 世紀末的時候，西方的鉛字印刷技術同時取代了中國傳統的雕版印刷和活字印刷呢？

要解釋爲什麼西方工業化的鉛字印刷技術程式能夠最終取代中國傳統的出版技術程式，這個問題應當從經濟的角度去定量分析。法國年鑒學派大師費夫賀與印刷史學者馬爾坦在其經典之作《印刷書的誕生》（*The Coming of the Book*）中認爲：「發展初期的印刷鋪，比較像是現代的小工廠，就已經具備標準化生產的傾向。從印刷工業存在的第一天起，便與其他工業一樣，受到同一套規則的支配；每一本書，都是一件商品；印刷他們的人，首要目的是營利」〔註119〕。

工業化的出版技術之所以能夠帶來利潤，給新式商業出版企業帶來競爭上的優勢，主要原因是：相比傳統的手工生產方式，採用工業化的生產方式，以機器替代了人工，能夠進行大規模生產，可以大幅度地降低產品的平均成本。購買機器設備所需要的前期投入雖然更高了，但是生產出來的產品的成本反倒更低了，如果還按照原來的價格進行銷售，就能爲企業帶來可觀的邊際效益。經濟因素是工業化生產方式的出版技術程式能夠替代手工生產方式，並最終取得主導地位的主要原因。

〔註118〕 王德茂，中國印刷技術裝備 60 年[G]//本書編委會，光輝印跡——新中國 60 週年印刷業發展歷程，北京：印刷工業出版社，2009：36～40。

〔註119〕 〔法〕費夫賀（Lucien Febvre），馬爾坦（Henri-Jean Martin），印刷書的誕生（*The Coming of the Book*）[M]，桂林：廣西師範大學出版社，2006：101。

　　爲了說明這一點，下面我們就通過單位成本的比較，來看一看工業化生產方式相比傳統手工生產方式在經濟方面的優勢。

2.4.1　工業化鉛字鑄造技術對手工製字方式的取代

　　首先比較一下使用機器鑄造的鉛字的成本和使用傳統手工雕刻方式生產出來的木活字的成本。

　　戴爾最初的估計，如果常用字採用鋼模衝製銅模的方法完成，非常用字採用澆鑄鉛版後鋸成鉛字的方法備齊，則每副鉛字的價格應當在 100 英鎊左右，僅相當於 300 兩銀，將遠遠低於金簡製備一套印書所需的木活字的成本。

　　可惜戴爾並未能夠親手完成這項艱巨的鑄字工作，後來「香港字」眞正開始銷售的時候，技術條件已經與戴爾當年的情況有了很大的不同，鑄字機的應用大幅度降低了鑄造鉛字的成本，使得鉛字的生產成本比手工澆鑄要低得多，後來美華書館採用電鍍法制銅模，使得鉛字生產的成本變得更低。

　　我們以美華書館在 1867 年的鉛字樣本（圖 45：）中對於各種型號鉛字的標價，來計算一下工業化方式生產出來的鉛字的平均單價，與中國傳統的木活字成本進行一個對比。

表 2：美華書館 1867 年的漢字鉛字價格

	點數	每磅字數	每磅價格（美元/磅）	平均單價（美元/字）
Two line Brevier $1.00 per lb. Matrices 25 cents each.	16 （二號字）	54.36	1	0.0184
Three line Diamond $1.25 per lb. Matrices 25 cents each.	13.5 （三號字）	76.36	1.25	0.0164
Small Pica $1.30 per lb. Matrices 25 cents each.	11 （四號字）	115.01	1.3	0.0113
Ruby $5.00 per lb. Matrices $1.00 each.	5.5	460.05	5	0.0109

注：　1 點=0.35mm；字高爲 23.546mm；鉛錫合金比重爲 11.3g/cm^3。

　　　貨幣的換算關係爲：1 兩=1/3 英鎊=6 先令 8 便士 =1.64 美元〔註120〕

〔註120〕〔美〕徐中約（Immanuel C. Y. Hsü），中國近代史：1600～2000，第 6 版（*The*

表3：雕版、木活字、雕刻鉛字與鑄造鉛字的單位成本對比（折算爲美元）

	單價（兩）	單價（英鎊）	單價（美元）
雕版	0.0012	0.0004	0.0020
木活字	0.0092	0.0031	0.0151
刻製鉛字	0.0409	0.0136	0.0671
鑄造鉛字（二號字）			0.0184
鑄造鉛字（四號字）			0.0113

從上表可以看出，美華書館按照西方鉛字製備的技術程式，使用工業化機器生產方式鑄造出來的漢字鉛字的平均價格，與金簡採用中國傳統的技術程式刻製出來的漢字木活字的平均價格基本相等。

木活字平均單價是 0.0151 美元。而鑄造鉛字的大字（Two line Brevier 相當於二號字）平均單價爲 0.0184 美元，比木活字的成本略高；但是鑄造鉛字的小字（Small Pica 相當於四號字的標準），其平均單價 0.0113 美元，就比木活字的成本低得多了（漢字鉛字從大到小的單價由高到低，這與材料的成本有關，因爲鉛字是按照重量來定價的）。

如果設立一家印刷廠，需要前期準備一套漢字鉛字。戈公振在 1927 年所著的《中國報學史》介紹了當時市場上供應鉛字的情況：「鉛字每一全副，簡用者，每字最少備一枚，繁用者，最多備三百枚，平均在二十枚左右。以重量計之，每鉛一磅，可鑄二號字五十枚，或三號字八十枚，或四號字一百枚，或五號字一百七十枚，或六號字三百枚。全副重量，二號字爲一千四百五十磅，三號字一千二百磅，四號字一千四百五十磅，五號字一千二百五十磅，六號字七百五十磅，外加各種符號約千餘磅，即可印報，而印報亦不虞竭蹶矣」〔註121〕。

這裡所說的二號字（每磅鉛可鑄 50 枚）相當於 Two line Brevier，需要1450 磅重量的鉛字（1450x54.36=78822 枚），每磅價格 1 美元，是 1450 美元；四號字（每磅鉛可鑄 100 枚）相當於 Small Pica，也需要 1450 磅重的鉛字（1450x115.01=166765 枚），每磅價格 1.3 美元，是 1885 美元；大（二號）小（四號）字各一套，共 245587 枚，需要 3335 美元，合 2034 兩銀。這一

Rise of Modern China）[M]，計秋楓等譯，北京：世界圖書出版公司北京公司，2008：貨幣及度量衡折算表。

〔註121〕戈公振，中國報學史[M]，長沙：嶽麓書社，2011：197。

數額與金簡印製《武英殿聚珍版叢書》所刻 25 萬枚大小活字的數量相當，與其所費銀 2339 兩也基本相當。

通過這樣的對比，我們可以得出一個結論：在 19 世紀 60 年代的時候，如果一家印刷廠採用西方鉛字印刷技術的話，所需的前期投入已經與採用中國木活字印刷所需的前期投入基本相等了。

從時間上對比，製備一套木活字，當年金簡從乾隆三十八年十月二十八日上奏開始，到乾隆三十九年四月二十六日刻製 25 萬活字完畢，前後用了 6 個月的時間，這還是在朝廷督辦的情況下的生產速度。漢字鉛字作爲市場上的商品來供應之後，如果從市場上購買一套現成的漢字鉛字，花費同樣的價錢，時間上可以大大節省，這是採用工業化生產方式的技術程式的另一項優勢。

實際上，除了美華書館之外，上海本地的中國人也能夠鑄造漢字鉛字，作爲商品，供應市場。《申報》光緒元年 7 月 11 日，1875 年 8 月 11 日，上海善善堂張某便刊登廣告：「本堂特出心裁，兼採西法，造有大小鉛字，共計五種，各字俱全」，並附刊有各種鉛字式樣以供挑選。

2.4.2 照相製版技術對傳統圖像複製技術的取代

採用傳統手工生產方式製作一幅圖像印版的成本非常高，而且頗爲耗費時日。爲了追求藝術的效果，傳統印版的製作需要手藝精湛的藝術家進行曠日持久的辛勤勞作，他們所借助的工具僅有刻刀、畫筆和顯微鏡。尤其是銅版凹印，需要用硝酸來蝕刻銅版，每一個線條、每一個點都需要手工反覆多次進行操作，製作週期長、費用昂貴。平版石印雖然可以手工繪製之後直接上版或通過轉寫紙轉印到印版之上，比雕版印刷節省版材的木料，但由於手工製版方式僅掌握在少數具有特殊技藝的藝術家手中，對於出版商來說，這部分的報酬是無法降低的一項重要成本支出。

照相製版技術的出現，使得圖像印版的製作一下子變得簡單而容易，進行照相製版的工人並不需要具有超常的藝術才能，也一樣能夠製作出具有原畫效果的印版來，而且所需要的時間僅僅取決於化學反應進行的速度。

照相製版技術何時被引入中國，未有定論。有一說是 1865 年的上海江南製造局印書處，它曾利用照相製版印刷過廣方言書館的書籍。〔註122〕另一說

〔註122〕范慕韓，中國印刷近代史（初稿）[M]，北京：印刷工業出版社，1995：573。

是創辦於 1867 年的土山灣印書館，它「是天主教在中國創辦時間最早、規模最大的出版機構，也是上海圖像印刷技術的引領者。印書館在 1874 年設石印部，率先引進石印技術，1875 年率先引進珂羅版印刷技術，1900 年率先引進照相銅鋅版印刷技術」〔註 123〕。

照相石印技術不僅可以進行圖像的印刷，還可以對中國傳統雕版印刷的古籍進行照相翻印，具有取代中國傳統雕版印刷的潛質。創辦《申報》館的美查，在 1878 年通過購買新式機械石印機開辦點石齋書局，大批量地翻印了《聖諭詳解》和《康熙字典》等科舉用書，帶來了巨大的商業成功。

照相製版技術可以方便地複製圖書與書畫作品，內容文字圖像逼眞，複製過程快速，能讓圖書出版的固定成本大幅度降低，還可以任意縮印圖書，尺寸一經縮小，成本自然大幅度降低；如果尺寸縮小二分之一，成本則降低二分之一；雙面印刷又可縮減一半的成本。照相製版的石印圖書，成本降低、售價便宜，市場的反應熱烈，銷售良好，自然商家獲利豐厚。

1877 年底，傅蘭雅（J. Fryer，1839～1928）在他出版的科學刊物《格致彙編》中刊登了《石板印圖法》一文，詳細記載石印技術的方法和操作步驟。這篇文章分爲「石板印圖源流」、「石板應用墨料」、「辨各種石板並解石板法」、「印書圖紙料」、「脫墨紙過石板法」、「石面繪法」、「石面刻圖法」、「印圖法」、「銅板印圖法」、「煎油法（印鉛字用）」、「印圖法後卷」等內容。1892 年，《格致彙編》又刊登了《石印新法》，所謂「新法」，即照相石印，傅蘭雅介紹這種方法，說明當時對照相石印尚不太瞭解。《石印新法》介紹了照相石印的基本原理、「曬稿所用之紙」、照相器材和「作膠紙之藥方」等細節，對照相石印作了較爲全面的說明。〔註 124〕兩相對比我們可以大致地推測，在 1892 年之前，中國即便已經有了照相製版技術的實際應用，也並未成爲一種被普遍採用的技術程式。

照相製版技術的普及，加速了石印技術對中國傳統雕版印刷的取代。甲午戰敗到 1905 年間，是石印業最爲興盛的時期，這時照相製版的石印技術成爲了一種眞正意義上的技術程式。就印刷出版的內容而言，經史子集、書畫地圖、報章雜誌無所不包。維新運動期間新辦的學報，半數以上也是石印的，

〔註 123〕宋浩傑，影像土山灣[M]，上海：上海文化出版社，2012：179。

〔註 124〕張秀民著，韓琦增訂，中國印刷史（插圖珍藏增訂版）[M]，杭州：浙江古籍出版社，2006：465～466。

如《時務報》、《經世報》、《實學報》、《蒙學報》、《農學報》、《格致新聞》、《工商學報》、《中外算報》等。

石印業的繁榮局面並未持續太久。1901 年科舉開始廢除八股，改試策論，到 1905 年（光緒三十一年），科舉制度被完全廢除。這一改變造成以科舉用書為主的石印古籍的銷路大減，石印業受到很大的衝擊。來自鉛印技術程式的競爭是石印業衰落的另一個原因。進入民國後，石印僅用於印刷古籍和書畫作品了。

石印業雖然衰落了，但中國的平版印刷技術跟隨著西方的發展，進入到了以金屬版材替代石版的階段。1908 年，商務印書館開始以柔性的鋅版代替厚重的石版，之後平版印刷進入到了一個新的技術發展階段。〔註 125〕

2.4.3 機械印刷方式對手工印刷方式的取代

從西方印刷機的發展史中，我們可以看到一個明顯的發展規律：印刷機在單位時間的印刷產量呈現一種持續上升的趨勢，而單位產量所需要的工人數量則在不斷下降，直至完全自動的、不需要人工干預的連續供紙的輪轉印刷機出現。

我們將前述西方印刷機的發展過程整理成下面的表格：

表 4：19 世紀印刷機的演變

年代	型　　號	速　度 （impression/hour）	價　格 （英鎊）
1800	斯坦諾普槓杆原理的印刷機	250	73
1812	喬治・克萊默（George Clymer）研製哥倫比亞鑄鐵印刷機（Columbian Iron Press）	250	100
1810	弗里德里希・凱尼格（Griedrich Koenig）發明的第一臺蒸汽驅動的滾筒印刷機	800	900
1814	《泰晤士報》採用的凱尼格的雙滾筒印刷機	1500～2000	1400
1827	《泰晤士報》委託阿普爾加思（Applegath）設計的 4 個進紙位的滾筒印刷機	4200	
1830	Adams Press 一種平臺印刷機（這種機器此後 50 年間印製了 90%的圖書）	500～1000	
1830	科普（Cope）的雙平臺印刷機	1200～1600	340

〔註 125〕范慕韓，中國印刷近代史（初稿）[M]，北京：印刷工業出版社，1995：567。

1845～1846	理查德・霍（Richard Hoe）的 8 個進紙位的印刷機	20,000	
1846	理查德・霍（Richard Hoe）第一臺輪轉印刷機	8000	
1848	《泰晤士報》採用理查德·霍（Richard Hoe）的 8 個進紙位的鉛字旋轉印刷機	8000～10,000	
1853	霍氏印刷機的美國版	3000～4000	
1858	《泰晤士報》採用的霍氏雙線各十個進紙位的印刷機	20,000	6000
1865	威廉・布洛克（William Bullock）的第一臺全自動印刷機	10,000～20,000	
1870	《每日電訊報》（Daily Telegraph）安裝了改進的布洛克印刷機	20,000（雙面）	
1887	理查德・霍（Richard Hoe）製造了 quadruple	48,000	
1891	理查德・霍（Richard Hoe）製造了 sextuple	90,000	
1902	理查德・霍（Richard Hoe）製造的 Octuple	96,000	

數據來源：James Moran. *Printing Press: History & Development from the 15th Century to Modern Times*[M].Berkeley and Los Angeles: University of California Press,1973.

　　將這些不同時代印刷機的印刷速度排列在一張圖上，我們可以看出，印刷速度的提高導致生產能力的提升，呈現一個線性增長的趨勢，這一趨勢在 19 世紀後期到達一個上限。

圖 51：平壓平印刷機的技術進步

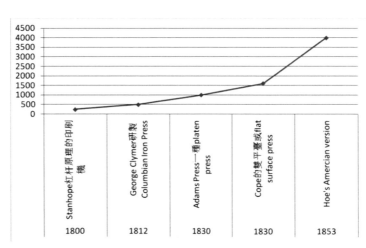

圖 52：圓壓平印刷機的技術進步

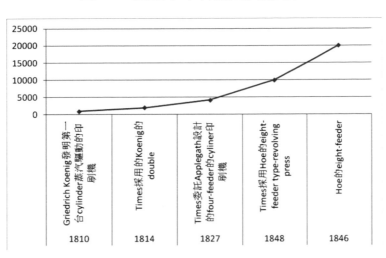

圖 53：圓壓圓印刷機的技術進步

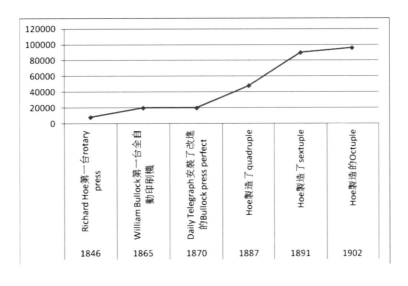

　　從平壓平印刷機開始，印刷機的速度和產能通過技術進步得到不斷提高，當達到一個極限的時候，另外一種原理的圓壓平印刷機就開始接力發展；而當圓壓平印刷機的印刷速度再次達到一個極限的時候，就由圓壓圓的印刷機繼續接力發展。這種接力式的發展，讓印刷機的生產速度提升到了一個空前的高度。為了進一步提高產能，印刷機開始進入一個模塊化的發展階段，通過機組模塊的組合，進一步實現倍增的發展。

　　機器不是生物，不會自我演化，從印刷機發展的趨勢我們知道，速度的

提高表明加速度的存在，而加速度的存在一定是有著一個持續的推動力在起作用。對於處於商業競爭中的企業來說，邊際成本這一經濟因素才是決定技術選擇和決定資本投資方向的一個直接驅動力。如果一項新的技術能夠帶來邊際成本的降低，具有更好的邊際效益，就能夠獲得生存的機會和進一步發展的可能。

要分析圖書的邊際成本，我們需要首先瞭解圖書成本的構成。圖書的生產成本可分為固定成本與可變成本兩個部分。

固定成本（Fixed Cost）是指前期投入和管理費用等不隨生產的產品數量變化而變化的成本部分。固定成本部分主要是指圖書在印刷之前的生產過程中發生的一次性稿酬、排版費用、編校費用、固定資產折舊等印刷複製之前發生的那部分費用，不會隨著圖書的印數變化而改變的那部分成本。

可變成本（Variable costs）是指在生產過程中會隨著產量變化而變化的成本部分。可變成本主要是指圖書與印數相關的版稅、人員工資、紙張、耗材、印刷和裝訂的費用等，它們會隨著印數的變化而變動。

邊際成本（Marginal Cost）是指每增產一單位的產品所造成的總成本的增量。圖書生產中，在一本書被印出來之前需要投入的前期固定成本是巨大的，但是在生產出了 10,000 本書之後，如果再繼續生產第 10,001 本，那麼第 10,001 本與第 10,000 本之間成本的差額就非常小了，因為前期的固定成本中的大部分都已經被分攤到 10,000 本書中去了，而每一本書所分攤的只是萬分之一，但是可變成本部分併沒有顯著的變化，所以圖書的邊際成本就會逐漸趨近於可變成本。也就是說，當圖書的印量達到一定數量之後，圖書的生產成本會逐漸降低，最終接近實際耗費的紙張、油墨等耗材和印刷機的電費等直接成本的水平。而可變成本部分，與大規模生產的產能成反比，單位時間、單位消耗生產的產品越多，平均到每個產品上的單位成本越低；與人員的工資成正比，生產同等數量的產品，投入的人工越多，產品的單位成本也就越高。

工業化生產方式的特點是，初期設備投資的成本比傳統手工生產方式所需的工具要大得多，但如果能夠大幅度地提高產量，就能讓平均到每一個產品上的單位成本降低。機器替代人工，不僅能夠提高產能，還能夠降低工人工資的支出，這樣就可以降低生產的邊際成本，所以比手工生產具有更強的市場競爭力。

　　印刷機的技術進步有兩個關鍵性的指標，可以清晰的反映出其發展的路徑：一個是單位時間的印刷產量，也就是印刷機的印刷速度；另一個是單位產量所需的工人數量，也就是操作印刷機所耗費的人力成本。

　　爲什麼《泰晤士報》的凱尼格印刷機能夠替代手工印刷機呢？因爲一臺凱尼格雙滾筒印刷機可以代替 8 臺手動的斯坦諾普印刷機的產量，手工印刷機需要 16 個印刷工完成的工作，凱尼格印刷機僅需要 2 名印刷工就可完成，可以節省大量的印刷工人的工資。當一臺機器的折舊費用低於採用傳統生產方法所需要的操作人員的工資的時候，這臺機器就具有了替代人工的可能性。從經濟學的角度來看，機械印刷固然提高了印刷企業的固定成本（包括固定資產攤銷等）部分，卻大幅度降低了生產中隨著產量增加的可變成本部分（操作人員的工資），即每多生產一本書的邊際成本機械印刷機要遠低於手工印刷機。邊際成本的降低，使得企業經營的邊際效益顯現，固定資產的投入就會持續增加，這就是出版企業實現資本積累的發展路徑。當機器取代人工，企業能夠從機器所節省的人工成本中收回投資的話，資本家毫無疑問就會選擇購買機器。

　　促使工業化的出版方式在中國發展的另一個原因是新聞媒體對時效性的迫切需求。有時候這種時效性的要求會讓傳統的成本核算都變得毫無意義。在動亂的戰爭中，人們渴望快速獲得消息，以解除不確定性引起的焦慮感。而 1895 年中日戰爭的失敗，激發起了中國人不甘滅亡的覺悟，大家紛紛投入到一場新的社會變革運動中去。人們對新的信息的渴望改變了過去傳統的信息傳播方式，快速出版的新聞報紙作爲一種全新的信息傳播形式獲得了持續發展的機遇和空間。中國傳統的出版技術已經無法滿足這種時效性強、信息量大、供一次性閱讀的報紙雜誌出版的需要，於是工業化的出版技術就成了大眾傳媒的必然選擇。

　　對於新聞業來說，更大的印刷產能意味著可以比競爭對手更晚開始印刷，能夠把新聞窗口的時間擴大到最大的程度。這一點點優勢，天長日久往往就是決定一個新聞媒體生死存亡的關鍵。那些新開設的使用工業化技術的出版者，爲了刻意地表明自己的身份，一定要在名字中加上「機器印書局」、「圖書集成鉛版印書局」的字樣，而經銷鉛印圖書的書店，則在廣告中注明自己銷售的是「新刊鉛字書」或「新印鉛版書籍」。〔註126〕

〔註126〕蘇精，馬禮遜與中文印刷出版[M]，臺灣：臺灣學生書局，2000：281。

採用了工業化生產方式之後，中國報紙、雜誌的品種數量得以大幅度增加，發行量也得到快速提升。「從 1815 年《察世俗每月統記傳》開始，到 1911 年的近百年之間，在中國內外出版的中文報紙雜誌共有 1753 種，應用過的生產方式有木刻、鉛印（雕刻或鑄造）、石印（含照相石印）、木活字和油印等。這些報刊出版於 1840 年（鴉片戰爭）以前的只有 8 種、戰後至 1874 年有 40 種、1875 年（光緒元年）至 1894 年有 73 種，其餘多達 1632 種出版於 1895 年（甲午戰爭）以後的 17 年間，受歡迎的報紙發行量在 1 萬份以上。可以說，到 19 世紀結束時，報紙和雜誌已成爲中國社會中穩固的一種傳播媒體，在中國人的日常生活中扮演著提供信息、教育和休閒娛樂的重要角色。」〔註 127〕

2.5 小結：中國出版技術的工業化變革

中國出版技術工業化的變革，是一個持續的過程。在中國出版技術的工業化開始之後，原來傳統的手工生產方式的出版技術程式開始被逐一取代，轉變爲新的工業化生產方式的出版技術程式。在文字出版領域，鉛字印刷的出版技術程式成爲唯一的選擇；在圖像複製領域，工業化的照相製版技術程式成爲主流，取代了傳統的手工製版；在印刷環節，機械印刷方式替代了手工生產成爲主流。

在工業化變革開始之前，中國存在著三種相互競爭的出版技術程式，它們不僅有源自中國的，也有源自西方的。這三種技術程式分別是：中國傳統的雕版印刷技術程式、活字印刷技術程式和谷登堡所發明的西方鉛字印刷技術程式。這三種技術程序都是手工生產方式，分別適用於印刷不同內容、不同數量的圖書產品，爲不同的出版機構所採用，它們相互競爭，又彼此共存。

從 1847 年上海墨海書館首次引入機械印刷機開始，到 1874 年王韜創辦《循環日報》之前的這段時間裏，內陸通商口岸的設立爲西方傳教機構直接在中國開設印刷所打開了大門，新式的鑄字機和印刷機被引入到中國，傳教機構的印刷所使用的工業化出版技術開始對中國傳統出版技術構成了挑戰。

從 1874 年《循環日報》創刊，到 1897 年商務印書館成立，在中國出現了很多成功複製西方資本主義商業模式的典型。如美查創辦的《申報》館、點石齋和圖書集成書局，通過採用鉛印技術，創辦了中國頗具影響力的大眾媒體；

〔註 127〕蘇精，馬禮遜與中文印刷出版[M]，臺灣：臺灣學生書局，2000：288。

通過募股集資的方式，預售出版了《古今圖書集成》；又通過引入照相石印技術，低成本地影印和重印了一批中國的經典書籍，獲得了巨額的商業利潤。

　　從 1897 年商務印書館成立，到 1937 年日本全面侵華，這是一個中國民族商業出版建立和快速發展的時期。以商務印書館爲代表的民族商業出版機構持續引進西方先進出版技術，發展成爲頗具實力的出版企業，縮短了與西方在出版技術上的差距，直到戰爭使得中國出版技術現代化的步伐被打斷。

　　1949 年中華人民共和國成立之後，在百廢待興的局面下重新開始了工業化建設，對資本主義出版業進行了徹底的社會主義改造，到 1956 年，中國基本上建成了一個社會主義的工業化體系。後來由於冷戰造成的西方技術封鎖，中國被迫自立更生進行印刷技術的發展，將近 30 年的隔絕，使中國又一次與世界出版技術的進步拉開了距離。1978 年改革開放之後，中國才重新獲得了融入世界的機會，追趕世界技術發展的潮流，並在短短的 30 多年時間裏快速發展成爲了一個世界出版的大國。

　　在瞭解了中國出版技術的工業化變革歷史之後，我們需要進一步地說明，如何從「操作程序」和「技術程式」的角度來理解「工業化變革」的發生。

　　技術的「工業化」，以機器生產替代人工勞動，這一斷言有一個重要的概念需要首先搞清楚：什麼是機器（machine）？爲什麼機器能夠替代人工（manual labour）？

　　現有關於機器的定義，在解釋爲什麼機器能夠替代人工這一問題上，都不能讓人滿意。按照《牛津英語詞典》的解釋：「機器是一種裝置，它使用機械動力，由一些特定功能的組件構成，這些組件合在一起能夠執行特定的任務」。〔註 128〕根據維基百科的解釋：「機器（或機械設備）使用動力來施加力或控制運動來完成一個特定的操作。動力可以來自於動物或人的驅動，也可以通過自然的風力、水力或化學、熱力、電力來驅動。機器是一套機械系統，它能夠把輸入的控制變成特定的力和運動的輸出」。

　　不錯，機器是一件實物，它由一些部件組成，需要輸入動力，但這些特徵都不能解釋爲什麼它會有「特定的」輸出結果，又爲什麼能夠替代人的手工勞動。現有的定義試圖概括所有機器的特徵，從最初簡單的機械工具到現在複雜的計算機都要能夠涵蓋，這只會讓機器的定義變得越來越複雜，不得

〔註 128〕machine: an apparatus using mechanical power and having several parts, each with a definite function and together performing a particular task. [Oxford Dictionary of English. Oxford: Oxford University Press. 2010]

不借助另外一些抽象的概念來解釋，無助於我們抓住本質。

爲了簡化機器的定義，我們不妨把它抽象成一個「黑箱」（black box）。黑箱，一個只知道輸入輸出關係而不知道內部結構的系統或設備。人類的大腦也可以被當作一個黑箱。我們通常用流程圖來表示黑箱。這樣我們就可以給「機器」一個新的定義，它是一個能夠替代人的手工勞動的黑箱。信息、材料和實物被輸入到機器這個黑箱中，輸出的是產品（另一種實物），而這一機器生產的產品與完全人工生產的產品毫無二致。爲什麼？因爲黑箱內部對信息和材料的操作過程，與人工操作的過程完全相同；從實物的角度來說，經過同樣的操作過程，不管這一過程是由帶著體溫的人的手操作的，還是由冷冰冰的機器操作的，結果都是一樣的，這就是機器這種黑箱之所以能夠替代人的勞動的根本原因，也就是說，機器作爲一種黑箱，它的本質就是一系列的操作程序而已。

根據這個新的定義，我們可以來重新解釋一下工業化的出版技術對傳統手工生產的出版技術的替代作用。

僅以鑄字機爲例來簡要說明機器的替代作用。按照鉛字印刷的出版技術程式，鉛字的鑄造有一套完整的操作流程。鑄字機的發明，把其中的若干流程納入到了自己的黑箱之中。簡單的鑄字機，就是把原來手工澆鑄鉛字的操作程序，從「把字模（matrix）嵌入模具（mould）中，鎖緊模具，注入熔化的鉛液，等待鉛液冷卻後打開模具，取出鑄件，手工修剪打磨」的完整過程，用不同機器部件的運動來操作，按照上述的次序一模一樣地完成了。可以說，這樣的鑄字機，就是把原來手工的操作程序打包到了一個黑箱中，鑄字機就可以用來替代原來由人來完成的鑄字工作。

實際上，機器不僅能夠把原來人工操作的程序納入到自己的黑箱中，它還能夠改變原來固定不變的操作程序，代之以一種新的操作程序的排列組合。比如蒙納單字鑄排機（Monotype）和萊諾行鑄排機（Linotype），作爲一個黑箱，如果僅從輸入到輸出的結果看，與手工完成的鉛字鑄造和排字結果並沒有什麼不同，但實際上在機器的內部，已經把原來先鑄字後排字的工作次序變成了先排後鑄的次序。

工業化之後所形成的中國鉛字印刷出版技術程式雖然依舊包括了鑄字、排版、印刷、還字這麼幾個大的生產環節，但其通過機器生產方式的排列組合，具有了更寬廣的適應性，能夠被應用於凸版、平版和凹版三種不同的印刷原理中。

工業化的鉛印技術程式我們可以用流程圖的方式表示如下：

圖 54：工業化鉛字排版技術程式的流程圖

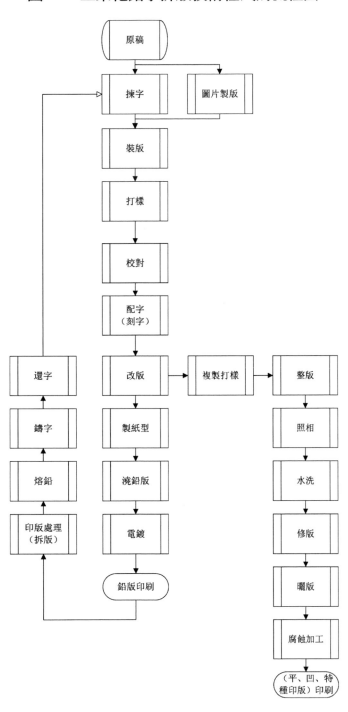

　　從操作程序和技術程式的角度來理解工業化變革，我們可以設身處地地設想一個情景：

　　當某一項技術尚未成爲一種技術程式的時候，它的所有操作步驟往往並不爲外人所知，這些細節是被作爲商業機密保存的。當它的操作步驟被公開出來，被大多數人採用並成爲行業標準的時候，這項技術也就成爲了一項技術程式。選擇了某一技術程式，可以通過學徒工作來積累所需的經驗與技能，可以通過參與社會化分工來謀得立足的空間。這就是技術程式相對於操作程序的作用和意義。

　　當機器出現，可以替代一部分人工的勞動之後，企業家就可以通過購買機器來解決所遇到的技術問題，而不是一味地依賴熟練工人。機器把原來手工操作的程序打包到了自己的黑箱裏，也可能改變了部分的操作程序，但它仍然遵循著主流的技術程式，對於黑箱之外的操作流程來說，一切照舊，並未改變，這樣的機器才能成爲商品參與到社會化大生產之中。

　　除了從操作程序和技術程式的角度來理解工業化變革，我們也可以用達爾文的自然選擇學說來理解它。生物界裏不同不同的物種都會發生變異，有些變異可以讓物種在生存競爭中獲得某種適應性方面的優勢，哪怕這一優勢很小，也會持續地在自然選擇的過程中被保留下來，最終積累到一定的程度，就有可能因此而獲得了生存的機會，進而形成了新的物種，這其實就是物種的起源。一項技術，它的操作程序上的變化可以是五花八門、多種多樣的，甚至從理論上來說，可以是無窮的。但是技術與技術之間的配合，可以是相互促進的、也可以是相互替代的；當一項新的技術出現之後，如果它能適應現有的技術程式，又能夠提高生產的效率、降低生產的成本，有利於提升企業的競爭力，那麼這樣的技術就容易獲得生存和進一步發展的機會，而企業間的競爭，對於技術的選擇，與此相似。

第三章　中國出版技術的信息化變革
（1974～2010）

中國出版業在工業化變革的過程中，一直依賴於外部的技術引進，又常被戰爭和冷戰打斷，所以始終落後於西方出版技術的發展步伐。西方的出版技術在自動化這個工業化後期的目標指引下，已經發展到了生產的高度自動化、很少人工干預的新階段，而中國、日本、韓國等使用漢字的國家，由於漢字有別於西方拼音文字的特殊性，只能採取手工的排版方式，這讓出版工業化的最終目標——自動化始終難以實現。

電子計算機出現之後， 1974 年 8 月中國開始啓動「七四八」工程，目的是爲了解決計算機處理漢字的問題，後來在這一方向上取得了一系列的成果，尤其以計算機——漢字激光照排技術最爲引人注目，它解決了長期困擾中國出版業的手工排版難以實現工業化的問題，把中國的出版業帶入到了一個信息化的階段，這就是我們爲什麼要把 1974 年這一年作爲時間節點，來劃分中國出版技術的工業化變革階段（1847～1974 年）和中國出版技術的信息化變革階段（1974～2010 年）的原因。

在當代中國出版史上，計算機——漢字激光照排技術被廣泛讚譽爲是一次「光與電」取代「鉛與火」的出版技術革命，它的設計者王選（1937～2006），在 1987 年榮獲中國印刷技術協會第一屆「畢昇獎」和森澤信夫印刷獎，在 2001年榮獲國家最高科學技術獎，被譽爲「當代畢昇」。

出版領域的技術革新從未停止過，爲什麼只有計算機——漢字激光照排技術能夠成爲一項公認的革命性成果呢？它所推動的這次技術變革與之前發生的工業變革之間，到底有那些不同之處呢？經過了「文化大革命」史無

前例的破壞之後，中國的出版技術與西方發達國家的技術差距顯然已經拉大了，爲什麼改革開放之後，中國自主研發的計算機漢字激光照排技術，還能夠戰勝來自西方的出版技術，使中國的出版業率先從工業化邁向了信息化，進而開啓了中國整個社會的信息化變革大幕呢？

　　一項新的技術要最終取得成功，往往是走過了一條頗爲艱辛的道路，任何一項成功都是得來不易的。王選在回憶計算機——漢字激光照排技術所取得巨大成功的經驗時，將之總結爲兩個「九死一生」，即從創意構思到形成產業是一個「九死一生」，而要保持一個產業十多年在市場上繼續繁榮，是另一個「九死一生」。〔註1〕在我們回顧計算機的出現所引發的出版的信息化變革這段歷史的時候，難免會產生與王選同樣的感慨。計算機——漢字激光照排技術誕生於計劃經濟時期國家主導的科技研發體制內，依靠研發協作單位科技工作者的無私奉獻和精誠協作，完成了早期的技術開發工作；在改革開放之初的計劃經濟向市場經濟轉軌的時期，它受益於國家政策的保護與國家高層領導的大力支持，抗擊住了國外同類技術湧入中國的衝擊和挑戰；在改革開放之後的社會主義市場經濟時期，它面對巨大的市場需求，通過創辦北大方正這樣的市場主體，快速實現了產品的商品化，恰逢個人計算機的興起與普及，和中國出版企業開始經營改革、追求經濟效益的大發展時期，這樣的歷史大背景和歷史性的機遇，使其市場化、產業化迅速得以實現，並隨著中國改革開放步伐的加快和發展商品經濟的社會環境逐步形成，基本形成了行業的市場壟斷地位。

　　以信息化手段來解決工業化發展中遇到的難題，這是中國所走出的一條獨特的道路，這種方法在其他的工業領域也屢試不爽，政府看得見的手和市場看不見的手共同發揮作用，合力推動了出版技術程式從工業化的生產方式轉變爲信息化的生產方式，在改革開放三十年的時間裏實現了中國出版業的快速成長，中國成爲了世界圖書出版的大國。

3.1 西方信息革命與出版技術的發展背景

　　現代化的工業體系，在經過了兩百年的工業革命之後，已經在西方發達國家充分建立起來，尤其是在經過了第二次世界大戰之後，這種工業體系無

〔註1〕《王選文集》編委會，王選文集[M]，北京：北京大學出版社，2006：5。

論從規模還是從效率來講，都已經發展到了一個新的高度。

隨著現代通信技術的發展，人們對出版技術的理解也開始發生了深刻的變化。香農在 1948 年出版了《通信的數學理論》一書，從理論上闡明了通信系統的數學模型和「信息熵」的概念，爲信息的定量科學研究提供了理論基礎。此後信息技術突飛猛進，計算機和通信技術的應用開始滲透到工業體系的方方面面，以美國爲代表的西方發達國家率先步入一個我們今天稱爲「信息革命」（Information Revolution）的時代。

3.1.1 電子計算機的誕生與應用

數學計算是人類所獨有的智慧之一。是否能發明一種機器，來代替人進行數學計算呢？

無論是中國的算盤，帕斯卡（Blaise Pascal，1623～1662）和萊布尼茲（Gottfried Wilhelm Leibniz，1646～1716）發明的計算器，還是巴貝奇（Charles Babbage，1791～1871）的差分機和分析機，都是試圖利用機械原理來幫助人們進行特定計算的工具。

眞正意義上的能夠替代人類進行計算的機器，是由一位年輕的學者首先從理論上提出的。1936 年，艾倫·圖靈（Alan Turing，1912～1954）發表了一篇著名的論文《論可計算數及其在判定問題上的應用》（*On Computable Numbers, with an Application to the Entscheidungsproblem*），即怎樣來判斷一類數學問題是否是機械可解的。爲了給「可計算性」（computability）這一概念做一個嚴格的數學定義，圖靈提出了一種理想的計算機器的模型，這是一種可以自動進行計算的機器，後來這種理想的計算機被稱爲「圖靈機」。

圖靈的基本思想是要用一個機器來模擬一個人使用紙和筆來進行數學運算的過程，這樣的過程中，人只有兩種簡單的操作：在紙上寫上或擦除某個符號，把注意力從紙的一個位置移動到另一個位置。

爲了模擬人的這種運算過程，圖靈構造出一臺假想的機器，如果不用數學而用自然語言來描述，該機器由以下幾個部分組成：

一、一條無限長的紙帶（Tape）。紙帶被劃分爲一個接一個的單元格，每個單元格上可以放上一個來自有限字母表中的符號，字母表中有一個特殊的符號表示空白。紙帶上的格子從左到右依次被編號爲 0，1，2，…，紙帶的右端可以無限伸長。

二、一個讀寫頭（Head）。這個讀寫頭可以讀或寫當前所指的格子上的符號，並且在紙帶上左右移動一格。

三、一個狀態寄存器（State Register）。它用來保存圖靈機當前所處的狀態。圖靈機的所有可能狀態的數目是有限的，其中有一個「初始狀態」表明狀態寄存器被初始化。

四、一套有限的控制規則表（Table of Instructions）。它根據當前機器所處的狀態以及當前讀寫頭所指的格子上的符號來確定讀寫頭下一步的動作，並改變狀態寄存器的值，令機器進入一個新的狀態，按照以下順序告知圖靈機該如何操作：

1. 寫入（替換）或擦除當前符號；
2. 移動讀寫頭，向左，向右或者保持不動；
3. 保持當前狀態或者轉到另一狀態。

圖靈認爲，這樣的一臺機器就能模擬人類所能進行的任何計算過程。圖靈證明了存在一種圖靈機，它能夠模擬任一給定的圖靈機，這種能夠模擬任一給定的圖靈機的機器就是「通用圖靈機」，也就是現代所有通用計算機的數學模型。圖靈的證明不僅解決了數理邏輯中的一個基礎理論問題，他還證明了通用數字計算機是可以被設計出來的，並且對計算機的基本邏輯構造進行了描述。〔註2〕

圖靈對計算機計算程序的設想，與排字工接受任務去排版一頁報紙或一本書的操作程序在道理上是一樣的，逐一選出字母排成一行句子，最終組成一版，校對發現錯誤的地方，可以替換掉錯誤的字符，代之以正確的。根據圖靈的理論，我們可以將人類所進行的數學計算理解爲是一種按照既定方法進行的一系列操作程序。既然程序是確定的，那麼機器當然可以代替人類來進行。計算機就是這樣一種被設計用來替代人類執行這些操作程序的機器，理論上的突破，促使了眞正能夠替代人類進行數學運算的計算機器的誕生，而且機器通過不斷地改進，能夠具有比人類更快的速度、更穩定的狀態和更加可靠的結果。

1946 年，一臺眞正投入應用的電子計算機 ENIAC（電子數字積分計算機，Electronic Numerical Integrator and Calculator）在美國被製造出來。這是一臺龐然大物，包含了 20,000 個電子管、7,200 個晶體二極管、1,500 個繼電

〔註2〕陳厚雲、王行剛等編著，計算機發展簡史[M]，北京：科學出版社，1985：38。

器、70,000 個電阻、10,000 個電容，佔地 170 平方米，耗電 150kW。這臺計算機的主要任務是為美國國防部計算彈道的軌跡，它的真正優勢在於，能夠替代傳統的人工計算，將過去常規方法需要 100 名計算人員花費 1 年時間進行的運算，變為只需要 2 個小時即可完成。〔註3〕

1945 年 6 月 30 日，約翰·馮·諾伊曼（John von Neumann，1903～1957）發表了《關於 EDVAC 的報告草案》（First Draft of a Report on the EDVAC），這是一份現代計算機科學發展里程碑式的文獻。EDVAC 方案明確規定了電子計算機的五個組成部分：計算器邏輯單元（Arithmetic Logic Unit, Accumulator）、控制單元（Control Unit）、存儲器（Memory）、輸入（Input）和輸出（Output），用二進制替代十進制，提出了「存儲程序」的概念，這一思想為電子計算機的邏輯結構設計奠定了基礎，成為後來計算機設計的基本原則。

在此之前的計算機都是專用的，如果要「改變程序」，指的是變更設計，必須用紙筆重新設計程序操作步驟，接著制訂工程細節，再通過施工將機器的電路配線或結構改變。存儲程序型計算機改變了這一切，借由一組指令集，它可以將所謂的運算轉化成一串程序指令，這可以讓機器在處理不同的任務時更靈活。將指令當成一種特別類型的靜態數據存儲，一臺存儲程序型計算機可以輕易改變其程序，並在程序的控制下改變其運算的內容。將指令當成數據存儲的程序概念，使得匯編語言、編譯器與其他自動編程工具得以實現，可以用這些「自動編程的程序」，以人類更容易理解的方式來編寫程序。

英國劍橋大學數學實驗室的莫里斯·威爾克斯（Sir Maurice Vincent Wilkes，1913～2010）受馮·諾伊曼的啟發，以 EDVAC 為藍本，設計和建造 EDSAC（電子延遲存儲自動計算器，Electronic Delay Storage Automatic Calculator），1949 年 5 月 6 日正式運行，這是世界上第一臺實際運行的存儲程序式電子計算機。EDSAC 使用了約 3000 個真空管，佔地 20 平方米，功耗 12Kw。

1947 年，ENIAC 的主要設計者莫克利（John William Mauchly，1907～1980）和埃克特（John Presper Eckert Jr.，1919～1995）創立了自己的埃克特·莫克利計算機公司，研製了世界上第一臺商用計算機 UNIVAC-I（UNIVersal

---

〔註3〕〔英〕威廉斯（Williams, T. I.）主編，技術史（第 7 卷）[M]，上海：上海科技教育出版社，2004：345～346。

Automatic Computer I）。計算機從此不僅能做科學計算，還能做數據處理，因而邁入了一個新的廣闊的應用領域。1951 年 3 月，第一臺 UNIVAC-I 交付美國人口統計局使用之後，恰逢 1952 年美國總統選舉，統計選票中由於使用了計算機，結果投票剛結束，計算機就已經根據選票的初步統計預告了艾森豪威爾當選總統，從而轟動了美國，計算機開始名揚天下，UNIVAC-I 也成了計算機作為信息處理的通用機器開始工業化批量生產的起點。〔註 4〕

為計算機的商業應用開啓廣闊前景的公司是 IBM（International Business Machines）。IBM 的前身是一家計算製表公司（Computing-Tabulating Recording Co.），在總經理托馬斯·沃森（Thomas J. Watson，1874～1956）的出色經營下，IBM 在美國商業穿孔卡片統計機市場已經佔據了壟斷地位。1952 年沃森的兒子小沃森繼任 IBM 總經理之後，決定將 IBM 帶入到電子計算機這個「美妙的新世界」中去。1953 年 4 月 7 日，IBM 公司推出了第一個批量生產的計算機 IBM701。這是一臺科學計算用的大型計算機，使用了 4000 支電子管，配置有磁鼓、磁帶機、卡片輸入／輸出機、打印機，其定點加法運算速度為每秒 12,000 次。IBM 開始注意生產工藝和標準化，採用了插件組裝形式，以便安裝調試，並注意計算機程式的可互換性，還開展了技術培訓工作和建立用戶組織，協同開發軟件，以減少重複工作，共享研發成果。〔註 5〕

以電子管作為開關元件的計算機不僅可靠性不夠，而且體積龐大、電力消耗也很大，被稱為「第一代」計算機。此後電子計算機的發展又經歷了「第二代」和「第三代」。

「第二代」計算機是晶體管計算機。貝爾電話實驗室在 1947 年發明了晶體管，晶體管可以執行開和關這兩種狀態，能夠被用於二進制的數字運算，可靠性大為提高、耗電量大大降低。第一臺實驗性的晶體管計算機 1956 年被製造出來，很快替代了電子管的計算機。

「第三代」計算機是集成電路計算機。1958 年美國得州儀器公司製成了第一片半導體集成電路。集成電路能把所有的電子元器件統統加工在一塊矽片上，避免了原來分立元件質量與焊接可靠性不高的問題，具有體積小、耗能低的優勢。雖然集成電路問世之時價格昂貴，但隨著生產工藝的改進和規

〔註 4〕 陳厚雲、王行剛等編著，計算機發展簡史[M]，北京：科學出版社，1985：46。
〔註 5〕 陳厚雲、王行剛等編著，計算機發展簡史[M]，北京：科學出版社，1985：48
　　　～49。

模化生產的價格不斷下降，其平均價格逐漸接近分立元件等效電路的價格水平。1964 年，最早採用集成電路的通用計算機、第三代電子計算機的里程碑——IBM360 誕生了。從 1965 年起，IBM360 系列的各個型號陸續問世，到 1970 年 7 月 1 日止共銷售了 32300 臺〔註 6〕，成為當時全球使用最廣的一種通用計算機。IBM360 具有通用化、系列化、標準化的特點，不僅配有各種外圍設備，以方便人機交流，還配上了功能較強的操作系統，並配備多種計算機程式設計語言，用戶可以自編程序進行科學計算、商業管理等實際應用，大規模地取代過去需要大量人工進行計算的工作。

計算機從此進入了一個商品化的新時代。商品化的計算機在數據處理方面的應用，給企業的經營管理帶來了顯著的經濟效益，它逐漸替代了那些原來需要大量人工來進行的商業運算、統計和管理工作。1960 年，美國計算機裝機臺數為 5500 臺，銷售額為 5 億美元；到 1965 年，美國已擁有 2 萬多臺計算機設備；1970 年，美國計算機裝機臺數上升到 7 萬臺，銷售額也增長到 60 億美元，1980 年則增加到近 400 億美元的規模，一個新興的計算機產業已經建立起來了。與美國不同，其他國家的計算機最開始僅用於軍事和科研計算，而沒有用於商業領域。〔註 7〕

計算機開始進入大規模產業化的發展階段之後，一批專門為計算機生產外圍設備的企業也跟隨著 IBM 快速發展起來，各種新的配套設備，例如電傳打字機、高速打印機、磁帶機、磁盤等紛紛研製出來，並隨著計算機市場的擴大而逐漸普及。

隨著計算機製造工藝的繼續進步，採用高集成度的半導體器件和新的裝配工藝的小型機開始出現。這種小型機由於體積較小、結構簡單、易於操作、便於維護，掀起了大規模應用的浪潮。DEC 公司在小型機行業中獨佔鰲頭，1981 年 DEC 營業額 32 億美元，世界市場的佔有率高達 38%，僅次於 IBM，在美國計算機企業中躍居第二位，成為美國計算機企業高速發展的典型。美國小型機的年銷售量 1965 年是 1000 臺，1970 年便突破了萬臺，1975 年增加到 71,000 臺，1980 年竟然高達 156,000 臺。〔註 8〕

1971 年，美國英特爾（Intel）公司年輕的工程師霍夫（Macian E. Hoff，

〔註 6〕陳厚雲、王行剛等編著，計算機發展簡史[M]，北京：科學出版社，1985：77。
〔註 7〕陳厚雲、王行剛等編著，計算機發展簡史[M]，北京：科學出版社，1985：95。
〔註 8〕陳厚雲、王行剛等編著，計算機發展簡史[M]，北京：科學出版社，1985：101～104。

1937～）和費金（Federico Fagin，1941），兩人在 4.2×3.2 毫米的矽片上集成了 2250 個晶體管，首次成功地用一個芯片實現了計算機中央處理器 CPU 的功能，這個 4 位微處理器 Intel4004 是世界上第一個商用微處理器，它的誕生揭開了日後微型計算機和個人計算機發展的大幕。〔註9〕

1975 年比爾·蓋茨（William Henry Gates, 1955～）和保羅·艾倫（Paul Gardner Allen, 1953～）創辦了微軟（Microsoft）公司，1976 年斯蒂夫·沃茲尼亞克（Stephen Wozinak，1950～）和斯蒂夫·喬布斯（Stephen Jobs，1955～2011）創辦了蘋果（Apple）計算機公司，這兩家由年輕人創立的小公司都因爲抓住了此後個人計算機興起的歷史機遇，日後變成了家喻戶曉的世界級企業。

進入八十年代後，個人計算機呈現爆炸性發展的勢頭。一向以生產大中型通用機爲主的國際商用機器（IBM）公司也看到個人計算機市場的巨大潛力，於 1979 年 8 月秘密組織了個人計算機的研製小組，兩年後的 1981 年 8 月 12 日發佈了 IBM PC 個人計算機。這是一款售價 1565 美元，採用高性能 16 位微處理器、主頻 8 兆赫的 Intel 8088，配置 64K 內存、單色顯示器、可選的盒式磁帶驅動器、兩個 160KB 單面軟盤驅動器的個人電腦。〔註10〕IBM 公佈了 PC 軟件規範，允許其他的公司按照同樣的標準來編製軟件。由於性能優異、價格便宜，IBM PC 一經上市就取得了巨大的成功，宣告了一個「個人計算機時代」的來臨。IBM1983 年又因推出了 IBM PC/XT，其個人計算機的銷量超過蘋果公司躍居世界第一。1983 年 9 月，IBM 推出的個人計算機新品 PC JR，一個主存容量爲 64K 字節的基本配置售價爲 699 美元，僅是 IBM PC 的三分之一。與此同時，IBM 公司進一步提高 PC 生產線的自動化水平，由每 16 秒生產一臺縮短爲每 7 秒生產一臺。據統計，1980 年美國出售個人計算機 72.4 萬臺，1981 年達 140 萬臺，1982 年出售了 280 萬臺，價值約 50 億美元。〔註11〕

《牛津英語字典》把「信息革命」定義爲「由於計算機的使用，人們可以獲得的信息增加了，信息的儲存和傳播方式發生了改變，尤其體現在計算機在經濟和工業方面所產生的影響上」。電子計算機在信息革命中的作用，就

〔註 9〕陳厚雲、王行剛等編著，計算機發展簡史[M]，北京：科學出版社，1985：106。

〔註 10〕The birth of the IBM PC[EB/OL]. [2015-10-31]. http://www-03.ibm.com /ibm /history /exhibits /pc25 /pc25_birth.html.

〔註 11〕陳厚雲、王行剛等編著，計算機發展簡史[M]，北京：科學出版社，1985：110。

像是蒸汽機曾經在工業革命中所發揮的作用一樣。

3.1.2 出版技術工業化後期的發展

西方的出版業在經過了工業化的變革之後，在印刷工業領域，機器生產模式已經基本上取代了傳統的手工生產模式。19 世紀末期的時候，隨著萊諾行鑄排機和蒙納單字鑄排機的問世和推廣應用，西方的印刷界已經能夠普遍用機器排字來替代傳統的工人手工排字，生產效率也已經提升到了一個新的高度，這一點與中國由於漢字的特殊性而不得不仍然採取手工排版有著很大的不同。

照相製版和平版膠印技術普及之後，對鉛字鑄排機的製造廠商提出了新的要求。這兩種用來排字的機器都只能用於鉛字凸版印刷，難以與適用於圖像複製的平版和凹版印刷結合在一起。如何將照相排版技術直接用於文字的生產成為一個新的問題。由於必須先將鉛字排好的原稿樣張進行照相，才能將文字與圖片一起採用照相的方式製成所需的印版，所以出版商乾脆要求鑄排機生產廠家能夠製作一種特殊的鉛字，使印刷出來的字是反的，這樣就能夠減少把它轉印到膠印印版上去的工序，但事實證明這樣做的商業價值並不大，文字稿與圖像的膠印平版印刷合二為一，還要等待真正的照相排字技術的來臨。〔註12〕

照相技術普及之後，便有人設想利用照相原理來複製字符，替代鉛字的複雜鑄造過程和繁瑣的手工排版工作。應用照相原理將字符在感光材料上感光成像後製成印版的技術程式被稱為「照相排版技術」，簡稱「照排」。照排與鉛字排版將鉛銻錫合金加熱熔化後鑄字、排版的技術程式有所不同，照排不需要熔化金屬，所以也被稱為「冷排」，傳統的鉛字排版又被稱為「熱排」。

早期的照相排字機試驗基本上都是在原來萊諾行鑄排機和蒙納單字鑄排機這兩種主要鑄排機的基礎上進行的改進。

1925 年，美國人斯馬瑟斯（Smothers）將一個萊諾行鑄排機改造成了一種照相排字機。從 1923 年到 1930 年間，他獲得了 11 項與照排機相關的專利。在斯馬瑟斯照相排字機（Smothers Photo-Typesetter）中，原來行鑄排機每個字模側面上的字符被一個反向鑲嵌在玻璃上的字符所代替，原來澆鑄鉛

〔註12〕〔英〕威廉斯（Williams, T. I.）主編，技術史（第 7 卷・20 世紀：約 1900 年至約 1950 年・下部）[M]，上海：上海科技教育出版社，2004：402～403。

液的裝置被一個反射成像的照相機及其控制裝置所代替，其他的機械部分都沒有變化。〔註13〕

同樣也是在 1925 年，英國人奧古斯特（J.R.C. August）和亨特（E.K. Hunter）發明了一種透特式照相排字機（Thothmic photographic composer），這也是最早的照排機的一種。類似蒙納鑄排機用穿孔紙帶來控制一個字模盒的移動一樣，它用鍵盤給紙帶穿孔，然後用穿孔紙帶的電信號控制一個照相鏡頭轉檯轉動，圍繞轉檯是一圈字模膠片，有 30 碼長（1 碼等於 3 英尺或 0.9144 米），上面有 30 個 24 點大小的字符，字符排成三排，字體透明而底版不透明。在照相鏡頭轉檯的後面是一系列伸縮鏡頭和控制裝置來對焦及調整字體大小倍數。穿孔紙帶驅動機械裝置快速地對準所需字體、字號的字符相應位置，將這個位置上的字符曝光到感光紙盒的一行中。待一行排滿時，感光紙盒會自動卷到下一行。〔註14〕

①第一代照相排字機（1946 年）

1946 年，西方第一種成功商業化的照相排字機問世，這是英特（Intertype）鍵盤式自動照相排字機。該機器由英特鑄排機改制而成。把反字嵌在字模的側面，通常被稱爲「照相字模」（Fotomat）。這是一種採用自動照相的整行排字機，可在一次運轉中以長方形活字盤的形式整版直接排在膠片或照相紙上。它還可通過操作刻度盤選擇合適的鏡頭，在對字模大小不做任何改變的情況下，對最終排出來的字體尺寸進行放大或縮小。兩副「照相字模」包括了從 4 點到 36 點各種不同規格的鉛字。〔註15〕

②第二代照相排字機（1951 年）

1951 年美國 Photon 公司研發出第二代光學機械式照排機，把字母印在透明玻璃盤上，玻璃盤持續高速旋轉，通過控制氙燈頻閃，依靠光學拍攝透鏡和機械動作，來對玻璃盤上的字符作投影，在膠片上逐字曝光成像，到 1954 年第一臺 Photon 200 型自動照排機作爲商品正式推向市場。

〔註13〕 Richard E. Huss, *The Development of Printers' Mechanical Typesetting Methods, 1822～1925*. USA: The University Press of Virginia, 1973.P290.
〔註14〕 Richard E. Huss, *The Development of Printers' Mechanical Typesetting Methods, 1822～1925*. USA: The University Press of Virginia, 1973.P291～292.
〔註15〕 〔英〕威廉斯（Williams, T. I.）主編，技術史（第 7 卷 · 下部）[M]，上海：上海科技教育出版社，2004：403～404。

　　雖然工藝有所不同，這兩代排字機還都是沿用前面機械排字的原理，即將字模映像到膠片上，然後通過二次照相，用化學方法腐蝕印版。

　　第二代照排機因其把計算機和照相技術結合起來，又被稱為光機式自動照相排字機。照排機的控制部分已經實現初步的數字化：文字和符號通過打孔機被轉換成計算機可以識讀的紙帶，然後通過繼電器的開關、晶體管的截止和導通、磁性元件的磁化、電脈衝的高低電位、閃光燈的頻閃來完成過去的手工操作。版面的編輯處理等主要功能都由計算機進行自動控制與自動處理，自動化程度和操作功能均比第一代照排機有了較大提高。

　　採用照相排版的出版技術程式可以被表述成如下的流程圖：

圖 55：光機式照排機的工作流程圖

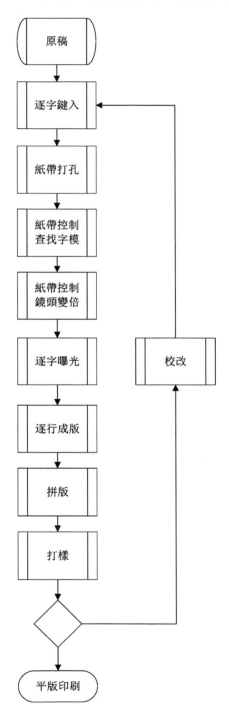

通過照相方法來取代鉛字使用字模的實際鑄造過程，擺脫了金屬的鑄造環節，大大簡化了排字的工藝流程。但是在印刷之前的編輯和校對環節，日常工作的情況並沒有變得比原來更好，對錯誤進行修改還需要手工來做。

3.1.3　西方出版技術的信息化變革

工業化的技術，雖然可以用機器替代部分人工勞動，也可以對操作程序做出改變，但有一點沒有發生變化，對於生產中所使用的材料和實物，例如印版和紙張，不管是傳統的手工生產還是工業化的機器生產，都是一樣的。即便是照相排版技術使用了「照相字模」替代鑄字的銅模，使用感光底片替代鉛字印版，它使用的材料還都是實物的屬性，生產過程中，加工處理的對象也都是具體的實物。在實物生產的過程中，所有的信息都是記錄在某種實物載體之上的，以模擬的方式進行信息的處理，所以每一次複製都會帶來信號上的損失，而如何保持高保真的複製質量，就需要極為複雜的精度和工藝。

但是隨著計算機在傳統工業領域的應用，情況發生了變化。從原理上來說，計算機雖然也有輸入與輸出，但它輸入與輸出的只是抽象的「信息」，而非具體的實物。所謂「信息化」，指的是計算機在處理信息的時候，輸入和輸出的都是虛擬的東西；在中間的處理過程中，計算機處理的「對象」，也都是虛擬的對象，而非具體的實物。正因為如此，計算機處理信息的速度才能大大超過傳統的處理實物的工業化生產方式。這個所謂「虛擬的」東西，就是我們今天通常所說的概念——「信息」。虛擬產品生產的特點是操作的過程中沒有了實物，信息內容被以二進制字符串的數字化方式保存在計算機的存儲器中，通過預先定義好的一些程序與標準，生產的中間環節中計算機能夠將這些數字化的內容作為一個虛擬的實體進行處理，最後再將處理好的信息通過輸出設備輸出成所需要的實物產品。

從一個簡單的操作來看，我們也許覺得採用工業化的方式與採用信息化的方式不會有多大的區別，但是因為計算機處理的是虛擬的東西而不是實物，所以它對虛擬的數據執行程序可以完成得非常迅速，大大超過對實物的處理速度。儘管每一個操作步驟的區別可能微不足道，但成千上萬次這種簡單操作的總和就會顯現出一種嶄新的能力。如同谷登堡印刷術「作為一種變革動因，改變了資料搜集、儲存和檢索的方法，並改變了歐洲學界的交流網

絡」〔註16〕一樣，計算機作爲一種信息處理、儲存和檢索工具，也改變了我們使用谷登堡印刷術的傳統信息交流方式。

①第三代照相排字機（1965 年）

第三代照排機結合了計算機、照相技術和電視技術。1965 年，聯邦德國 Hell 公司首先開發了採用 CRT 陰極射線管成像的數字排版的第三代自動照排機 Digiset。Digiset 沒有眞正的字模，而是把字形以陰極射線管掃描的方式生成出來作爲輸出，這就需要預先把不同字模的掃描軌跡存儲起來，採用數字化的字庫代替傳統照排機的模擬式字模板。字符的字形以二進制的方式貯存在計算機的外部存儲器（磁帶或磁盤）上，通過計算機控制的、高分辨率的 CRT 陰極射線管，在感光材料的表面掃描，使之感光成符合設計要求的版面。由於第三代照排機不需要使用複雜的機械來操控字模，輸出速度可達第二代照排機的 10 倍以上，且自動化程度更高，可以進行改版處理，也可以通過遠程通信接收訊號，立即排列成版面輸出。

1966 年，美國 RCA 公司以 Videocomp 作爲商標在美國推廣 Digiset 照排機。「這些機器的輸出能力就是驚人的（據說相當於 32,000 臺行鑄排機的能力）。然而它的用戶則以電話簿印刷廠、大週刊出版社爲主，對新聞界和印刷業的供應較少。1967 年，萊諾公司與 CBS 研究室合作研發的第三代照排機 Linotron1010，設在美國政府印刷局，發揮了代替幾百臺整行鑄排機的威力。」〔註17〕

第三代照相排字機的技術程式可以用如下流程圖來表示：

〔註16〕 〔美〕 伊麗莎白·艾森斯坦，作爲變革動因的印刷機：早期近代歐洲的傳播與文化變革（*The Printing Press as an Agent of Change*）[M]，北京：北京大學出版社，2010：前言 6。
〔註17〕 （印刷技術專題資料 12）電子照相排版[M]，北京：北京印刷技術研究所，1976：23。

圖 56：電子式照排機的工作流程

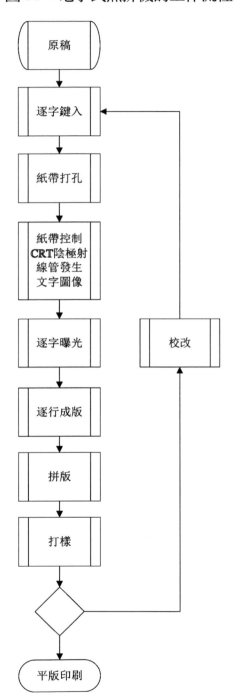

②第四代照相排字機（1976年）

第四代照排機採用了電子計算機與激光掃描記錄相結合的技術，比CRT的輸出精度更高。最早研製第四代激光照排機的有美國大模（Dymo）公司和英國蒙納（Monotype）公司，但大模公司中斷了這一研究，蒙納公司則於1976年推出了平板轉鏡式激光照排機Laser comp。這種機器的原理是：用計算機對字符、圖像進行編輯排版，再將排版後生成的版面點陣信息，以氦-氖激光發生器作爲光源，掃描輸出到感光材料（膠片或相紙）上。

從20世紀40年代到70年代的短短30年間，照相排字機就歷經了四代的發展。〔註18〕這樣按照代際對技術進行劃分，雖然是一種通常的做法，但其實並不準確。科學的劃分方式是區分工業化和信息化的生產方式。對於出版技術來說，信息化生產方式與工業化生產方式的主要區別是：信息化採用了程序控制的計算機來替代工業化的機械排字機，用計算機可以處理的二進制字符串替代了傳統的字模和鉛字等實物來進行文字的排版。這是出版技術程式的又一次重大轉變。這種技術程式上的轉變之所以能夠實現，是因爲計算機處理虛擬產品的速度遠遠超過了機械排字機操作實物的運行速度，將信息產品的生產效率提升到了一個空前的高度。

印刷出版作爲信息產品生產的主要方式，在計算機的時代來臨之後，成爲首先被變革的一個行業，我們把這次變革稱爲「數字革命」或「信息革命」，也就是出版技術的「數字化」和「信息化」。

3.2 中外出版技術工業化的差距

從19世紀末開始，到20世紀70年代的時候，西方已經全面實現了出版業的工業化生產，在排版環節，普遍採用了機器排版來替代傳統的手工排版。萊諾行鑄排機和蒙納單字鑄排機，這兩種主流的排版機器都可以通過鍵盤輸入來給紙帶穿孔，然後通過穿孔紙帶控制鑄字機的運行，機器排好內容之後，即可拼版印刷，印刷完鉛字全部回爐。不用拆版還字，生產效率得到大幅度提高，所以在工業化後期，西方的出版業在印刷生產中，所有的工序都已經實現了自動化，排字機高效的排版能力與印刷機高速的印製能力相互協調配

〔註18〕邵萬生、陳志雄，（印刷工人中級技術培訓教材）手動照相排版技術[M]，上海：上海出版印刷公司，1987。

合，能夠最大限度地發揮出版印刷企業的設備產能，實現規模效益。

中國的出版業也基本實現了出版技術的工業化。文字的複製採用了鉛字排版、紙型澆鑄鉛版等凸版印刷技術程式；圖像的複製主要採用照相製版、半色調和分色製版技術程式；書籍的印刷主要使用圓壓平的滾筒印刷機，大批量的報刊印刷則採用輪轉印刷機，圖像的印刷主要採用平版或凹版印刷機。雖然都是工業化的出版技術，中國仍與西方發達國家存在技術上的巨大差距，這一差距主要集中在排版環節。

中國的鉛字印刷技術程式中，排版環節始終是採用手工的排版方式，從19世紀中葉以來的一百多年時間裏，幾乎沒有多大變化。中文的排版仍然是純粹的手工活，排字工人需要從分類的字架上的幾千個漢字中找到所需要的那一個，然後逐字排版，捆紮成為印版。印版或者直接印刷，或者打出紙型澆鑄鉛版。印版使用之後需要拆版還字，將所有的鉛字重新歸還到排字架相應的位置上，以便被再次使用。碰到缺少的鉛字，就需要臨時鑄造。由於排版工作和還字工作都是手工完成的，生產效率無法進一步提高，一旦有擴大產能的需要，只能靠額外增加場地和人員來解決。生產效率沒有提高的情況下，如果需要擴大規模，成本也就會相應提高，難以實現規模效益。

3.2.1　中國出版技術工業化的特點

中國出版技術工業化的特點，楊方明在《我國出版印刷業的五十年》一文中進行了全面的概括。他將中國出版業從1949～1998年間機構數量、排字量、印刷量、出版品種和使用技術的整體情況變化，以表格的形式做了對比。

表5：出版印刷業發展情況對比表

		1949 年	1965 年	1978 年	1998 年
出版印刷機構	全國出版機構	211	87	105	566
	各類印刷廠		1,800	11,211	181,331
	書刊印刷廠		75	176	6,128
產量	全國排字產量	1.22 億字	30.7 億字	35.4 億字	186.5 億字
	書刊印刷產量	12 萬令	472 萬令	1063 萬令	5071 萬令
	多色膠印	7 萬色令	444 萬色令	954 萬色令	9055 萬色令
	裝訂產量	11 萬令	507 萬令	1060 萬令	4072 萬令

出版品種	圖書	8,000	20,143	14,987	130,613
	期刊	257	790	930	7,999
	報紙	315	343	186	2,053
印刷技術	書刊排版	手工鉛排	手工鉛排	手工鉛排	激光照排
	彩圖製版	照相製版	照相製版	照相製版和部分電子分色〔註19〕	電子分色普及
	書刊印刷	鉛印	鉛印	鉛印為主	膠印為主
	書刊裝訂	手工	手工+單機	手工+單機	機械化聯動化為主

資料來源：楊方明，我國出版印刷業的五十年[J]，中國印刷物資商情，1999（9）：9.

　　從上表中我們看到，中國的印刷廠數量，已經從建國初期的 211 家飛速增長到了改革開放之初 1978 年的 11211 家。印刷生產能力大幅度提升，但是這些國有印刷企業仍然沿襲著計劃經濟的生產方式，由國家下達生產計劃，撥付原材料和進行產品的分配。

　　圖書出版每年的品種數量不增反減，從 1965 年的 20143 種下降到了 1978 年的 14987 種。書刊印刷產量從 1965 年的 472 萬令提高到了 1978 年的 1063 萬令，但是排字產量在 1965 年是 30.7 億字，到了 1978 年仍舊只有 35.4 億字。這些數字變化反映出存在的問題：印刷產能提高了，但是排字能力並沒有提高，總的印量增大了，品種數量卻減少了，這反映出內容生產能力方面的不足，產品的單一程度高。

　　雖然在鑄字和印刷兩個環節上機器已經完全取代了人工，實現了大規模的工業化生產，但是在排字環節，仍然主要依靠手工操作。中國出版產業的特點是：能夠根據國家的需要，在完成某些重要出版物的大批量出版印刷任務方面具有絕對的優勢，但是在滿足不同閱讀需求的讀者方面，尤其是在一般圖書的生產方面，存在手工排版生產效率低、週期長的弊端，導致印刷能力難以得到充分發揮、可供的品種少等缺陷。「文化大革命」結束後，改革開放讓中國人民長期被壓抑的社會文化需求一下子高漲起來，隨後便出現了「書

〔註19〕電子分色是採用電子技術替代照相技術進行彩色印刷分色處理的一種模擬技術，它很快就被數字化的電子排版技術所取代。1964 我國開始引進電子分色機，到 1979 年全國僅有 38 臺。隨著改革開放後出版業技術改造的發展，到 1984 年全國已擁有電子分色機 208 臺，1992 年再增至 500 臺。（引自：張樹棟，百年回首話印刷[G]//中國出版年鑒，2002：641）

荒」，由於印刷技術的原因造成了「出書難、買書難」的局面。

　　印刷機械的設計製造能力弱，產品單一，僅能生產一般的印刷機械，高端產品全部依賴於從國外進口，成為一個突出的問題。相比西方的自動排字機已經經過了四代的發展，中國在出版技術上的巨大差距不言而喻。「文化大革命」後期，重新開啓對外交往的大門，使中國的出版界意識到了自己的差距，也認識到只有採用新的出版自動化技術才是未來發展的方向。為了能快速追趕上世界技術發展的步伐，直接進口設備、引進技術是最快的方法。1973年 8 月，中國出版印刷代表團訪問日本，考察的內容包括排字的自動化和照排機、鑄排機在書刊印刷中的應用；感光樹脂在印刷中的應用；彩色膠印新工藝、新技術及 PS 版的應用；裝訂機械化、自動化、聯動化及其設備製造。1975 年中國印刷友好代表團再次訪問日本印刷業界，也將考察的重點聚焦在了照排技術和膠印技術上面。〔註20〕

3.2.2 漢字照相排字技術的探索

　　為了解決手工排字效率低下的問題，中國人也曾經進行過類似西方鑄排機那樣的排字機器的研發，但是由於漢字的特殊性，機械排版始終無法達到理想的效果。

　　與中國同樣使用漢字的日本，早在 1929 年，就由森澤和石井兩人試製成功了一臺實用的手動照相排字機（一代機）。〔註 21〕借鑒日本的經驗，據1936 年出版的《中國印刷》第一期記載，中國人也曾經仿製過照像排字機，「柳傅慶、陳宏國二人，費數年的心血，應用照相原理設計製造排字機。其結構極為精巧，所佔地位僅一小間，既能排製各種大小字號的文字，具備隸體字及其他美術體之字模，可以排印各種書籍雜誌。聞該機現已製成，向實業部請求專利……」。可惜第二年抗日戰爭全面爆發，這臺機器並未能真正付諸實用。

　　中華人民共和國成立後，從 1963 年開始，也啓動了手動照相排字機的研製工作。機械工業部選定上海光學機械廠作為重點生產照相排字機的工廠，該廠試製成功並批量生產了 HUZ-1A 型手動照相排字機。由於手動照相

〔註20〕丁一，印刷業與國外交往的歷程[G]，本書編委會，光輝印跡──新中國 60
　　　　週年印刷業發展歷程，北京：印刷工業出版社，2009：65～68。

〔註21〕章恩樹、解愛林、計海剛、施力，(印刷工人中級技術培訓教材) 自動照相排
　　　　版技術[M]，上海：上海出版印刷公司，1987：2～3。

排字機一旦不小心出錯的話，改樣非常不方便，所以後來該廠又生產了帶微機控制的 HDP-3 型多功能手動照相排字機，可以將版面格式的計算、版式的處理、文字的變倍、字形的變形、字距的調整、齊頭或齊尾、直排或橫排等部分複雜的操作都交由計算機來自動完成。上海光學機械廠還與日本森澤株式會社開展技術合作，生產了帶微機控制的 ROBO-V 型照相排字機。於是國產的 HUZ-1A 型和 HDP-3 型這兩種手動照排機，成為了使用較為普遍的照排機型。

採用了手動照相排字機之後，「冷排」可以代替「熱排」，節省掉了鉛字鑄造的環節，使得整體上的工藝流程縮短了，也減輕了工人的勞動強度，改善了工人的工作條件，從整體上來講生產的效率確實提高了，但這種提高是有限的，排字環節的生產效率實際上並未有多大的改變，因為用照排機手動選字在本質上與從字架上逐字揀字並無多大區別。漢字照排機的效率不高，根本原因在於漢字與西文的差異。

第一代的漢字照相排字機採用的都是人工「手選」的方式來揀字，排字員要從大字版上直接選取漢字，然後通過照相方法逐字進行文字排版，這是一種把照相機與打字機簡單結合在一起的一種專門機器，進行漢字排字的速度取決於操作者的熟練程度。

西文的字母有限，所以在機械技術階段，西文的打字機很早就可以實現在標準的 QWERT 鍵盤上一個鍵代表一個字符，但是同樣的原理，卻無法應用於漢字，因為漢字的字數太多。同樣是打印機，打字員要從幾千個字的大鍵盤中挑揀出所需要的那個漢字來，本身就是一件很不容易的事，正是這個原因導致了中文排字的速度始終難以提高，這也是漢字排字的效率難以追趕西文排字效率的根本原因。

效率沒有多大的提高，但是照相排字設備所需要的一次性投資卻十分巨大，機器的製造和維修都很複雜，這些因素最終反映在排字的工價上，使用照相排版的價格要遠高於傳統鉛字排版的工價。這種情況下，要想推廣照相排字就變得非常不易。

工業化後期的照相排版技術程式可以用流程圖表示如下：

圖 57：照相排版技術程式的流程圖

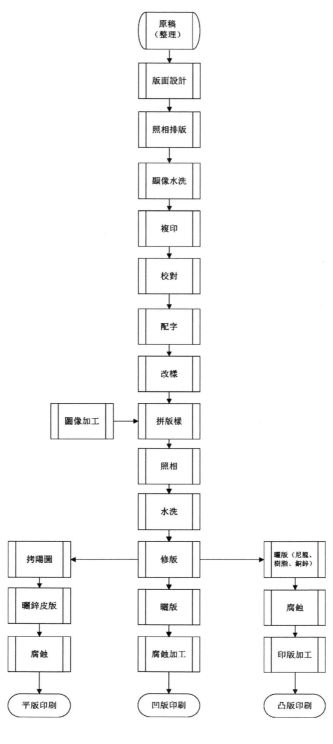

　　在一代機的基礎上，上海中華印刷廠和北京新華印刷廠在有關單位的協作與支持下，開始分頭研製第二代光機式漢字自動照排機。第二代照排機具有兩種成像方式：第一種是採用旋轉字模圓盤和氙燈頻閃曝光成像；第二種是採用字模平板和白熾燈及網狀屏蔽裝置靜止曝光成像。上海中華廠研製成功的 ZZPJ-701 型自動照排機是採用類似於第一種成像方式；北京新華廠研製成功的自動照排機是採用類似於第二種的成像方式。

　　日本大倉公司與首先開發了採用 CRT（陰極射線管）成像方式的第三代自動照排機的聯邦德國 Hell 公司合作，對其 Digiset 型照排機進行「漢字化」的技術開發。經過漢字化的 Digiset 20T2-Jr 型自動照排設備，由我國廣州一個印刷廠引進使用。繼 Digiset 之後，採用 CRT 及數字存儲字符型的第三代中文自動照排機相繼誕生，例如日本寫研的 SAPTRON-Gelli、SAPTRON-APSμ5S，森澤-連諾的 Linotron 202EWT 等。這些自動照排設備也被引進我國北京、上海、安徽、湖北、江蘇等省市的印刷單位使用過。〔註22〕

　　在引進國外先進技術的基礎上進行消化吸收，然後自主研發，這是中國出版技術進步的主要路徑。借鑒日本的研究成果，1973 年首先在清華大學的112 機上，我國研製的漢字信息處理系統，使用一鍵九字的大鍵盤輸入，在北京新華印刷廠開始試生產。〔註23〕

　　後來北京新華印刷廠又和清華大學等單位聯合研製借鑒日本富士通FACOM 系列的自動照排機，整個系統包括：輸入漢字的大鍵盤、DJS-130 計算機控制的自動照排機、磁芯組成的 32×32 點陣漢字字庫和激光打印機組成的校對系統，按照漢字使用的頻率設計出字模板，再用一個大透鏡與幾百個小透鏡相配合，將字模盤上不同位置的漢字成像在一點上。〔註24〕

　　1976 年推出第四代平板轉鏡式激光照排機 Laser comp 的英國蒙納公司與香港中文大學教授樂秀章合作，開發漢字鍵盤，也要進軍漢字激光照排市場。1979 年，該機在北京和上海兩地舉辦了展覽，展出後設備由中國購買，供中國印刷科學技術研究所照排研究試驗中心進行技術消化和吸收。〔註25〕

〔註22〕 章恩樹、解愛林、計海剛、施力，（印刷工人中級技術培訓教材）自動照相排版技術[M]，上海：上海出版印刷公司，1987：2～3。
〔註23〕 《王選文集》編委會，王選文集[M]，北京：北京大學出版社，2006：27。
〔註24〕 張炘中、夏瑩、何克忠，漢字精密照相排版系統[J]，自動化學報，1982（8）。
〔註25〕 章恩樹、解愛林、計海剛、施力，（印刷工人中級技術培訓教材）自動照相排版技術[M]，上海：上海出版印刷公司，1987：2～4。

漢字照相排字機也歷經了四代的發展之後，使用計算機進行自動控制已經成爲了一個必由之路。這時候，技術的差距最終歸結到了漢字數字化、信息化這個基本問題之上：如何快速地將漢字錄入到計算機中，如何在計算機中實現快速地壓縮、存儲和還原漢字字庫。只有當這兩個問題得到解決之後，中西文在出版印刷領域的技術差距方才得到彌合。

3.3　漢字信息化的起點——七四八工程

無線電工業部（對外稱第四機械工業部，簡稱四機部）〔註26〕、中國科學院、一機部、新華社、國家出版局等五個單位聯合向國家計委和國務院寫了《關於研製漢字信息處理系統工程的請示報告》，請求將漢字信息處理作爲國家級重大工程項目立項。報告於 1974 年 8 月獲得國家批准，這就是後來中國漢字信息化處理技術的起點——「七四八」工程。

3.3.1　七四八工程的緣起

1956 年由周恩來總理親自主持制定的《十二年科學技術發展規劃》認爲，決定一個國家國力的，將是新技術而不是傳統技術，規劃選定了原子能、噴氣技術、計算機、半導體、電子學和自動化六項新技術作爲中國進行科學規劃的重點，隨後籌建中國科學院計算技術研究所，開展計算機的研製工作。

從 1956 年到 1965 年，是奠定初步基礎的起步階段。中國通過學習和仿製蘇聯的產品，開始了自主設計和製造的嘗試。1958 年製成了我國第一臺電子計算機「八一」型通用電子管計算機（103 機），採用磁鼓作主存儲器，每秒運算 30 次。1959 年製成 104 大型通用電子管計算機，採用磁芯存儲器作主存，容量 2048 字節，浮點運算每秒一萬次，配有磁鼓、磁帶機、光電輸

〔註26〕1963 年 2 月 8 日，中共中央、國務院決定成立無線電工業部，對外稱第四機械工業部（簡稱四機部）。1976 年四機部組建計算機管理總局。1982 年 4 月 26 日，第四機械工業部改爲電子工業部。1987 年 9 月，全國人大決定撤銷國家機械委員會和電子工業部，組建機械電子工業部。1993 年 3 月，全國人大決定撤銷機械電子工業部、中國電子工業總公司，重新組建電子工業部。1998 年 3 月，全國人大決定撤銷郵電部、電子工業部、國家無線電管理委員會、國務院信息領導小組辦公室，組建信息產業部。

入機等外圍設備。〔註27〕1964 年起，又相繼研製成功一批晶體管計算機。到 1973 年，第四機械工業部直屬和歸口企事業單位共生產了各類電子計算機 250 臺。〔註28〕

從 1966 年到 1976 年，是中國「文化大革命」的十年動亂期。此時國際上的計算機工業飛速發展，而中國的計算機技術雖然也有進步，但與國際水平的差距又進一步擴大，已經遠遠落後於歐美發達國家。中國長期仿照蘇聯實行計劃經濟模式，又面臨歐美發達國家的封鎖，計算機的科研往往是「以軍爲主」、「自力更生」，通常以國防尖端和重點工程項目爲任務。耗費鉅資研製出來的計算機，被國家分配調撥給使用單位。由於不考慮經濟效益，科研、生產與市場需求脫節，科研成果無法直接轉化爲生產力，這種研發的模式難以形成良性循環的發展，造成了中國計算機工業與國外先進水平的巨大差距。如果不算微型機，1976 年美國大中小型計算機裝機臺數已經達到了 22 萬臺，而我國在 1974 年的時候大中小型計算機累計裝機臺數僅 600 臺，直到 1984 年才達到 5500 臺，相當於美國在 1960 年的裝機臺數，與美國之間存在 20 年以上的差距。〔註29〕

1973 年 1 月，第四機械工業部召開「電子計算機首次專業會議」（代號七三〇一會議）結束了我國計算機工業長期以來的散亂局面，揭開了中國計算機工業飛速發展的帷幕。會議明確了我國發展大中小型系列機的方針政策，強調發展系列機要實現結構、部件的通用化、標準化和積木化，以利於生產、使用和維護；實現六個統一，即統一高級語言、統一字符編碼、統一指令格式、統一指令系統、統一通道接口、統一中斷系統。會議確定了我國 200 大系列的大中型計算機編號爲 DJS-2XX，借鑒美國 IBM360/370 兩個系列機的技術；100 中系列小型機編號爲 DJS-1XX，借鑒美國 NOVA 系列計算機技術；小型系列爲臺式機、微型機，編號爲 DJS-0XX，借鑒美國 Intel8008 和 Motorola6800 微型機技術。會議確定了實行學校、科研單位和生產廠三結合的聯合設計實施方法。〔註30〕1974

〔註27〕 陳厚雲、王行剛等編著，計算機發展簡史[M]，北京：科學出版社，1985：170～171。

〔註28〕 《中國計算機工業概覽》編委會，中國計算機工業概覽[G]，北京：電子工業出版社，1984：164。

〔註29〕 劉益東、李根群，中國計算機產業發展之研究[M]，濟南：山東教育出版社，2005：108。

〔註30〕 《中國計算機工業概覽》編委會，中國計算機工業概覽[G]，北京：電子工業出版社，1984：164～165。

年 8 月，四機部主持在清華大學召開了 100 系列的第一臺機器 DJS130 機的鑒定
會，標誌著中國系列化計算機的開始。

時任四機部科學技術局副局長的郭平欣，長期主管全國的計算機工作，
他瞭解到日本研究漢字計算機處理取得的成果，認爲我國也應該立即開展計
算機漢字信息處理方面的研究。此時國家經委正在籌建國家經濟信息及統計
中心，要求四機部承擔中心的設計任務。郭平欣認爲漢字信息處理這樣的課
題研製任務艱巨，時間可能很長，所需經費可能很高，並非四機部一家所能
完成，應該走科研、用戶相結合的道路，於是他聯繫了中國科學院、一機部、
新華社、國家出版局等五個單位，聯合向國家計委和國務院寫了《關於研製
漢字信息處理系統工程的請示報告》，請求將漢字信息處理作爲國家級重大
工程項目立項。周恩來總理和當時的計委主任余秋里聽取了立項彙報。1974
年 8 月，國家批准立項。國家計委發文成立七四八工程辦公室，由郭平欣任
主任，張淑芝、毛應負責日常工作。

七四八工程漢字信息處理技術主要研究漢字輸入方式（如各種鍵盤輸
入、漢字自動識別輸入等），漢字信息處理（編輯排版、情報檢索等），漢字
輸出（漢字顯示、簡易印刷、精密書報印刷等）和漢字信息通訊等課題，它
包括精密照相排版、中文檢索和中文計算機通訊三個組成部分。〔註31〕

3.3.2 計算機漢字數字化的困難

漢字信息處理技術主要的問題是解決漢字的數字化問題。要完成漢字的
數字化，讓計算機能夠處理漢字，需要一套完整的方案。首先，要爲每個漢
字分配一個唯一的代碼，這是漢字的編碼問題；其次，要爲每個漢字的字形
建立一個數字模型，這一字形的模型也可以被稱爲「字模」，但它是虛擬的，
能夠讓計算機調用、處理和最終輸出這一字形，這是漢字建模的問題；最後，
是漢字的輸入方法問題。

①漢字編碼問題

按照圖靈所構建的計算機的基本原理，計算機所處理的信息是以二進制
來表示的字符，字符是在有限字符表中的一個字符。計算機中央處理器
（CPU）的位數代表著它能夠尋址的能力。如果是 8 位的 CPU，尋址能力是

〔註31〕廿年茹苦心無悔　鑄成輝煌留人間——紀念我國電子出版系統二十週年[J]，計
　　　　算機世界，1994（8）。

2 的 8 次方，也就是說最多有 256 個不同的位置，假設每個位置是一個格子，每個格子可以存放一個字符，這個格子的二進制字符串就代表了這個字符。8 位的尋址能力對於只有 26 個字母的英語來說已經足夠使用，所以早期的計算機就規定用一個字節（Byte）來表示一個字符在內部的有限字符表中的一個位置或一個字符。因爲漢字的數量遠遠超過了 256 個，所以無法用一個字節來表示一個漢字字符，但是這個問題也有辦法解決，如果要與英語字符兼容的話，漢字可以用兩個字節來代表。

就像製備一套漢字的鉛字需要一套配比方案一樣，確定漢字的計算機編碼也需要預先確定一套漢字的常用字方案，這個方案是以漢字的字頻統計爲基礎的。爲了確定漢字的字頻，1975 年，由國家出版局直接領導，七四八工程進行了漢字字頻的統計工作。這項重要工作歷時兩年，採集了 60 本書、104 本期刊的 7075 篇文章，內容包括工業、農業、軍事、科技、政治、經濟、文學、藝術、教育等方面，總字數 21,629,372 字，其中漢字總字數爲 6374 個。統計了《毛澤東選集》四卷共 660,273 個字，共使用 2975 個漢字。這項漢字頻度統計工作，爲後續制定漢字標準交換碼奠定了基礎。〔註 32〕

漢字信息交換碼就是給每一個漢字分配一個字符表中的位置，也就是一段二進制的標識，它是漢字信息系統之間或者信息處理系統與通信系統之間進行漢字信息交換的代碼。根據國際標準化組織 ISO646《信息處理交換用的七位編碼字符集》制定的 GB1988 是我國計算機的基礎標準。GB1988 規定了信息處理交換用的 128 個字符。由於 GB1988 僅能處理西文字符的限制，爲了處理漢字，1980 年我國有根據國際標準 ISO2022《七位與八位編碼字符集的擴充方法》制定了國家標準 GB2311《信息處理交換用七位編碼字符集的擴充方法》。這樣，使用兩個七位編碼的圖形字符區域就能對（2^7-32）（2^7-32）＝8836 個漢字進行編碼了。

1980 年國家標準漢字交換碼 GB2312-80 獲得批准，1981 年頒佈了國家標準 GB2312《信息交換用漢字編碼字符集（基本集）》。GB2312 是根據 GB2311 的代碼擴充方法制定的漢字交換碼國家標準。它與 GB1988 兼容，能夠使計算機同時處理漢字和西文的信息交換。GB2312 規定每個漢字用兩個字節表示，每個字節爲七位二進制碼，收錄了一二級漢字共 6763 個和 682 個非漢字圖形

〔註 32〕 《中國計算機工業概覽》編委會，中國計算機工業概覽[G]，北京：電子工業出版社，1984：235。

字符的代碼。

　　GB2312 制定後，廣泛應用於通用漢字系統的信息交換和處理漢字的計算機硬件、軟件設計當中，使得信息處理產業中的漢字輸入方案和鍵盤設計、漢字點陣字模庫的設計、漢字文字編輯與排版的文字處理系統和漢字數據庫檢索系統的開發都可以遵循同樣的標準來進行數據的交換。

②漢字建模問題

　　漢字的數字化還要同鑄造漢字鉛字一樣，把每個漢字的字形單獨建模並解決存儲和檢索的問題。

　　信息交換用漢字編碼字符集僅僅能區分不同的漢字，每個漢字的字形還需要用數字化的方式加以存儲，才能在顯示和輸出設備上呈現出來。漢字字形庫（Chinese character font library）就是建立在計算機存儲介質上的漢字的字模數據集合。

　　最簡單的辦法是用點陣字庫來存儲漢字字形。漢字是一種方塊字，不論它的字形筆劃多少，都可以寫在同樣大小的方格中。將方格進一步細分為許多小的方格，其中的每一小格就是一個「點」，這樣一個漢字的字形就可以用一個「點陣」來表示。每一個點都有「黑」、「白」兩種狀態，對於一個 16×16 的點陣，共有 256 個點來表示漢字的字形。如果用二進制的「1」來表示黑點，「0」表示白點，那麼這組 16×16 的點陣字形就可以用一串 256 位的二進制數字來表示，這就是點陣的數字化表示。

　　漢語常用的字體不下十種，例如宋體、仿宋、標宋、黑體、楷體、長宋、扁宋、長黑、扁黑、長仿宋等。每種字體各有超過 8 千個不同的漢字。如果把中國印刷所用的 60 萬個不同字體和字號的漢字字形（簡稱「字頭」）全部用點陣信息來存儲，則需要二百億字節（20G）的存儲量，[註33] 這在當時的計算機技術條件下是不可想像的。

　　面對數量繁多的漢字，以當時計算機的存儲容量來看，這是一個難以逾越的障礙，所以在七四八工程初期，國內從事照相排版研製的單位共有五家單位，在輸出方式的選擇上，兩家採取的是光學機械式的二代機，三家採取

〔註33〕漢字激光照排的字模點陣密度為 29.2 線/mm，所以，一個五號字由 108×108 點陣組成，一個一號字由 288×288 點陣組成，按照印刷要求的 10 種字體、10 種字號計算，常用 6000 字的字庫就需要有 60 萬個字頭，用點陣來存儲共需要 20 億字節（2G byte）的存儲量。

的是陰極射線管（CRT）輸出的三代機，但是這五家單位採取的存儲方式，都是模擬的存儲方式，而國外的三代機已經普遍採用數字的存儲方式了。採取模擬存儲的好處是，可以用光學原理進行字體的放大與縮小，產生不同的字號；而採用數字存儲，一種點陣只能記錄一種字體的一種字號。

採用數字點陣的方式存儲漢字的字體，由於計算機存儲容量的限制，要儲存足夠使用的漢字精密字模，只能對數據進行壓縮，降低所需的存儲空間，在使用的時候再根據需要將壓縮信息還原爲點陣字模。當時國際通行的壓縮算法是黑白段壓縮算法，即僅保存每一行或列不同黑線段的起始位置和線段長度，就可以在需要時還原出點陣信息。聯邦德國 Hell 公司的 Digisit CRT 照排機、日本《經濟新聞》報採用的 IBM 整頁照排機和英國蒙納公司的 Laser Comp 照排機所使用的高分辨率字形字庫都是採用了這樣的黑白段壓縮算法。

使用黑白段壓縮的問題是，同一種字體的不同字號的點陣字庫，仍然需要佔用不同的存儲空間。按照黑白段壓縮算法的平均壓縮率，一個 80M 的磁盤能存儲 6 萬個不同的漢字字形（字頭），但是由於外接磁盤的讀取速度太慢，會影響整個照排系統的輸出速度，因而不具備實用性。

另一種解決壓縮問題的辦法，是日本和臺灣地區所開發的偏旁部首構字法，它與當年漢字鉛字鑄造研製中所嘗試的拼合活字的方法類似。

20 世紀 70 年代初期，日本電氣公司 NEC 和京都大學合作研製第三代 CRT 照排機，採用了漢字字形的壓縮技術，在計算機裏只存儲幾百個偏旁部首的基本構件，每個基本部件都用折線輪廓表示，用基本部件來拼出所需的漢字。調取這些偏旁部首，放到適當的位置上，還要做放大、縮小、拉長、壓扁等處理之後，才能組成不同的漢字字形。這樣做的壓縮率雖然非常高，但拼合成的字體容易變形。1975 年 NEC 曾來中國介紹這一產品，由於字體的質量無法被出版印刷業接受，所以並未投入實用。〔註 34〕

③漢字輸入問題

即使是應用了計算機技術，漢字字符數量遠超過西文這一特點依然是制約漢字輸入速度和排版效率提高的主要因素。

漢字的編碼和字庫本身並沒有什麼規律性的東西，所以即便有了計算機

〔註 34〕《王選文集》編委會，王選文集[M]，北京：北京大學出版社，2006：56。

統一的漢字編碼標準和字形字庫，要從幾千個漢字中找到所需的漢字也不是一件容易的事。如果使用包含所有常用漢字的一個大鍵盤來查找需要輸入的漢字，假設查找一個字符的時間與所有字符的總量成正比，用二進制 $2^7=128$ 來表示英文的字符數，從字母表中找到一個字母的工作所花費的單位時間記爲 1 秒；則要從 $2^{12}=4096$ 中查找到一個漢字的時間就是英文的 $2^5=32$ 倍。如果需要輸入 30 個英文字母，假設需要花費 30 秒的時間，輸入 30 個漢字可能就需要花費 32*30=960 秒=16 分鐘的時間。也就是說，漢字排版的錄入效率最多只能達到同等技術條件下英文排版效率的 1/32，即 3.125%。

採用整字輸入的漢字鍵盤有數百或數千個鍵位，這對於漢字的輸入速度會產生顯著的影響。據日本實務用字研究協會的統計，各種不同的鍵盤的平均輸入速度如下：26 鍵的英文字母打字機 450 次／分鐘；50 鍵的日文假名打字機 250 次／分鐘；2000 鍵的假名漢字混合打字機 50 次／分鐘。隨著鍵盤按鍵數量的增加，錄入速度明顯下降。鍵位數與擊鍵反映時間的關係可用海曼（Hyman）公式來描述：

$$T = a + b\lg k$$

其中 T 爲各鍵位移相等速率工作時每擊一次鍵所需的時間，k 爲鍵位數，a 是 $k = 1$ 時的簡單反映時間（是一個因人而異的常數），b 是尋找鍵位所需要的時間（也是因人而異的常數）。〔註35〕

只有等到後來採用標準鍵盤、簡便快捷的各種漢字輸入法被發明出來之後，漢字的計算機輸入才眞正具有了和西文一樣的錄入效率，甚至在某些方面還要優於西文的錄入效率。〔註36〕

〔註35〕 郭平欣、張松芝，漢字信息處理技術[M]，國防工業出版社，1985：54。

〔註36〕 對於漢字與西文電腦打字的錄入速度問題，許壽椿認爲：將不同體裁的文章的漢、英兩種版本輸入計算機，如果一個漢字可以折合幾個英文字符，這一數值被稱爲「漢英字符當量」的話，據統計，漢語古詩最爲簡潔、信息量最大，每個漢字相當於 9 個英文字符，而一般論文和計算機詞匯的當量值最小，每個漢字相當於 4 個英文字符。這樣來説，如果按國際上英文每分鐘 250 擊爲優秀計，漢字輸入只要達到每分鐘 62.5 個漢字就與英文優秀的錄入水平相當了。而中國漢字電腦輸入比賽的冠軍能夠達到每分鐘 170 個漢字的速度。這每分鐘 170 個漢字相當於每分鐘 680 次英文擊鍵，已經遠遠超出了英文擊鍵的極限速度。所以許壽椿認爲，漢字在電腦錄入和處理的方式下比西文具有更高的效率。（許壽椿，漢字復興的腳步——從鉛字機械打字到電腦打字的跨越[M]，北京：學苑出版社，2014：89～91）

3.3.3 王選的創新方案──精密漢字壓縮

王選畢業於北京大學數學系計算數學專業，1975 年初的時候，他是北京大學的一位普通教師，他的夫人陳堃銶（也是他的同學），在參加北大校內一次關於能否在各部門採用計算機、實現自動化的調研中得知了國家有一個七四八工程，而且清華大學與北京新華印刷廠合作研發的光機式照排機已經開始試排，就告訴了王選。王選意識到了這項研究的重要性，對其中的漢字精密照排項目產生了興趣，在研究現有技術文獻、分析各類照排機優劣的基礎上，他提出了一個頗爲大膽，也頗具創意的構想，在 1975 年 5 月報告了數學系和無線電系，並報送給當時的北大校革委會負責人魏銀秋。

王選提出了一種全新的思路來解決漢字字模的壓縮存儲問題。他結合中國人學習書法的體會，設想能否讓計算機模擬人寫字的動作，把人們寫字時一筆一畫的過程，用算法複製出來，編製成計算機的程序。這種用計算機來模擬人書寫漢字的過程，而不是對漢字字形直接進行圖像壓縮的想法，不同於用黑白段壓縮字形的辦法，也不同於用偏旁部首的組合來拼合漢字的做法，有可能會產生意想不到的結果，這在當時這是一個非常超前的構想，還沒有成功的先例。

我們都知道，漢字是由偏旁部首組成的，但比偏旁部首更小的元素是筆劃。筆劃，指漢字書寫時不間斷地一次連續寫成的一個線條。筆劃是漢字的最小構成單位。每個中國人從小所受的書寫訓練都是從練習一筆一畫開始的，筆劃是我們書寫漢字的動作中分解到最後的一個基本的動作單位。

如果我們知道了如何把漢字拆分成一個個的筆劃，也能夠用數學的語言來描述這個筆劃的形狀，我們就可以讓計算機程序來再現這一漢字書寫的過程，從而復原出一個漢字的點陣字形。對於計算機而言，通常來說，記錄一個過程所需的信息量（也就是控制程序的大小）要遠遠低於記錄數據的信息量（數據的大小可以是無限的）。漢字的大小對筆劃的形狀、位置、比例沒有影響，這就意味著不管什麼樣的字號都可以用同樣的程序復原出來。這些因素，都可能會讓壓縮還原所需的存儲空間大大降低。

考慮如何把每一個漢字的壓縮和復原變成計算機的程序算法來實現，首先需要知道漢字有多少種不同的筆劃，以及這些筆劃使用的頻率。漢字的基本筆劃有：橫、豎、撇、捺、點、挑、彎（或曲）、鉤共八種。王選對漢字筆劃的出現頻率進行了統計，他首先選擇了把那些最常出現的、也是最容易壓

縮和還原的規則筆劃作為突破口。所有的漢字筆劃被分為規則筆劃和不規則
筆劃，並以專門定義的數據結構加以表述。〔註37〕

　　要用數學的語言描述一個漢字，我們還需要一個選定的基本字號所構成
的網格（96×96）來對字形進行描繪，這個網格就像是一個笛卡爾座標系。

　　王選的思路是：對於橫、豎、折等規則筆劃，可以用 24 到 48 位壓縮信
息來精確描述起始座標、長度、寬度、傾斜度、起筆、收筆和轉折等筆鋒；
對於點、撇等任意形狀的不規則筆劃，可以用一系列直線段的向量來近似地
表示筆劃的曲線，每個向量用座標、方向上的增量來表示，並為了縮短信息
長度，定義了三種不同形式（小於 8、小於 16、大於 16）的增量信息來精確
描述其輪廓。

　　根據統計，構成漢字的筆劃有一半都是規則筆劃。規則筆劃由直線段和
起筆、收筆、轉折構成，相應的起筆、收筆和轉折都具有特定的形狀，可以
用 3 到 6 位的信息來準確區分描述。例如，描述宋體、仿宋體、標宋和黑體
的漢字，豎直的筆劃就可以用如下的 32 到 40 位的信息來構成：

　　（a）起點的 X、Y 座標，

　　（b）筆劃的長度，

　　（c）2 到 4 位表示筆劃的寬度，

　　（d）2 到 5 位表示起筆特徵的序號，

　　（e）不超過 4 位來表示收筆特徵的序號。

〔註37〕歐洲專利申請 EP0095536A1[P]，第 4～6 頁。

圖 58：1982 年王選的歐洲專利申請

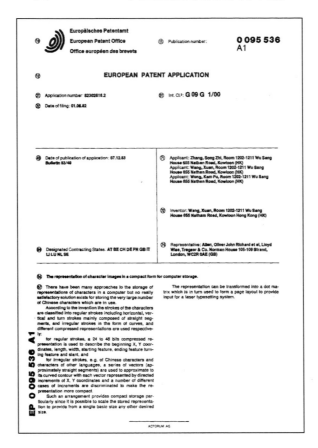

北京大學召集數學系、無線電系、圖書館和印刷廠的領導，研究了王選提出的「區分橫豎折等規則筆劃和任意形狀的不規則筆劃，並用參數描述規則筆劃的寬度、長度和各種筆鋒」這個初步想法，決定作爲自選項目開展漢字照排系統的研製，確定了「數字化存儲、字形信息壓縮技術和激光輸出」的總體方案，爭取列入國家七四八工程計劃。1976 年 3 月 24 日北大決定成立該項目協作攻關的會戰組，由當時北大的領導張龍翔親自擔任會戰組組長。在會戰組成立之後的一年多里，王選集中精力進一步完善了自己的總體方案設計。他在筆劃壓縮算法的基礎上，設計了計算機還原的快速算法，採用最優逼近和便於硬件快速實現的算法把壓縮信息復原成點陣字形，以及避免字形失眞的放大縮小辦法。王選的這個原創性的思想可以使存儲字形信息所需的容量大大降低，它成爲了後來申請歐洲專利 EP0095536A1 的主要權利項，

也是後來的「華光」和「方正」照排系統的技術核心。〔註38〕

　　1975年10月31日至11月3日，承擔七四八工程精密照排子系統的北京市出版辦公室召開了一次論證會。北大帶著自己的字形信息壓縮方案和一個完成壓縮與復原的「義」字樣本，與新華社、雲南大學的字模管三代機和小鍵盤編碼輸入方案，科學院自動化所的飛點掃描西文三代機方案，新華印刷廠與清華大學的光機二代機方案一起，在會議上參與了方案論證。會議最終決定採取二代機作為七四八工程的正式技術方案上報，並沒有採納北大的計算機存儲字形壓縮方案。〔註39〕

　　就在北大王選提出的方案即將與國家的七四八工程失之交臂的情況下，王選迎來了命運的轉機。兩個關鍵人物：七四八工程辦公室的張淞芝和同樣作為七四八工程發起單位的新華社的王豹臣，開始關注北大的方案並多次到北大瞭解具體情況。主管七四八工程的郭平欣副局長在聽取了張淞芝和王豹臣的彙報後，也傾向於採用北大的方案。1976年5月3日，郭平欣指定了「山五瓜冰邊效凌縱縮露」10個字，要北大做壓縮、復原的驗證性實驗。1976年6月11日，郭平欣、張淞芝和新華社、國家出版局的領導來北大檢驗實驗結果後，非常滿意，於是說服部裏所屬的第十五研究所〔註40〕退出，七四八工程精密照排子系統改由北大負責總體設計。由於四機部不能直接給北大下達任務，所以只能採取一種變通的做法：1976年9月8日，由郭平欣簽名發出一封信函，算是正式給北京大學下達了研製任務。幾乎與此同時，北京市已於1976年6月下達正式文件，確定了新華印刷廠採用二代機方案，而北京大學僅承擔二代機排版軟件開發的任務。這樣從1975年到1982年，實際上存在著兩個「七四八」，一個是郭平欣領導的七四八，一個是北京市的七四八。〔註41〕

　　王選設計思路的新穎性主要集中在兩點：（一）把漢字筆劃分成規則和不規則兩種，用參數描述其寬度、長度和筆鋒變化；（二）用一種算法實現點陣字形的快速填充。應用王選的漢字壓縮還原技術，可使每個五號字的信息量下降到原來的十二分之一，即從一萬位（108×108）下降到平均800位。

〔註38〕《王選文集》編委會，王選文集[M]，北京：北京大學出版社，2006：27～28。
〔註39〕《王選文集》編委會，王選文集[M]，北京：北京大學出版社，2006：28。
〔註40〕第四機械工業部第十五研究所即華北計算技術研究所，1987年組建為太極計算機公司。
〔註41〕《王選文集》編委會，王選文集[M]，北京：北京大學出版社，2006：29～30。

這種壓縮方法還允許文字變倍，能變大、變小、變長、變扁，並保證質量。整體壓縮倍數高達 1：500，通常需要 2G 才能存下的一種字體 60 萬字頭的信息，現在只需要 4M 字節。〔註 42〕

從一個新穎的構想開始，王選不斷充實和完善設計方案，創造性地解決了很多當時的技術障礙，使當時的計算機能夠處理還原漢字精密字庫所需要的運算量。比如：採取隊列的方法，使磁鼓的實際存取速度提高五倍；採用軟硬件結合，軟件提供版面的編輯信息給硬件，硬件根據編輯信息高速形成部分版面，僅使用很小的磁芯緩衝區。

一般來說，漢字信息的壓縮倍數越高，用計算機復原的過程就越複雜。如果純粹用軟件來實現字體的復原，在 DJS-130 這樣的通用小型機上，一個漢字平均需要 3～5 秒才能完成，這是無法接受的速度。如果把少數幾個關鍵性操作通過專門設計的微程序漢字點陣生成器硬件來復原，生成速度有望加快兩個數量級。〔註 43〕為了通過有限的存儲資源提高漢字輸出的速度，需要開發一個微程序漢字點陣生成器的硬件來實現字形的還原，這就是後來的照排控制器的核心硬件。

王選之所以選擇將第四代激光照排技術作為方向，而不是按照西方照相排字機的發展歷程按部就班地研發二代機和三代機，並非突發奇想，也不是要碰運氣，而是根據當時中國工業技術水平的現實情況所做出的現實選擇。據王選回憶：「1975 年時我們打算採用陰極射線管輸出方案，但國產高分辨率 CRT 尚未過關，幅面也很小；高靈敏度照相底片也無人研製；為保證 CRT 高質量輸出，還需要一整套複雜的校正電路，包括非線性校正、像散校正、動態聚焦，而我們對此毫無經驗。與困難重重、前途莫測的國產高分辨率 CRT 輸出方案相比，1976 年 4 月初我聽說郵電部杭州通訊設備廠研製成功報紙傳真機，已用於《人民日報》報紙傳真，且印刷質量符合報紙要求。幅面寬、分辨率高、對齊精度好；更重要的是，它是現成的、已經每天在使用的設備。經詢問北大物理系張合義，確定了可以將光源改為激光光源，以進一步提高輸出質量。但這種傳真機不能走走停停，一旦掃描開始就要連續不斷地提供點陣信息給掃描頭。這種逐線掃描方式與 CRT 的逐字掃描方式完

〔註 42〕王選，計算機——激光漢字編輯排版系統簡介[J]，計算機學報，1981（2）：84。

〔註 43〕王選、陳寶華、李爾溪等，微程序漢字點陣生成器及其模擬和故障診斷[J]，計算機學報，1981（2）。

全不同。經過苦思冥想，終於在 1976 年 7 月構思出解決方案：挑選出字模壓縮信息送磁鼓，取一行字模壓縮信息送磁心存儲器，分段生成字形點陣並緩衝，一個漢字字形每次只生成 8 條掃描線，這樣能得到 150 字／秒的復原速度，能趕得上滾筒掃描的輸出速度。這一難關找到解決辦法後，就在 1976 年 8 月決定採用激光輸出方案」〔註 44〕。後來為了提高輸出速度，他們採用了四路光纖耦合的方法，從而使速度提高到原來的 4 倍。

上述方案的說明在 1976 年 12 月油印了第一稿，然後經過進一步改進和細化，在 1977 年 12 月油印了幾百份的《七四八工程漢字精密照排系統方案說明》。由於主機選用的是 130 機，所以總承廠最好是 130 機的生產廠家，經過對比，最終挑選了濰坊電訊儀表廠（濰坊計算機廠的前身）作為總承廠。轉鏡照排機的任務也於 1977 年 2 月下達給了吉林省電子局，由四平電子所承擔，長春光機所參與，後來長春光機所逐漸成為轉鏡照排機的主承擔單位。〔註 45〕

3.3.4 「華光 I 型」計算機——激光照排原理性樣機的成功（1979 年）

從技術方案到製成原理性樣機的過程並不容易。王選負責系統的總體設計，而王選的妻子陳堃銶就承擔起了計算機——漢字激光照排系統中編校軟件的設計與開發工作，他們倆人幾乎放棄了所有的節假日，整整奮鬥了五年。除了個人的努力之外，國家計委、電子部為這個項目安排了必需的科研經費；北大老校長周培源組織學校各方面力量為他們創造了必要條件；山東濰坊計算機公司、杭州通訊設備廠等通力協作，共同解決了很多生產製造上的難題。

蒙納（Monotype）公司 1976 年發明了第四代激光照排機，直到 1985 年萊諾（Linotype）公司推出激光照排機之前，蒙納公司的 Laser Comp 一直是世界上唯一的第四代照排機商品。Laser Comp 採用平面轉鏡方式，最絕的是可以走走停停，仍能保持字的精度，但是它的控制器在總體設計上採用黑白段的壓縮算法來描述漢字的字形，壓縮率很低，即使採用了 4 個 80M 的硬盤來存放多種漢字字體，但由於當時的硬盤速度太慢，實際上還是會影響到輸出的速度。

〔註 44〕 《王選文集》編委會，王選文集[M]，北京：北京大學出版社，2006：30～32。
〔註 45〕 《王選文集》編委會，王選文集[M]，北京：北京大學出版社，2006：43。

與蒙納公司的設計相比，王選的「輪廓加參數」的字形描述方法在設計思想要先進很多，西方直到 20 世紀 80 年代中期才興起這種字體壓縮算法，但在當時中國的技術條件下，國產設備全部採取國產元器件（磁芯、小規模集成電路）和外部設備，與採用大規模集成電路的蒙納公司的 Laser Comp 相比，整個系統的可靠性肯定要差很多。

面對蒙納公司計劃在 1979 年秋季來中國舉辦推廣展覽的競爭威脅，七四八工程的研發團隊必須要趕在此之前完成原理性樣機的研製，並輸出一張樣報來。經過北大與協作單位的共同努力，1979 年 7 月 1 日，他們終於在原理性樣機上輸出了一張八開報紙的樣張，報頭是由郭平欣題寫的「漢字信息處理」六個大字。

圖 59：《漢字信息處理》樣報（1979 年 7 月 1 日）

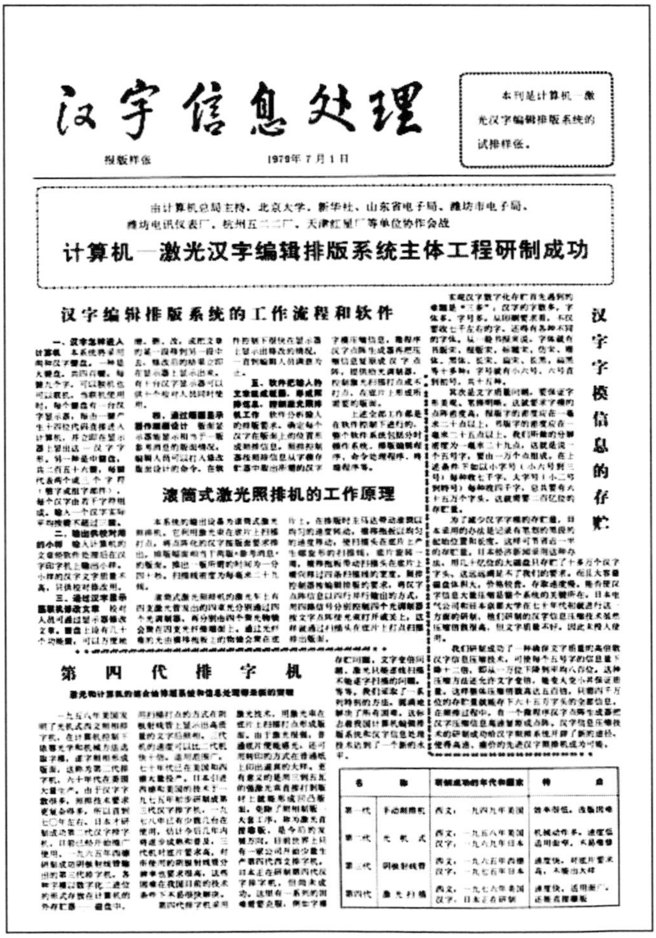

　　1979 年 8 月 11 日，《光明日報》在頭版頭條以通欄大標題「漢字信息處理技術的研究和應用獲重大突破」和副標題「我國自行設計的計算機——激光漢字編輯排版系統主體工程研製成功」報導了這一重要成果。

　　趕著輸出一個報版的樣張主要是為了調試硬件系統的正確性，而試排一本書則很大程度上是為了調試軟件。經過艱苦的調試，終於在 1980 年 9 月 15 日排出了第一本圖書《伍豪之劍》，樣書印後呈送國家領導。方毅副總理在給北大的回信上寫道：「這是可喜的成就，印刷術從火與鉛的時代過渡到計算機與激光的時代，建議予以支持，請鄧副主席批示」。鄧小平同志作了「應加支持」的批示。〔註46〕

　　1981 年第 2 期的《計算機學報》上，集中刊登了從 1980 年 6 月 11 日開始陸續收到的十篇文章，報告了王選所領導的計算機——激光漢字編輯排版系統所取得的研究成果，這是七四八工程計算機——漢字激光照排系統技術成果的一次全面彙報。

表 6：1981 年第 2 期的《計算機學報》刊登的計算機——漢字激光照排技術的論文

序號	文　章	作　者	收到稿件的日期
1	計算機——激光漢字編輯排版系統簡介	王選	1980 年 6 月 11 日
2	漢字激光照排機	張合義，李新章，郭宗泰，桂榮忠，陳福民，應文濤	1980 年 6 月 11 日
3	面向問題的 CL 排版語言及其實現	陳堃銶，丁靄麗，白敏珠，董霞芬，劉彩萍	1980 年 11 月 24 日
4	CL〔註 47〕操作系統的設計與實現	俞士汶，陳堃銶，傅國泰	1980 年 6 月 11 日
5	報紙的版面設計	王增抗，孫承萱，楊孔泉	1980 年 11 月 24 日
6	高質量漢字字模的存儲和調度	陳葆珏，董士海，吳世琪，呂之敏，向陽，徐興海，張德沅	1980 年 11 月 25 日
7	微程序漢字點陣生成器及其模擬和故障診斷	王選，陳保華，李爾溪，嚴開富，湯玉海，尤繼林，郭綠江，金昉霞	1980 年 11 月 25 日

〔註46〕《王選文集》編委會，王選文集[M]，北京：北京大學出版社，2006：47。
〔註47〕CL（Computer Laser 的縮寫）語言是用於中文書報排版的專用語言。

8	激光照排機的掃描控制方式和版面形成	裴坤壽，邵秉章，杭凌雲	1980 年 11 月 25 日
9	一種共享字模庫的漢字終端系統	甘聖予，裴坤壽，肖瑞階	1980 年 6 月 11 日
10	四路電光調制的激光照排機	李新章，張合義，趙鴻，劉德才，劉國光	1980 年 11 月 26 日

這套計算機——激光漢字編輯排版系統的原理性樣機被命名爲「華光 I 型」，由四個部分組成：〔註48〕

主系統：一臺 16 位、32K 字節的小型計算機，配有功能較強的軟件系統，包括專用的分時操作系統、文件系統、排版語言編譯系統和命令處理程序。

終端系統：一臺 16 位小型計算機，最多帶 6 臺顯示器，一臺 20×20 點陣漢字文字發生器被多臺顯示器共享。

鍵盤：系統配備有大、中兩種型號的漢字鍵盤。大鍵盤主要由漢字鍵盤區、詞組鍵盤區和功能鍵盤區三部分組成。漢字鍵盤區排列 16 行、25 列，共 400 個漢字鍵，每鍵九字（輸入時由位鍵完成九中選一控制），盤內共計 3600 字；32 個詞組鍵，一鍵九個詞組，共 288 個詞組；64 個功能鍵，每鍵代表一個功能，由軟件實現。中鍵盤除了少量漢字（432 個）可以直接整字輸入外，其他漢字均採用部首和字根拼字輸入。〔註49〕

版面顯示器：用 19 英寸彩色顯像管顯示一版 8 開報紙版面的文字分佈情況，每個字區用 3×4 點陣表示，可表示 75 行 65 列五號漢字。用黑、白、紅、綠四種顏色分別代表不同的內容區。

高質量漢字字形發生器和照排控制器：一種獨特的高質量漢字信息壓縮技術。一個 108×108 到 288×288 點陣的漢字可以被壓縮成平均 800 位信息而不失眞；微程序固件能夠高速而不失眞地把壓縮信息復原成高質量點陣字形，漢字還能自動變大、變小。

滾筒型激光照排機：輸出質量很高的正片或負片。激光掃描分辨率爲 29.2 線/毫米。實際掃描速度爲每秒 50 個五號漢字，即一小時 18 萬個五號漢字。〔註50〕

〔註48〕王選，計算機——激光漢字編輯排版系統簡介[J]，計算機學報，1981（2）：83。
〔註49〕甘聖予、裴坤壽、肖瑞階，一種共享字模庫的漢字終端系統[J]，計算機學報，1981（2）。
〔註50〕張合義、李新章、郭宗泰，漢字激光照排機[J]，計算機學報，1981（2）。

這套計算機——激光漢字編輯排版系統由北京大學負責總體設計和技術
方案，山東濰坊電訊儀表廠承擔照排控制器的研製，無錫電子計算機廠承擔
漢字終端系統的研製，杭州郵電五二二廠承擔激光照排裝置的研製，天津紅
星廠承擔漢字鍵盤的研製。〔註51〕

圖60：華光 I 型計算機——激光漢字照排系統，中國印刷博物館藏品

華光 I 型計算機——激光漢字編輯排版系統的工作流程：「通過離線漢字
鍵盤把文章穿成紙帶，送入計算機，存在磁盤存儲器內，再經漢字印字機印
出小樣，然後通過連線漢字終端編改文章；報紙版面分佈情況可以在版面顯
示器上顯示出來，編輯人員可用人機對話的方式修改版面設計直到滿意爲
止；最後在終端上發命令進行照排，此時軟件把輸入的文章翻譯成後處理系
統能接受的編輯信息，後處理系統根據編輯信息取出漢字字模，形成點陣，
並控制激光照排機在底片上掃描打點，排出各種複雜的版面。」〔註52〕

爲適應新聞和書、報編輯校對要求，終端校改系統具有較強的編輯功能，
除通常有的增、刪、改功能外，還設有刪一句、刪一段、把文章的某一段移
到另一段中去的功能鍵。七四八的研發團隊從一開始就決定研製帶漢字顯示

〔註51〕 王選，計算機——激光漢字編輯排版系統簡介[J]，計算機學報，1981（2）：
83。

〔註52〕 王選，計算機——激光漢字編輯排版系統簡介[J]，計算機學報，1981（2）：
85～86。

的先進的校改終端，用軟件來實現各種複雜的編輯功能。經測算，一臺 130
機可以帶 8 臺以上的顯示器，一個 U 型（或 E 型）磁心存儲的 20×20 點陣漢
字庫爲 8 臺顯示器所共享。負責研發漢字終端的協作廠是無錫電錶廠（無錫
計算機廠的前身）。漢字終端於 1979 年秋基本完成，滿屏能顯示 352 個漢字，
而蒙納照排機的終端一屏只能顯示很少幾個漢字，日本 TKS 校對系統沒有屏
幕顯示，不能直觀地增刪改，需要在輸出的紙樣上做記號，再把修改部分另
穿紙帶輸入。〔註 53〕

　　排版語言由若干排版注解組成，用兩個拼音字母代表注解含義，後續若
干參數組成。使用時，將排版注解插在原稿中，編譯系統按照各注解要求確
定字符的種類及其在版面上的位置，並自動實現多種功能，如換行、換頁（換
欄）、處理行末行首禁排、處理中西文和數字等字符的混排等，其中換頁（包
括自動插入書眉、頁碼）功能是國外大多數排版系統所不具備的。〔註 54〕

圖 61：計算機——漢字激光照排系統的構成 〔註 55〕

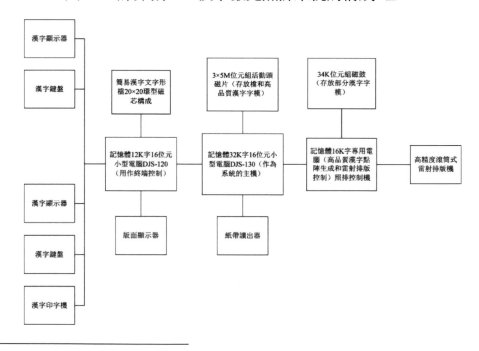

〔註 53〕　《王選文集》編委會，王選文集[M]，北京：北京大學出版社，2006：38～40。
〔註 54〕　王選，計算機——激光漢字編輯排版系統簡介[J]，計算機學報，1981（2）：
　　　　　86。
〔註 55〕　王選，計算機——激光漢字編輯排版系統簡介[J]，計算機學報，1981（2）：
　　　　　86，圖 3。

1981 年 7 月 8 日至 11 日，國家計算機工業總局和教育部聯合召開鑒定會，認為華光 I 型計算機——漢字激光照排系統「與國外照排機相比，在漢字信息壓縮技術方面領先，激光輸出精度和軟件的某些功能達到國際先進水平」。華光 I 型原理性樣機研製單位包括北京大學、濰坊計算機廠、無錫計算機廠、杭州通信設備廠、新華社和天津紅星廠。研製歷時 6 年，高峰期間是 1978 年和 1979 年，各單位投入的研製人員超過 70 人，技術難度大，工作量大，雖然開發手段仍比較落後，但它起到了重要的歷史作用。〔註 56〕

3.4 計算機——漢字激光照排技術的商品化

計算機——漢字激光照排技術原理性樣機研發成功後，前面還有很長的路要走，還要與西方同類出版技術同臺競爭，做好新技術的實用化、商品化和產業化等一系列問題。

3.4.1 中外在漢字信息化領域的競爭

就在七四八工程研發的國產計算機——漢字激光照排系統取得階段性成果的同時，改革開發的大氣候也給國外激光照排產品進入中國打開了大門。

時任國家出版局領導，主管印刷、發行工作的王益〔註 57〕撰文回憶了1979～1980 年兩年間引進英國蒙納公司激光照排系統的情況。

從 1979 年 10 月 8 日開始，蒙納公司受邀先後在上海、北京兩地舉辦激光照排系統的展覽，上海印刷技術研究所展示了用蒙納公司的設備排版印刷出來的兒童讀物《狐狸列那的故事》，這是第一本用激光照排技術在中國出版的正式出版物。展出很成功，但「觀眾對展品的反映，見仁見智，極不一致，從充分肯定到全盤否定的都有。關於是否留購，也有兩種截然相反的意見。」〔註 58〕

雖然蒙納公司是國際知名品牌也有著雄厚的技術實力，但要把成熟的西

〔註 56〕 《王選文集》編委會，王選文集[M]，北京：北京大學出版社，2006：48。

〔註 57〕 王益：1951 年至 1953 年任新華書店總店副總經理、總經理，1953 年任出版總署發行事業管理局副局長，1958 年任文化部出版事業管理局局長，1978 年任國家出版事業管理局黨組成員、副局長，1987 年任新聞出版署特邀顧問，1995 年離休，2009 年去世。

〔註 58〕 王益，引進英國蒙納中文激光照排系統紀實[J]，印刷技術，2007（6）：158，（該文原刊於《印刷技術》1992 年第 6 期）

文排版系統引入中國，需要解決漢字字庫、中文排版校改軟件和漢字輸入鍵盤三大問題，這「對於不懂中文、不瞭解中文排版特點和要求的英國工程技術人員都是比較隔膜和不易解決的問題。1978 年在香港展出的設備，僅僅是極初步的樣機，1979 年北京和上海展出的，嚴格講，仍然是功能很低、不能滿足正式投產要求的樣機。只有在我國的工程技術人員做了大量工作解決了一系列問題之後，該系統才真正成爲實用的、完善的、能全部滿足中文排版要求的電子激光照排系統」〔註 59〕。設備存在的主要問題是中文排版功能尚未完善，還不能排中文科技書；磁盤容量（80M）不足，不能滿足漢字字庫的要求；工藝流程設計上有問題，校樣必須從主機輸出，這樣一本書就需要反覆輸出多次，必然降低主機的工作效率；所用的膠片和相紙都要進口，費用太高；256 鍵字根組合法的輸入鍵盤不太好，速度太低，而且很費腦力，操作人員希望改用大鍵盤。〔註 60〕

國家出版局申請購買蒙納公司在京展出的設備，一方面可以用於生產，解決排字力量不足問題；一方面可以作爲樣機，進行激光照排技術的研究。當時積極爭取國家資金支持的有三方：一是七四八工程的研發單位，一是國家出版局所代表的出版行業，一是一機部和人民日報。

在國家進出口管理委員會主持下，召開多次會議進行論證，終於取得了一致意見，報經國務院審批，同意出版局留購設備，但報告更傾向於支持北大進行自主研發。1980 年 2 月 20 日，時任進出口管理委員會秘書長的江澤民在報請谷牧副總理批准關於引進漢字激光照排系統的處理意見中認爲，北大的方案「已有顯著成效，技術接近成熟，解決了文字縮小和放大不變形的問

〔註 59〕 王益，引進英國蒙納中文激光照排系統紀實[J]，印刷技術，2007（6）：159。
〔註 60〕 蒙納的激光照排系統中，鍵盤採用香港的樂秀章教授研發的字根組合方案。由 236 個字根鍵和 200 個字母及功能鍵組成。操作者根據漢字字形、部首將文字分拆成若干字根鍵入，最後加一專用的隔字鍵，以區分相鄰的文字。平均每個漢字需按鍵 3.7 次（包括隔字鍵），輸入速度在每分鐘 30 字左右。在輸入文字的同時，還需要根據版式的要求用功能鍵輸入不同的指令。輸入的信息經穿孔機記錄在紙帶上。校改終端可以在一個分辨率爲 256x256 的顯示器上以 16x16 的點陣字庫顯示出來，以對照原稿進行校改，也可以通過行打印機打印輸出。但是版式卻不能顯示出來，只能通過主機照排之後才能看到，所以這樣的校改需要經過多次照排輸出才能完成，這就造成在實際使用中往往照排機的效率不高。（引自：章恩樹、解愛林、計海剛、施力，《印刷工人中級技術培訓教材》自動照相排版技術[M]，上海：上海出版印刷公司，1987：475）

題，有幾項技術指標已達到國際先進水平，關鍵問題在於採用的國產電子計算機及一些元器件不僅體積大，而且運行不可靠。但對該項目應予積極扶持，可給以少量外匯（20 萬美元）進口小型電子計算機和一些主要外部設備，以及集成電路組件等，以便繼續試驗使其完善化，將來在國內推廣。在具備一定條件以後，還可將產品打入國際市場……各有關單位應和北大共同配合，集中力量，將這一項目搞得更加完善，開花結果」〔註61〕。

　　對於出版局反映的排字能力不足，許多書稿無處排版，影響大專教材出書，北大等單位試製的產品目前尚不能投入使用等問題，報告同意出版局與英國蒙納公司談判留購，但要求對 60 萬英鎊的報價儘量壓價，還應明確只買設備，不買技術；對於一機部、人民日報申請 250 萬美元與美國文字基金會合作研究中文激光照排系統的項目暫不考慮。

　　1980 年 9 月 5 日，中國印刷公司以該設備和中國印刷科學研究所、北京新華印刷廠有關技術人員為基礎，開始籌建新華照排實驗中心。〔註62〕王益認為：「蒙納系統的引進，打擾了那麼多領導同志，費了那麼長時間（前後共 21 個月），這是有原因的。在我們引進當時，我國研製中文電子激光照排系統，已有幾年歷史，且已獲得一定成果，這就是問題複雜之所在。引進和自行研製是否矛盾，是要具體分析的。在我們的具體場合，引進對研製並不矛盾，且有借鑒作用，可以相輔相成」〔註63〕。

　　王選回憶：「蒙納系統的硬件先進可靠，而北大等單位研製的系統還未開始調試。蒙納系統即將展出，給我們帶來很大的壓力。……原理性樣機系統儘管設計思想先進，技術上有所突破，但由於研製工作是在閉關鎖國的條件下開始的，所用器件全是國產的，可靠性差、體積大，無法投入使用，更無法與國外產品競爭。當時面臨的形勢是十分嚴峻的：若不能在幾年內搞出實用的、高可靠性的系統，外國產品將逐步成熟，最後大舉進入中國市場」〔註64〕。英國蒙納公司直接與中國印刷公司合作，把它的照排系統加上漢字字模和中文排版軟件後打入中國市場，這讓七四八項目的研製單位感受到了巨大的壓力。〔註65〕

〔註61〕 《王選文集》編委會，王選文集[M]，北京：北京大學出版社，2006：51～54。
〔註62〕 王益，引進英國蒙納中文激光照排系統紀實[J]，印刷技術，2007（6）：159。
〔註63〕 王益，引進英國蒙納中文激光照排系統紀實[J]，印刷技術，2007（6）：159。
〔註64〕 《王選文集》編委會，王選文集[M]，北京：北京大學出版社，2006：116。
〔註65〕 後來中國印刷科學技術研究所照排實驗中心研製的「微型機漢字書刊排版和

出版印刷業者更傾向於蒙納公司的激光照排系統，是因爲它採用點陣字庫直接存儲，雖然是虛擬的數據，但很直觀，能看得到漢字的樣子，不足之處是需要佔用大量的計算機存儲資源；而王選所設計的計算機——漢字激光照排系統，雖然存儲空間可以小得多，但機器裏並沒有漢字的點陣字庫，點陣字庫完全是計算機重新還原計算出來的結果，這不僅對計算機的速度和軟件會有很高的要求，也讓從來都是操作實物的出版業者對這條路徑能否成功普遍持懷疑態度。王選自己也承認：「那些斷定我們會垮臺或者不願意與這一項目沾邊的同志，都是本單位的重要骨幹，是一些很有能力的計算機專家，有的後來繼續在計算機領域內做出了貢獻。他們當時就預見到了在計算機和電子領域內外國貨即將對中國產品帶來的巨大衝擊，後來的事實也證明確實如此。他們唯一的錯誤是低估了我們方案的技術優勢和北大不竭的創造潛力，也低估了『七四八』工程一批骨幹鍥而不捨的奮鬥精神。無論是在當時，還是今天，我們都不應責怪那些在一個時期內對國產照排系統產生動搖或在1987年前主張引進或購買國外照排系統的同志」〔註66〕。

1984年4月，Xenotron公司與蒙納公司合作，在北京展示了通過高分辨率大屏幕顯示的整頁拼版設備，此後又有日本寫研、森澤公司等公司紛紛來京展示其漢字照排產品，引發了一次引進國外照排機的熱潮，1985、1986兩年，六家大報購買了五種不同牌子的美、英、日生產的照排系統，幾十家出版社、印刷廠購買了蒙納系統和若干臺日本第三代照排機。〔註67〕

引進西方成熟的技術產品與自主研發的尚未成熟的技術之間展開了同臺競爭，這迫使國產計算機——漢字激光照排系統必須盡快完成實用化和商品化。

3.4.2 改進出版技術的迫切需求

中國在改革開放之初，百廢待興，隨著解放思想的深入，出版業又迎來

高級文書處理系統」，採用IBM-PC，將照排工藝分爲前處理（微機排版）和後處理（照排輸出）兩道工序，操作簡便，易於普及，在1985年通過了文化部的鑒定。這套被命名爲「科印」的微型機排版系統有十多家出版印刷單位採用，面向社會銷售了千餘套，並且進入了國際市場。國外進入中國的三家照排系統供應商，英國蒙納、日本寫研、森澤，都支持「科印」軟件作爲其照排系統的主要排版軟件或前端微機排版軟件。

〔註66〕白晶，方正人生：王選傳[M]，南京：江蘇人民出版社，2009：110～111。
〔註67〕《王選文集》編委會，王選文集[M]，北京：北京大學出版社，2006：80。

了一個發展的春天。但「文化大革命」期間出版印刷業畸形發展的結果——印製能力強、排版能力弱的結構性弊端暴露了出來，排版環節的生產力嚴重不足，導致「出書慢」、「出書難」的問題十分突出。

　　爲了解決圖書出版中的瓶頸問題，1983 年文化部出臺了《關於採取有力措施，盡快縮短圖書出版週期的意見》，意見認爲：

　　　　近幾年來，圖書出版週期長得驚人，而且越來越長。以北京地區爲例，有些出版社從編輯部發稿起到印刷廠把書出齊爲止，平均每種書的出版週期，社會科學類的圖書長達一年，自然科學類的圖書長達一年半，再加上書稿加工和圖書發行所需要的時間，整個出版的週期就變得更長。圖書出版週期長的原因很多，最主要的是印刷生產力嚴重不足。……1981 年北京地區缺排版能力 9 億字，缺印裝能力 300 萬令，印刷生產力只達到出版任務的 70%。上海地區也缺印裝能力 100 萬令左右。預計 1985 年全國將缺排版能力 32 億字，缺印裝能力 1,100 萬令。……在排字方面，我們主要靠一個世紀前的手工鉛排，效率僅及國外先進設備的 25～50%。在印刷方面，大量使用本世紀初引進的平版鉛印機，效率僅及國外先進設備的 2.5～5%。在裝訂方面，我們使用的機器也比較落後，效率僅及國外先進設備的 25～50%。由於印刷生產力嚴重不足，再加上期刊要準期出刊，課本要課前到書，重要圖書要及時出版，在印刷上對一般圖書的衝擊很大，迫使大量書稿積壓在出版社和印刷廠，遲遲不能發排付印。圖書出版週期長，最主要的是排隊等候的時間長，現在「短版書」（大都是學術著作和科技專業書）越來越多，所佔比重越來越大，但適宜印「短版書」的印刷機卻數量少，效率低，遠遠不能適應需要，使大量「短版書」的印刷更困難，排隊等候的時間更長。

　　　　實現縮短圖書出版週期的奮鬥目標，關鍵是要大力發展印刷生產力。……當務之急，必須對現有印刷廠有計劃、有重點地進行設備更新和技術改造，進行必要的改建和擴建，用新設備、新技術、新工藝、新材料來代替舊設備、舊技術、舊工藝、舊材料。〔註68〕

意見要求增強排版能力，大力推廣照相排字，加快研製出便宜的軟片和

〔註68〕　文化部關於採取有力措施，盡快縮短圖書出版週期的意見[G]//中國出版年鑒（特輯），1983：27～28。

照相紙，同時增強鉛字排版能力，排版車間要開兩班或三班，有條件的出版社也可以自辦排版廠；要求大力發展膠印印書，進口一批膠印機，以應急需，並建立裝訂聯動作業線等措施。

1983 年文化部提出《1981～1990 年全國出版事業發展規劃綱要（草案)》，爲出版業的發展設定了具體的目標。在印刷排字方面，規劃要求「六五」期間全國排字能力增加 30.5 億字，照排、膠印印書的比重達到 10～20%；「七五」期間，排字能力增加 30 億字，1990 年達到 120 億字，照排、膠印印書的比重達到 20～30%。在出版週期方面，規劃要求 1985 年雜誌基本上能按期出版，書籍的平均出版週期縮短四分之一（150 天）；1990 年達到雜誌全部按期出版，書籍的平均出版週期再縮短二分之一（100 天），課本全部課前到書。〔註 69〕

1983 年 6 月 6 日，中共中央、國務院做出了《關於加強出版工作的決定》〔註 70〕。這是中華人民共和國成立以來第一次由黨中央、國務院直接做出的關於出版工作的重要決定。決定認爲，「爲了解決出書難、買書難的問題，急須對書刊印刷和圖書發行工作進行體制改革和技術改造。……我國印刷事業落後的嚴重狀況，有關部委應該充分重視。舉世公認，印刷事業的落後，不但表明一個國家文化教育的落後，而且表明經濟發展的落後。現在我國的印刷事業，比一些發展中國家落後得很多。比我國整個經濟發展也落後得很多。這種狀況對於實現全面開創社會主義現代化建設新局面的宏偉目標，十分不利。我們必須在今後若干年內，有計劃地對印刷工業進行技術改造和體制改革。」決定要求，「對排版、印刷、裝訂的裝備和器材，要努力增加品種、提高質量、降低成本，要逐步把我國印刷技術從手工排版、鉛字印刷的落後狀況，轉移到採用先進技術裝備的基礎上。這項工作由國家經委牽頭，組織文化、機械、電子、輕工、化工、冶金等有關部門共同進行，並納入國家計劃，抓緊組織實施。」〔註 71〕

1982 年國家經委組織成立了印刷技術裝備協調小組。協調小組由國家經

〔註 69〕 1981～1990 年全國出版事業發展規劃綱要（草案）[G]//中國出版年鑒（特輯），1983：20。

〔註 70〕 中共中央、國務院《關於加強出版工作的決定》(《中共中央文件》中發[1983]24 號，《中華人民共和國國務院公報》1983 年第 13 號)

〔註 71〕 中共中央、國務院關於加強出版工作的決定[G]//中國出版年鑒（特輯），1983：1～5。

委、機械部、電子部、化工部、輕工部、文化部、中科院等部門的領導組成，統一領導、協調印刷工業的技術革新、技術改造，領導和組織全國印刷及設備器材工業和科技攻關工作。經委副主任范慕韓任組長。在協調小組的領導與組織下，制定並實施「六五」、「七五」印刷技術改造規劃。

印刷技術裝備協調小組提出了「自動照排、電子分色、高速膠印、裝訂聯動」的十六字方針，「瞄準國際先進印刷工藝技術水平，以自動照相排字機、電子分色機、高速多色膠印機和自動聯動裝訂機爲重點，按系統工程的原則統籌解決印刷技術程式中排字、印刷、裝訂等各個環節的自動化設備研製與生產及相互配套的各種器材（紙張、油墨、感光材料、版材等），用產業結構合理、協調發展的原則統籌安排科研、開發、技術引進和企業技術改造，從整體上提高我國印刷工業的水平，以基本解決出書慢、買書難的問題」〔註72〕。

由於國家對提高排版生產能力和縮短圖書出版週期提出了明確要求，這一迫切需求給計算機——漢字激光照排技術帶來了一個難得的歷史機遇和一個廣闊的市場。中央財經領導小組批准了協調小組提出的規劃方案。這個方案，從 1983 年起作爲專項補充列入國家「六五」計劃，從 1986 年起正式列入國家「七五」、「八五」、「九五」計劃。前後將近二十年，國家投資數十億元，支持新聞出版、電子、機械、輕工、化工等部門二百多個骨幹企事業單位進行了技術改造，重點支持了計算機——漢字激光照排這一印刷核心技術的研製，「1975 年至 1995 年這 20 年間，北大因激光照排項目共得到國家各種名義的撥款累計達 1 千萬元，雖然占印刷專項中很小的比例，但印刷專項起到了風險投資的作用。」〔註73〕

印刷技術裝備協調小組規劃的實施也爲中國印刷技術裝備製造工業帶來了一次全面發展的機遇。從印前照相製版，到各種印後加工，出現了很多新的產品，如：自動的及半自動的照相排字機，弔式的及臥式的程控照相機，電子分色機，各種顯影、定影機，各種曬版機等；印書刊及報紙用的捲筒紙膠印機，單色及多色的各種規格的單張紙膠印機，凹版印刷機，柔性版印刷機，絲網印刷機等；折頁機、配頁機、各種釘書機、裝訂聯動線、燙金機、模切機、切紙機、三面切書機等。〔註74〕

〔註72〕張勁夫，我國印刷技術的第二次革命[G]//中國出版年鑑（2003）：631。
〔註73〕《王選文集》編委會，王選文集[M]，北京：北京大學出版社，2006：79～80。
〔註74〕王德茂，中國印刷技術裝備 60 年[G]//本書編委會，光輝印跡——新中國 60

3.4.3 「華光Ⅱ型」的實用化（1983 年）

華光Ⅰ型原理性樣機是在一個自我封閉的條件下研製的，全部採用國產元器件，運行很不穩定，穩定時間僅半小時，不是磁鼓出了問題，就是磁心內存或其他部件出了故障。要讓系統變得實用，就必須提高硬件的可靠性。王選說「當時的環境和形勢不允許我們使用國外設備，甚至不許使用國外的元器件」〔註75〕，但是隨著改革開放的深入，這種制約也就不復存在了。

北京大學希望王選能夠加強與國外的合作，以自主技術為核心，部分設備購買國外的成熟產品，使Ⅱ型機真正走向實用。「1979 年 7 月原理性樣機排出一版報紙樣張後，我們決定見好就收，不致力於系統的實用和生產，而只是對付鑒定會」〔註76〕，王選開始把主要精力放在新的Ⅱ型機的設計上。雖然主系統和軟件自己獨立開發，但王選採取了積極與國外合作的辦法，進口所需的設備與元件。1979 年 10 月，王選獲得了當時最新型的雙極型位片微處理器 Am2900 的技術手冊，他立即開始用 Am2900 位片微機進行系統的核心設備——照排控制器的重新設計。

微處理器有兩種類型：一類是 MOS 型的微處理器，如 16 位的 Intel8086、80286、M68000 等，這類處理器的指令形式和指令系統是在芯片內做死的，沒有修改的可能；另一類是雙極型微處理器，如 2 位的 Intel3000，4 位的 Am2901A，16 位的 Am29116 等，這類微處理器芯片必須和微程序控制器（如 Am2910、Am2909）以及微程序存儲器（包括微指令寄存器在內）配合在一起才能組成完整的微型機，這類微處理器稱為用戶可編微程序的微處理器。如果採用 MOS 型微處理器，只能用軟件來將漢字的字形壓縮信息復原成一定分辨率的點陣字形信息，速度很慢；而如果採用雙極型的微型機，它的微指令形式和內容不是固定的，可以由用戶（即系統設計者）擴充，因而很靈活，執行的效率和速度都很高。〔註77〕

第二代漢字激光照排系統的研製以照排控制器這個核心組件為開端，由濰坊計算機廠向陽主持工程設計、生產製造和調試。Ⅱ型機的專用照排控制器取名為 TC83（TC 是英文 Typesetting Controller 的縮寫），預計 1983 年完

週年印刷業發展歷程，北京：印刷工業出版社，2009：38～39。
〔註75〕《王選文集》編委會，王選文集[M]，北京：北京大學出版社，2006：33。
〔註76〕《王選文集》編委會，王選文集[M]，北京：北京大學出版社，2006：60。
〔註77〕北京大學、濰坊電子計算機公司，高分辨率漢字字形發生器：中國，CN85100285U[P].1985-09-10。

成。TC83 的設計要點在於採用了最新的 Am2900 系列微處理器、外圍邏輯與微程序三者的配合，用最少的設備，獲得盡可能高的運行速度。爲了提高速度，採用了兩臺微處理器（每臺由 4 片 Am2901 和一片 Am2910 組成，後者是微程序控制器），一臺處理當前漢字的輪廓標記點陣的生成工作，另一臺做上一個漢字的輪廓內點陣的填充工作，兩臺微處理器在狀態觸發器的協調下並行運算。TC83 除了 DRAM 存儲板外，只用了 200 多塊芯片，相比原理性樣機，元件減少了一個數量級。存儲介質方面，1979 年專門生產 DRAM 的 Mostek 公司存儲器板的容量已經達到了 128KB，這樣只需要用 4 塊板的 DRAM（512KB）就可以存放一本書所用到的全部字模，從而避免了原理性樣機中使用磁鼓的問題。輸出方面，新的方案沿用了逐段生成、逐段緩衝的做法，但把華光 I 型原理性樣機一次 8 線的速度提高爲一次 32 線。〔註 78〕接著，外圍的微處理機漢字終端、自動上下片的照排機以及軟件的更新換代工作都陸續展開。

　　1983 年，「華光 II 型」機問世了。這是一個供中間試驗的機型，首次採用國外的大規模集成電路和微處理器。原理性樣機華光 I 型由於採用的是小規模集成電路、磁芯、磁鼓等落後器件，不僅系統集成度不高、體積大，而且可靠性差，而新設計的第二代照排控制機與原理性樣機相比，元件數量減少到了十分之一，可靠性也相應得以提升。〔註 79〕

　　微處理器 1979 年開始流行，顯示出巨大的前景。雖然當時 IBM PC 尚未出現，七四八工程的研發團隊就已經決定對漢字終端進行改進，研製基於微處理器的漢字終端了。1980 年初開始與日本松下電器合作研製漢字終端，由顧小鳳負責在松下公司提供的一臺基於 M6800 的終端上開發編輯軟件，該成果於 1981 年 7 月通過部級鑒定。同樣基於 M6800 自主設計的、與無錫計算機廠合作開發的終端，1984 年也實現了與主系統的聯通，在新華社的系統和 II 型機以及部分後來的 III 型機上都配備了這種終端，銷售了幾十套。〔註 80〕

　　激光照排機的硬件功能也進行了改進。原理性樣機的滾筒式照排機需要手工上下底片，使用不方便，II 型機增加了自動上下片機構。並將四個調制

〔註 78〕《王選文集》編委會，王選文集[M]，北京：北京大學出版社，2006：61。
〔註 79〕王選、呂之敏、陳竹梅等，高分辨率漢字字形的放大和縮小技術[J]，計算機學報，1984（6）。
〔註 80〕《王選文集》編委會，王選文集[M]，北京：北京大學出版社，2006：71。

器分別調制四路激光的方式改爲了一個調制器調制四路激光的方法。〔註81〕杭州通訊設備廠生產的照排機後來銷售了 2 千多臺，取得了較大的經濟效益。〔註82〕長春光機所和四平電子所承擔的另一種轉鏡式激光照排機，這是中國第一臺高精度的轉鏡掃描激光照排機，它的走片機構較爲簡單，是國外的主流機型，主要優點是照排速度快，連續輸片，一秒鐘可以照排 76 個五號漢字〔註83〕，每分鐘可照排 16 開雜誌兩頁半，文字質量高。轉鏡掃描激光照排機後來銷售了近千臺。〔註84〕

陳堃銶負責排版軟件的研製。1975 年開始設計書版排版語言，1977 年開始設計專用分時、實時操作系統。軟件的程序量約 14 萬行，全都是用匯編語言寫的，其難度可想而知。從II型機開始，計算機軟件的開發工作量逐步大於了硬件研製的工作量。II型機的批處理排版軟件已經跳過了當時國外照排機只能出毛條，然後手工拼版進行校改的階段，具有了自動成頁的功能。〔註85〕

新增字體字模。北大中文系的陳竹梅於 1975 年 11 月參加七四八研製工作，承擔了字模庫的建設。她通過統計大量宋體、黑體、仿宋體、等線體的橫、豎、折筆劃的筆鋒和起筆、收筆變化，給確定參數描述提供了可靠的科學依據。除了北大，新華社也承擔了大量的漢字字模的製作任務。〔註86〕

華光II型第一批生產了 5 套，其中 4 套的主機是國產的 DJS153，一套用的是與 DJS153 兼容的美國 NOVA III。該系統定價 120 萬元，1984 年生產了十幾套，一度出現了供不應求的局面。〔註87〕

1984 年初，國家經委安排在新華社進行計算機——漢字激光照排系統中間試驗，試排新華社出版的一報一刊。試驗中系統軟件和硬件特別是激光照排機出現了許多問題和故障，那時王選和他的夫人陳堃銶帶病堅持在現場解決問題。在大家共同努力下，經過二個月的連續運行，共排印《新聞稿》88

〔註81〕張合義、李新章、范緒錢等，新型的漢字激光照排機[J]，北京大學學報（自然科學版），1984（6）。

〔註82〕《王選文集》編委會，王選文集[M]，北京：北京大學出版社，2006：72。

〔註83〕張文斌、田玉純、高志學，漢字精密激光照排機[J]，應用激光，1983（3）。

〔註84〕《王選文集》編委會，王選文集[M]，北京：北京大學出版社，2006：72。

〔註85〕《王選文集》編委會，王選文集[M]，北京：北京大學出版社，2006：73。

〔註86〕《王選文集》編委會，王選文集[M]，北京：北京大學出版社，2006：75。

〔註87〕廿年茹苦心無悔，鑄成輝煌留人間——紀念我國電子出版系統二十週年[J]，計算機世界，1994（8）：18。

期，《前進報》12 期，共一千多萬字。運行中問題雖然不少，但系統主要技術指標達到了預定要求，且照排機的運行已經比較穩定。1985 年 5 月，國家經委對系統進行了國家級鑒定和驗收。從原理性樣機到實用性樣機的成功跨越，使大家增強了研發的自信。

系統驗收後，國家經委決定要選一家全國性的大報進行激光照排系統的應用試點。新華社試點成功只是說明系統「可用」，如果要說「實用」，還必須能排每日出版的報紙，因爲日報時效性最強，對技術要求最嚴格。激光照排如果能排日報，那麼其他書刊、雜誌的排版應該沒有問題了。得知這一消息的經濟日報社印刷廠主動請纓，願意配合漢字激光照排系統進行應用試驗。經濟日報社印刷廠與山東濰坊計算機公司簽定了購買 2 套大報版系統和 1 套書版照排系統的合同，將《經濟日報》作爲應用試點。同時，國家經委將《經濟日報》技術改造項目補充列入國家「七五」計劃，在資金上重點給予保證。

《經濟日報》從鉛印改爲激光照排的平版膠印，還需要解決後段的印刷機配套問題。爲了將原來的鉛印輪轉機改造用於膠印，經濟日報社印刷廠從日本引進了液體感光樹脂版的設備和技術，使用這種樹脂印版就可以直接掛載在鉛印機上進行平版膠印印刷了，爲激光照排系統的正式試驗做好了準備。

范慕韓、王選組織北大、山東濰坊計算機公司、郵電部杭州通訊設備廠等主要技術人員到《經濟日報》跟班作業，現場解決問題。1986 年 10 月，印刷廠首先用代印的《中國機械報》進行試驗，「試驗是一版一版的進行（一張報紙四個版，一塊版用計算機排，其餘仍用鉛排）……在這兩個月的試驗中，經常出現漏行、串行、掉字現象……累計出現的問題、故障不下幾百起。……每出現一次事故，都要及時查找原因，一個也不放過。經過日以繼夜地修改軟件，調整硬件，清理操作程序，到了 12 月，大部分不可預計和不可操控的問題基本消失了。……數月實戰積累，經濟日報社印刷廠終於迎來了決勝時刻。3 月初，《經濟日報》正式拿出一個版面進行計算機排版……但是偶而發生的『改後出錯』現象仍然困擾著所有人：二校改過得錯三校時又出現，這類問題令人防不勝防，爲此只能加強校對，報紙版面有任何數據變動，都要全面核對一次。」〔註88〕這樣的質量和責任問題也給編輯部的領

〔註88〕第一家告別鉛與火的報紙印刷廠──經濟日報社印刷廠[G]//本書編委會，光輝印跡──新中國 60 週年印刷業發展歷程，北京：印刷工業出版社，2009：222～224。

導帶來極大的壓力，多虧印刷廠廠長夏天俊敢於立下軍令狀，在限定的期限內解決了問題，否則激光照排的試驗就難以繼續。1987 年 5 月 21 日，《經濟日報》印刷了最後一張鉛排的報紙，從第二天開始，報紙全部採用了激光照排系統進行排版。《經濟日報》由此成爲第一家採用計算機-激光排版系統進行屏幕組版、整版輸出的中文日報。

《經濟日報》採用激光照排之後，不僅改進了生產環境，消除了鉛污染，而且大大提高了生產效率。1988 年《經濟日報》年排字量達到 1.2 億字，比 1986 年鉛排的產量提高了近 2 倍，排報種數 33 種，增長了 4 倍，產值和利潤都翻了一番。1988 年 7 月 8 日，工廠推倒了全部的排字架，淘汰了鉛排設備，斷掉回到鉛排的退路。這一破釜沉舟的舉動使經濟日報社印刷廠成爲全國大報印刷廠中第一家徹底取消鉛作業的工廠。〔註89〕

《經濟日報》試點成功證明，採用先進技術，雖然投入較高，但是產出更高、效益更好。《經濟日報》的試點剛剛通過國家驗收，就有二十多家報社踴躍訂購漢字激光照排系統，很快在全國掀起了報業應用激光照排技術的熱潮。

在《經濟日報》試點的同時，范慕韓、王選還抓了科技類圖書和民族文字圖書的激光照排的試點工作。同報版和一般書刊的排版相比，數學公式、化學符號和各民族文字對排版軟件有很多特殊要求。科技類圖書的試點選在鐵道出版社印刷廠進行，民族文字圖書的試點選在民族出版社進行，均取得了成功，至此，計算機激光照排的各種技術問題都已經得到了解決。

華光II型的研發工作，從 1979 年 10 月開始，到 1985 年 5 月國家驗收，歷時五年完成，成爲了中國自主研發的第一款實用激光照排系統。

3.4.4 信息化的引擎——計算機的發展規律

類似於工業時代的印刷機對於出版技術工業化的推動作用，信息時代的計算機對於出版技術的信息化也起到了推動引擎的作用，表現爲運算速度、計算能力和性價比的同步快速提升。

①倍增的規律

1971 年英特爾（Intel）公司首次成功地用一個芯片實現了計算機中央處

〔註89〕 第一家告別鉛與火的報紙印刷廠——經濟日報社印刷廠[G]//本書編委會，光輝印跡——新中國 60 週年印刷業發展歷程，北京：印刷工業出版社，2009：224。

理器 CPU 的所有功能，誕生了世界上第一個商用微處理器 Intel4004，揭開了個人計算機發展的大幕。從 20 世紀 70 年代開始的十來年裏，微處理器與微型計算機開始了迅速的更新換代。

表 7：微處理器更新換代情況

代	年間	工藝	字長（位）	指令週期（ms）	時鐘（MHz）	集成度（器件/片）	典型產品
1	1971～1973	PMOS	4 8	20	0.7～0.8	2,000	i4004、i8008
2	1973～1977	NMOS	8	2	2～5	5,000～10,000	i8080、M6800、Z80、i8085
3	1978～1980	HMOS	16	0.5	5～10	30,000	i8086、Z8000、M68000
4	1981～	NMOS HMOS CMOS	32	0.3	8～18	10～50 萬	iAPx432、HP-32、MAC-32、NS16032、i80386、Z80000

資料來源：陳厚雲、王行剛等編著，計算機發展簡史[M]，北京：科學出版社，1985：106。

從上表可以看出，在短短的十多年間，微處理器的發展就已經跨越了四代：CPU 的時鐘頻率從 0.7MHz 增加到 18MHz，這也意味著其系統運行的速度加快了 25 倍；指令週期從 20ms 縮短到 0.3ms，相當於每條指令的執行時間縮短到了原來的 1.5%；真正重要的變化是計算機 CPU 的字長從 4 位增長為 32 位，意味著它的尋址能力相應地從 2^4（16byte）增長到了 2^{32}（4Gbyte），這種變化已經不是一種線性的增長模式了，而是一種倍增模式。在過去的手工業時代，或是在後來的工業化時代，這種增長方式都是不可想像的。

作為個人兼容計算機 CPU 的代表，Intel 公司的微處理器產品性能的各項指標也呈現了一種快速上升的趨勢。

表 8：20 世紀 70 年代到 90 年代 Intel 和 Motorola 的微處理器指標對比

Date	Name	Developer	Max Clock Rate	Word size （bits）	Process	Transistors
1971	4004	Intel	740 kHz	4	10μm	2,250
1972	8008	Intel	500 kHz	8	10μm	3,500
1974	8080	Intel	2 MHz	8	6μm	6,000
1974	4040	Intel	740 kHz	4	10μm	3,000
1974	6800	Motorola	1 MHz	8	-	4,100
1977	8085	Intel	3 MHz	8	3μm	6,500
1978	8086	Intel	5 MHz	16	3μm	29,000
1979	8088	Intel	5 MHz	8/16	3μm	29,000
1979	68000	Motorola	8 MHz	16/32	3.5μm	68,000
1982	80286	Intel	6 MHz	16	1.5μm	134,000
1984	68020	Motorola	16 MHz	32	2μm	190,000
1985	80386	Intel	16 MHz	32	1.5μm	275,000
1987	68030	Motorola	16 MHz	32	1.3μm	273,000
1989	80486	Intel	25 MHz	32	1μm	1,180,000
1989	i860	Intel	25 MHz	32	1μm	1,000,000
1990	68040	Motorola	40 MHz	32	-	1.2 million
1993	PowerPC 601	IBM, Motorola	50-80 MHz	32	0.6μm	2.8 million
1993	Pentium	Intel	60-66 MHz	32	0.8μm	3.1 million

資料來源：https://en.wikipedia.org/wiki/Microprocessor_chronology

　　從上表可以看出一個大致的規律：除了 CPU 的字長從 4 位發展到 32 位以外，計算機的主頻（clock rate）呈現出越來越快的趨勢（計算機主頻是反映計算機 CPU 性能的一個關鍵指標，直接反映了計算機的運算速度和計算能力，就像印刷機的轉速不斷提高能帶動產能的提高一樣，計算機的運算速度的提高也能帶動計算能力的提升）；一片 CPU 上集成的晶體管數量呈現出不斷增長的趨勢，微處理器的結構變得越來越複雜，同時工耗降低，效率提高，性價比越來越高。

　　英特爾（Intel）創始人戈登·摩爾（Gordon Moore）總結計算機集成電路發展的經驗定律，提出了「摩爾定律」的預言。他在 1965 年發表了一篇名為《讓集成電路填滿更多元件》（Cramming more components onto integrated circuits）的文章，對未來半導體元件工業的發展趨勢做出了預測。他在這篇文

章中指出，單塊矽芯片上所集成的晶體管數目大約每年增加一倍（1975 年，摩爾將週期修正爲「每兩年」增加一倍）。這一預言在此後的幾十年間展現出了驚人的準確性：不只是微處理器，還包括內存、硬盤、圖形加速卡——個人計算機的主要元件幾乎都是遵循著摩爾定律所「設計」的路線而不斷「進化」和演變。「摩爾定律」獲得了公眾的認可，成爲描述計算機時代信息產品發展趨勢的一個規律。〔註90〕

CPU 的發展規律，帶動了其配套的內存容量的提高也是倍增的。70 年代初半導體存儲器問世，它不僅迅速取代了磁芯存儲器，而且向高密度、大容量方向不斷前進，在這段時間裏 MOS 存儲器的芯片集成度大體上每三年翻兩番，1971 年爲每片 1K 位，1974 年爲 4K 位，1978 年爲 16K 位，1981 年爲 64K 位，1984 年爲 256K 位。〔註91〕

②性價比的提高

計算機的性價比變化也具有一定的規律性，即便是在計算機工業發展的早期階段，它就表現出不同於工業時代的特徵。隨著計算機運算速度的快速提升，單位運算的成本呈現出一種快速下降的趨勢。

以 IBM 早期的三代大型計算機之間的性價比（下表）爲例，可以直觀地看到運算能力的快速提高直接導致了單位計算成本的逐步下降。

表 9：計算機性價比的提高

代　際	型　號	乘法速度每秒	計算十萬次乘法的價格
第一代大型機	IBM704	3000 次	1 美元
第二代大型機	IBM7090	3 萬次	20 美分
第三代大型機	IBM360/75	37.5 萬次	3.5 美分

資料來源：陳厚雲、王行剛等編著，計算機發展簡史[M]，北京：科學出版社，1985：73～74.

小型機的性價比同樣在快速提高。例如：存儲容量爲 4K 字節的小型機主機價格從 1965 年的 25,000 美元，1970 年降爲 8,000 美元，1974 年下降到 2,350 美元。〔註92〕

〔註90〕http://www.intel.com/cd/corporate/home/apac/zho/346894.htm
〔註91〕陳厚雲、王行剛等編著，計算機發展簡史[M]，北京：科學出版社，1985：86。
〔註92〕陳厚雲、王行剛等編著，計算機發展簡史[M]，北京：科學出版社，1985：101。

計算機的性價比的發展規律被格勞系（Grosch）總結爲格勞系法則（Grosch's law）：計算機的速度 P（單位爲每秒次數）與價格 C（單位爲每秒租用所需的美元）的平方成正比，即 $P = B \times C^2$。其中，B 在一段時間內爲常數。〔註93〕

③個人計算機的普及

計算機的性價比被提高到一定程度之後，個人計算機開始普及了。此時，中國的計算機工業也正在經歷「改革開放」所帶來的巨大轉變，從國外進口的個人計算機迅速在中國掀起了一股「電腦」、「微機」的熱潮。

1978 年 3 月，全國科學大會召開，提出了要把計算機發展作爲國家重點發展的八大帶頭學科之一。1979 年 3 月，國家計算機總局成立，開始了管理體制上的重大調整，標誌著中國計算機事業由封閉走向開放、由計劃經濟向市場模式的轉變。1979 年 10 月，中國參加了「國際信息處理聯合會」（International Federation for Information Processing，簡稱 IFIP），當選爲理事會理事，1981 年當選爲常務理事，打開了與國際計算機同行間技術交流的大門。

中國計算機工業相關的市場主體也相繼成立。1980 年 4 月，中國電子技術進出口公司成立；1980 年 6 月，中國計算機技術服務公司成立；1980 年 6 月，中國電子器件工業總公司成立；1981 年 12 月，中國軟件技術公司成立。

中國微型計算機的行業標準誕生。1982 年電子工業部標準化研究所和上海電子計算機工業公司共同主持召開了《微型數字電子計算機通用技術條件》部級標準草案審定會，1983 年 8 月正式被電子工業部批准，自 1984 年開始執行。〔註94〕

1982 年 9 月，國家電子計算機工業總局確定了微型機要實行有計劃地進口散件組裝生產同積極實行分期國產化相結合的政策。1983 年電子工業部計算機工業管理局把生產 IBM PC 兼容機定爲了中國計算機發展的方向。

承擔這項任務的是電子工業部第六研究所，該所的工程師嚴援朝用匯編語言在全所唯一的一臺原裝 IBM PC 機上完成了 CCDOS 的編寫，首次成功

〔註93〕慈雲桂，巨型計算機[G]//《中國計算機工業概覽》編委會，中國計算機工業概覽，北京：電子工業出版社，1984：10。
〔註94〕《中國計算機工業概覽》編委會，中國計算機工業概覽[G]，北京：電子工業出版社，1984：222～223。

創建了中文操作系統。嚴援朝後來公開了 CCDOS 的源代碼，使中國的廣大軟件開發人員感覺到，做漢字操作系統並非高不可攀，於是各種漢字操作系統紛紛隨之出現。CCDOS、UCDOS、中文之星等中文操作系統和 WPS、CCED 等中文辦公排版系統伴隨著個人計算機而普及。〔註95〕

　　中國第一臺自主研發的微機的問世，也是典型的國家集中財力、物力和人才等各種資源，集體攻關的產物。電子工業部計算機局從有關單位組織骨幹，到日本進行中文顯示軟件的開發，在香港進行硬件的研製，最終在 1985 年成功開發出了「長城0520CH」微機。該機用配備漢卡的方式，實現每屏顯示 25 行漢字，與英文顯示相同，解決了漢字顯示的問題，成爲第一臺具備完整中文信息處理能力的國產微機。〔註96〕

　　同一時期，國外生產的通用型個人計算機被通過各種渠道大量進口到中國。這些微機一般以 8 位或 16 位微處理器芯片爲基礎，具有鍵盤、顯示器等輸入輸出設備，並配備小型打印機、軟盤、盒式磁盤等外圍設備，可以使用 BASIC、COBOL、Pascal 等高級語言，用戶可以自己編程，主要供政府機關和企事業單位作文字處理使用，也可用於經營管理、科學研究和信息化教育，甚至可供家庭遊戲和娛樂使用。

　　由於個人計算機的配置不斷升級換代，使其性價比快速提高，應用在各行各業的信息化中，爲計算機——漢字激光照排技術的商品化準備好了充分的技術和市場條件。

3.4.5　「華光Ⅲ型」的商品化（1985 年）

　　華光Ⅱ型機在政府的支持和協作單位、試驗單位的密切配合下，順利實現了漢字激光照排系統在報業和出版業的實際應用，但要面向市場開發眞正的商品化產品，還需要更加可靠的硬件和功能更強的軟件，需要提供成本低廉、簡便易行的解決方案，來滿足各種各樣的用戶需求，而此時 PC 個人計算機的興起爲這一目標的實現提供了機遇。

　　在完成激光照排控制器 TC83 的設計之後，王選和陳堃銶就想要擺脫當時已經落後的 NOVA 系列機，準備將照排系統軟件從專門的操作系統移植到

〔註95〕劉益東、李根群，中國計算機產業發展之研究[M]，濟南：山東教育出版社，2005：145。

〔註96〕劉益東、李根群，中國計算機產業發展之研究[M]，濟南：山東教育出版社，2005：123。

當時開始流行的 UNIX 操作系統上，並根據未來的發展趨勢，準備最終把照排系統移植到個人計算機的 PC 操作系統上，成爲一種應用軟件。

爲了讓這種過渡實現得更爲順利，他們選擇了生產 NOVA 的廠商 DG 公司生產的桌面電腦作爲系統的主機。這是一種體積上與 PC 機差不多大的小型機，指令與 NOVA 機兼容，可以大大減少移植所需的工作量。排版軟件則直接轉換到 PC 機上進行開發，排版結果生成統一的版式頁面描述語言，由後端的小型機系統發排輸出。

早在 1975 年，陳堃銶在設計 BD 排版語言的時候，就考慮到需要有一個表示版面排版結果的置標語言，爲此她在 1976 年制定了一個簡單的頁面描述語言的格式，在原理型樣機中使用。這一語言在 1986 年系統移植到 PC 機上時作了很大擴充和改進，並重新定義了全部數據結構，這就是北大版面描述語言 BDPDL（即在華光和方正系統中的.S2 文件格式）。採用統一的標準 BDPDL 後，能夠使不同研製小組開發的軟件排版結果整合到一個版面上進行輸出，也可以進行遠程傳版輸出。〔註 97〕

1985 年底科技排版系統 TTS（Technical Typesetting System）在原系統 CL 排版語言的基礎上研發成功，主要包括數學排版和化學排版兩大部分，這大大豐富了計算機——漢字激光照排系統的適用性。〔註 98〕

激光照排系統的校改環節，當時國外通行的辦法是用感光紙在照排機上出校樣，然後手工剪貼成一版報或一頁書後進行校改。「蒙納公司照排系統的編輯功能又慢又差，只能出毛條，不能自動成頁。」〔註 99〕王選讓照排機與激光打印機合用一個控制器，通過使用低分辨率的激光打印機輸出校樣，提高了照排機本身的工作效率，降低了生產的成本。1981 年底，杭州通訊設備廠研製的與照排機配套的激光打印機已能輸出樣張，清晰度也達到了可以接受的水平。爲了便於與之配套，王選 1982 年初開始在 TC83 上增加杭州激光打印機的接口和相應的微程序，將照排控制器 TC83 的分辨率設爲 371DPI 〔註 100〕，剛好是該廠激光照排機分辨率 742DPI 的一半。由於激光打印機和

〔註 97〕 與之類似，西方的 Adobe 公司在 1983 年提出了 PostScript 語言，1985 年首次在激光打印機中實現，1986 年在照排機中實現。1993 年，方正 93 系統開始同時支持 PostScript Level 2 和 BDPDL 兩種語言的解釋。《王選文集》編委會，王選文集[M]，北京：北京大學出版社，2006：12～13。

〔註 98〕 鄭民、任書亮，一個用於科技排版的軟件系統[J]，計算機學報，1987（6）。

〔註 99〕 白晶，方正人生：王選傳[M]，南京：江蘇人民出版社，2009：99。

〔註 100〕 DPI：dots per inch 每英寸點數。

激光照排機都是逐線掃描方式，分辨率又正好是 1：2，所以可以共享絕大部分的設備和微程序，代價很低。

1984 年初提供給新華社 II 型機配套的激光打印機是第一臺普通紙輸出的中文大樣機，擴充後的 TC83 成爲世界上第一臺照排機和大樣打印機可以共享的字形發生器和控制器，領先於西文和日文的同類系統。〔註101〕

由於 400DPI 分辨率的激光打印機輸出大樣的質量並不遜於鉛印的質量，所以 1988 年以後，很多買不起激光照排系統的中小型印刷廠就選擇了先上 400DPI 的輕印刷，以後再升級成精密照排的路子。這種過渡性的辦法，倒不失爲一種當時最爲經濟的解決方案，因爲畢竟膠印的印刷生產效率要比鉛印高得多。

華光 III 從 1984 年開始設計，1985 年 11 月推出。主機採用美國 DG 公司的臺式小型機，在照排控制器上採用了大規模集成電路，考機時的穩定時間超過了 2000 小時。1986 年生產了 48 套，基本系統定價爲 68 萬元，產值爲 3 千多萬元。華光 III 是漢字激光照排技術完成商品化的標誌。〔註102〕

III 型機系統仍採用 TC83 作照排控制器，所以 III 型機實際上只是一種過渡機型，但在排版軟件的開發上，由於有了專門格式的頁面描述語言，PC 機上前端排版軟件的結果就可以用於後來的 IV 型機上輸出，所以接下來 IV 型機的目標就是在前端和主機均採用 PC 機的激光照排系統。

表 10：自動照相排版系統的對比表（1986 年 12 月）

品牌型號	國產自動照排系統 ZZPJ-701	森澤-連諾照排系統 Linotron 202EWT	寫研照排系統 SAPTRON-A PSμ5S	華光激光照排系統 JHZ-II 型 ZPK-3 控制器	蒙納激光照排系統 Monotype MK-2i
照排方式	動態光機式	CRT 全電子式	CRT 全電子式	激光掃描	激光掃描
字模版	陰圖膠片	點陣字庫	點陣字庫	向量壓縮字庫	點陣壓縮字庫
文字製作方式	閃光燈照射	在 CRT 上成像	在 CRT 上成像	激光掃描成像	激光掃描成像
收容字數	6804 字	7000 餘字	8000 餘字	7000 餘字	6880 字
字號	七號-頭號共 10 種	4.5Pt～72Pt	8 級～32 級	16 種	5.25Pt～48Pt

〔註101〕《王選文集》編委會，王選文集[M]，北京：北京大學出版社，2006：88～89。

〔註102〕廿年茹苦心無悔，鑄成輝煌留人間——紀念我國電子出版系統二十週年[J]，計算機世界，1994（8）：18。

字體	宋、黑、楷、仿	宋、黑、楷、仿	宋、黑、楷、仿	12 種	宋、黑、楷、仿、標宋、繁體
照排速度	每分鐘 420字（14K）	行輸出 1800～2400 字/分	1800～3600 字/分	3600～5400字/分	10mm/秒
輸入形式	紙帶	軟磁盤	軟磁盤	軟磁盤	軟磁盤
輸出分辨率	25 線/mm	25 線/mm	25 線/mm	25 線/mm	25 線/mm
版面編輯用計算機	ZPJJ-701 小型機	MK-11、MK-110、愛迪康EDICOM	SAILAC-III	Desktop 10/SP	LSI 4/90 型

資料來源：章恩樹、解愛林、計海剛、施力，《（印刷工人中級技術培訓教材）自動照相排版技術》[M]，上海：上海出版印刷公司，1987：6～7.

從上表對比當時中國市場上不同的漢字激光照排系統，國產華光系統的優勢不言而喻，它不僅是唯一採用向量壓縮字庫的漢字系統，而且漢字字庫的字體也最爲豐富。在接下來的市場競爭中，中國自主研發的計算機——漢字激光照排系統憑藉這一技術上的優勢，幾乎佔領了整個漢字激光照排技術的市場。

3.5 中國出版產業的信息化變革

七四八工程的主要成果、由王選主持總體設計的計算機——漢字激光照排技術，如果在單一計劃經濟體制下，完成研製之後，將由國家編列生產計劃安排生產，產品也要按照國家計劃進行分配，難以眞正成爲市場上的商品。20 世紀 80 年代中國改革開放和大力發展社會主義市場經濟的基本國策，正在衝擊著傳統的計劃經濟體制，雙軌並行成爲這一時期經濟發展的主要特徵。誕生在計劃經濟體制內的科研成果，開始眞正走向市場，逐漸掙脫了體制的束縛。

濰坊計算機廠對「華光」商標進行了註冊，開始大規模地生產和面向全國銷售「華光IV型」激光照排系統；與此同時，北大新技術公司也開始研發生產自己的「北大華光-IV型」激光照排系統，兩者成爲了國內激光照排系統市場的兩個主要競爭對手，在國內印刷行業掀起了一次激光照排技術大推廣、大普及的浪潮，引發了中國出版產業整體的信息化變革。

3.5.1 「華光Ⅳ型」的大規模生產（1988年）

從 1984 年 9 月起，就在王選修改照排控制器 TC83，將之用於研製商品化的三代機「華光Ⅲ型」的同時，他就已經開始著手設計下一代的照排控制器了。新一代的照排控制器預計要在 1986 年完成，所以一開始被命名為 TC86，但實際上它直到 1988 年才成為可靠的商品，所以這款照排機控制器後來也被稱為 TC88。

新的照排機控制器採用 1984 年最新型的雙極型位片微處理器 Am29116，是一種 16 位的雙極型微機，與 Am2901 位片微處理器相仿，但這種芯片具有 RISC〔註103〕的某些特點，性能和集成度均有明顯提高。

在漢字壓縮還原算法已經成熟與完備的情況下，王選根據 20 世紀 80 年代中期門陣列芯片的開發價格與銷售價格都已降到可以接受的地步、開發設計工具也已經成熟的情況，決定自主設計和生產專用的集成電路，以滿足大規模生產的需要。1985 年 4 月王選完成了芯片的設計，把字體還原所需的大量外圍邏輯都做到了門陣列芯片的硬件中去，設計成兩塊集成電路，分別命名為 WA 和 WI，提供給英國的 Ferranti 芯片製造公司投片生產。1986 年 5 月收到樣片，芯片的研製一次獲得了成功。〔註104〕

1985 年 5 月，王選和呂之敏完成了 TC86 照排控制器的邏輯圖設計，提供給濰坊計算機公司生產。由於硬件性能的提高，TC86 已經可以使用 20MB 存儲器作整版的點陣緩衝，考慮到將來看可以進一步把分辨率提高到 1016DPI，所以緩衝也設計成容量可擴充到 40MB。在功能上，TC86 支持傾斜字、立體字、空心字、翻白字、半陰半陽字、勾邊字和任意角度的旋轉字，支持底紋、圖形和黑白照片處理，而且整個版面作 90、180、270 的旋轉式基本不影響速度。這些功能當時在國外的中文照排系統中是聞所未聞的。由於 TC86 同時支持文字和圖形、圖像，所以已經屬於現代意義上的光柵圖像處理器（RIP）了。〔註105〕由於有了 WA、WI 這兩塊專用的門陣列集成電路，系統只需要使用一片微處理器 Am29116 和一片 Am2910，芯片數量大幅度下降；TC86 還把照排機和印字機共享的邏輯單元都放在了專用芯片 WA 和 WI 中，從而大大降低了硬件的成本和用戶的材料消耗，運算速度與可靠性均得

〔註103〕RISC：reduced instruction set computing，精簡指令集。

〔註104〕《王選文集》編委會，王選文集[M]，北京：北京大學出版社，2006：86。

〔註105〕《王選文集》編委會，王選文集[M]，北京：北京大學出版社，2006：85～86。

到了大幅度提升。這種設計於 1985 年 4 月申請了中國專利 CN8510275「照排機和印字機共享的字形發生器和控制器」。〔註 106〕

王選設計的一個 RIP 同時支持照排和普通紙大樣輸出，降低了用戶的生產成本，顯著增強了華光系統的市場競爭力。系統配套的大樣打印機是可靠性更好的佳能激光打印機 LBP 機芯，這種機芯體積很小，價格極低，它把墨粉、硒鼓與易損耗的部件集成在一個暗盒中，墨粉用完就把暗盒扔掉，這種一次性使用的方式極大地提高了設備的可靠性，減少了大量的維護工作，使得過去需要幾十萬美元一臺的激光打印機價格迅速降低，降到了普通用戶都可以接受的程度。從 1987 年開始到 1997 年，隨著北大的 RIP 系統共銷售了 3 萬多臺的佳能 LBP 激光打印機。〔註 107〕

此時，國產的激光照排機成了整個系統中唯一的可靠性不高的設備。正如王選所說，從「IV型機開始，系統的平均故障間隔時間（MTBF）就是照排機的 MTBF。」〔註 108〕如果選擇連接可靠性更高的進口照排機，顯然會對整個系統的表現大有好處，但這麼做必然打擊多年來從事激光照排機研製的同事和協作單位，在七四八工程的內部會有很多困難。因為如果沒有當年激光照排機協作單位的努力，系統也不會取得今天的成功。

恰好在 1987 年，華光系統要出口到香港中華商務印刷廠，對方要求只能採用國外的照排機，而 1987 年世界銀行貸款裝備高校印刷廠的項目由於使用外匯支付，也算出口項目，可以選配國外的照排機。在這種情況下，王選在 1988 年初調試連通了美國的 ECRM 照排機，從此用戶在照排機方面就有了國產和進口兩種選擇，這樣IV型系統就已經沒有任何比不上國外照排系統的地方了。〔註 109〕

1988 年推出的華光IV型機直接採用 PC 機作為主機，照排控制器變成了 PC 裏的一塊插件板。系統售價 40 萬元，前後共售出了 4000 餘套，產值超過 16 億元。〔註 110〕

〔註 106〕《王選文集》編委會，王選文集[M]，北京：北京大學出版社，2006：88～89。
〔註 107〕《王選文集》編委會，王選文集[M]，北京：北京大學出版社，2006：91。
〔註 108〕《王選文集》編委會，王選文集[M]，北京：北京大學出版社，2006：92。
〔註 109〕《王選文集》編委會，王選文集[M]，北京：北京大學出版社，2006：92。
〔註 110〕廿年茹苦心無悔，鑄成輝煌留人間——紀念我國電子出版系統二十週年[J]，計算機世界，1994（8）：18。

3.5.2 北大方正的誕生與發展（1988 年）

國家部委固然可以借助行政力量來推動激光照排技術的研發，在早期階段也確實起到了風險投資類似的關鍵作用，但在激光照排技術成熟之後，需要作為商品面向市場進行銷售的時候，電子工業部（原四機部）﹝註 111﹞仍打算採取計劃經濟手段來進行生產的分配，以保護參與協作研發的企業，但是這種按照計劃經濟分工協作的管理模式已經與 20 世紀 80 年代末中國市場經濟的快速發展不相適應了。「有形的手」與「無形的手」，計劃經濟與市場經濟的角力，最終以市場經濟的勝利而告終。

改革開放之後，國家鼓勵研究機構興辦企業，各類校辦企業開始湧現出來。1984 年，北京大學成立了科技開發部，負責進行學校科技成果的轉讓。1985 年，北京大學又成立了北京大學科技開發總公司，1988 年 5 月 6 日更名為北京大學新技術公司，這就是後來於 1992 年組建的北大方正公司和北大方正集團的前身。

1986 年在王選的建議下，北大科技開發總公司建立了漢字字模的開發部門，接受北京大學計算機研究所的委託，組織開發精密漢字字模，由北大計算機研究所預付 10 萬元，作為公司開發漢字字模的啓動資金，每個字模按 5 元結算。從 1988 年開始，北京大學新技術公司以一套用於照排系統的精密漢字可選字模 1 萬元、用於高檔輕印刷系統的字模 5 千元的價格，配合華光照排系統的銷售，取得了不錯的經濟效益。﹝註 112﹞

北京大學地處中關村，隨著「中關村電子一條街」的迅速發展，1987 年北大科技開發總公司成立了「北京市海淀區北達科技服務部」，也開始進行計算機的組裝銷售業務。北達科技服務部銷售 IBM PC 兼容機的形勢非常好，經營規模迅速擴大，在短短不到一年的時間裏，銷售額就突破了 200 萬元。﹝註 113﹞從 1986 年開始，北大就多次向國家經委印刷技術裝備協調小組申請獲得漢字激光照排系統的銷售權和生產權，但一直未獲允許。1987 年，北大終於獲准可以銷售濰坊計算機公司生產的 TC86 輕印刷系統，但不能銷售精密照排系統，更不能自己生產。到 1988 年春節，北京大學新技術公司才最終獲准可以生產由王選領導研製的激光照排系統。

﹝註 111﹞ 1982 年 4 月 26 日，第四機械工業部改為電子工業部。
﹝註 112﹞ 張福森、樓濱龍，北大方正創業回憶[M]，北京：科學出版社，2011：19～28。
﹝註 113﹞ 張福森、樓濱龍，北大方正創業回憶[M]，北京：科學出版社，2011：38。

　　1988 年 6 月，北京大學新技術公司辦公自動化（簡稱 OA）門市部正式成立，購進濰坊計算機廠生產的 TC86 控制器，組裝成「華光Ⅳ型輕印刷系統」進行銷售。到 1988 年 10 月，短短幾個月時間就銷售了 20 多套〔註 114〕，合同成交額達到了 1197 萬元，稅後利潤 120 萬元。〔註 115〕由於 OA 門市部銷售的華光輕印刷系統技術含量高，利潤率也高；而銷售電腦兼容機的電腦門市部，雖然銷售額也在一年的時間裏增長了十多倍，但是利潤下降很快，這種局面促使公司的管理層開始重新調整業務方向，把重點放在了北大的核心產品——激光照排上，決定自主生產激光照排系統。

　　北京大學新技術公司很快成立了自己的照排控制器開發小組，雖然只有三個人，但他們可以得到王選教授親自的指導，每周兩次，給他們三個人單獨講解激光照排控制器的原理及其核心部分——固化在 IC 芯片中的微程序軟件；由呂之敏給他們講解華光Ⅳ型激光照排控制器的原理圖和實際電路圖，這使得公司開發組的人員在短短一個月內就掌握了計算機——漢字激光照排的原理、照排控制器的設計和實際電路圖。

　　北大新技術公司在售後服務和維修中發現，濰坊計算機廠生產的控制器不僅可靠性差、穩定性低，而且印刷電路板也不能調換，甚至連同型號 IC 芯片也不能互換。經過研究分析和到濰坊計算機廠實地考察，發現主要的癥結在於製造觀念的陳舊，他們還是在延續國內 20 世紀 50 年代生產電子儀器的「麻雀雖小，五臟俱全」的小而全的思路，使用的都是落後的生產設備和工藝。在主機板和存儲板的生產調試中，出現的現象和問題技術員沒有從設計、電路、技術上找出真正的原因，而往往是僅憑經驗，用不同容量的小電容加焊在電路板上某個特定的地方做調整，達到讓 TC86 控制器「正常工作」的目的，這樣一來每塊電路板就都有了自己的「個性」，雖然在設計上控制器的電路板是完全相同的，但在生產中又造成了它們「個性」上的不同，所以生產出來的配件之間不能互換使用。〔註 116〕

　　北京大學新技術公司採取了一種完全不同的方法來開發和生產自己的控制器，這多少得益於他們曾經銷售組裝計算機的成功經驗。考慮到照排控制器是核心部件，雖然它的採購和加工成本在整個系統造價中所佔的比例很

〔註 114〕張福森、樓濱龍，北大方正創業回憶[M]，北京：科學出版社，2011：47。
〔註 115〕張福森、樓濱龍，北大方正創業回憶[M]，北京：科學出版社，2011：38。
〔註 116〕張福森、樓濱龍，北大方正創業回憶[M]，北京：科學出版社，2011：47～48。

小，但它的品質、穩定性和可靠性卻在系統中非常關鍵，北大新技術公司確定了一個原則：對控制器的開發、加工要不惜成本，好中求好。

開發小組把控制器分解成機箱、直流電源、集成電路芯片、印刷電路板、接插件及連接電纜等幾大部分。機箱和電源考慮到與 PC 機的相似性，選取材料、加工、電源和外觀都比較滿意的機箱作爲控制器的箱體。機箱體選定之後，印刷電路板的尺寸也就確定了。濰坊計算機廠的 TC86 用的是雙面印製板，北大新技術公司爲了保證穩定性、可靠性和良好的屏蔽性，決定採用加電磁屏蔽層的四層印製板。印製板佈線的計算機輔助設計（簡稱 CAD）設計委託航天部設計院來完成，印製板的加工委託專門爲衛星生產印製板的成都航天印製板廠生產，這樣一來，生產出來的照排控制器的印製板的質量就堪與衛星用的印製板相比了。〔註 117〕

元器件的優選和老化篩選是保證照排控制器穩定可靠的重要條件。針對 IC 邏輯芯片和存儲芯片，北大新技術公司又請擁有先進的芯片老化檢測設備的電子工業部十五所（改制後成爲「太極計算機公司」）按照小型機的檢測標準，對不同廠家的芯片進行高低溫衝擊和高溫長時間老化、振動、潮濕等項目檢測，篩選出質量最優的美國、日本產的芯片，請合作的港商進口。進口過來的芯片，首先送電子工業部十五所檢測，合格後才能用在控制器上。接插件也全部改用進口接插件。最後委託電子工業部十五所代爲加工。電子工業部十五所擁有當時世界先進水平的西門子生產線和先進的印製板波峰焊接設備，裝配出來的電路板的一次通電合格率高達 90%，大大提高了整機的系統穩定性和可靠性，同時極大降低了後續調試的工作量。

針對英國 Ferranti 公司生產的大規模門陣列專用芯片 WA 和 WI 的升溫特點，北大新技術公司的開發人員通過反覆試驗，把溫度特性進行了分檔，通過加裝鋁製散熱器，使兩塊芯片長時間工作的溫度都能保持在規定的範圍之內，甚至把過去被濰坊計算機公司當作廢品淘汰掉的一百多片 WA 和 WI 也都重新利用了起來。〔註 118〕

通過市場化的分工協作，從 1988 年 6 月開始，北京大學新技術公司僅僅用了三個多月的時間，就完成了照排控制器的重新設計，解決了很多過去存在的技術問題，進行了嚴格的生產質量控制。1988 年 9 月，三臺新的照排控

〔註 117〕張福森、樓濱龍，北大方正創業回憶[M]，北京：科學出版社，2011：51。
〔註 118〕張福森、樓濱龍，北大方正創業回憶[M]，北京：科學出版社，2011：53～54。

制器主板、存儲板都順利通過測試；把控制器與佳能 LBP-300 激光印字機相連，輸出了清晰漂亮的樣張；與進口的 ECRM 激光照排機相連，一次就成功輸出了一張報版樣張的激光膠片。1988 年 10 月，北大自己研發生產的控制器第一批 40 臺投產，正式取名爲「PUC-IV型」或 TC88 控制器，用它集成的激光照排系統取名爲「北大華光-IV型」激光照排系統。〔註 119〕

圖 62：「北大華光-IV型」激光照排系統，北京印刷博物館藏品

新生產出來的照排控制器首先被分別送到經濟日報社和解放軍報社試用，兩家報社實際使用了一個月，沒有發生任何故障。第一批生產的 40 套控制器的電路板從生產加工單位送到產品開發部，出乎公司所有人的預料，一次調通率竟然超過了 98%。〔註 120〕調測變得如此輕而易舉，各個電路板、各個元器件都可以直接互換通用，這讓接下來的大規模生產和售後服務都沒有了問題。

1988 年 12 月，北京大學新技術公司舉辦了一場大型的「北大華光電子出版系統技術彙報推廣會」，取得了巨大的成功。北大在推廣會上公開承諾，購

〔註 119〕張福森、樓濱龍，北大方正創業回憶[M]，北京：科學出版社，2011：55。
〔註 120〕張福森、樓濱龍，北大方正創業回憶[M]，北京：科學出版社，2011：56。

買北大華光IV型的用戶，三個月內若出現問題可以免費更換，一年內免費保修，終生負責維修。

同樣是出自王選教授發明的漢字激光照排技術，現在有了兩個不同的生產、銷售、服務廠家，濰坊計算機公司和北大新技術公司成了國內激光照排系統市場的兩個主要的競爭對手，在國內印刷行業掀起了一次激光照排技術大推廣、大普及的浪潮。從 1988 年到 1990 年的三年間，兩家華光IV型激光照排系統共銷售了 1700 套，使國產系統在中國照排市場上佔據了絕對的優勢。〔註 121〕

到 1990 年我國中央和省市級報紙除《西藏日報》外，全部採用了國產激光照排系統。1992 年《西藏日報》用藏、漢兩種文字編排的激光照排機也投入了使用。在推廣激光照排系統，替代鉛字排版技術的同時，由王選院士所率領的研發團隊又於 1990 年完成了基於頁面描述語言的報紙遠程傳版系統，改進了原來使用傳眞的傳版模式，需要傳送的數字信息只有模擬信息的幾十分之一，且毫無失眞。1992 年實現了《人民日報》用數字方式通過衛星向全國二十多個代印點的遠程傳版。1992 年又首次在《澳門日報》實現了文字和彩色照片合一處理和輸出，出一頁彩色版的時間從原來的 2 小時縮短爲 20 分鐘，後來又降到 1 分鐘，從而淘汰了原來使用模擬方式處理圖片的電子分色機。1994 年《深圳晚報》首先實現了採編的計算機處理系統，大大簡化了工作流程，提高了採編的工作效率和新聞的時效性。1995 年全國 1500 多家報社全部採用了激光照排系統，已有數百家報紙出了彩色版，一百多家報紙實現了採編、組版、輸出、遠傳、檢索一體化的流程管理，使中國報業的整體技術水平居國際前列。〔註 122〕

1994 年 8 月 15 日，在七四八工程二十週年的紀念大會上，王選總結了漢字激光照排技術所取得的成績：「從一個構思發展成新興產業是十分艱苦的，成功率是很低的。七四八工程產生的方正和華光系統已有約 1.5 萬用戶，占我國報紙排版市場 99% 的份額，書刊照排市場 90% 以上的份額。港、澳的大部分報紙，馬來西亞的大多數華文報，中國臺灣、新加坡、泰國、菲律賓、印尼、美國、加拿大、英國、法國、澳大利亞、巴西等國家和地區的一些中文報紙，也採用了上述系統。」〔註 123〕

〔註 121〕《王選文集》編委會，王選文集[M]，北京：北京大學出版社，2006：14。
〔註 122〕張勁夫，我國印刷技術的第二次革命[G]//中國出版年鑒，2003：633。
〔註 123〕《王選文集》編委會，王選文集[M]，北京：北京大學出版社，2006：3。

憑藉激光照排技術上的優勢，北大方正也實現了跳躍式的發展：1992 年方正銷售額是 4 億，1993 年 9 億，1994 年 18 億，1995 年 27 億。北大方正成爲以 IT 爲核心的大型企業集團，1997 年北大方正集團公司銷售額達 60 億元，入圍國家 120 家大型試點企業集團。〔註 124〕

3.5.3 計算機漢字輸入法的突破

中文輸入法是將漢字輸入計算機而採用的編碼方法。簡體中文輸入法大體可以分爲三類：拼音輸入法、形碼輸入法和音形碼輸入法。在個人計算機普及中文輸入法的發展過程中，可謂「萬碼奔騰」，曾經出現過拼音輸入法、鄭碼輸入法、二筆輸入法、倉頡輸入法、形筆輸入法、聯想輸入法等各種各樣不同的編碼方法，還有手寫輸入法、語音輸入法等各種不同的輸入方式。但是各種編碼方法的錄入速度，都趕不上五筆字型輸入法。五筆字型輸入法徹底解決了漢字的計算機錄入速度的難題。使用五筆字型輸入法，一個熟練的打字員每分鐘可以錄入 150 個漢字，這樣的錄入速度是用過去採用大鍵盤逐字揀字查找難以企及的速度。

五筆字型輸入法的發明，最初正是爲了改進照排機的工作效率。它的發明者王永民在河南南陽地區科委工作。1977 年，南陽地區從日本引進了一臺漢字照相排版植字機，這種機器的漢字輸入無法實現校對功能，一旦輸錯只能再次進行整版的重新輸入，沒有辦法進行修改。王永民負責對這種機器的漢字輸入方式進行改進。當時照相排字機進行漢字輸入的方案只有幾種：單字大鍵盤的輸入法、一鍵九字配有主輔鍵的鍵盤輸入法、電報碼等特殊編碼的輸入法等，沒有小鍵盤的輸入法。

1980 年《英華大辭典》的主編鄭易里設計了一種 94 個鍵的漢字編碼方案，王永民受此啓發，開始研究漢字輸入的小鍵盤編碼方案，發明了漢字的 26 鍵編碼方法，1983 年 8 月 29 日通過了河南省科委組織的技術鑒定，王永民的五筆字型輸入法首次在標準的英文鍵盤上實現了漢字的輸入。〔註 125〕1983 年 9 月 27 日《光明日報》頭版頭條報導了這一消息，新華社以「不亞於活字印刷術的發明」爲題連續發了四期「內參」，強調其意義在於衝破了國內漢字形碼

〔註 124〕張鑫華，方正紫光現象透析[J]，華東科技，2002（12）。

〔註 125〕劉韌、張永捷，知識英雄：影響中關村的 50 個人[M]，北京：中國社會科學出版社，1998：528～535。

快速輸入必須借助大鍵盤的思想束縛。

　　1984 年，王永民帶著一臺 PC 機來到北京，在 CCDOS 作者嚴援朝的幫助下，將五筆字型移植到了 PC 機上。1987 年 11 月，國家科委召開「全國五筆字型推廣工作會議」，正式向全國推廣這一技術。1987 年 DEC 以 20 萬美元購買了五筆字型專利的使用授權。1988 年，北大新技術公司與五筆字型發明人王永民達成協議，北大在其開發的計算機——漢字激光照排系統中只採用王碼五筆輸入法，而王永民承諾北大新技術公司可以不受時間限制、無償使用王永民計算機漢字五筆字型輸入法和今後的新版本。〔註 126〕五筆字型也成了當時裝機量最大的中文輸入法。〔註 127〕1989 年他成立了王碼電腦工程開發部，即後來的王碼電腦公司，一度在 1992 年淨利潤達到了 1 千萬元，但是隨後公司的業務就開始走下坡路。

　　對於個中原因，王永民認爲，中國的知識產權保護不力是主要原因，「五筆字型在國內轉讓費收了一二百萬元，國外收的比這個多。我和王選是好朋友，我的五筆字型授權給方正用，沒收錢。全國現有 500 萬臺電腦，我敢說只有 50 萬臺電腦沒裝五筆字型。有多少付過錢？說五筆字型是共有財富，難道它是天上掉下來的嗎？」〔註 128〕五筆字型輸入法的價值和意義自不待言，但是作爲發明人的王永民並沒有因此獲得商業上的成功。

3.5.4　出版業市場化改革的成果

　　改革開放的十年中，根據印刷技術裝備協調小組確定的「自動照排、電子分色、高速膠印、裝訂聯動」的十六字方針，國家在「七五」和「八五」期間共投資了 10 億元進行印刷行業的技術改造。由於印刷裝備的改善，到 1990 年書刊的出版週期已經由 1980 年的平均 300 天縮短到了平均 135 天，根據 180 個書刊骨幹印刷企業的統計，年排版已由 90 億字提高到了 126 億字，印刷能力達到 3,070 萬令。〔註 129〕

〔註 126〕張福森、樓濱龍，北大方正創業回憶[M]，北京：科學出版社，2011：94～95。

〔註 127〕劉益東、李根群，中國計算機產業發展之研究[M]，濟南：山東教育出版社，2005：140。

〔註 128〕劉韌、張永捷，知識英雄：影響中關村的 50 個人[M]，北京：中國社會科學出版社，1998：534～535。

〔註 129〕中國印刷及設備器材工業協會書刊印刷專業委員會，書刊印刷 60 年回顧[G]//本書編委會，光輝印跡——新中國 60 週年印刷業發展歷程，北京：印刷工業出版社，2009：18。

1988 年，中央宣傳部、新聞出版署發出《關於當前出版社改革的若干意見》，確立了出版社改革的指導思想：優化選題、調整圖書結構；逐步推行社長負責制；積極推行多種形式的責任制；改革分配制度；開闢多種渠道，擴大出版能力；建設一支高素質的隊伍；加強出版社改革的領導。〔註 130〕出版社由純粹的事業單位，逐漸轉變爲事業單位企業化管理、自收自支、自負盈虧，基本實現了由計劃經濟中的生產部門向市場經濟中的經營主體的轉變。

微機的普及和照排技術的推廣，也吸引了大量的社會資金投資開辦排版中心和照排輸出中心。這種新的市場化分工的商業模式，降低了文字和圖片內容加工處理的技術門檻，同時也可以爲出版社提供了社會化的排版和製版服務，滿足了社會多方面的需求。

一批民營和外商投資的印刷企業在計劃經濟的邊緣生存、發展、壯大，大大小小的印刷企業如雨後春筍般地蓬勃發展起來。在改革開放的前沿深圳，1979 年，第一家「三來一補」印刷企業深圳市印刷製品廠成立；1983 年前後，嘉年、天明美術、粵海旭日、美光等一批外商投資印刷企業相繼建立。在浙江蒼南小鎮龍港、錢庫、金鄉，1981 年前後，一批膽大的農民憑藉樸素的商業直覺投身印刷行業，成爲了改革開放之後中國最早的一批民營印刷企業家。〔註 131〕

到 20 世紀 80 年代末，中國的出版業在經過十年的高速發展之後，開始進入到一個調整期，印刷生產能力已經遠遠超過了出版業的實際需要。1988 年原材料價格猛漲、紙張短缺、生產任務下降，書刊印刷業開始陷入困境。1989 年，除排字產量仍保持逐年增加的勢頭外，印刷、裝訂的產量大幅度降低到了 1982 年以來的最低點，少數印刷企業爲了生存，甚至搞起了非法盜印的違法經營。

爲了加強國家對出版行業的管理，1987 年 1 月 13 日中華人民共和國新聞出版署成立。1988 年 11 月 5 日，新聞出版署會同公安部、國家工商局、文化部、輕工業部共同制定了《印刷行業管理暫行辦法》，著手進行書刊印刷企業的整頓工作。1989 年 12 月 25 日，爲了貫徹落實中央有關清查整頓印刷業的要求，新聞出版署制定了《加強書報刊印刷管理的若干規定》，提出

〔註 130〕閻曉宏，新中國圖書出版五十年概述[G]//中國出版年鑒，2000：9。

〔註 131〕中國印刷及設備器材工業協會書刊印刷專業委員會，書刊印刷 60 年回顧[G]//本書編委會，光輝印跡——新中國 60 週年印刷業發展歷程，北京：印刷工業出版社，2009：19。

在清查、整頓印刷行業，重新頒發書報刊印刷許可證的基礎上，實行書刊印刷定點制度。1990 年審批了 364 家書刊印刷國家定點企業之後，於 1991 年 1 月 1 日起在全國開始實行書刊印刷定點制度。

書刊印刷定點制度實施了 12 年，但是隨著經濟體制改革的深化和中國加入 WTO，國內出版物印刷已逐步走向了市場化，書刊印刷定點制度也越來越不適應改革開放新形勢發展的需要，2003 年經國務院批准，中國取消了書刊印刷定點制度。到這一年年底，全國出版物印刷企業共有 9950 家，其中國家定點企業 285 家，省級定點企業 838 家，兩級定點企業 1123 家。﹝註 132﹞

實際上，印刷行業的規模已經遠遠超過了這個書刊印刷定點企業的規模。根據行業管理部門的統計，1998 年我國各類印刷企業已由 1978 年的 11,211 家，發展到了 185,103 家，其中包含印刷企業 103,135 家，複印、影印、打印企業 81,968 家。﹝註 133﹞在全國 18 萬家印刷企業中，按所有制分，國有印刷企業 18,041 家，占 9.98%；集體印刷企業 73,819 家，占 40.8%；私營印刷企業 16,127 家，占 8.9%；個體印刷企業 71,411 家，占 39.7%；外商獨資企業 1,933 家，占 0.01%。雖然國有企業在數量上僅占 9.98%，但其產能占比超過了 60%，仍處於主導地位。﹝註 134﹞

2001 年 5 月 21 日，第七屆世界印刷大會在北京召開，標誌著中國的印刷業發展水平已經步入了世界先進行列。

3.5.5 新興數字媒體的誕生與發展

計算機——漢字激光照排技術是中國社會實現信息化進程中的一個重要的里程碑。激光照排技術所引發的出版技術變革還遠未結束，排版的數字化僅僅是出版全過程數字化的開始，它正在由排版的數字化向出版全流程的數字化拓展。

王選在 2001 年總結信息技術的進步給中國的出版技術所帶來的變革的時候說，「近 20 年來，中國的印刷出版業所經歷的從鉛排直接到使用激光照排、從飛機運送報紙版面紙型直接到通過衛星遠傳版面信息、沒有經過貼毛

﹝註 132﹞中國印刷及設備器材工業協會書刊印刷專業委員會，書刊印刷 60 年回顧[G]//本書編委會，光輝印跡——新中國 60 週年印刷業發展歷程，北京：印刷工業出版社，2009：19～20。
﹝註 133﹞肖時國，1999 年印刷和科技管理工作概述[G]//中國出版年鑑，2000：86。
﹝註 134﹞楊方明，新中國書報刊印刷業五十年的巨變[G]//中國出版年鑑，2000：19。

條而直接輸出整頁彩色版面、直至現在用因特網技術實現報社、印廠的全數字化等這樣一個跨越式發展過程，從而使中國的印前技術跨入世界前列。」〔註 135〕他將這樣一個跨越式的發展過程描述爲四次技術變革，分別是：告別鉛與火、從鉛排直接跳到先進的激光照排的第一次技術革命（1987～1993）；跳過用報紙傳眞機傳版，用以頁面描述語言爲基礎的遠程傳版（1991年初開始）的第二次技術革新；告別傳統的電子分色機，用彩色桌面出版系統實現了圖文合一的彩色組版（1992年初開始）的第三次技術革新；告別紙和筆，借助網絡實現了新聞信息處理全過程的管理，告別了膠片，實現了計算機直接製版（1994年初開始）的第四次技術革新。

值得注意的是，王選將從鉛排到激光照排的技術革新稱爲是一次技術「革命」，而將其餘的三次技術進步僅稱爲「革新」。這一系列技術創新的結果，不僅改造了一個行業——出版印刷行業得到徹底的技術改造，也憑空創造出來了一個新的產業——電子出版產業。王選預言，網絡出版將成爲電子出版在中國發展的主流，基於互聯網的電子出版將在中國獲得更廣泛的發展。〔註 136〕

①電子出版

隨著個人計算機的普及，數字化的電子文檔開始擺脫紙張的束縛，以磁盤或光盤爲載體進行傳播。

20 世紀 80 年代，只讀光盤（Compact Disc Read-Only Memory，簡稱 CD-ROM）開始普及，成爲一種新興的電子文件載體。微軟公司出品的 Encarta 系列多媒體光盤，英國 DK 公司的《人體百科》、《動物百科》等百科類多媒體光盤，圖文並茂、交互性強，成爲一種新的出版形態。

電子出版這種新型的出版形態與傳統的印刷出版相比，在信息記錄方面具有巨大的性價比優勢，這也是電子出版初期所重點強調的優勢。根據 1989 年發佈的只讀光盤（CD-ROM）數據交換的國際標準 ISO/IEC 10149。一片光盤片的數據容量高達 650MB（或存儲 74 分鐘的音樂），約爲 450 片的 1.44MB 軟盤片之多。一張光盤的容量，如果按照漢字需要 2 個字節計，大約可以存儲 3.25 億字的內容。光盤加工所用的材料是聚碳酸酯（PC），如果按照每張 1 元左右的加工製造成本計算，相對於紙張來說，光盤載體具有極高的性價比。

〔註 135〕王選，電子出版在中國的發展歷程[J]，中國電子出版，2001（2）：21。
〔註 136〕王選，電子出版在中國的發展歷程[J]，中國電子出版，2001（2）：22。

1985 年，光明日報出版社首先成立軟件出版部，出版了一系列應用軟件類的電子出版物，並通過新華書店進行公開發行。此後，中國最早的一批電子出版物開始出現，武漢大學出版社出版《國共兩黨關係通史》全文檢索電子版（磁盤）（1991 年）；北大火星人公司與人民出版社合作出版了《鄧小平文選》電子版合訂本（磁盤）（1992 年）；中國專利文獻出版社出版了第一批專利文獻數據庫光盤（1992 年）；清華同方電子出版社出版多媒體光盤《郵票上的中國——歷史與文化》（1993 年）。

1993 年，經新聞出版署批准，第一批 36 家電子出版單位正式建立。新聞出版署在 1994 年 12 月頒佈了《關於加強電子出版物管理的通知》；1996 年 3 月頒佈了《電子出版物管理暫行規定》；1997 年 12 月 30 日正式頒佈《電子出版物管理規定》。爲慶祝建國 50 週年，1999 年新聞出版署組織各省、市、自治區單獨出版、統一包裝發行了 33 張文獻類電子出版物——《輝煌五十年》系列多媒體光盤。

電子出版作爲一種新的出版形態進入了一個快速發展的階段，出版的電子出版物光盤呈逐年上升的趨勢：1994 年有 12 種；1995 年有 100 種；1996 年有 300 種；1997 年有 1025 種；1998 年有 1442 種。〔註 137〕

多媒體光盤的主要銷售渠道是各地的連鎖軟件專賣店。隨著多媒體光盤品種數量的激增和讀者市場的擴大，軟件專賣店成爲繼音像店之後另一個在中國得到快速發展的銷售網絡。

誕生不久的電子出版很快就面臨著盜版的巨大衝擊，它的出現與消亡都來得很快，尚未經歷一個全盛的階段，就早早地凋謝了。1998 年正普公司推出「芝麻開門」低價正版軟件的市場營銷活動，但其極低的價格無異於飲鴆止渴，難以挽救電子出版物市場的頹勢。隨著互聯網的出現和興起，適合網絡傳播的虛擬數字產品迅速取代了以光盤作爲信息載體進行實物傳播的出版形態，互聯網上出現了大量免費提供的內容下載，徹底衝垮了電子出版物的銷售渠道。

②網絡出版

電子出版讓單位信息的成本和價格持續降低，互聯網興起後，虛擬產品的邊際成本趨近於零，導致電子書等信息產品在網上可以免費下載，一種新的大眾傳播形式——網絡出版開始出現了。

〔註 137〕陳生明，數字出版理論與實踐[M]，北京：人民教育出版社，2009：388。

　　互聯網在中國的發展經過了四個階段：用於學術研究的階段（1987～1994），起步和基礎建設階段（1994～1997），興起階段（1997～2002）和全面發展階段（2002 年以後）。〔註138〕

圖 63：1987 年 9 月 20 日中國發出的第一封電子郵件

```
(Message # 50: 1532 bytes, KEEP, Forwarded)
Received: from unika1 by iraul1.germany.csnet id aa21216; 20 Sep 87 17:36 MET
Received: from Peking by unika1; Sun, 20 Sep 87 16:55 (MET dst)
Date:     Mon, 14 Sep 87 21:07 China Time
From:     Mail Administration for China <MAIL@ze1>
To:       Zorn@germany, Rotert@germany, Wacker@germany, Finken@unika1
CC:       lhl@parmesan.wisc.edu, farber@udel.edu,
          jennings%irlean.bitnet@germany, cic%relay.cs.net@germany, Wang@ze1,
          RZLI@ze1
Subject:  First Electronic Mail from China to Germany

"Ueber die Grosse Mauer erreichen wie alle Ecken der Welt"
"Across the Great Wall we can reach every corner in the world"
Dies ist die erste ELECTRONIC MAIL, die von China aus ueber Rechnerkopplung
in die internationalen Wissenschaftsnetze geschickt wird.
This is the first ELECTRONIC MAIL supposed to be sent from China into the
international scientific networks via computer interconnection between
Beijing and Karlsruhe, West Germany (using CSNET/PMDF BS2000 Version).
    University of Karlsruhe          Institute for Computer Application of
-Informatik Rechnerabteilung-        State Commission of Machine Industry
       (IRA)                            (ICA)
Prof. Werner Zorn                    Prof. Wang Yuen Fung
Michael Finken                       Dr. Li Cheng Chiung
Stefan Paulisch                      Qiu Lei Nan
Michael Rotert                       Ruan Ren Cheng
Gerhard Wacker                       Wei Bao Xian
Hans Lackner                         Zhu Jiang
                                     Zhao Li Hua
```

資料來源：CNNIC。

　　1987 年 9 月，在德國卡爾斯魯厄大學（Karlsruhe University）維納‧措恩（Werner Zorn）教授帶領的科研小組的幫助下，王運豐教授和李澄炯博士等在北京計算機應用技術研究所（ICA）建成一個電子郵件節點，並於 9 月 20 日向德國成功發出了一封電子郵件，郵件內容爲「Across the Great Wall we can reach every corner in the world.（越過長城，走向世界）」。

　　1994 年，中國科學院建立了我國第一個網站。1995 年 1 月，中國國家教

〔註138〕劉益東、李根群，中國計算機產業發展之研究[M]，濟南：山東教育出版社，2005。

育委員會主辦的、爲出國留學人員服務的《神州學人》雜誌在互聯網上推出電子版，成爲中國第一份中文互聯網雜誌。1997 年 1 月，人民日報社主辦的人民時空創辦。

1999 年到 2000 年，網絡出版開始異軍突起，誕生了博庫、中文在線、榕樹下等一批集內容原創、策劃、編寫、營銷於一體的網絡文學類網站，他們不斷推出一些網絡寫手和暢銷作品，擁有了大量的年輕讀者。一批專門提供數字圖書的公司誕生，如書生數字圖書館、超星數字圖書館和北大方正 Apabi 電子書圖書館等，將出版社的圖書電子化，打包銷售給各類圖書館。網上書店開始出現，如當當、BOOK321 等，通過互聯網銷售傳統圖書和電子音像等出版物。

2000 年到 2002 年間，快速膨脹的全球互聯網經濟「泡沫」破滅，中國的互聯網媒體如中文在線、人民時空、博庫等紛紛陷入困境，有的乾脆破產關閉。與之相對的是，到 2002 年，中國已經成爲一個信息產業的大國，固定通信的網絡規模和電話用戶數量均已位列世界第一，移動電話用戶數也居世界第一。〔註 139〕

新聞出版總署與國家信息產業部共同制定的《互聯網出版管理暫行規定》於 2002 年 8 月 1 日起施行，對互聯網內容出版進行規範。該規定將互聯網出版定義爲「互聯網信息服務提供者將自己創作或他人創作的作品經過選擇和編輯加工，登載在互聯網上或者通過互聯網發送到用戶端，供公眾瀏覽、閱讀、使用或者下載的在線傳播行爲」。2004 年 1 月 13 日新聞出版總署批准設立了首批 50 家互聯網出版機構，將互聯網出版正式納入出版行政管理的範圍。

網絡出版與電子出版相比，最大的不同之處，是它重新定義了「出版」這一概念，取消了光盤等信息載體的必要性，承認虛擬的信息產品，作品的信息可以被儲存在服務器和個人計算機的內存、緩存與硬盤上，不借助實物載體進行的傳播，一樣也是一種出版行爲。

但是網絡出版也存在著一些數字化、信息化之後帶來的問題。電子文檔的格式不統一，有方正的 CEB 格式、書生的 SEP 格式、超星的 PDG 格式、中文在線的 OEB 格式、萬方的 PDF 格式、知網的 CAJ 格式，等等，每家都

〔註 139〕劉益東、李根群，中國計算機產業發展之研究[M]，濟南：山東教育出版社，2005：215。

有自己的單獨格式，互不通用，不同格式之間的相互轉換也存在問題。缺乏有效的版權保護措施，在商業模式上對傳統出版的業務構成衝擊等問題讓圖書出版社不敢輕易涉足網絡出版，也制約著數字出版產業的進一步發展。

2006 年，中國數字出版已經達到一定的市場規模。其中，四大電子書出版商北大方正、書生公司、超星、中文在線佔據了中國電子書市場的絕大部分市場份額。書生公司擁有 16 萬冊電子書，方正 Apabi 擁有 21 萬種電子書，超星則擁有 81 萬種的電子圖書資源。〔註 140〕清華同方知網的學術期刊和文獻數據庫，收錄了國內學術期刊 6642 種，被國內外 1.7 萬個機構，2600 萬人使用，全年下載量超過 1.2 億篇。〔註 141〕

2006 年，荷蘭飛利浦所屬的 iRex 公司首先開發出了一款新型的 e-ink 電子墨水屏閱讀器 iLiad，這款掌上閱讀器配備了 400MHz 的處理器，64MB 內存，224MB 閃存和 Wifi 上網的功能。〔註 142〕全球網上書店的巨頭亞馬遜應用新的電子墨水技術隨後推出了 Kindle 閱讀器。國內漢王等諸多的電子設備廠商也陸續推出了各種各樣的電子紙屏的閱讀器，一時間，個人掌上閱讀器有望成為傳統紙質圖書的替代品，在 21 世紀第一個十年即將結束的時候，數字出版成為了傳統出版即將進入到一個全新的時代的里程碑。

3.6 出版技術程式的又一次轉變

計算機——漢字激光照排技術與傳統出版技術之間的區別，在於它是一種從傳統出版技術程式演變而來的全新的技術程式。

之所以說激光照排技術是從傳統的出版技術程式演變而來的，是因為它所採用的照相製版和平版印刷原理，與工業化的照相製版技術和平版印刷技術相比，並沒有任何不同。它所完成的一系列操作步驟，包括文字錄入、排版、校改、製版等工序，與工業化的出版技術程式之間也並無本質上的不同。

之所以說激光照排技術是一種全新的出版技術程式，是因為它在一系列印前的生產環節（包括文字錄入、排版、校改等工序）中，已經沒有了鋼模、銅模、鉛字、複製鉛版等實物形態，而是代之以計算機中存儲的虛擬字模、字符編碼、漢字內碼、版式文件等數字信息。

〔註 140〕陳生明，數字出版理論與實踐[M]，北京：人民教育出版社，2009：413～415。
〔註 141〕陳生明，數字出版理論與實踐[M]，北京：人民教育出版社，2009：416。
〔註 142〕陳生明，數字出版理論與實踐[M]，北京：人民教育出版社，2009：415。

　　從實物生產向虛擬的信息產品生產的轉變，是出版技術程式的又一次重大轉變。我們平常所說的信息革命就是一次從工業化的生產方式向信息化的生產方式的轉變。信息化變革的特點是：工業時代機器的操作程序被計算機語言書寫的程序取代，實物的生產被虛擬產品的生產替代。數字化的「信息正在成爲除農、林、牧、漁等可再生資源和礦業等非再生資源以外的人類社會的第三種重要資源」〔註143〕。

3.6.1　出版技術程式的轉變

　　漢字鉛字印刷技術程式包括前期的鑄字、排版、印刷、還字這麼幾個大的流程；工業化後期的照相排版技術程式中省去了前期的鑄字環節和最後的還字環節；而信息化的計算機——漢字激光照排技術程式的操作流程與前兩者都不同，最顯著的特點就是，在通過激光照排機輸出印刷膠片之前，所有的文字和圖片的輸入、錄入、排版、校改等印前環節都是在計算機上完成的，在這個生產過程中，計算機這個黑箱中存儲的並沒有實物作爲信息的載體，計算機處理的是虛擬的信息。

　　我們將計算機——漢字激光照排技術程式的操作流程表述爲下面的流程圖：

〔註143〕郭平欣、張松芝，漢字信息處理技術[M]，國防工業出版社，1985：前言Ⅵ。

圖 64：計算機——漢字激光照排技術程式的流程圖

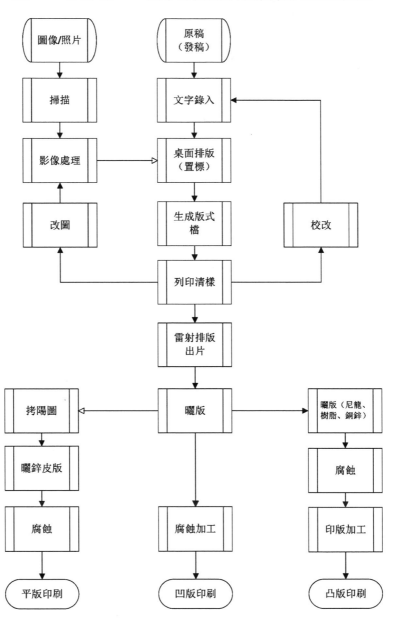

計算機——漢字激光照排技術程式採用了一種數字化的處理方式，生產的是虛擬的信息產品，有別於傳統工業化的模擬處理方式和實物產品。漢字的數字化，本質上就是以一個唯一的二進制數字編碼來代表一個漢字字符，將這些漢字編碼進行排列就可以表示文字的排列次序。

在工業化生產方式下，鉛排的技術程式中，文字排版所做的工作就是將一個個漢字鉛字排列成行，最終組成完整的文字印版用於印刷複製。

在數字化生產方式下，激光照排技術程式中，進行內容信息處理的步驟大致可分爲數字化輸入、數字化處理和數字化輸出三步：

第一步是將內容信息進行數字化，保存到計算機的存儲器中。對文字進行數字化的方式是通過手工錄入或掃描識別，將每個漢字所對應的標準化編碼輸入到計算機中，保存成文本文件。圖像能夠通過掃描儀、數碼相機能夠對圖像信息進行逐點、逐行的掃描，圖像被分解爲一個個的像素，將像素的色彩和明暗這類模擬信息以級差的方式轉化爲數字化的屬性信息，用數據來表示出來，存儲成數字化格式的圖片文件。數字化的過程，就是將原來由實物承載的模擬信息轉變成虛擬的數字信息，以 jpeg、word、pdf 等不同電子文件格式儲存在計算機中。

第二步是將數字化之後的內容使用計算機進行後續的編輯、排版、校改等處理。在這些步驟中，無論是文字還是圖片，都是作爲一種虛擬的對象在計算機內部通過相應的程序進行處理、複製和貯存的。具有人機交互功能的排版軟件將特定的版式信息插入到內容之中，以表示文字的字體、字號、位置等屬性。計算機可以對圖片文件進行各種運算處理，最終轉換爲一種點陣結構的信息，實現與文字內容的版式組合，輸出成統一格式的版式文件。

第三步是數字化輸出。輸出印刷用的膠片，需要將計算機排好的版式文件輸入到激光照排控制器中，計算機根據製作印版所需要的版式，逐個調取漢字字庫中的字符信息進行逐字、逐點的生成，並將生成出來的漢字點陣數據輸出到激光照排機控制器，作爲開關數據控制激光電路在感光膠片上逐點、逐線曝光。這種逐點、逐線累積曝光出來的膠片，與採用模擬方式的一次性曝光生成的圖像，雖然在過程上是不一樣的，但由於採用的都是光學原理，所以在結果是一模一樣的。激光照排輸出的膠片進行拼版、曬版之後，可以製成平版印刷所用的預塗感光 PS 版。同樣，計算機也可以輸出成磁盤、光盤爲載體的電子文件，進行信息的傳遞、傳播和保存。

在上述三個步驟中，內容信息始終都是以虛擬的電子文件格式存在的，並沒有轉化成實物，所以也就不需要耗費實際的物料，相比傳統的實物生產方式，虛擬信息產品的生產具有明顯的經濟優勢，可以節省掉所有的實物成本，生產的效率得以大幅度地提高。虛擬產品的複製不需要進行實物的複製，

可以完全沒有信息的損失。虛擬產品可以擺脫實物的限制，可以通過通信網絡完成信息的傳送，並不需要進行物理上的運輸。

新的出版技術程式的確立和個人計算機的普及，出現了一種新的專業化分工的趨勢，即排版環節與印刷環節剝離開來，造成的結果是內容的生產與內容的複製被徹底分離。

我們知道，在歷史上，正是由於專業化分工，讓出版商從印刷商中脫離出來，成爲了一個獨立的專業領域，但實際上，圖書、報紙、雜誌等產品的生產，從來都是在印刷廠裏完成的，而出版社所能拿到的，只是這些內容產品的中間環節的產物，如書稿、校樣、紙型、膠片。

我們注意到，在計算機——激光照排技術程式中，擁有印刷機的印刷廠不再是內容編排的主角了，信息產品不再是從他們手裏誕生的，他們只是在一個信息產品完成後，需要複製的時候，把信息轉移到紙張載體上的印刷者而已，當然，信息產品也可以不通過印刷來完成傳播與保存。

信息產品眞正的生產者可以是任何一個擁有了計算機的個人或機構。對於今天出生於信息時代的人們，可能並不覺得這有什麼值得大驚小怪的，因爲他們早已熟悉了這種數字化信息的虛擬生產方式，但是對於那些瞭解印刷技術發展史的讀者來說，這種情況在歷史上還是第一次出現。

在計算機排版和激光照排技術程式出現之後，原本複雜的印刷操作程序被自動執行的計算機軟件程式所代替，擁有了這些軟件的普通人，經過簡單的訓練，也一樣可以完成所有的文字和圖片的編輯排版工作，不僅能夠輸出到打印機打印，也能夠輸出到專業的照排機和數碼印刷機上進行大規模的出版印刷。

這雖然是很小的一點改變，但我們對它可能帶來的影響，還知道得很少，也想得不夠。很有可能，我們都低估了它眞正的價值與意義。

3.6.2 照排技術對鉛排技術的取代

1998 年我國各類印刷企業 18 萬家，印刷企業過多、低水平重複建設的問題十分突出，已成爲制約產業進一步發展的重要因素。行業主管部門已經意識到，壓縮低水平重複建設的企業成爲了提高印刷業整體水平必走的一步。1999 年，全國印刷業開始進行清理整頓，經過清理整頓之後，印刷企業壓縮了 20,946 家，複印、影印、打印企業壓縮了 12,202 家，共計壓縮 33,148 家，

總量減少了 17.9%。〔註 144〕

　　國家經濟貿易委員會爲制止低水平重複建設，加快結構調整步伐，促進生產工藝、裝備和產品的升級換代，在研究制定產業政策的過程中，針對國內外市場變化和產業發展情況，分批頒佈了淘汰、限制落後生產能力、工藝和產品目錄。在自 2000 年 1 月 1 日起施行的《淘汰落後生產能力、工藝和產品的目錄（第二批）》中，有 44 個印刷項目被列入淘汰產品之列，包括全部的鉛排工藝、鉛印工藝。「目錄淘汰的是違犯國家法律法規、生產方式落後、產品質量低劣、環境污染嚴重、原材料和能源消耗高的落後生產能力、工藝和產品。……各地區、各部門和有關企業制定規劃，採取有力措施，限期堅決淘汰本目錄所列的落後生產能力、工藝和產品。一律不得進口、新上、轉移、生產和採用本目錄所列的生產能力、工藝和產品。……各地人民政府要督促本地工商企業執行本目錄。對拒不執行淘汰目錄的企業，工商行政管理部門要依法弔銷營業執照，各有關部門要取消生產許可證，各商業銀行要停止貸款。情節嚴重者，要依法追究直接負責的主管人員和其他直接負責人員的法律責任」〔註 145〕。

　　在國家推動技術升級，對產業結構進行強有力的調整之後，「鑄字機、鑄排機、紙型機等鉛印設備很快在印刷廠裏消失了，電子分色機、自動及半自動照相排字機、程控製版照相機等也很快退出了歷史舞臺；排版向編輯部門和社會轉移，印刷廠的排字車間很快萎縮，逐步消失。與此同時，與鉛字、照相排字有關技術裝備製造廠，如咸陽鑄字機廠、吉林光學儀器廠、重慶印刷機械廠、無錫照相排字機廠、上海印刷器材製造廠、上海光學機械廠、泰興儀器廠、北京儀器廠等，不得不關閉或轉產」〔註 146〕。

　　爲了清楚地反映激光照排技術對鉛印技術的替代過程，我們根據《中國出版年鑒》和《中國新聞出版統計資料彙編》中歷年出版印刷企業的統計數據，製成了下圖：

〔註 144〕肖時國，1999 年印刷和科技管理工作概述[G]//中國出版年鑒，2000：86。

〔註 145〕中華人民共和國國家經濟貿易委員會令（第 16 號）[J]，國務院公報，2000（10）：26～27。

〔註 146〕王德茂，中國印刷技術裝備 60 年[G]//本書編委會，光輝印跡——新中國 60 週年印刷業發展歷程，北京：印刷工業出版社，2009：39。

圖 65：鉛排與照排的變化趨勢（單位：百萬字）

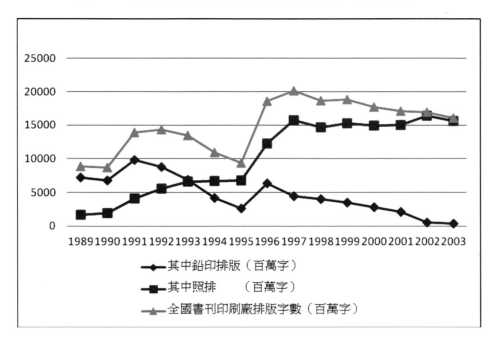

數據來源：《中國出版年鑒》和《中國新聞出版統計資料彙編》

由圖中可見，從 1989 年開始，隨著計算機──漢字激光照排技術的推廣與普及，全國書刊印刷廠的排字量中照排的字數持續穩定地增長，而鉛排的產量不斷下跌，最終到 2003 年的時候，傳統的鉛排技術程式就完全被照排技術程式取代了。

3.6.3 出版技術信息化變革的經濟分析

從經濟的角度來分析出版技術一系列變革的結果，就是一個生產信息產品的邊際成本得以繼續降低的過程，直到趨近於零的程度。

我們知道，谷登堡印刷術發明之後，從手抄書到印刷書的變革，導致了書籍的產量顯著增加，書籍生產所需的工時急遽減少。〔註 147〕實際上，手工抄寫的成本基本上都是可變的成本。印刷術的經濟特徵，是圖書生產的固定成本提高了，但是可變成本降低了。如果是複製一本書，手工抄寫的成本無

〔註 147〕〔美〕伊麗莎白·艾森斯坦，作為變革動因的印刷機：早期近代歐洲的傳播與文化變革（The Printing Press as an Agent of Change）[M]，北京：北京大學出版社，2010：27。

疑是最低的，只有當一次印刷的量達到了一定程度之後，印刷書的生產成本才會降低到手抄書之下。這個因素促使印刷商們儘量提高每一本書的印數，從而無形中推動了圖書的生產和書業的繁榮。

出版技術的工業化變革，是把過去手工操作的步驟打包到機器這個黑箱中去完成，從而達到用機器來替代人工的目的，通過機器來進行大規模的生產，可以降低圖書的邊際成本，從而實現利潤。但是機器的出現，也讓印刷業的固定資產投資快速增加，固定部分的成本變得很高，於是爲了降低單位產品的生產成本，維持足夠的市場競爭力，印刷廠就必須在同樣的時間裏生產更多的產品，才能把固定成本分攤到更多的產品中去，最終實現降低單位生產成本的目標。固定成本的部分隨著產品生產數量的增加而降低，這就是工業化時代驅使出版商提高印製數量的主要驅動力。邊際成本的降低是大規模生產的圖書能夠比小批量圖書具有相當明顯的成本競爭優勢的主要原因，也是暢銷書能讓出版商獲得更高利潤的原因。實際上，隨著產能的提高和用工數量的減少，相比傳統的谷登堡印刷術，工業化的生產技術大大降低了圖書生產的邊際成本。

出版技術的信息化變革，是把過去由不同的生產機器完成的操作步驟，都用編制的程序存儲到了通用的機器——計算機之中。相比工業化時代各種各樣的專門機器，計算機作爲信息化變革的驅動引擎，它的發展特點是：具有通用性，更新換代快，性能成倍提高，性價比不斷提升。由計算機來執行程序，把過去生產過程中對實物材料的操作轉變爲對虛擬的數字化信息的操作，可以極大地提高生產的效率，從而降低生產的成本。信息化變革之後，電子出版的邊際成本逐漸趨近於信息載體（紙張、光盤、網絡）的成本，而通過互聯網下載的虛擬數字產品，由於沒有了實際的物料消耗，其邊際成本進一步趨近於零。

出版技術的這種長期發展規律，我們可以從中國出版業發展的歷史軌跡中看到端倪。從歷年《中國出版年鑑》和《中國新聞出版統計資料彙編》資料中彙集數據，我們得到 1949 年到 2010 年間中國圖書出版的品種數量和每年新書品種數量的變化情況。

圖 66：中國圖書品種和新書數量

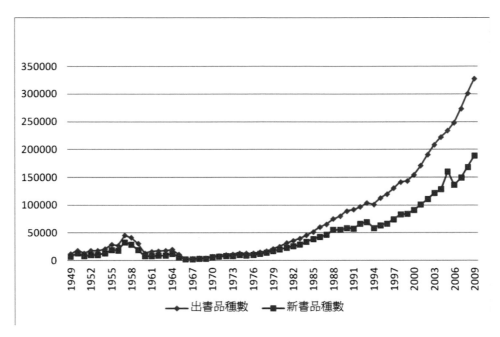

數據來源：《中國出版年鑒》和《中國新聞出版統計資料彙編》。

　　從上圖可以看出，中國的圖書出版規模在 1958 年達到第一個出書品種的高峰，這時候大致與美國的圖書出版規模相當，圖書總的品種數 45495 種，新出品種 33170 種。此後圖書的品種數量就開始持續下降，在「文化大革命」期間達到最低點。改革開放之後，直到 1985 年，中國的圖書出版品種數量才重新回到 1958 年的水平，這一年中國圖書的品種數量 45603 種，其中新出品種數量 33743 種。接下來，中國的圖書出版就呈現出了一種指數增長的態勢，到 2010 年，圖書品種數量已經高達 328387 種，新出品種 189295 種，成為了名副其實的世界圖書出版大國。

　　那麼，在 1985 年到 2010 年中國圖書品種數量激增的過程中，中國的出版行業是否也經歷了一次快速的膨脹呢？

　　下圖是根據《中國出版年鑒》和《中國新聞出版統計資料彙編》中的數據整理得來的出版機構和從業人員數量的圖表。

圖 67：中國出版機構的數量變化

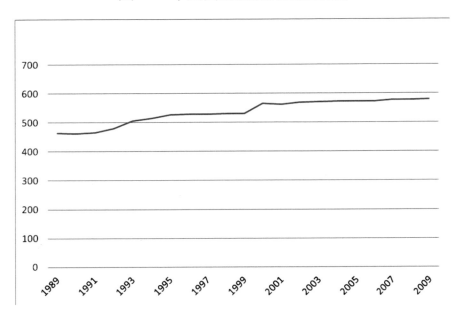

數據來源：《中國出版年鑒》和《中國新聞出版統計資料彙編》。

圖 68：中國出版機構職工人數的變化

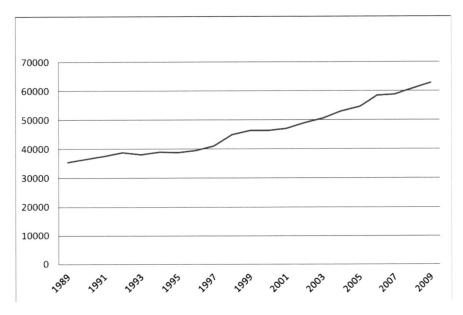

數據來源：《中國出版年鑒》和《中國新聞出版統計資料彙編》。

自 1989 年開始有了職工數量的統計數據以來，中國出版機構的數量幾乎沒有什麼變化，出版機構的職工人數呈現出穩步增長的態勢，並未出現象品種數量那樣的爆發性增長的情況，這充分說明了出版規模的擴張，並不是簡單地通過出版機構和職工人數的擴大規模實現的，而主要是通過生產能力和生產效率的提升實現的，是通過技術的進步實現的。

3.7 小結：中國出版技術的信息化變革

中國的出版業在經過了一個多世紀的工業化變革之後，排版環節仍然只能採取純粹手工的方式進行生產，這是由於漢字不同於西方文字的特殊性造成的，為了解決漢字的計算機信息處理問題，希望以計算機替代人工排版來達到提高出版能力的目的，國家在 1974 年 8 月啟動了「七四八」工程。

1979 年王選主導設計的一種計算機——漢字激光照排系統完成了原理性樣機的製造，輸出了一張報版樣張，並在 1980 年 9 月排出了第一本樣書。該系統 1981 年 7 月通過國家鑒定，被命名為「華光 I 型」漢字激光照排系統。

1983 年，實用型的「華光 II 型」機問世，在新華社出版的一報一刊進行了中間試驗，在《經濟日報》進行了替代鉛排的試點，取得成功。

1985 年開發出了商品化的「華光 III 型」系統，並在 1988 年推出了使用 PC 機的「華光 IV 型」機，照排控制器變成了一塊 PC 裏的插件板。北京大學新技術公司同時開發了「北大華光-IV 型」激光照排系統，兩個主要的競爭對手，在國內印刷行業掀起了一次大推廣、大普及的浪潮，使國產系統在中國照排市場上佔據了絕對的優勢。

在計算機——漢字激光照排技術研發成功，並完成實用化、商品化和普及推廣之後，中國出版技術的工業化和現代化才得以全面完成，此時不論是文字排版還是圖像處理，計算機都全面取代了傳統的手工操作，使用計算機的信息化生產方式完全替代了原來的手工操作方式。2000 年 1 月 1 日起施行的《淘汰落後生產能力、工藝和產品的目錄》中，全部鉛排工藝、鉛印工藝被列入淘汰產品之列，標誌著計算機——漢字激光照排技術程式全面取代了原來的鉛印技術程式。

技術的發展，不僅讓中國在改革開放短短三十年之後，一躍成為出版大國之一，也拉開了一個新的信息時代的序幕。此後，依託計算機排版的技術

程式，各種新的電子出版和網絡出版技術接續出現，快速演變。

信息化對出版業的影響還只是剛剛開始，我們可以大膽地預言，漢字信息處理技術不僅使得漢字在進入信息化時代以後得以存續，出版的傳承作用得到保留，而且信息化的出版方式將使我們整理、編訂和分類信息資料的方式發生改變，將我們這個具有五千年歷史的古老文明帶入到一個全新的信息時代。

第四章　結　論

　　讓我們回到本書開篇所提出的兩個問題，用技術程式及其演變的理論加以總結。

　　第一個問題：爲什麼中國的活字印刷一直沒有取代雕版印刷，而到了 19 世紀末的時候，西方的鉛字印刷技術和照相石印技術能夠取代中國傳統的雕版印刷和活字印刷呢？

　　中國的活字印刷術發明之後，並沒有取代雕版印刷，而是兩種技術程式長期並存，這是因爲兩種印刷技術的原理不同，活字印刷利用的是排版的原理，利用活字的排列組合來替代重複雕刻漢字；而雕版是一種圖像複製技術，漢字的書法被作爲圖像加以複製，所以它的美感更佳。兩種出版技術程式在應用於不同的出版需求的時候各有所長，雕版適合印製那些需要不斷重印的經典讀物，而活字更適合印製那些時效性強、一次性印刷、印量確定且不再重印的出版物。時效性強的出版物譬如報紙，清朝的《邸報》、《京報》和《宮門抄》都是採取活字印刷的。一次印刷、印量小但內容多的出版任務也採用了活字，如康熙、雍正朝採用銅活字印製的《古今圖書集成》，乾隆朝採用木活字印製的《武英殿聚珍版叢書》。與之相類似，採用活字排印更加划算的是家譜，因爲家譜每過幾十年要重修一次，印量確定，且不再重印。

　　在 19 世紀初的時候，中西方出版技術採用的還都是手工的生產方式，其生產效率和生產產品的邊際成本大致相近，所以西方的鉛字印刷技術在應用到漢字的本地化過程中，並沒有能夠一舉戰勝中國傳統的雕版印刷和活字印刷，相反成本還要更高，但由於它更適於進行中西文混合排版，所以也能滿足某些特定的出版需求。

　　但是在 19 世紀的一百年中，西方傳統的鉛字印刷技術已經從鑄字、排字、製版、印刷等各個環節逐步完成了工業化的變革，即從手工生產方式向機器生產方式的轉變。在此期間，從 1847 年開始，機械印刷機、鑄字機等西方工業化的出版技術相繼被引入中國。工業化的出版技術使信息產品的生產效率持續提高，邊際成本不斷下降，最終工業化出版技術程式鞏固與確立下來，傳統的手工生產的技術程式也就被完全取而代之了。但是這一過程決不是發生在一夜之間的，而是經過了一百多年的時間，直到 20 世紀 80 年代後期計算機——漢字激光照排的發明成熟之後，傳統的手工排版方式才被計算機排版的技術程式所取代。

　　第二個問題：爲什麼中國「自力更生」研發出的計算機——漢字激光照排技術能夠取得了巨大的成功，使中國的出版業能夠從「鉛與火」的時代一步邁入「光與電」的時代呢？

　　對於這個問題，王選自己在總結成功經驗時也曾經感慨，中國人自主創新的計算機——漢字激光照排技術成果，從創意構思到形成產業，並保持一個產業十多年在市場上持續繁榮，實屬不易，可謂「九死一生」。我們知道，中國之所以能夠實現出版技術的跨越式發展，離不開兩隻手共同發揮作用：一隻手是政府有形的手，推動了新技術的研發和技術程式的轉換；另一隻手是市場無形的手，推動了社會化分工協作和印刷出版產業的飛速發展。計算機——漢字激光照排技術誕生於國家主導的科技研發體制內，依靠研發協作單位科技工作者的無私奉獻完成了早期的技術開發工作；它在改革開放之初的計劃經濟向市場經濟轉軌的時期，受益於國家政策的保護與國家高層領導的大力支持，抗擊住了國外同類技術湧入中國的衝擊和挑戰；它在改革開放之後的社會主義市場經濟時期，在巨大的印刷出版產業需求的刺激下，趕上了個人計算機普及的大潮，通過北大方正這樣的市場主體，以市場化的手段快速實現了技術產品的推廣，一舉佔據了行業的龍頭地位。

4.1 中國出版技術發展軌跡

　　歷史所走過的道路看起來是偶然的，但技術發展的趨勢也有著內在的必然性。

　　我們把近代以來中國出現的主要出版技術綜合繪製成如下的一個樹圖，從中可以看到出版技術在各個環節上的演變軌跡。

圖 69：出版技術的演化示意圖

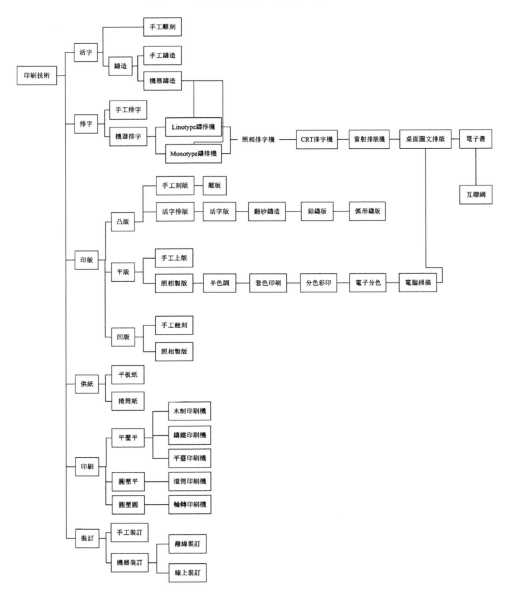

分析上圖我們可以發現：

從總體上來看，在近代以來的兩百多年時間裏，中國出版技術的發展經過了一個從手工小批量生產圖書變到機器大規模印製圖書、報紙、期刊等現代出版物的工業化變革，又經歷了一次從實物生產變為虛擬的信息產品生產的信息化變革。

深入瞭解歷史的細節，我們會發現每一次進步、每一次變革都是一個格外艱難與漫長的過程，但出版技術的發展並非沒有任何規律可循，我們試著將出版技術的不同類型並列起來，製成表格，進行對比分析。

表 11：不同出版技術程式類型的特點分析

技術程式	雕版印刷	木活字印刷	鉛字印刷	激光照排	電子出版	網絡出版
信息單元	版	字	字	字體/點陣	數字	數字
信息載體	紙	紙	紙	膠片/紙	磁盤/光盤存儲介質	網絡
操作對象	實物（版）	實物（活字）	實物（鉛字）	虛擬（數字）	虛擬（數字）	虛擬（數字）
操作工具	刻刀	刻刀	鑄字機、印刷機	計算機／軟件	計算機/軟件	計算機/軟件／網絡
操作速度	慢（手工雕刻）	慢（手工雕刻、手工排版）	慢（機器鑄字、手工排版）	快（自動排版）	-	-
複製方式	刷印	刷印	凸版印刷	平版膠印	拷貝/複製	上傳/下載
複製速度	慢	-	快	-	單位信息複製速度更快	最快
分攤的固定成本	高	低	變低	變更低	-	-
可變成本部分	低	高	變低	變更低	趨近於載體成本	趨近於零
邊際成本特點	重印的成本低	多排的成本低	重印／多排成本都低	修訂／多排成本更低	單位信息複製成本更低	趨近於零
傳播的時效性	小眾傳播、時效性弱	小眾傳播、時效性強	大眾傳播、時效性強	大眾傳播、時效性更強	-	大眾傳播範圍最廣、時效性最強
傳播速度	實物運輸	-	-	-	-	光速

注：上表中「-」表示與之前的技術相比沒有變化。

從信息產品的生產、複製與傳播這三個環節中，可以大致看到出版信息化的演變趨勢：

信息產品的生產，在中國經歷了傳統的雕版印刷、活字印刷、鉛字印刷技術程式三者並存的階段，被工業化的鉛字印刷技術程式所取代，等到計算機——漢字激光照排技術成熟之後，鉛字印刷技術程式又被激光照排技術程式所取代，並進一步演化出電子出版和網絡出版等數字出版技術形態。

　　在這一持續的技術進步過程中，信息的對象，構成信息的基本單元，從最初具體的實物相應的印版和活字，過渡到了虛擬的部首輸入和筆劃的生成再到像素點的輸出，都已經變成了計算機能夠處理的虛擬的字符串或數字。

　　印刷出版所用到的工具，從最初雕刻所用的筆和刀，演變爲各種專門的機器，再替換爲通用的計算機和軟件。

　　信息產品的生產速度從手工雕刻的曠日持久，發展到工業化時代的機器大生產，再到通過網絡以光速實現信息的複製和傳播。衡量操作速度的標準，從手工的技能水平，演變爲印刷機轉速的高低，再到計算機運算能力的倍增效應。

　　信息產品的生產成本從早期的造價高昂，逐漸演變爲老百姓都負擔得起的程度，再到免費的電子圖書。信息產品從生產、複製到傳播三個環節的邊際成本都在逐漸地趨向於零，也就是說，在完全脫離了實物載體之後，我們有可能進入到一個信息完全免費的時代。

　　信息的時效性越來越強，傳播的速度越來越快，傳播的範圍也從小眾擴展爲大眾，再到今天面向全球的互聯網。

4.2 技術程式的作用

　　當一種出版技術的「工藝流程」或「技術規程」的操作工序集自然形成或被人爲規定成爲一套行業規範之後，輔以相應的培訓教材作爲一種標準，在實際的社會生產中被從業者廣泛採用和普遍遵循，這套操作程序就成了一種「技術程式」。

　　在手工生產階段，一開始只有一些最原始的操作程序被固定下來，不斷地通過師徒相傳的方式被保存下來。這些操作程序會不斷被以試錯的方式加以改進，只有那些成功的改進被固定和保存下來。不同的操作程序通過排列組合，可以完成一些更加複雜的生產操作。最開始每一項特殊的技藝都是被作爲秘密保存在手工藝人的頭腦中，除了學徒拜師學藝，待學成之後另立門戶以外，技術無法實現擴散，學徒制度也難以實現技術的創新和演變。後來行業的第一本教科書出現了，把原來屬於個人的技術秘密公之於眾，於是接下來的從業者，開始自發地傾向於遵從一套標準的操作流程，這樣做的好處是，大家的勞動成果可以進行交換，比如鑄字匠可以把自己生產的鉛字可以銷售給印刷廠，只要大家採用的是一樣的印刷技術程式。採用了相同的技術

程式，行業不同的參與者就都可以參與到社會化分工之中，這種方式在無形中提高了印刷生產的整體效率。

在工業化生產階段，工業革命中，各種各樣的機器被發明出來。這些機器通過使用循環往復運動的機件組合，實現了一個生產工序中的操作程序，包括不同操作步驟的前後次序，不同的動作在時間上的相互配合。機械運動模擬了原來手工完成的操作步驟，從而實現了替代人工的目的。操作程序被封裝在一個像「黑箱」一樣的機器中，就像是機器自動完成了生產操作。從此以後，操作程序上的改進以及不同操作的排列組合都只發生在黑箱的內部，變得不再那麼顯而易見。技術的競爭變成了機器之間的性能的競爭。由於機器可以替代熟練工人完成生產操作，那麼通過購買機器就可以獲得所需的生產技術，這才導致了資本主義工業大生產的出現。使用機器進行生產只要可以獲得利潤，資本家們就會購買更多的機器，直到邊際效益降為零，新購的機器無法繼續帶來利潤的時候，資本擴張的衝動才會停止下來。在工業化階段，出版技術程式不斷演變，從鑄字、排字、製版、印刷到裝訂都實現了機器自動化生產，極大地提高了信息生產的效率，降低了信息產品的成本，促進了大眾媒體的發展和圖書市場的繁榮。

在信息化生產階段，原來工業化的出版技術程式又一次發生了改變。原來由各種各樣機器執行的操作步驟逐漸被計算機程式所代替，借助於形式化語言來對操作程序進行描述，計算機可以處理虛擬的數字模型，在最終輸出成品實物之前，信息產品加工的所有操作步驟都是在計算機中完成的，計算機程式模擬和替代了機器原來的操作和控制功能。這時候的計算機變成了一架通用的機器，借助程序語言，便能夠模擬完成越來越複雜的操作步驟，達到了原來機器所無法達到的程度，從而實現對人工操作的模擬，例如對漢字排版的處理。相比於過去以實物作為信息載體進行操作，計算機處理虛擬的數字信息，虛擬的數字信息更容易被複製，也可以通過互聯網進行快速的傳播。我們不必去重複製造機器，我們只需要複製所需的計算機程式，這讓信息時代的技術傳播與擴散變得更加容易。在這種情況下，信息化的出版技術理所當然地成為了一種新的技術程式。

從中國出版技術發展的歷史中我們發現，在出版技術的演變過程中技術程式發揮著獨特的作用。

首先，技術程式將一定的工藝流程和技術規程固定下來，成為一套標準

的操作工序集，保證了技術發展的穩定性和技術擴散的可能性。

技術程式是由一套規範的生產工序集組成的。雖然出版業所採用的技術表面看起來五花八門、形態各異，但出版複製信息產品的基本原理（複製）其實並未發生改變，具體的生產流程（編、排、校、印、裝）也未發生根本的變化，變化的只是出版技術的程式，即從業者廣泛採用和普遍遵循的行業技術規範。從本質上來說，只有工序和流程是能夠保證最終的信息產品能夠被重複生產出來的根本，不管後來發明的機器多麼複雜，形態多麼各異，它們仍然必須要完成最早由人們用手工去完成的那一套生產過程，而這套生產過程，本質上並未發生頻繁的改變。不管是手工生產還是機器生產，不管是實物生產還是虛擬產品的生產，都是以生產的工序集作為核心的。某一段生產工序被確立為出版技術程式之後，它就不僅可以在以後得以延續，而且可以被選擇、被組合到一個生產流程之中。當某一段生產工序由於技術的進步發生了改變，也會導致新的出版技術的出現，當新的出版技術被作為一種新的技術程式確立下來之後，其對應的生產工序也就成為了一種新的可供選擇的生產工序，被加以選擇和進行組合，應用到實際的生產之中。

其次，技術程式是由行業內的成員共同遵守的一套技術標準，技術程式的確立有助於實現社會化分工生產，從而實現產業的發展。

出版技術程式成為事實的標準之後，不僅會被行業作為通行的規則加以遵循，還會通過教科書等方式對新進入行業的人員進行培訓，使他們也能夠參與到技術程式的實際應用之中。這些從業人員共同組成了一個出版技術程式的命運共同體，行業共同體內部採用相同的技術標準，所以沒有技術秘密可言。一旦形成共同體和採用同一的技術程式，優勢就不言而喻，不僅共同體之間可以進行產品的交換，甚至他們個人的工作崗位都能夠實現交換了。在不同的出版技術程式下，這一行業共同體的成員構成不同；當技術程式發生變化，行業共同體的成員也會發生相應的變化。中國從傳統出版向現代出版技術轉變的過程中，先後經歷的兩次大的技術變革。在第一次工業化的變革中，傳統的寫字匠和刻字工匠被工業化生產的鑄字工、排版工、製版工和印刷工所替代，使用機器生產，又增加了工程師（engineer）和機械師（mechanic）的角色。在第二次信息化的變革中，原來的鑄字工、排字工被打字照排人員所替代，使用計算機操作之後，在原來的機械工程師之外，又新增了設計人員和計算機軟件工程師。對於電子出版、網絡出版等新興媒體的出版來說，

在傳統的編校人員之外，出版機構新增了多媒體設計、網站設計人員和軟件開發人員。

此外，程式的確立和改變，是社會選擇的結果。社會選擇中一個重要的因素是經濟因素，主要是邊際成本和邊際效益的高低，決定了一項技術能否成為主流的技術程式。出版技術程式的形成對於實現標準化生產和社會化分工具有重要作用，而標準化生產和社會化分工對於商品社會中降低信息產品生產的成本和提高信息生產的效益具有重要的現實意義。在不同技術程式的競爭中，政府「看得見的手」和市場「看不見的手」都會發揮各自的作用，對技術程式做出選擇，經濟因素是技術程式發生轉換的直接原因，只有那些能夠帶來生產規模和生產效率不斷提升，能夠促使產品的邊際成本不斷降低的技術，才會被社會選擇作為新的主要技術程式。

一種技術的出現與消失，出版技術程式的演化，與達爾文的自然選擇學說有著很大的相似性。我們不妨借鑒生物界的物種演化和自然選擇的學說來幫助理解技術程式的轉換。在自然界中，物種的基因會保持不變，也會不斷地發生某些變異。這些變異體現在生物個體上，它們在應對生存競爭的過程中，自然選擇的結果將有利於生存的物種保留了下來，而那些並不能適應環境的物種則被淘汰掉，這就是達爾文所說的「適者生存」的道理。正如理查德·道金斯在《自私的基因》一書中所認為的那樣，「自然選擇的最初形式不過是選擇穩定的模式並拋棄不穩定的模式罷了」〔註1〕。技術程式就如同物種的基因，社會環境對生產技術不斷進行選擇，這種選擇的結果就是那些更容易傳播和擴散的技術佔據了主流，固化成為一種新的技術程式。

4.3 中國出版技術發展的特點與啓示

對比中西方出版技術的發展歷史，我們發現，雖然都經歷了工業革命和信息革命，但西方出版技術的演變是相對連續的，出版技術程式的變化也是由無數次小的技術演變逐步累積起來而形成的，技術的「革命」是一種回顧歷史的感性印象，並非實實在在突然發生的變化。相比西方出版技術發展的連續性，中國出版技術的演變過程是斷續地、跳躍式進行的，表現出的「革命」特徵更加明顯，「進化」比「演化」的意味更加顯著，對中國社會和文化

〔註1〕 （英）道金斯，自私的基因[M]，北京：中信出版社，2012：16。

產生的影響和衝擊也更爲劇烈。

　　中國出版技術的發展史上，發生了兩次技術程式的轉換，即從傳統的雕版和活字印刷向工業化的鉛印技術程式轉換，從工業化的鉛印技術程式向信息化的計算機——漢字激光照排技術程式轉換。原有的技術程式並未經由改進，進而演變成爲新的技術程式，而是被完全不同的新技術程式所完全取代，所以這種技術變革帶來的震動也更爲劇烈。

　　以激光照排爲例。中國在快速發展成爲一個出版大國的時候，出版技術並未經過西方那樣的逐代進步，就一步從「鉛與火」的鉛字排版技術跨越到了「光與電」的計算機激光照排技術，用一種全新的信息化技術程式直接取代了一種傳統的工業化技術程式，從而實現了整個產業一次巨大的革命。

　　同樣是使用漢字的日本，從 20 世紀 60 年代中期開始發展由計算機控制的光機式漢字照排系統（二代機），用於書、刊的照相排版。70 年代中期開始發展全電子式的漢字編輯照排系統（三代機），採用高分辨率 CRT 輸出版面，主要報社都採用了這種全電子式的日文照排系統。從 80 年代初期開始，日本才開始研製用激光掃描輸出的漢字照排系統（四代機）。〔註 2〕相比日本，王選總結中國激光照排技術的跨越式發展經驗時認爲：「一、中國沒有經歷第二、三代照排機，從鉛排一下子跳到最先進的激光照排；二、中國沒有經歷照排機輸出毛條、人工剪貼成頁的階段，從鉛排一下子跨入了最先進的整頁組版和整頁輸出；三、領先的新技術導致了 1978～1992 年報業和印刷業淘汰鉛字的技術革命，而 99%的報社使用了國產照排系統」〔註 3〕。「過去我國印刷出版業是以技術跨越方式發展的，今後也將如此」〔註 4〕。

　　出版技術的演變只是中國近代以來波瀾壯闊的歷史進程中的一個剖面而已，它不可避免地受到整個國家所經歷的政治、社會和文化的一系列劇烈變動的直接影響。造成中國出版技術發展這種跨越式、斷續性特徵的原因主要有兩點：

　　第一，近代以來中國的出版技術主要依賴於外部引進，不可避免地受到戰爭和政治的影響，由於中國與外部世界的交流有著顯著的階段性特點，所以出版技術的引進也只能是間斷進行的。工業化階段，中國的出版技術主要

〔註 2〕　郭平欣、張松芝，漢字信息處理技術[M]，國防工業出版社，1985：21。
〔註 3〕　《王選文集》編委會，王選文集[M]，北京：北京大學出版社，2006：243。
〔註 4〕　王選，電子出版在中國的發展歷程[J]，中國電子出版，2001（2）：22。

來自於外部的技術引進，基本上走的是一條通過進口國外的機器設備來提高
出版產能的發展道路，雖然也能仿製一些簡單的、低端的機器設備，但是高
端的產品和新的技術則只能依賴於進口，可是戰爭和國際政治形勢的風雲變
幻卻多次打亂了中國實現工業化的發展步伐。

在西方工業革命剛開始的時候，由於中國採取了閉關自守的政策，錯失
了一開始就與世界發展同步的歷史機遇，使得自己與西方在工業化方面的差
距變得越來越大。與中國形成鮮明對照的是日本，與西方接觸的時間晚於中
國，卻在現代化的步子上超越了中國。

鴉片戰爭之後，中國被迫向西方開放通商口岸。來華傳教的新教傳教士
們，雖然以傳教為最終目的，但他們以西方出版技術進行「文字傳教」的同
時，客觀上也將這些新的出版技術傳入中國，解決了很多本地化的技術問題，
開啓了中國出版技術的工業化變革，為中國大眾傳媒和商業出版的興起打下
了基礎，也培養了人才。以商務印書館為代表的現代商業出版企業，通過購
買機器設備、合資合作的方式大量引進日本、美國、英國、德國等發達國家
的出版技術，開創了中國民營出版業的興盛與輝煌。

中華人民共和國成立後，儘管走過了「大躍進」和「文化大革命」這樣
的彎路，但中國所走的社會主義工業化建設的道路並未中斷，只是由於冷戰
期間西方的技術封鎖和後來的中蘇關係惡化，中國與西方在出版技術上的差
距再一次被拉大。

1978 年開始的改革開放是另一次出版技術引進的高峰，讓中國重新融入
到了世界經濟、科技和文化的發展大潮當中，各種先進的西方出版技術被引
入到中國來。而恰在此時，在世界即將進入到一個以計算機技術為代表的信
息時代的前夜的時候，中國沒有錯失機遇，而是迅速地把握住了這個機會，
王選領導的計算機——漢字激光照排技術敢於與西方公司展開技術競爭，最
終獲得了成功。

第二，漢字有別於西方文字的特殊性，一直都是中國的出版技術變革必
須首先解決的技術難題。漢字的特殊性，在排字環節造成了相當大的技術困
難，尤其是當 19 世紀末西方已經發展成熟了機械排字機的自動化技術的時
候，要應用於數量龐大的漢字，還是顯得無能為力。在鑄字、排版、印刷、
裝訂整個生產鏈條中，自動排版這個障礙始終無法跨越，這是造成中國工業
化出版技術發展滯後的一個客觀原因。實際上這個問題在機械工業時代是無

法解決的難題，一直要等到信息化變革的階段，計算機——漢字激光照排技術取得突破之後，才能徹底得到解決。

中國的出版業是在進行工業化的同時完成了信息化的建設，並用信息化來解決工業化建設中存在的突出問題，實現了跨越式的發展，達到了趕超西方發達國家的結果，這是技術發展的中國特色。

第三，中國出版技術跨越式發展的特點，也有政治、經濟和文化的深層原因。西方世界國家眾多、語言不一，具有文化上的多樣性和鼓勵競爭的商業傳統，具有產生工業革命的土壤和條件，所以技術革新層出不窮。中國的地域相通，語言統一，文化底蘊豐厚，自古就有重農抑商的傳統，所以一旦某一個技術程式形成，擴散可以很快，但改變並不容易。形成技術程式之後，新的發明難以挑戰傳統技術，也是制約技術持續發展的一個原因。

通過對近代以來中國出版技術的兩次變革進行歷史回顧，我們發現：在不同的歷史時期，針對不同的出版需求，存在著不同的出版技術程式；各種出版技術程式之間構成了一種相互競爭的關係；主要的技術程式並非一成不變，而是會隨著技術的改進不斷發生著演變；當一種新的出版技術程式對原有的出版技術程式產生替代作用的時候，就會發生我們通常所說的出版技術的變革。技術變革實際上是主要技術程式發生了轉變，而經濟因素是導致出版業對技術程式的選擇發生轉換的主要動因，因為新的技術程式能夠帶來生產能力的提高和邊際成本的降低。中國出版技術變革的特點是，技術演變的過程是斷續地、跳躍式進行的，新的技術程式不是在原有技術程式的基礎上經由改進逐步演變而來的，傳統的技術程式往往會被全新的技術程式徹底取代，因此呈現出的「革命」特徵更為顯著。最後，技術革命是技術進步的結果，而不是技術進步的原因。

參考文獻

專著類

1. 李約瑟，中國科學技術史，第一卷 導論[M]，科學出版社，上海古籍出版社，1990。

2. 〔英〕羅納德・哈里・科斯，王寧，變革中國——市場經濟的中國之路[M]，北京：中信出版社，2013。

3. 出版法[G]//張靜廬，中國近代出版史料（初編・卷五）[G]，上海：上海書店出版社，2011：330～331。

4. 國民黨政府之出版法[G]//張靜廬，中國近代出版史料（乙編・卷四）[G]，上海：上海書店出版社，2011：510。

5. 夏徵農，陳至立，辭海：第六版縮印本[M]，上海：上海辭書出版社，2010。

6. 中國社會科學院語言研究所詞典編輯室，現代漢語詞典（漢英雙語）[M]，北京：外語教學與研究出版社，2002。

7. 〔德〕雷德侯，萬物：中國藝術中的模件化和規模化生產[M]，張總譯，北京：生活・讀書・新知三聯書店，2012。

8. 〔美〕庫恩，科學革命的結構[M]，北京：北京大學出版社，2003。

9. 〔美〕曼紐爾・卡斯特，網絡社會的崛起[M]，北京：社會科學文獻出版社，2006。

10. 錢存訓、李約瑟，中國科學技術史（第五卷化學及相關技術・第一分冊紙和印刷）[M]，上海：科學出版社，上海古籍出版社，1990。

11. 張秀民著，韓琦增訂，中國印刷史（插圖珍藏增訂版）[M]，杭州：浙江古籍出版社，2006。

12. 潘吉星，中國金屬活字印刷技術史[M]，瀋陽：遼寧科學技術出版社，

2001。

13. 蕭東發等，中國出版通史·先秦兩漢卷[M]，北京：中國書籍出版社，2008。

14. 蘇精，馬禮遜與中文印刷出版[M]，臺灣：臺灣學生書局，2000。

15. 蘇精，中國，開門！——馬禮遜及相關人物研究[M]，香港：基督教中國宗教文化研究社，2005。

16. 蘇精，上帝的人馬：十九世紀在華傳教士的作爲[M]，香港：基督教中國宗教文化研究社，2006。

17. 蘇精，鑄以代刻：十九世紀中文印刷變局[M]，北京：中華書局，2018。

18. 韓琦、〔意〕米蓋拉，中國和歐洲——印刷術與書籍史[C]，北京：商務印書館，2008：114～127。

19. 顧長聲，傳教士與近代中國[M]，上海：上海人民出版社，2013。

20. 譚樹林，傳教士與中西文化交流[M]，北京：生活·讀書·新知三聯書店，2013。

21. 〔美〕柏德遜（Don Denham Patterson），中國新聞簡史（古代至民國初年）（The Journalism of China）[M]，廣州：暨南大學出版社，2013。

22. 戈公振，中國報學史[M]，長沙：嶽麓書社，2011。

23. 范慕韓，中國印刷近代史[M]，北京：印刷工業出版社，1995。

24. 張樹棟、龐多益、鄭如斯等，中華印刷通史[M]，北京：印刷工業出版社，1999。

25. Christopher A. Reed. Gutenberg in Shanghai:Chinese Print Capitalism, 1876～1937（谷登堡在上海 ：中國印刷資本業的發展 1876～1937）[M]，UBC Press, 2004。

26. 〔美〕芮哲非，谷登堡在上海：中國印刷資本業的發展：1876～1937[M]，北京：商務印書館，2014。

27. 袁亮，中華人民共和國出版史料[G]，北京：中國書籍出版社，1995。

28. 宋應離、袁喜生、劉小敏，中國當代出版史料[G]，鄭州：大象出版社，1999。

29. 郭平欣、張淞芝，漢字信息處理技術[M]，國防工業出版社，1985。

30. 匡導球，中國出版技術的歷史變遷[M]，長沙：湖南人民出版社，2009。

31. 〔美〕伊麗莎白·艾森斯坦，作爲變革動因的印刷機：早期近代歐洲的傳播與文化變革（The Printing Press as an Agent of Change）[M]，北京：北京大學出版社，2010。

32. James Moran. Printing Presses: History & Development from the 15th Century to Modern Times（從 15 世紀至今印刷機的歷史與發展）[M]，USA: University of California Press, 1973。

33. Richard E. Huss, The Development of Printers' Mechanical Typesetting Methods, 1822～1925 （印刷機械排字方法的發展，1822～1925）[M]，USA: The University Press of Virginia, 1973。

34. David Consuegra. American Type Design & Designers（美國的字體與設計者）[M]，New York: Allworth Press, 2004。

35. Talbot Baines Reed. A History of the Old English Letter Foundries, with notes, Historical and Bibliographical, on the Rise and Progress of English Typography（古老英國鑄字匠的歷史）.[M]，London: Elliot Stock, 62, Paternoster Row, E.C. 1887。

36. 〔美〕錢德勒等編，信息改變了美國：驅動國家轉型的力量[M]，上海：上海遠東出版社，2008。

37. 王禎《農書》廣雅書局重刊武英殿聚珍本影印。

38. 〔清〕金簡，武英殿聚珍版辦書程式：欽定武英殿聚珍版程式[M]，北京：中國書店，2008。

39. 〔英〕辛格（Singer, C.）等主編，技術史（第 3 卷，文藝復興至工業革命）[M]，上海：上海科技教育出版社，2004。

40. 〔法〕費夫賀（Lucien Febvre）、馬爾坦（Henri-Jean Martin），印刷書的誕生（The Coming of the Book）[M]，桂林：廣西師範大學出版社，2006。

41. 〔英〕辛格（Singer, C.）主編，技術史（第 5 卷）[M]，上海：上海科技教育出版社，2004。

42. 張靜廬，中國近代出版史料初編[G]，上海：上海書店出版社，2011。

43. Gilbert McIntosh. The Mission Press in China: Being a Jubilee Retrospect of the American Presbyterian Mission Press, with Sketches of Other Mission Presses in China, as well as accounts of the Bible and Tract Societies at work in China. [M]. Shanghai: American Presbyterian Mission Press. 1895。

44. 〔英〕米憐（William Milne）. A Retrospect of the first ten years of the Protestant Mission to China（新教傳教中國頭十年回顧）[M]. Malacca: the Anglo-Chinese Press.1820。

45. 〔英〕艾莉莎·馬禮遜，馬禮遜回憶錄（中文版第 2 卷）[M]，鄭州：大象出版社，2010。

46. Walter H. Medhurst. 閩南語字典（A Dictionary of the Hok-këèn Dialect of the Chinese Language）[M]，澳門：東印度公司印刷所，1832。

47. 馬禮遜，A View of China[M]. Macao: East India Company's Press, 1817。

48. Evan Davies, Memoir of the Rev. Samuel Dyer: sixteen years missionary to the Chinese[M]. London: John Snow, 1846。

49. 戴爾，重校幾書作印集字（A Selection of Three Thousand Characters being the Most Important in the Chinese Language）[M]，12 開本，共 8 頁和 24

頁，馬六甲，1834 年版。

50. Chinese Repository（《中國叢報》）1833 年 2 月，Vol. I: 416。

51. Robert Morrison. Chinese Miscellany [M]. London: London Missionary Society, 1825。

52. 〔美〕徐中約（Immanuel C. Y. Hsü），中國近代史：1600～2000，第 6 版（The Rise of Modern China）[M]，計秋楓等譯，北京：世界圖書出版公司北京公司，2008。

53. 〔美〕帕爾默，帕爾默現代世界史（工業革命：變革世界的引擎）[M]，北京：世界圖書出版公司北京公司，2010。

54. 〔荷〕皮爾‧弗里斯著；苗婧譯，從北京回望曼徹斯特：英國、工業革命和中國[M]，杭州：浙江大學出版社，2009。

55. Richard Southall. Printer's type in the twentieth century,Manufacturing and design methods[M]. London: The British Library & Oak Knoll Press,2005。

56. Carl Schlesinger. The Biography of Ottmar Mergenthaler: Inventor of the Linotype[M]. U.S.A.: Oak Knoll Books, 1989。

57. 〔英〕威廉斯（Williams, T. I.），技術史（第 7 卷下部）[M]，上海：上海科技教育出版社，2004。

58. 黎難秋，中國科學文獻翻譯史稿[M]，合肥：中國科學技術大學出版社，1993。

59. 王韜，弢園文新編[M]，上海：中西書局，2012。

60. 王韜，漫遊隨錄[M]，北京：社會科學文獻出版社，2007。

61. 徐載平、徐瑞芳，清末四十年申報史料[M]，北京：新華出版社，1988。

62. 王學哲，方鵬程，商務印書館百年經營史（1897～2007）[M]，武漢：華中師範大學出版社，2010。

63. 宋浩傑，影像土山灣[M]，上海：上海文化出版社，2012。

64. 《王選文集》編委會，王選文集[M]，北京：北京大學出版社，2006。

65. 陳厚雲、王行剛等編著，計算機發展簡史[M]，北京：科學出版社，1985。

66. 〔英〕威廉斯（Williams, T. I.）主編，技術史（第 7 卷）[M]，上海：上海科技教育出版社，2004。

67. 〔英〕威廉斯（Williams, T. I.）主編，技術史（第 7 卷‧20 世紀：約 1900 年至約 1950 年‧下部）[M]，上海：上海科技教育出版社，2004。

68. 〔英〕威廉斯（Williams, T. I.）主編，技術史（第 7 卷‧下部）[M]，上海：上海科技教育出版社，2004：403～404。

69. （印刷技術專題資料 12）電子照相排版[M]，北京：北京印刷技術研究所，1976：23。

70. 邵萬生、陳志雄,（印刷工人中級技術培訓教材）手動照相排版技術[M], 上海：上海出版印刷公司,1987。

71. 章恩樹、解愛林、計海剛、施力,（印刷工人中級技術培訓教材）自動照相排版技術[M],上海：上海出版印刷公司,1987。

72. 《中國計算機工業概覽》編委會,中國計算機工業概覽[G],北京：電子工業出版社,1984。

73. 劉益東、李根群,中國計算機產業發展之研究[M],濟南：山東教育出版社,2005。

74. 許壽椿,漢字復興的腳步——從鉛字機械打字到電腦打字的跨越[M],北京：學苑出版社,2014。

75. 白晶,方正人生：王選傳[M],南京：江蘇人民出版社,2009。

76. 張福森、樓濱龍,北大方正創業回憶[M],北京：科學出版社,2011。

77. 劉韌、張永捷,知識英雄：影響中關村的 50 個人[M],北京：中國社會科學出版社,1998。

78. 陳生明,數字出版理論與實踐[M],北京：人民教育出版社,2009。

79. 〔英〕道金斯,自私的基因[M],北京：中信出版社,2012。

論文類

1. 林穗芳,有關出版史研究的幾個問題[J],中國編輯研究,2004：447～448。

2. 周程,「死亡之谷」何以能被跨越？——漢字激光照排系統的產業化進程研究[J],自然辯證法通訊,2010（2）：30。

3. 柯禮文,科學範式與技術發展模式[J],自然辯證法研究,1992（3）：30。

4. 汪家熔,出版史研究二十年印象[J],編輯之友,2000（3）：61～62。

5. 田玉倉,近代印刷術的主要特徵、形成時間及對傳入的影響[J],北京印刷學院學報,1996（1）：50。

6. 葉再生,馬禮遜與《中國語文字典》[J],新聞出版交流,2003（3）：52。

7. 汪家熔,試析馬禮遜《中國語文詞典》的活字排印——兼與張秀民、葉再生先生商榷[J],北京印刷學院學報,1996（2）。

8. 汪家熔,試論馬禮遜字典的活字[G]//汪家熔,商務印書館史及其他——汪家熔出版史研究文集,北京：中國書籍出版社,1998：435。

9. 康太一,他山之石——馬士曼與塞倫坡的中文印刷出版[G]//李靈,陳建明主編.基督教文字傳媒與中國近代社會,上海：上海人民出版社,2013：146。

10. 王肇鋐, 銅刻小記[G]//張靜廬,中國近代出版史料（初編·卷四）,上海：上海書店出版社,2011：298～307。

11. 汪家熔，活字印刷在古代爲何未佔優勢[G]//汪家熔，商務印書館史及其他——汪家熔出版史研究文集，北京：中國書籍出版社，1998：408～418。

12. 傅蘭雅，江南製造局翻譯西書事略[G]//張靜廬，中國近代出版史料（初編・卷一），上海：上海書店出版社，2011：18～19。

13. 張樹棟，百年回首話印刷[G]//中國出版年鑒，2002：641。

14. 王益，中日出版印刷文化的交流和商務印書館[J]，編輯學刊，1994（1）：1～2。

15. 王德茂，中國印刷技術裝備 60 年[G]//本書編委會，光輝印跡——新中國60 週年印刷業發展歷程，北京：印刷工業出版社，2009：36～40。

16. 夏天俊，報紙印刷不斷向現代化邁進[G]//本書編委會，光輝印跡——新中國 60 週年印刷業發展歷程，北京：印刷工業出版社，2009：24～25。

17. 中國印刷及設備器材工業協會書刊印刷專業委員會，書刊印刷 60 年回顧[G]//本書編委會，光輝印跡——新中國 60 週年印刷業發展歷程，北京：印刷工業出版社，2009：16。

18. 丁一，印刷業與國外交往的歷程[G]//本書編委會，光輝印跡——新中國60 週年印刷業發展歷程，北京：印刷工業出版社，2009：65～68。

19. 張炘中、夏瑩、何克忠，漢字精密照相排版系統[J]，自動化學報，1982（8）。

20. 廿年茹苦心無悔　鑄成輝煌留人間——紀念我國電子出版系統二十週年[J]，計算機世界，1994（8）。

21. 王選，計算機——激光漢字編輯排版系統簡介[J]，計算機學報，1981（2）：84

22. 王選、陳寶華、李爾溪等，微程序漢字點陣生成器及其模擬和故障診斷[J]，計算機學報，1981（2）。

23. 甘聖子、裴坤壽、肖瑞階，一種共享字模庫的漢字終端系統[J]，計算機學報，1981（2）。

24. 張合義、李新章、郭宗泰，漢字激光照排機[J]，計算機學報，1981（2）。

25. 王益，引進英國蒙納中文激光照排系統紀實[J]，印刷技術，2007（6）：158。（該文原刊於《印刷技術》1992 年第 6 期）

26. 王選、呂之敏、陳竹梅等，高分辨率漢字字形的放大和縮小技術[J]，計算機學報，1984（6）。

27. 張合義、李新章、范緒鑀等，新型的漢字激光照排機[J]，北京大學學報（自然科學版），1984（6）。

28. 張文斌、田玉純、高志學，漢字精密激光照排機[J]，應用激光，1983（3）。

29. 第一家告別鉛與火的報紙印刷廠——經濟日報社印刷廠[G]//本書編委

會，光輝印跡——新中國 60 週年印刷業發展歷程，北京：印刷工業出版社，2009：222～224。

30. 鄭民、任書亮，一個用於科技排版的軟件系統[J]，計算機學報，1987（6）。

31. 張勁夫，我國印刷技術的第二次革命[G]//中國出版年鑒，2003：633。

32. 張鑫華，方正紫光現象透析[J]，華東科技，2002（12）。

33. 閻曉宏，新中國圖書出版五十年概述[G]//中國出版年鑒，2000：9。

34. 肖時國，1999 年印刷和科技管理工作概述[G]//中國出版年鑒，2000：86。

35. 楊方明，新中國書報刊印刷業五十年的巨變[G]//中國出版年鑒，2000：19。

36. 王選，電子出版在中國的發展歷程[J]，中國電子出版，2001（2）：21。

37. 張勁夫，我國印刷技術的第二次革命[G]//中國出版年鑒（2003）：631。

38. 慈雲桂，巨型計算機[G]//中國計算機工業概覽，電子工業出版社，1985：10。

檔案類

1. 倫敦 St. Bride Foundation 所藏有關 Vincent Figgins II 的鉛字樣本檔案，編號：FTS-12。

致　謝

本書的主要內容，來自我 2015 年完成的博士論文。自己從事了二十年的編輯工作，早養成了眼高手低的職業病，所以當年論文的寫作，可謂一波三折。

我的導師關增建教授，以言傳身教令我受益良多；導師的寬容與耐心，又使我常感愧疚。終於讓我豁然開朗，明白該怎麼去理解技術發展的規律的程式概念，也是來自關老師的智慧。

上海交通大學攻讀博士的這八年時光，是我這一生中重要的一段經歷。人到中年之後，沉下心來認真學習與思考，應該是這段時間裏我的最大收穫，在低谷裏尋獲積極的力量。當然最大的動力來自我的家人，感激他們默默給與的支持與鼓勵。

當年為了完成論文，不惜遠渡重洋，在優美的劍橋李約瑟研究所，接觸到豐富的圖書資源和開放的學術氛圍，得以開闊了自己的視野。非常感激梅建軍教授的指導，John Moffett 的支持和 Susan Bennett 的幫助。

在風起雲湧的技術變革之時，不免多有感慨：行路難！行路難！多歧路，今安在？但願長風破浪會有時，直掛雲帆濟滄海。

2018 年於英國劍橋